신자유주의와 공모자들

신자유주의와 공모자들

2014년 6월 16일 초판 1쇄 발행

지은이 _ 김성구

펴낸이 _ 임두혁
책임편집 _ 김삼권
편집 _ 조정민 최인희
디자인 _ 토가 김선태

펴낸곳 _ 나름북스
등록 _ 2010. 3. 16 제2010-000009호
주소 _ 서울 마포구 서교동 375-23번지 302호
전화 _ 02-6083-8395
팩스 _ 02-323-8395

이메일 _ narumbooks@gmail.com
홈페이지 _ www.narumbooks.com

신자유주의와 공모자들

왜 우리는 신자유주의에 지배당하게 되었나

김성구 지음

목 차

※ 일러두기: 각 글이 게재된 매체는 아래와 같다.

◇: 나 · 들, ◆: 노동과 세계, ◈: 리포트, ○: 말, ●: 미디어오늘, ◎: 사회운동, □: 중부일보,

■: 참세상, ▣: 한겨레, ◐: 한겨레21, ✳: 해방, ★: another0415.net, ✤: KBS 부울노보, ☆: KSDian

서문

이 책은 한국에서 외환 위기 이후 전면화된 신자유주의와 논쟁해온 칼럼을 모은 것이다. 우리에게 신자유주의는 처음엔 개념도 낯선 정체불명의 것이었지만, 구제금융의 대가로 이른바 워싱턴 컨센서스의 정책이 관철되면서 시대적 흐름으로 한국 사회의 변화를 주도했다. 필자가 시류를 거스르며 신자유주의와 논쟁한 것은 물론 한국 사회의 신자유주의적 전환을 저지하기 위함이었다. 신자유주의의 관철과 함께 이 사상과 정책의 자산계급적 성격이 분명해지고 그 파괴적 효과도 드러나면서 신자유주의를 반대하는 대중의 저항도 거세졌다. 결국 신자유주의는 2008년 세계 금융 위기로 파국의 정점에 도달했고, 이제는 시대적 흐름이 아니라 파국의 주범으로서 불신의 대상으로 전락했다. 필자는 이 책에 실린 글들을 통해 신자유주의 대세를 역전시키고 위기의 시대에 진정으로 진보적인 대안을 모색하는 데에 그 어떤 논자보다도 중요한 기여를 했다고 자부한다.

이 논쟁은 특히 신자유주의와 투쟁한다고 하면서도 실은 신자유주의에 오염된 이른바 진보파에 초점이 맞춰져 있다. 김대중 정부와 노무현 정부, 진보 언론이라는 〈한겨레〉, 그리고 참여연대나 경실련 같은 시민단체가 비판의 주요 대상인데, 이들 간의 신자유주의 연대가 한국에서의 신자유주의 관철에 보수주의자들보다도 더 결정적인 역할을 수행했기 때문이다. 이들 중 상당수는 1980년대까지의 반독재 민중운동에 몸담았던 인물들로서, 이들의 신자유주의적 변신이 없었다면 한국에서 신자유주의는 오늘날처럼 견고하게 자리 잡지 못했을 것이다. 또한 이들과의 반보수주의 연합 전략을 통해 신자유주의 지배를 뒷받침해 준 진보 진영의 주류파, 민주노총을 비롯해서 한국진보연대와 통합진보당 등도 이러한 비판에서 벗어날 수 없다. 진정으로 신자유주의를 넘어가고자 한다면, 이들과의 논쟁을 우회해서는 안 된다.

신자유주의는 2008년의 대위기에도 불구하고 지나간 사상과 정책이 아니라 아직도 우리를 현실에서 지배하고 있다. 근본적 이유는 신자유주의의 대안과 전망을 보지 못하기 때문일 것이다. 신자유주의는 맛가졌고, 그렇다고 다시 케인스주의가 대안일까, 그런데 케인스주의도 이전에 파산하지 않았나, 아니면 사민주의가 대안일까 등등 신자유주의의 위기 속에서도 대안에 대한 전망은 혼란스러운 상태다. 필자는 신자유주의를 처음부터 사회화socialization의 관점에서 비판했기 때문에, 이 책에는 이미 신자유주의의 대안과 전망이 들어와 있다. 자본주의의 발전은 위기 속에서 불가피하게 사회화의 경향을 강화시켜 나갈 수밖에 없으므로 사회화는 신자유주의에 대한 유일한 과학적 대안이다. 그래서 이 책의 글들은 지금까지의 신자유주의 비판의 기록일 뿐 아니라 신자유주의를 끝장내기 위한 사상적이고 정치적인 좌표도 제공할 것이다. 신자유주의 비판이 이제는 대세가 되었듯이, 앞으로 사회화가 다시 대안의 힘들을 결집하는 중심이 되기를 기대한다.

이 책을 간행하기 위해 새로 쓴 신자유주의 해설을 제외하면 다른 모든 글들은 이미 발표했던 것들이다. 저자가 나름대로 사회운동에 관여하면서 전공인 현대 자본주의론과 공황론에 입각하여 제한적이지만 그때그때 현실의 쟁점들에 개입해 쓴 글들이다. 문제가 된 쟁점들은 위에서 언급한 진보 안의 신자유주의 문제를 넘어 세계 금융 위기와 《자본》 논쟁 등 다양한 주제에 걸쳐있다. 다만 이정환 기자와의 인터뷰 글과 《자본》 논쟁의 강신준 교수 글은 저자의 것이 아니라 〈미디어오늘〉에서 가져온 것이다. 한편 많은 사람들이 인식조차 못하곤 하지만, 신자유주의의 개념을 둘러싸고는 예나 지금이나 혼란과 오류가 심각한 수준이다. 이 때문에 신자유주의 비판도 올바로 이해되지 못하고 있어 해설 글을 쓰는 게 필요하였다. 신자유주의를 소개하는 어떤 논자의 글보다도 신자유주의의 개념과 역사를 체계적으로 이해할 수 있도록 최선을 다해 정리하고자 하였다. 이 해설이 칼럼 형식의 다른 글을 이해하는데에도 많은 도움이 될 것이다.

칼럼을 모아 책을 간행하게 된 데는 무엇보다 〈한겨레21〉, 〈참세상〉, 〈미디어오늘〉, 그리고 민주노총 기관지 〈노동과 세계〉 등에 고정 칼럼을 쓸 기회가 주어졌기 때문이다. 이들 매체의 지면이 없었더라면, 이마도 이 책의 출판은 가능하지 않았을 것이다. 진심으로 이들 매체에 감사의 뜻을 밝히고 싶다. 또한 인터뷰 기사를 이 책에 실을 수 있게 허락해준 이정환 기자, 그리고 저자와의 논쟁글 수록을 동의해 준 강신준 교수에게도 특별히 감사하다는 말을 전하고자 한다. 그리고 어려운 출판 사정에도 불구하고 흔쾌하게 칼럼집 간행을 수락해 준 나름북스와 김삼권 팀장에게도 심심한 감사의 마음을 전하다.

2014년 4월 29일
저자 김성구

I

신자유주의의 개념과 역사

신자유주의란 무엇인가?

1980년대 이래 전 세계를 휩쓸었던 신자유주의 경제사상과 경제정책은 이제 많은 사람에게 익숙한 현실이 되었다. 이 사상과 정책은 시장근본주의 또는 시장원리주의와 주주자본주의로 알려진 바처럼, 자본주의의 조절을 시장과 경쟁에 위임하고, 재산권의 원칙과 주주의 이해를 최우선시한다. 즉 신자유주의는 사회의 자원 배분을 시장의 경쟁 원리에 위임해야 가장 효율적인 결과를 달성할 수 있다는 것, 또 시장 경쟁의 전제는 국가의 간섭에서 벗어난 개인의 자유이며 사적 재산권이야말로 이 자유를 실현하는 절대적 전제 조건을 이룬다는 것을 신성불가침의 교리로 내세운다. 1979년 영국의 대처 정권, 1981년 미국 레이건 정권의 등장 이래 신자유주의 정권은 이 교리에 입각해서 국가의 시장 개입을 철폐하는 것, 즉 '탈조절'과 자유화를 극단으로 추진했다. 주지하다시피 통화 긴축과 인플레 억제, 재정 적자 감축과 균형 예산, 사회보장 삭감과 교육·의료·연금의 민영화, 공기업 민영화, 노동조합 분쇄와 노동시장 유연화, 자본시장과 금융시장 자유화 등이 이를 위한 주요 정책 처방이었다. 신자유주의는 1970년대 세계적인 구조 위기와 케인스주의의 파산을 배경으로 등장했고, 자유화와 개방 정책으로 세계화가 급진전되는 속에서 확산되었으며, 특히 1980년대 말 1990년대 초 현실 사회주의의 붕괴를 통해 그 이념적 기반이 크게 강화되었다. 또한 같은 시기에 월가와 미국 정부 그리고 IMF 등의 개발도상국 발전에 대한 비공식적 전략적 합의라는 워싱턴 컨센서스(신자유주의 컨센서스)를 통해 외환 위기를 겪는 개발도상국에 구제금융의 대가로 신자유주의 정책이 수출되었고 이들 국가도 전면적으로 신자유주의에 포섭되었다. 아울러 IT 기술혁명도 금융 거래를 획기적으로 혁신함으로써 금융자본의 세계적 운동을 극대화시켰으며, 금융 투기와 카지노 자본주의의 길을 열어 놓았다.

시장원리주의 또는 주주자본주의로서 신자유주의

시장 경쟁에 자본주의의 조절을 위임하라는 것은 사실 자본의 착취와 지배에 내맡기라는 것이다. 왜냐하면 시장은 시장 참여자들 간의 공정한 게임이 아니라 자본의 이윤 추구가 실현되는 장소이며, 자본의 이윤은 두 계급 간의 불평등, 즉 노동자에 대한 자본가의 착취에 기반한 것이기 때문이다. 신자유주의자들은 자본주의하에서 부의 원천과 두 계급 간의 상이한 소득의 성격을 묻지 않고 오로지 시장에서의 성과에 따른 보상만을 주장한다. 시장 참여자의 소득은 성과에 따른 보상에 입각해야 하고, 보상의 수준은 수요와 공급의 힘에 의해 결정되므로 시장에서 결정되는 가격을 절대로 수용해야 한다는 것이다. 뿐만 아니라 이 가격은 자원의 최적 배분을 실현하고 시장 참여자의 후생을 극대화시키는 최선의 가격, 즉 균형가격이므로 국가가 시장의 가격 결정 과정에 개입해서는 안 된다고 가르친다. 이러한 교리에 따르면 시장에서 결정되는 임금과 이윤에 대해 어느 누구도 이의를 제기해서는 안 되고, 국가에 의한 최저임금제라든지 노동조합을 통한 임금 단체 협상은 물론 자본에 대한 통제와 규제는 모두 이 최적 균형을 훼손하게 된다. 국가의 시장 개입에 반대하는 신자유주의 정책 처방은 이와 같은 신자유주의 경제학의 기본명제에 입각해 있다.

하지만 성과에 따른 보상을 논하기 전에 자본가와 노동자 두 계급의 소득이 근본적으로 상이한 성격임을 인식할 필요가 있다. 이자든 배당 이윤이든 자본가의 소득(또한 토지 소유자의 지대 소득)은 자산의 소유에서 비롯되는 자산소득인 반면, 노동자의 소득은 자신의 노동에 따른 소득, 즉 근로소득이다. 자산소득은 근로소득이 아니라 단지 소유 자체로부터 발생하는 불로소득일 뿐이고, 더군다나 이 불로소득은 노동자들이 생산한 부가가치의 한 부분을 소유권에 근거해서 영유한 소득이므로 착취를 통해 실현된 소득일 뿐이다. 종종 논란이 되는 대자산가 미성년 아동들이 받는 거액의 이자와 배당 이윤을 떠올리면, 이 소득의 성격은 자명하게 이해될 것이다. 이 소득이 아동들의 어떤 성과에 대한 보상일 리가 없다. 또한 성년 자산가들이 받는 자산소득이 이것과 조금도 다를 바 없다는 점도 자명하다. 성과에 따른 보상은 오직 근로소득에 대해서만 말할 수 있다. 노동의 성과는 노동의 질과 시간에 따라 달라지기 때문에 그에 대한 보상, 즉 임금은 노동자에 따라 달라질 수밖에 없다. 자본주의하에서는 노동자들의 이 차이를 지양할 수가 없고, 이런 점에서 노동자들의 임금 격차는 불가피한 측면이 있다. 신자유주의자들은 근로소득에 대해서나 말할 수 있는 성과 보상의 원리를 어울리지도 않게 자산소득에 갖다 붙임으로써 자본가나 노동자나 모두 자신의 기여에 따른 합당한 보수를 받는 것 같은 외양을 부여하고자 한다. 따라서 자본가와 노동자 두 계급의 소득이 성과에 따른 보상의 결과라고 주장하는 것은 착취를 은폐하는 기만적인 언사일 뿐이다. 이렇게 시장 경쟁과 성과 보상의 원리는 허울일 뿐이고 실은 자본의 무제한적 착취와 이윤 추구에 길을 터주는 것이다. 실제로 신자유주의가 가져온 노동의 유연화는 비정규직 고용 형태를 전면화했고, 비정규직의 차별 속에서 신자유주의자들의 주장이 무색하게도 이제는 근로소득에 대해서조차 성과 보상의 원칙이 무너져 버렸다. 정규직이냐 비정규직이냐에 따라 동일 노동임에도 보수가 달라져 버린 것이다. 비정규직의 저임금 노동은 다름 아니라 신자유주의하에서 자본의 착취가 정상 착취를 넘어 초과 착취로 나아갔음을 웅변하는 현상이다.

케인스주의의 파산과 신자유주의적 공세

국가 개입에 대한 신자유주의의 공세는 케인스주의 또는 사민주의 복지국가를 대상으로 한 것이다. 혼합경제 또는 수정자본주의로 일컬어지는 케인스주의 복지국가는 (독점)자본에 대한 통제와 규제 위에서 확립되었다. 시장 기구와 사적 재산권에 절대적 맹신을 요구하는 신자유주의와 달리 케인스주의는 성장과 완전고용 그리고 사회보장을 위해 시장에 직접 개입했다. 이를 위해 국가 재정을 확대했고, 독점자본과 금융자본에 대한 각종 통제와 규제를 도입했으며, 노동자 계급의 경제적·정치적 권리도 제도화했다. 그로써 자유주의 시장경제가 종식되었고, 자유 시장경제라는 외관하에서 추구되던 노동자들에 대한 자본가들의 무제한적 착취에도 한계가 설정되었다. 일정한 범위에서지만 시장경쟁과 재산권 행사에 제약이 가해짐으로써 독점자본과 금융자본에 재갈이 물린 것이다. 케인스주의는 이렇게 자본주의 역사상 처음으로 인간적 얼굴의 자본주의를 가져왔고, 제2차 세계대전 종전 후 브레턴우즈 체제하에서 20여 년간 황금시대를 이끌었다. 하지만 케인스주의 복지국가는 1960년대 말에 이르러 새로운 구조 위기의 도래 속에서 불안정하게 되었고, 1970년대 중반 심각한 공황과 스태그플레이션 그리고 달러 위기와 함께 결국 파산하고 만다. 아울러 케인스주의의 국제적 협력 체제인 브레턴우즈 체제도 최종적으로 붕괴했다. 케인스주의의 위기와 파산을 배경으로 국가개입주의와 복지국가를 공격해서 자유주의 시장 질서를 복원하고자 했던 것이 다름 아닌 보수파의 신자유주의였던 것이다.

케인스주의로 표현되는 개혁적 자본주의가 단순히 케인스라는 경제학자의 지적 기여의 산물인 것은 결코 아니다. 그것은 오히려 한편에서 1930년대 대공황의 결과였고, 다른 한편에서는 노동자 계급에 유리한 당대의 특정한 정치적 힘 관계의 산물이었다. 대공황은 자유주의 시장경제가 자원의 최적 배분과 후생 극대화를 가져다준다는 신고전파Neo Classical 경제학의 명제와는 정반대로 자유주의 시장경제의 귀결은 파국과 재앙임을 극적으로 보여 주었다. 자본주의는 대공황과 함께 자생적인 회복력을 상실했으며, 그 이후 국가의 개입과 구원 없이는 생존할 수 없게 되었다. 국가개입주의는 자본주의 존립의 불가결한 조건이 되었던 것이다. 그러나 국가개입주의에 개혁적 성격을 강제할 수 있었던 것은 정치적으로 강력해진 노동자 계급의 정치적 힘 덕분이었다. 공산주의 운동과 사회주의 체제의 성립을 배경으로, 또 반파시즘 투쟁을 매개로 노동자 계급의 정치력은 크게 강화된 반면, 파시즘과 세계대전의 참화 속에서 자본가 계급은 미증유의 위기에 직면했다. 이런 특정한 정치 지형 위에서 비로소 개혁과 복지국가를 위한 노자 간의 타협이 성립할 수 있었던 것이다.

신자유주의는 대공황의 교훈을 망각한 시대착오이자 역사적 반동

마찬가지로 신자유주의적 전환도 단순히 하이에크나 프리드먼 같은 신자유의 경제학자들의 지적 논쟁의 성과라 할 수 없다. 신자유주의자들의 케인스 공격은 1930년대로 거슬러 올라가지만, 대공황의 여파 속에서 자유주의 시장경제의 교리는 불신의 대상이었고, 또 전후에도 황금시대의 번영기에 케인스주의 비판은 설득력을 가질 수 없었기 때문이다. 결국 이 전환의 토대는 한편에서 1970~80년대의 현대 불황과 케인스주의의 파산이었고, 다른 한편에서는 위기 속에서 공세적으로 전환한 자본가 계급과 이에 대비한 공산주의 운동의 퇴조와 개량주의 노동운동의 조직력 및 정치력 약화였다. 이런 정치 지형 위에서 신보수주의 운동은 약진할 수 있었고 신자유주의 경제정책을 관철할 수 있었다. 돌이켜보면, 케인스주의의 파산을 배경으로 1970년대 초부터 1980년대 중반에 이르는 시기에 두 개의 대안 즉 사민당과 공산당의 사회화 전략과 보수당의 신자유주의 전략이 국제적으로 첨예하게 대립했지만, 좌파의 사회화 프로그램의 변질과 실패 속에서 비로소 신자유주의가 승리했던 것이다. 그러나 케인스주의의 역사와 위기를 다시 상기해 보면, 케인스주의로부터 신자유주의로의 전환은 결코 케인스주의의 위기에 대한 합당한 대안이 아니었음이 분명하다.

케인스주의의 등장과 파산 그리고 신자유주의적 전환의 역사 과정에서 무엇보다 다음 두 가지 사실을 인식하는 게 신자유주의의 비판적 이해를 위한 관건이다. 첫째로, 케인스주의와 국가개입주의는 대공황의 결과로 나타난 것이고 대공황은 자유주의 시장경제의 역사적 귀결이 파국임을 드러낸 것이라는 점이다. 따라서 케인스주의가 역사적으로 파산했다 하더라도 케인스주의에 대한 대안이 결코 자유주의 시장경제로의 복귀일 수는 없다. 또한 케인스주의 이래 자본주의는 국가개입주의를 불가역적 요소로 포괄했고, 다시는 자유주의 시장경제로 되돌아갈 수 없었다. 이런 점에서 보면 1980년대 신자유주의적 전환은 1930년대 대공황의 교훈을 망각한 것이었고, 돌아갈 수 없는 길을 갈 수 있는 것처럼 기만하는 역사적 반동이 아닐 수 없었다. 신자유주의 30년의 지배가 2008년 금융 위기 때 파국으로 막을 내린 것은 역사적 필연인 셈이고, 역사적 교훈을 망각한 것에 대한 값비싼 대가라 할 것이다.

둘째로, 케인스주의적 개입주의가 자본주의의 위기를 궁극적으로 극복할 수는 없었다는 점이다. 자본주의의 위기는 자본주의의 내재적 모순들, 즉 생산의 무정부성과 생산과 소비의 대립적 발전 그리고 이윤율의 경향적 저하법칙으로부터 법칙적으로 발생하는 것이어서 자본 관계의 지양 없이는 결코 극복할 수 없다. 케인스주의는 자본의 운동에 일정한 제약을 가하고 공황기에 공공지출을 확대함으로써 자본주의 위기와 공황을 완화시켰을 뿐이었다. 더군다나 자본주의는 공황 자체를 통한 과잉자본의 청산에 의해 공황을 극복하는 내적 메커니즘을 갖고 있었는데, 케인스주의적 개입주의는 이 청산 메커니즘을 왜곡해서 과잉자본의 온존과 누적을 가져왔다. 다시 말해 케인스주의하에서 공황은 단지 완화되고 다음 시기로 이월되었을 뿐이고, 그것도 인플레이션이라는 국가개입주의의 모순을 대가로 해서만 가능했던 것이다. 앞서 말한 바처럼 대공황 이후 자본주의는 자생적인 회복 메커니즘을 상실한 상태였기 때문에, 국가개입주의의 이런 모순에도 불구하고 국가 개입은 불가피한 것이었다. 뿐만 아니라 국가 개입에도 불구하고 이윤율의 경향적 저하법칙의 작용하에서 스태그네이션과 인플레이션이 결합하여 스태그플레이션으로 발전했고, 이로써 케인스주의는 파산했다.

결국 케인스주의의 실패도 사실 예정되었던 것이라 할 수 있다. 자본주의 시장경제에 대한 케인스주의의 통제와 규제는 자본주의의 위기를 극복하기에는 너무도 미약했기 때문이다. 따라서 실패한 케인스주의에 대한 대안은 자본 및 이윤 관계의 지배를 지양하는 사회화 프로그램을 통해 주기적 공황과 구조 위기로부터 벗어나는 것이었지, 결코 자유주의 시장경제의 복원이라는 미명하에 자본의 운동에 다시 무제한적 자유를 부여해서는 안 되는 것이었다.

신자유주의의 이론사적 계보와 두 개의 신자유주의

사람들은 통상 케인스주의가 실패한 후 1980년대 이래 신자유주의를 말하지만, 이론사적으로 보면 신자유주의는 케인스주의의 등장과 같은 시기인 1930년대에 나타난 경제사상이다. 1930년대 대공황으로 고전적 자유주의가 파산하면서 이에 대한 자유주의의 대응은 대체로 세 가지 방향으로 갈라졌다. 첫째는 사회적 자유주의로서 이는 자유주의 시장경제를 국가와 사회의 개입을 통해 보완함으로써 자유주의 경제 질서를 유지한다는 관점에 입각해 있다. 이런 흐름은 이미 자유경쟁자본주의로부터 독점자본주의 단계로 이행하는 19세기 후반에 유럽 여러 지역에서 나타났는데, 케인스주의가 이런 경향의 하나였고 사회적 자유주의를 대표한다고 할 수 있다. 전후 정통파 케인스주의는 국가의 시장 개입을 통해 자유주의 시장경제를 회복할 수 있다면서 신고전파의 자유주의 세계와 케인스의 유효수요 이론을 결합한 케인스-신고전파 종합의 경제학을 제시했다.

둘째는 자유주의의 심대한 위기에도 불구하고 자유주의 경제사상을 교조적으로 대변한 하이에크 및 프리드먼의 자유주의적 관점이었다. 이들은 시장의 불균형과 위기는 시장 자체를 통해 정정될 수 있다는 낡은 교조에 입각해서 국가의 시장 개입이 불균형의 심화와 국가 개입의 확대라는 악순환을 거쳐 나치즘이나 사회주의 같은 전체주의 경제로 귀결된다고 주장했다. 1947년 하이에크의 주도로 결성된 몽페를랑 협회가 이런 자유주의자들의 국제적인 결집소가 되었다. 이들의 자유주의 경제사상이 다름 아닌 오늘날 신자유주의라고 통상 일컬어지는 경제사상의 뿌리를 이뤘는데, 이렇게 보면 '신자유주의'가 아니라 '구자유주의'라 명명해야 하는 것이다.

셋째는 진정 신자유주의적 흐름이다. 왜냐하면 이 흐름의 주창자들이 스스로를 신자유주의자라고 명명했기 때문이다. 이것은 다시 두 부류로 구분할 필요가 있다. 하나는 이미 19세기 후반에 나타난 영국의 사회개량주의 사상인 그린T. H. Green의 신자유주의이고, 다른 하나는 1930년대 독일의 오이켄Walter Eucken에 의해 제시된 질서자유주의다. 하지만 그린의 신자유주의는 그 명칭과 달리 자유방임주의를 배격하고 사회 개량의 관점에서 사회정책 같은 국가의 보호간섭주의를 적극적으로 주장하는 것이어서 신자유주의라기보다는 사회적 자유주의의 한 흐름으로 평가해야 할 것 같다. 그렇다면 신자유주의의 대표자는 오이켄의 질서자유주의가 된다. 질서자유주의는 독일 신자유주의의 이론적 뿌리로서 시장경제가 국가를 통한 질서의 창출과 유지 없이는 작동할 수 없다고 보고 국가의 적극적인 질서정책을 경제정책의 원리로 제시했다. 독일에서는 전후에 질서자유주의가 이른바 '사회적 시장경제'(뮐러-아르막A. Müller-Armack)로 발전했고, 국시로서 경제 부흥의 정책적 토대가 되었다. 오이켄도 하이에크와 같이 몽페를랑 협회에 속해 있었지만, 하이에크와 달리 자유시장경제가 시장 과정을 통해 스스로 최적 균형을 달성할 수는 없다며 시장 경쟁의 유지를 위한 국가의 반독점 정책과 사회보장 정책을 원리론적으로 주장했다. 말하자면 자본주의 시장경제는 야생식물이 아니라 일종의 재배식물인 셈이다. 여기에 오이켄의 질서자유주의를 고전적 자유주의(=구자유주의)와 구별하여 특별히 '신'자유주의로 명명하는 의미가 있다.

통상 자유주의는 자유방임주의로 이해해서 시장으로부터 일체의 국가 활동을 배제하는 것으로 알고 있지만, 구자유주의에서도 국가의 일정한 역할이 상정되어 있다. 고전적 자유주의의 대표자인 스미스도 《국부론》에서 국방과 사법뿐 아니라 사회간접자본과 교육 등에서의 국가의 역할을 강조했고, 하이에크와 프리드먼 같은 현대의 자유주의자들도 국가의 일정한 역할을 불가피한 것으로 용인한다. 프리드먼은 《자본주의와 자유》에서 법질서의 유지와 재산권 보호, 시장 게임의 규칙 제정과 강제, 경쟁 촉진, 통화 체제, 기술적 독점과 외부 효과 등의 다양한 영역에서 국가의 역할을 서술했다. 자유주의자들이 인정한 국가의 역할이란 대체로 자본주의 시장경제가 작동하기 위한 기본 질서의 창출에 한정된다. 즉 사적 소유권과 계약의 권리와 의무의 이행을 보장하기 위한 법체계 등은 사적 자본의 영업을 위해 반드시 요구되는 조건들이지만, 시장 경쟁 자체를 통해서는 확립될 수 없기 때문에 국가가 이런 과제를 자신의 역할로 떠안아야 한다는 것이다.

하지만 국가는 이런 업무에만 역할을 한정하고 시장 과정에 직접 개입해서는 안 된다고 한다. 법과 규칙의 확정만을 국가에 주문하고 자원의 사용에 대한 결정은 모두 사적 개인들에게 위임해야 한다는 하이에크의 주장(《노예의 길》)도 보다 강력한 자유주의 경향이긴 하지만 기본적으로 이런 맥락에서 이해할 수 있다. 반면 오이켄의 신자유주의는 국가가 위와 같은 시장경제의 기본 질서의 창출을 넘어 이 질서의 유지를 위한 경제정책도 수행해야 한다고 요구한다. 자본주의 시장 질서는 한편에서 경쟁 자체를 통해 독과점이 형성되는 경향이 있고, 다른 한편에서는 시장 질서의 두 계급 간의 불평등한 관계로 인해 노동자들이 몰락할 우려가 있기 때문에, 국가는 반독점 정책과 사회보장 정책을 통해 경쟁 질서를 유지하고 노동자들의 재생산을 도모해야 한다는 것이다. 물론 오이켄도 국가는 이렇게 질서의 창출과 유지를 위한 정책에 자신의 역할을 한정해야 하고 시장 과정에 대한 국가의 직접적인 개입을 일체 반대한다. 이런 점에서 오이켄도 케인스의 국가개입주의를 실험의 경제정책이라고 비판하면서 파시즘과 사회주의로 경사될 위험을 우려하고 있다.

이렇게 보면 신자유주의는 자유주의의 전통에 있으면서도 구자유주의와는 다른, 경제정책상의 주요한 변화를 내포하고 있고, 그런 만큼 구자유주의와 신자유주의는 구별해서 파악하지 않으면 안 된다. 더구나 신자유주의하에서의 경제정책의 이런 변화는 독점자본주의로부터 국가독점자본주의로의 이행에서 나타난 국가개입주의를 케인스주의와는 또 다르게 부르주아 경제학 내에서 이론적으로 포착, 반영한 것이기 때문에 이론사적 의의 또한 적지 않다. 따라서 이론사적으로 보면, 1970년대 케인스주의의 파산과 함께 영미권에서 통상 신자유주의로 불리던 하이에크와 프리드먼의 경제사상은 실은 신자유주의가 아니라 구자유주의의 복원이자 부활이었다. 그럼에도 불구하고 미국 경제학의 세계적인 헤게모니로 인해 영미권의 구자유주의가 신자유주의로 일반화되면서 용어 사용에 커다란 착종이 발생했던 것이다. 정작 오이켄에 의해 대표되는 진정한 신자유주의는 있는지 없는지도 모르게 묻힌 상태에서 말이다. 이는 단순히 용어 사용상의 문제가 아니라 그 용어가 내포하고 있는 경제정책의 차이가 왜곡되는 커다란 문제라 할 수 있다. 하지만 이런 용어 사용은 돌이킬 수 없이 일반화되었기 때문에 이 해설에서도 우리는 이런 통상적인 용어법을 따를 수밖에 없다. 즉, 앞에서 우리가 신자유주의라고 비판하던 그 대상은 실은 영미권의 구자유주의였던 것이다. 이런 혼란을 지금이라도 정정하고자 한다면, 신자유주의의 두 개 유형, 즉 영미권 신자유주의와 독일권 신자유주의를 구별해서 사용하고, 영미권 신자유주의는 구자유주의로 인식할 것이 요구된다.

한국에서는 신자유주의의 개념과 역사에 대한 일부 논자의 자의적인 해석으로 혼란이 가중된 상태다. 윤소영 교수는 신보수주의와 신자유주의(정확하게 말하면 영미권 신자유주의) 동일시를 비판하면서, 신보수주의를 1970년대 미국 신우파의 사조로, 신자유주의를 신보수주의에 대항하는 1980년대 미국의 뉴케인시언New Keynesian의 사조로 파악했다. 나아가 그는 1990년대에 신보수주의가 신자유주의(뉴케인시언)로 수렴했다면서 엉뚱하게도 이를 통해 일종의 워싱턴 컨센서스(?)가 이루어졌다고 한다(윤소영, "신자유주의의 과거와 미래", 〈한겨레〉, 2000. 7. 4.). 이러한 개념 파악은 아마도 보수주의=공화당, 자유주의=민주당이라고 분류하는 미국의 정치 지형에서 비롯된 것인지 모르겠다. 그러나 신자유주의의 본류가 1980년대 미국 뉴케인시언(과 미국 민주당 그리고 유럽 사민당)의 사상이라는 주장은 신자유주의의 개념과 역사를 심각하게 왜곡하는 것이다.

신자유주의는 신보수주의의 경제사상이었고(즉 정치적으로는 신보수주의, 경제적으로는 신자유주의, 따라서 양자는 분리할 수 있는 게 아니다), 신자유주의와 신보수주의의 본류는 미국 민주당과 유럽 사민당이 아니라 미국 공화당과 유럽의 보수당이었다. 미국 민주당과 유럽 사민당은 신자유주의·신보수주의와의 정치적 논쟁에서 패배한 후 1990년대에 비로소 신자유주의와 신보수주의에 공식적으로 수렴하는데, 그것이 이른바 '제3의 길'(미국 클린턴, 영국 블레어, 독일 슈뢰더 정권 등)이었다. 경제학적으로도 새고전파New Classical가 뉴케인시언으로 수렴한 것이 아니라 그 역이 진실이었다. 말하자면 케인스—신고전파Neo Classical 종합의 재판이었던 셈이다. 미국에서 신자유주의와 신보수주의의 본류는 뉴케인시언이 아니라 시카고학파의 통화주의와 새고전파였던 것이다. 미국 민주당과 유럽 사민당 그리고 뉴 케인시언이 신자유주의의 본류라면, 2008년 금융 위기로 시카고학파가 신자유주의의 본산으로 공격받고 케인스주의가 대안으로서 복귀할 것이라는 세간의 기대, 그리고 케인시언의 공세는 설명이 불가하게 된다. 물론 세간의 기대와 달리 오늘날의 케인시언은 신자유주의의 위기를 극복하는 대안이 되지 못할 것이다. 케인스주의는 오늘날 신자유주의에 의해 상당 정도 오염되어 있기 때문이다.

구자유주의와 영미권 신자유주의의 차이

영미권의 신자유주의를 구자유주의의 부활로 파악하면 지금까지 비판했던 신자유주의의 뿌리가 고전적 자유주의로 거슬러 올라가게 된다. 그러면 오늘날 세계적인 해악을 가져온 신자유주의의 원조가 스미스의 고전적 자유주의였던가 하는 질문이 제기될 수밖에 없다. 신자유주의자들을 비롯해서 현대 경제학자들은 자신들의 이론사적 뿌리가 스미스라고 자랑스럽게 주장하지만, 이건 스미스를 왜곡하고 모독하는 짓이다. 스미스의 경제학은 현대 경제학의 뿌리도 아니고, 고전적 자유주의가 오늘날의 신자유주의와 동일한 성격을 갖고 있지도 않다.

우선 자유주의 국가가 시장경제의 기본 질서를 창출해야 한다는 동일한 경제정책론적 입장에도 불구하고 이를 뒷받침하는 경제 이론은 스미스와 현대 신자유주의자 간에 전혀 다르다는 점을 인식해야 한다. 스미스의 정치경제학은 과학적인 노동가치론에 입각해 있고, 신자유주의의 경제학은 주관적 가치론(한계효용)과 수요공급설에 기반을 둔 속류 경제학적 전통에 있다. 기본적으로 상품의 가치와 가격의 결정을 설명하는 원리부터가 근본적으로 다른 것이다. 주지하다시피 스미스의 경제학과 고전학파의 노동가치론은 현대 경제학이 아니라 마르크스에 의해 비판적으로 계승되었다.

둘째, 동일한 자유주의라 해도 자본주의 역사의 변화에 따라 그 정치적 의의가 변했다는 점이다. 고전적 자유주의는 중상주의 비판과 타도가 그 대상이었고, 낡은 체제에 대항하는 신흥 부르주아 계급(산업자본)의 경제적·정치적 이해를 대변했으며, 그러한 한에서 역사 발전에 진보적인 기여를 했다. 이에 반해 현대의 신자유주의는 자본주의가 독점자본주의와 국가독점자본주의의 발전 단계에 들어섬으로써 이미 자유주의 경제 질서로 돌아갈 수 없음에도 불구하고 이 시기에 케인스주의로 표현되는 국가의 개혁적인 시장 개입을 비판하고 역전시키려는 반동적 역할을 수행한 것이다. 자유주의 사상은 산업자본의 지배 체제가 확립되면서 이미 자본주의 질서를 변호하는 이데올로기로 전락하기 시작했고, 정치경제학은 현대 경제학으로 이어지는 속류화의 과정을 겪었는데, 나아가 독점자본주의와 국가독점자본주의로의 발전과 함께 그 반동적 성격이 더욱 강화되었다. 독과점이 지배하는 경제 질서에서 국가의 개입을 반대하는 자유주의 사상이 독과점의 이익을 대변하는 이데올로기라는 건 너무도 분명한 사실이다.

셋째, 이 때문에 현대의 신자유주의는 고전적 자유주의와 달리 상당 정도 시장원리주의라는 속류화의 형태를 띠고 있다. 경제정책론에서는 신자유주의도 고전적 자유주의처럼 국가는 시장경제의 기본 질서를 갖추는 역할을 담당해야 한다고 하지만, 실제로는 사회간접자본과 교육 부문 등 공공 부문의 민영화를 주장하고, 심지어 마약과 도박도 국가 규제를 없애고 시장 경쟁에 맡기는 게 좋다든지(G. S. Becker), 환경 문제도 국가가 개입하지 말고 시장 거래에 맡기라(R. Coase)는 식으로 시장만능주의로 나아간다. 자신들이 경제정책론에서 요구했던 시장경제의 규칙과 기준마저 국가가 해체하라는 것이다.

이데올로기로서의 신자유주의와 현실 경제정책으로서 신자유주의

영미권 신자유주의든 독일권 신자유주의든 신자유주의는 모두 자유주의 경제 질서를 상정하고 있다. 차이가 있다면 영미권 신자유주의는 시장에서의 경쟁을 통해 이 질서가 달성될 수 있다고 주장하는 반면, 독일권 신자유주의는 국가의 경쟁 정책(반독점 정책)을 통해 경쟁 질서를 유지하겠다고 한다. 그러나 자본주의의 현실 역사를 보면, 20세기 이래 시장경제는 독과점에 의해 지배되고 있고, 그것도 자본주의 국가의 반독점법의 실행에도 불구하고 그러하다. 독점자본주의로의 역사적 경향을 시장 경쟁이나 반독점 정책을 통해 자유주의 질서로 역전시키겠다는 주장은 다만 현대 경제학과 신자유주의의 기만적인 언사일 뿐이다. 뿐만 아니라 케인스주의 이래 오늘날의 자본주의는 독점자본주의 위에서 국가의 경제 개입이 제도화되고 국가와 독점자본이 결탁한 국가독점자본주의 단계에 와 있다.

오늘날의 국가는 단순하게 시장경제의 기본 질서를 창출하거나 유지하기 위한 것이 아니라 공황의 구제와 자본주의 조절을 위해 시장에 직접 개입한다. 이것이 신자유주의자들의 공격 대상이 되었던 것이지만, 현대 자본주의에서 국가개입주의는 철폐할 수도 없다. 자유시장경제가 자원의 최적 배분과 완전 고용을 가져다주기는커녕 주기적 공황으로 자원의 대량 낭비와 유휴화를 가져왔을 뿐 아니라, 독점자본주의하 심화되는 경제 위기 때문에 국가개입주의는 자본주의 존립의 불가결한 조건이 되었다. 실제로 권력을 잡은 신자유주의자들은 자신들의 교리대로 국가개입주의를 철폐하지도 않았다. 그렇기는커녕 국가개입주의는 신자유주의하에서 더욱 강화되었다. 교리대로 경제정책을 집행하는 것은 절대 불가능했기 때문이다. 신자유주의 국가는 사회보장과 공공 부문 그리고 노동시장에서는 개입과 규제를 완화해갔지만, 군수자본과 독점자본의 지원은 강화했고, 특히 공황과 금융 위기 때마다 막대한 공적 자금을 투입하면서 독점자본과 금융자본의 회생을 도모했다. 지난 2008년 금융 위기 때만 그런 것이 아니었다. 케인스주의의 적자 재정을 비판하며 등장했던 신자유주의를 상기하면, 재정 적자와 국가 채무가 도를 넘어 국가 디폴트의 상황까지 몰린 신자유주의의 현실이 어찌 의아하고 놀랍지 않겠는가? 이런 점에서 국가개입주의를 비판하면서 자유주의 시장 질서와 작은 정부를 복원하겠다는 신자유주의자들의 선전·선동도 마찬가지로 기만적인 언사였던 것이다.

이렇게 보면, 신자유주의 비판에서 이데올로기, 교리로서의 신자유주의와 신자유주의의 실제 경제정책을 구별해서 이해하는 것이 무엇보다 중요하다. 왜냐하면 바로 이 양자의 모순 속에 신자유주의의 기만이 응축되어 있기 때문이다. 많은 사람이 신자유주의와 관련해서 혼란스러워하는 것은 이 모순을 인식하지 못하기 때문이다. 이들은 신자유주의자들이 설파하는 신자유주의 교리가 현실이라고 받아들이고는 자신들이 직면하는 현실이 그 교리와 맞지 않다는 데서 당혹감을 느끼곤 한다. 예컨대 신자유주의 교리에서 강조하는 세계화 속에서도 현실의 국민국가는 강화된다든지, 자유무역의 교리에도 불구하고 각종 보호무역 조처가 동원된다든지, 또는 시장에 모두 맡기자고 하면서 현실에서는 큰 정부가 개입하고 있다든지, 노동자들한테는 시장 경쟁의 규율을 따르라고 하면서 거대한 금융자본에게는 도덕적 해이와 관계없이 막대한 지원을 하는 등 이해할 수 없는 현실에 직면해 있다. 따라서 신자유주의를 극복하기 위해서는 이 모순을 드러내서 논쟁하고, 그 기만을 폭로해야 하며, 신자유주의의 현실에 입각해 그 이데올로기를 비판해야 할 것이다.*

---

* 이 해설을 쓰면서 참조한 주요 문헌도 아래에 열거해 놓는다. 이 문헌들이 해설을 보다 깊게 이해하는데 도움이 되기를 바란다.

- 김성구,《사회화와 공공 부문의 정치경제학》, 문화과학사, 2003.
- 友寄英隆(토모요리 히데타카),《新自由主義とは何か》, 新日本出版社, 2006.
- 二宮厚美(니노미야 아쯔미), "現代資本主義と新自由主義",〈経済〉,
  1999. 5.[국역: "현대자본주의와 신자유주의",〈현장에서 미래를〉, 43(1999/5).]
- グローバリゼーション(글로벌리제이션)・新自由主義 批判事典, 일역, 作品社,
  2006(2003).
- Eucken, W., Grundsätze der Wirtschaftspolitik(경제정책의 원칙), hrsg.,
  E. Eucken & K. P. Hensel, Tuebingen, 1990.
- 카를 게오르그 친,《사회적 시장경제》, 국역, 유진, 1996.
- 하이에크, 프리드리히 A.,《노예의 길》, 나남출판, 2006.
- Hayek, F. A.,《Individualism and Economic Order》, The University of Chicago Press, 1980.
- Hayek, F. A.,《Die Verfassung der Freiheit》, Tübingen, 1971.
- Friedman, M.,《Capitalism and Freedom》, The University of Chicago Press, 1982.

신자유주의 개념과 역사,
그리고 혼란과 오류

1970년대 이래 세계경제의 장기 침체를 배경으로 등장한 신자유주의의 지배가 어느덧 30년의 역사가 되었다. 한국에서도 1997년 외환 위기와 함께 신자유주의의 지배가 전면화되었다. 그 결과는 처음 우려했던 것보다 더 참혹하다. 더군다나 2008년의 충격적인 금융 위기를 겪고 나서 이제는 누구나 신자유주의를 비판한다. 금융계의 거물부터 정부의 수장까지. 신자유주의는 실로 '공공의 적'이 되었다는 느낌이다. 그럼에도 신자유주의는 여전히 자본주의 세계의 지배적인 경제사상이자 경제정책이다. 이런 역설적인 상황은 신자유주의의 개념과 역사에 대한 잘못된 인식과도 상당 부분 연관되어 있다. 말하자면 개념과 역사의 왜곡이 불신의 대상이 된 신자유주의에 산소호흡기를 대주는 상황이다.

필자가 신자유주의 비판을 처음 제기했던 것은 1995년의 일이다. 〈이론〉지 1995년 겨울호 특집으로 발표한 논문 제목은 "사회적 시장경제론 비판"이었다. 당시는 김영삼 정권의 이른바 신(경제)정책에 의해 한국에서도 신자유주의적 경향이 가시화되는 상황이었다. 그러나 신자유주의 비판은 고사하고 신자유주의라는 개념 자체가 낯설기만 한 시대였다. 서방에서는 1970년대 말 이래 신자유주의가 정치적 논쟁의 핵심이었지만, 필자가 유학에서 돌아온 90년대 초 국내에서는 정치에서도 강단에서도 신자유주의에 대한 인식을 찾아볼 수 없었다. 그만큼 한국의 정치와 강단은 세계사의 변화 흐름에 뒤처져 있었다.

이런 상황에서 이 논문은 독일판 신자유주의인 사회적 시장경제론의 비판을 통해 김영삼 정권 개혁 정책의 본질이 신자유주의임을 밝히고자 했던 것이다. 아마도 이 논문은 한국에서 신자유주의 문제를 제기한 최초의 글이었다. 그리고 외환 위기를 배경으로 1998년《자본의 세계화와 신자유주의》(김성구·김세균 공저, 문화과학사)가 간행되었는데, 이 책을 통해 신자유주의 비판이 대중적으로 확산되는 계기가 되었다. 물론 신자유주의 비판이 대중적으로 확산되는 정치경제적 토대는 외환 위기와 김대중 정권에 의한 신자유주의 정책의 전면화였다.

신자유주의에 대한 문제제기, 이는 한국 사회의 신자유주의적 전환이 가져올 위험한 결과들을 비판하고, 대중적인 저항력을 동원해 그 전환을 저지하자는 취지였다. 불행하게도 신자유주의와 구조 조정에 대한 대중적인 투쟁에도 신자유주의는 관철되었다. 저성장과 고용 불안, 금융 투기와 금융 위기, 대외 종속의 심화, 극단적인 양극화, 그리고 상업지상주의. 이런 구조의 악순환이 전개되었는데, 그 결과는 실로 비판과 문제 제기에서 예상했던 관념적 사고를 훨씬 뛰어넘는 것이었다. 한국 자본주의와 한국 사회는 불과 15년 사이에 너무도 나쁜 방향으로 변모했다. 비판과 투쟁의 주요한 정치적 과제는 두말할 것도 없이 반反신자유주의 대중운동의 독자적 구축에 있었는데, 이는 결과적으로 실패했다. 진보 진영과 대중운동이 오히려 신자유주의에 끌려간 바, 여기에는 신자유주의의 개념과 역사에 대한 혼란이 크게 작용했다. 이 때문에 한국의 진보진영은 신자유주의에 끌려가면서도 스스로는 반신자유주의 투쟁에 매진한다고 잘못 판단했다.

위의 논문에서도, 또 위의 책에 쓴 논문(〈자본의 세계화와 신자유주의적 공세〉)에서도 필자가 신자유주의의 개념과 역사를 둘러싼 당시의 혼란 정정에 주력한 것은 이런 우려 때문이었다. 반신자유주의 대중운동의 구축에 있어 하나의 주요 문제는 김영삼 정권으로부터 김대중 정권으로 이어지는, 나아가 이후의 노무현 정권까지 포함하는 민간 정권의 성격과 그에 대한 진보 진영의 정치적 입장을 어떻게 규정하느냐 하는 것이었다. 신자유주의 정책이 관철되고 신자유주의 비판이 확산되는 속에서도 경실련, 참여연대 등 시민운동은 말할 것도 없고 진보 진영 내에서조차 이들 정권에 대한 비판적 지지가 다수적 입장이었으며, 지금도 사정은 마찬가지다. 이 다수적 입장은 신자유주의를 영미권 신자유주의로만 이해함으로써 자유주의 민간 정권들의 경제정책은 신자유주의가 아니라고 평가하면서 비판적 지지를 변호했다.

이에 대해 필자는 영미권 신자유주의와 독일 신자유주의, 즉 신자유주의의 유형 문제를 제기하고, 민간 정권들의 경제정책이 (독일판) 신자유주의를 지향하고 있음을 분명히 하고자 했다. 이렇게 신자유주의 개념과 역사에 관한 혼란은 민간 정권들에 대한 진보 진영의 비판적 지지와 오늘날 이른바 반反MB연합이라는 정치적 오류의 토대가 되었다. 또한 이러한 혼란은 현재 유럽의 사민주의와 미국의 민주당을 신자유주의 경향으로 인식하지 못하고 신자유주의에 대한 대안으로, 또 우리의 이상으로 추구하는 망상의 토대이기도 하다. 또 대공황 이후 최대의 금융 위기에도 불구하고 신자유주의 지배가 계속되는 이데올로기적 토대이기도 하다.

따라서 신자유주의 개념과 역사를 둘러싼 혼란과 오류를 정정하는 문제는 여전히 정치적으로 중요하다. 무엇보다 신자유주의와 구자유주의, 영미권 신자유주의와 독일권 신자유주의의 차이를 인식함으로써 신자유주의에 대한 이해를 높이는 게 필요하다. 이론사적으로 신자유주의란 원래 1930년대 독일에서 오이켄에 의해 제시되어 제2차 세계대전 종전 후 구서독에서 사회적 시장경제론이라는 지배적 이데올로기로 발전한 경제사상을 지칭한다. 1930년대에 자본주의 국가독점자본주의로의 발전 속에서 자유주의 위기가 노정되었을 때, 이에 대한 자유주의의 대응은 사회적 자유주의로서 케인스주의와 오이켄의 신자유주의(질서자유주의)로 나타났던 것이다.

신자유주의와 구자유주의간의 결정적인 차이는 다음에 있다. 구자유주의는 자본주의 시장의 일반적 조건(외적 조건: 사적 소유와 시장경제를 위한 헌법과 민법·형법의 제정, 화폐발행과 관리를 위한 중앙은행 제도의 정비, 사회간접자본 등)을 창출하기 위한 국가의 개입을 요구하지만, 그러한 조건이 창출되면 시장 경쟁의 자유로운 운동이 최적 균형을 달성한다고 주장하고, 그 이외의 국가의 개입을 일체 부정한다. 반면 신자유주의는 시장 경쟁의 자유로운 운동이 시장 경쟁의 조건 자체를 파괴하는 경향(독점화 경향과 계급 대립 경향)을 발전시키므로 국가는 이 경향을 차단하는 정책(반독점 정책과 사회복지 정책)으로 시장 경쟁 질서를 유지해야 한다고 주장한다. 다름 아닌 이 두 정책의 인정 여하가 구자유주의와 신자유주의의 차이의 핵심을 이룬다. 신경제정책이든 민주적 시장경제든 한국 민간 정권들의 경제정책은 이렇게 구자유주의로 분류할 수는 없지만 신자유주의에 포괄된다. 신자유주의는 정책적 개입으로 경쟁 질서가 유지될 경우 비로소 시장에서의 자유로운 운동이 최적 균형을 보장한다고 주장한다. 여기서 정책 개입이란 경쟁 조건 유지를 위한 개입을 의미하며, 시장 과정에 대한 직접적인 국가 개입을 신자유주의는 바로 케인스주의의 폐해라고 하여 비판한다.

그런데 이 신자유주의라는 용어는 1970~80년대 현대 불황과 관련하여 케인스주의적 이론과 실천을 비판하는 새로운 자유주의의 등장과 함께 다시 유행하게 되었다. 그러나 이 새로운 자유주의는 독일에서 다시 정치적 헤게모니를 획득한 사회적 시장경제론·신자유주의를 예외로 하면, 이론 구성에서 구자유주의와 별로 다르지 않은 것이었다. 아니, 그건 보다 속류화된 형태의 자유주의였다. 그것은 신고전파·구자유주의에 대한 케인스적 비판을 다시 비판하여 구자유주의를 현대의 국가독점자본주의하에서 다시 복원한다는, 결코 이루어질 수 없는 몽상을 표현하는 것이었다. 그 이론적 대변인은 주지하다시피 F. A. 하이에크, M. 프리드먼 등이었다.

그럼에도 그것은 신자유주의 또는 신보수주의로 명명되었고, 미국 강단의 세계적 헤게모니 덕분에 오히려 영미권의 속류화된 자유주의가 신자유주의의 대명사가 되어 버렸다. 즉, 개념 사용에 착종이 일어난 것이다. 따라서 신자유주의 개념을 올바로 이해하기 위해서는 영미권 신자유주의, 독일권 신자유주의라고 지칭해 용어 사용 자체를 구분해야 하며, 양자 간의 이론적 차이에 주목해야 한다. 1970년대 말 이래 독일에서는 신자유주의적 공세가, 영미권에서는 자유주의적 공세가 지배했다. 한편 1980년대 초 다시 정치적 헤게모니를 장악한 독일의 신자유주의는 제2차 세계대전 종전 후 경제 부흥을 지도한 신자유주의보다 자유주의적 색채가 보다 강화된 것이었다.

_ 2011. 3. 14.

신자유주의의 몰락,
자본주의 이후를 고민할 때

공황-불황-회복-호황 그리고 다음에는 다시 공황이 온다. 이게 마르크스주의 경기순환론이다. 호황일 때는 수익이 높아 생산이 늘어나지만 과잉생산으로 재고가 쌓이고 수익이 줄어들면 공황에 접어든다. 호황 중에 과잉생산이 형성되어 누적되면 결국에는 과잉생산이 표출되고 이윤이 급락하기 때문이다. 그러나 경기순환론에서는 불황이 계속되면 재고가 줄어들고 다시 생산이 늘어나면서 회복 국면이 시작된다고 말한다. 그리고 이는 새로운 호황을 가져오고 다시 공황으로 끝난다. 경기순환은 단순히 반복되는 게 아니라 반복 속에 모순이 심화되고 주기적 공황을 넘어 구조적 위기를 맞이하게 된다.

주류 경제학의 경기순환론에서는 공황을 연구하지 않는다. 공황 국면을 인정하지 않기 때문이다. 경기순환은 호황과 불황(또는 회복과 침체) 두 국면으로 구성되며, 불황 또는 침체도 균형 상태를 나타낸다고 한다. 따라서 실업도 구직 과정에서 나타나는 일시적인 현상일 뿐이다. 또한 주류 경제학은 경기 회복과 경기 침체의 주기적인 반복을 벗어난 구조적인 위기 상태를 예견하지도 설명하지도 못한다. 애초에 시장이 완벽하다는 가정에서 출발한 탓에 시장의 한계와 실패를 인정하지 않는 것이다.

그러나 최근 미국의 서브프라임 사태가 촉발한 세계적인 금융시장의 몰락과 경기 둔화, 스태그플레이션의 확산은 세계경제가 지금까지와는 전혀 다른 새로운 국면으로 접어들고 있음을 의미한다. 미국 정부는 주요 투자은행이 잇따라 무너지자 주먹구구식 대책을 남발하더니 급기야 2008년 9월 19일 7천억 달러의 긴급 자금 지원을 결정했다. 문제는 앞으로 얼마나 더 많은 부실이 터져 나올지 알 수 없다는 데 있다.

〈미디어오늘〉은 국내 대표적인 좌파 경제학자로 꼽히는 김성구 한신대학교 국제경제학과 교수를 만나 미국 금융 위기 이후의 세계경제를 전망해 봤다. 김 교수는 최근 위기를 신자유주의적 국가독점자본주의의 위기로 보고 있다. 바야흐로 국가독점자본주의와 신자유주의의 결합이 가져온 위기라는 이야기다. 2008년 9월 이후 세계경제는 어디로 가는가. 미국 중심의 신자유주의 세계화 시스템은 앞으로도 과연 지속가능한 것일까.

● **최근 세계경제의 위기를 어떻게 보나.**

자본주의는 주기적으로 위기에 직면한다. 근본적으로 과잉생산과 과잉자본이 주기적으로 발생하기 때문이다. 최근의 경제 위기를 이해하기 위해서는 이를 넘어 구조적 위기 또는 조절 위기를 고려해야 한다. 조절 위기는 이윤율의 경향적 저하 때문에 발생한다. 생산력이 고도화될수록 이윤율이 저하된다는 것은 자본주의의 고유한 모순이다. 이에 대한 자본의 대응은 새로운 기술 혁신과 노동에 대한 통제, 독점과 국가 독점의 발전으로 나타났다. 현재의 세계경제 위기는 1970년대부터 시작된 제3차 조절 위기를 배경으로 등장한 신자유주의 국가독점자본주의가 가져온 위기로, 자본주의 내에서 이 위기를 넘어설 해법이 현재로서는 없다

● **과거에는 없던 위기라는 말인가.**

신자유주의 국가독점자본주의가 과거의 조절 위기에 대한 대응책과 다른 점은 애초에 위기의 해법으로 선택한 신자유주의가 오히려 위기를 심화시

키고 있다는 사실이다. 그래서 신자유주의 시스템이 스스로 붕괴하는 것은 필연적인 결과다. 신자유주의 시스템은 독점자본의 이윤 증식 요구에 노골적으로 복무하면서 공공 부문을 해체하는 방식으로 진화해 왔다. 공공 부문은 사적 경제의 위기를 완화하고 관리하는 자본주의의 안전판인데, 이것의 해체가 위기를 심화시키는 건 너무도 당연하다. 신자유주의는 노동력의 재생산에 필요한 사회보장도 파괴하는 등 자본주의의 존립기반까지 흔들고 있는 셈이다.

(마르크스주의 경제학에서 조절 위기는 생산과 소비의 불균형이 만드는 주기적 공황과 달리 이윤율의 경향적 저하에 따른 구조적 위기를 의미한다. 흔히 주기적 공황은 과잉자본이 해소되면 끝나지만 조절 위기는 주기적 공황이 반복되면서 모순이 심화되어 과잉자본의 해소가 불가능하게 된 상황을 의미한다. 조절 위기의 극복은 구조 재편과 자본주의의 단계적 이행을 통해서만 가능하다는 게 김 교수의 이론이다.)

● **독자들을 위해 좀 더 알기 쉽게 설명해 달라. 먼저 1차와 2차 조절 위기에 대한 설명이 필요할 것 같다.**

1차 조절 위기는 1873년에 시작해 1895년까지 20년 이상 이어진 장기 불황이었다. 생산력이 고도로 발전하고 경쟁이 심화하면서 이윤율이 줄어들기 시작했다. 자본의 입장에서는 이윤율이 저하하면 투자의 저하가 불가피하다. 결국 성장 둔화와 실업의 증가로 사회 전반에 불황이 확산됐다. 이 최초의 위기는 거대 독점자본이 등장하고 이윤율을 회복하면서 겨우 벗어날 수 있었다.

● **그러나 거대 독점자본 역시 결국 이윤율 저하의 함정을 피할 수 없는 것 아닌가.**

그렇다. 2차 조절 위기는 1930년대 들어 다시 찾아왔다. 거대 독점자본 역시 생산력의 진보와 함께 이윤율이 줄어드는 딜레마를 피해갈 수 없었다.

그 결과 사적 독점의 한계를 넘어서기 위해 국가 독점의 개입이 불가피했다. 즉 국가가 공공서비스와 사회보장 시스템으로 노동력의 재생산을 보장하는 한편, 국가 재정으로 과잉자본을 해소하고 독점 이윤을 보장해주는 케인스주의적 방식이 도입되었다. 이를 일컬어 케인스주의적 국가독점자본주의라고 한다.

● **간단히 다시 정리해 보자. 1차 조절 위기의 해법은 자본의 집중과 독과점화였다. 2차 조절 위기의 해법은 정부가 시장의 실패를 보완하는 케인스주의의 도입이었다. 그리고 1970년대 이래의 3차 조절 위기의 해법이 바로 신자유주의였는데, 이 역시 한계를 맞았을 뿐만 아니라 오히려 위기를 더욱 가속화하고 있다는 이야기다. 그렇다면 신자유주의 이후 그 다음 단계는 불가능한 것인가.**

최근의 위기는 이전의 조절 위기와 애초에 해결 방식이 다르다. 국가독점자본주의와 신자유주의의 결합은 독점자본의 이윤 창출에는 기여했지만, 새로운 성장을 가져오지는 못했다. 신자유주의 시스템은 자본의 위기를 극복하기 위해 그동안 시장의 실패를 보완해 왔던 국가 시스템을 해체하기 시작했다. 모순을 모순으로 극복하려는 시도인 셈이다. 이제 신자유주의의 실패가 명백해졌지만, 신자유주의 다음 단계를 상정하기는 아직 어렵다. 그것은 경제적 과정일 뿐 아니라 정치적 과정이며 정치 과정은 단선적으로 예견할 수 없기 때문이다. 더구나 신자유주의의 실패에도 불구하고 이데올로기 지형에서는 아직도 신자유주의가 강하다고 생각한다.

● **국가의 해체는 과연 가능할까. 미국도 이번에 천문학적인 규모의 공적 자금을 쏟아 붓지 않았나. 결국 이 시스템의 최종 책임은 국가가 지는 것 아닌가.**

그게 바로 딜레마다. 한국의 1997년 외 환위기 때도 마찬가지였지만, 국가는 자본의 위기를 마냥 방치하지는 않는다. 그렇다고 국가가 위기를 극복하는 건 아니다. 공황의 극복은 과잉자본의 청산과 새로운 축적 조건의 확립으로 가능할 텐데, 국가의 개입은 오히려 이런 모순을 보완하거나 그 해결을 지연시킨다. 그리고 그 비용은 물론 국민 세금으로 조달한다. 손실을 사회화하고 또 외부화시켜 세계화한다. 국가 개입은 이렇게 모순적이다. 그렇지만 만약 국가가 손을 놓고 있었다면, 위기는 걷잡을 수 없이 확산됐을 것이다. 지금 세계경제가 치명적인 공황으로 치닫지 않는 것은 국가가 여전히 기능하고 있기 때문이다.

● **국가를 해체하려는 동시에 국가에 의존할 수밖에 없는 모순된 상황인데, 이를 신자유주의의 구조적인 한계라고 할 수 있나.**

이 지점에서 좀 더 정확히 현실을 직시할 필요가 있다. 신자유주의는 결코 국가를 축출하지 않았다. 나는 이를 이데올로기적 기만이라고 본다. 국가의 축출은 애초에 불가능한 것이기도 하고, 오히려 신자유주의 체제에서 국가는 더욱 적극적으로 경제 전반에 개입한다. 노동 유연화와 공공 부문 민영화, 광범위한 규제 완화, 자본시장 육성을 위한 대대적인 지원 등이 신자유주의 구조 조정의 핵심이다. 케인스주의가 독점자본의 이윤을 일정 부분 제한했다면, 신자유주의는 자유화와 세계화를 전면에 내세우면서 철저하게 독점자본의 이윤을 극대화하는 데 주력한다. 국가 개입의 목표와 수단이 바뀌었을 뿐이다. 문제는 이런 국가의 개입이 이윤율 저하를 부분적으로 상쇄한다 하더라도 재정 위기의 심화 등 모순은 더욱 심화되고 결국에는 독점자본의 존립 기반을 무너뜨린다는 데 있다.

● **미국 서브프라임 사태 이후 금융 산업에 대한 믿음이 흔들리고 있긴 하지만, 성장의 한계를 금융 산업으로 넘어서는 것은 가능할까. 과연 최근 금융 위기가 돌발적인 상황이고 다시 복원될 수 있는 것인지 아니면 구조적인 한계이고 다음 단계로 이행이 불가피한 것인지가 궁금하다.**

독점자본이 3차 조절 위기의 탈출구로 선택한 것이 바로 금융 투기였다. 성장의 한계를 규제 완화와 금융 세계화로 넘으려는 발상인데, 호황의 말기에는 과잉 유동성이 자산 가격 거품을 불러오고 실제로 수익 창출의 기회를 만들기도 한다. 문제는 위기에 대한 국가 개입에 의해 1980년대 이래 과잉 유동성이 계속 누적되면서 공황 국면에서도 과잉자본이 좀처럼 해소되지 않는다는 데 있다. 공황 국면에서도 거품이 남아있다는 것이다. 그러나 실물경제가 이윤율의 한계를 맞는 상황에서 금융자본이 이윤을 증식하는 데는 한계가 있을 수밖에 없다. 실제로 신자유주의 체제에서 성장률은 둔화하고 실업은 늘어나고 있으며 정부의 재정 적자와 채무는 급격히 불어나고 있다. 실물경제의 뒷받침이 없다면 금융 투기의 팽창은 결국 돈 놓고 돈 먹기의 제로섬게임일 뿐이다. 이런 거품과 머니게임은 결코 지속 가능하지 않다.

● **그러나 미국과 영국의 자본시장은 놀라운 성장을 거듭하지 않았나.**

자본시장은 이미 발행된 주식과 채권이 거래되는 2차 시장이 압도적이며 파생 금융 상품은 말할 것도 없이 이 시장은 투기와 머니게임이 지배한다. 또 세계적으로 전체 외환 거래 가운데 상품과 서비스 교역과 관련된 거래는 1~2% 수준이고 90% 이상은 모두 투기적 목적의 거래라고 한다. 과연 실물 부문과 괴리된 이런 투기적 거래가 자본주의의 대안이 될 수 있을까. 앞서 말한 바처럼 이런 투기 거래조차 실물 부문의 성장이 뒷받침되지 않으면 안 된다. 가뜩이나 미국 자본시장은 독점자본과 금융자본이 결탁해 만든 국제적 수탈의 결과다. 이 역시 한계가 분명하다. 세계화의 주변부로 밀려나는 나라들이 결국 세계화의 발목을 잡게 될 것이다. 이 '세계시장'에는 시장의 모순을 조절할 수 있는 '세계국가'가 없다. 지금 우리가 목격하고 있는 미국 주도 초국적 금융자본의 몰락이 바로 그 결과라고 할 수 있다. 조절 수단을 상실한 세계 경제의 위기 메커니즘은 결국 통제 불능의 상태로 빠져들 수밖에 없다.

● 신자유주의 좀 더 넓혀서 자본주의 이외의 다른 대안을 상상하기가 쉽지 않다.

신자유주의를 대체할 수 있는 민주적이고 민중적인 정치적·정책적 대안을 대중 속에서 발전시키지 못한 것도 현실이다. 우리가 선택할 수 있는 대안이라면 국제적인 수준에서 세계화와 자유화를 통제하고 또 그 전제로서 무엇보다 국민적인 수준에서 사회적 통제를 확대하는 것이다.

● 흥미로운 이야기다. 결국 우리는 자본의 이해를 대변하는 국가와 맞서 싸우면서 동시에 국가를 지켜야 하는 상황인데.

전선을 명확히 할 필요가 있을 것 같다. 케인스주의(사민주의)와 신자유주의의 전선은 공공 부문의 영역을 누가 확보하느냐를 놓고 벌이는 싸움이다. 이 싸움은 애초에 국가독점자본주의를 부정하지 않는다. 국가를 부정하지 않고 당연히 새로운 사회를 꿈꾸지도 않는다. 독점자본의 이윤율을 회복하기 위한 방법론적 차이가 있을 뿐이다. 이 싸움의 다른 편에는 사민주의와 마르크스주의의 전선이 있다. 이들은 국가독점자본주의를 지키느냐 넘어가느냐를 놓고 싸운다. 사회적 연대로 국가독점자본주의의 모순을 넘어설 수 있을 것이라고 주장했던 사민주의는 국가독점자본주의의 변호론으로 후퇴했고, 현대의 위기 하에서는 복지 시스템의 후퇴도 용인하고 있다.

● 결국 여전히 마르크스주의가 대안이라는 이야기인데. 마르크스주의는 자본주의의 이행을 이야기한다. 그렇다면 자본주의가 무너질 때까지 마냥 기다려야 하는 것인가. 그렇다고 적극적으로 체제 전복을 위해 싸우는 것도 아니고. 자본주의 이후를 고민하면서 국가 시스템을 지키기 위해 싸우는 것은 모순 아닌가.

그건 오해다. 좌파는 개혁 투쟁에는 개입하지 않고 자본주의의 이행을 위해서만 싸운다? 그래서 비현실적이고 몽상적이다? 그건 상투적인 비판이다. 좌파는 케인스주의와 신자유주의 논쟁에 끼어들어서 국가의 역할을 케인스주의보다 더 강화시켜야 한다고 주장한다. 자본주의 질서 아래서도 공공 부문을 지키기 위해 싸워야 하고 동시에 자본주의 이후를 준비해야 한다는 이야기다. 신자유주의에 대항하면서 케인스주의의 한계를 넘어 좀 더 왼쪽으로 나간 싸움. 그 싸움에서만 자본주의의 이행을 준비할 수 있다. 좌파가 공공 부문 수호 투쟁에 좀 더 적극적으로 뛰어들어야 하는 이유가 바로 여기에 있다.

● **다시 정리해 보자. 자본주의 내부에서 싸우면서 자본주의 이후를 고민하는 것은 어떻게 가능한가.**

대중은 이데올로기와 싸우는 게 아니라 생존의 조건들을 위해 싸운다. 이들에게 체제 전복을 이야기하지 않는다고 개량주의라고 몰아붙이면 곤란하다. 현 정세에서 삼성그룹을 국유화하자거나 사립대를 국립대화하자는 등의 주장은 현실적이지 않고 먹혀들지도 않는다. 특히 한국은 외환 위기 이후 물질적 위기가 신자유주의와 결합하면서 대중의 이데올로기가 신자유주의에 많이 오염됐다. 그러나 이명박 정부의 등장과 특히 최근 세계적인 금융 위기는 신자유주의를 재평가하는 전환점이 될 것으로 보인다. 신자유주의의 한계가 드러나면서 변화를 요구하는 목소리도 높아질 것이고, 정치적 지형 역시 조금씩 변화를 맞게 될 것이다. 이 변화가 사회화와 사회 공공성 투쟁으로 전환하도록 힘을 모아야 할 시점이다.

● **과연 변화가 가능할 것인가. 신자유주의 시스템을 보완하려는 노력이 진행 중이고 여전히 신자유주의 금융 세계화에 대한 환상도 남아 있다. 그리고 이에 맞서는 운동의 기반은 여전히 취약한데.**

나는 좌파인 척하는 온건한 신자유주의자들이 더 문제라고 본다. 이들은 재벌 개혁을 요구하고 정부 조세정책과 예산집행을 감시하고 비판하면서도 결국 자본주의 질서를 더욱 강화하는데 기꺼이 협력한다. 이 지점에서 온건한 신자유주의자들과 좌파가 대립한다. 물론 개혁을 위한 폭넓은 연대가 필요하고 실제로 연대도 해야겠지만, 결국 지향점이 달라 이들과 같이 갈 수는 없다. 이들 온건한 신자유주의자들은 좌파가 말하는 자본주의의 이행을 몽상이라고 비판한다. 이들은 수익성 높은 공기업을 매각해야 한다고 주장하는 등 좌파와의 대립을 드러낸다. 이들이 믿는 주류 경제학에는 공황도 없고 실업도 없다. 효율적인 시장과 완전 고용만 있을 뿐이다. 이들은 최근의 위기를 신자유주의의 폐해라고 비판하면서도 자신들이 신자유주의의 변호자임을 알지 못한다. 따라서 신자유주의의 대안을 갖고 있을리 없다. 그런데도 이들이 헤게모니를 쥐고 변화를 가로막고 있다. 이들이 정부 관료부터 이른바 진보적 시민운동까지 우리 사회에 폭넓게 포진하고 있다.

● **지금 국면에서 가장 필요한 것은 무엇인가. 어떻게 싸워야 하는가.**

신자유주의가 패배했다는 걸 인정해야 한다. 잘못된 길로 들어섰다는 게 분명해지면 다른 길로 가야 한다. 사회적 조절의 확대와 민주적 통제의 강화, 나는 이를 민주적 구조 개혁이라고 부르는데, 이 점에서 이명박 정부의 공기업 민영화와 사회보장 개악에 맞선 공공 부문 수호 투쟁, 사유화 반대 투쟁, 사회보장 개악 저지 투쟁이 주요한 당면 과제에 속한다.

_ 이정환, 2008. 9. 23.

'3분의2 사회'로부터
'1대99 사회'로

1974·75년의 공황 이전에 선진 자본주의 국가들은 완전고용과 사회보장을 통해 복지국가를 달성했다. 1950~60년대 케인스주의가 가져온 이른바 '황금시대'의 결과였다. 자본주의는 자신의 역사를 끊임없이 괴롭혀 왔던 공황과 실업 그리고 빈곤 같은 고유한 질병들로부터 벗어난 듯 보였다. 하지만 모두가 복지국가를 구가하던 바로 그 정점의 시기에 새로운 공황이 내습했다. 뿐만 아니라 이 공황은 단순한 주기적 공황이 아니었다. 1980·82년 공황과 함께 자본주의 세계는 또 한 번의 구조 위기에 빠져들었다. 대량 실업과 국가 재정의 파탄, 스태그플레이션과 달러의 위기 등이 전개되었다. 오늘날 우리가 겪는 세계경제의 심각한 위기 현상들이 바로 이 시기에 시작되었다.

　선진 자본주의는 케인스주의와 복지국가를 버리고 신자유주의와 탈조절을 통해 위기를 극복하고자 했다. 신자유주의 프로젝트의 결과는 참상이었고, 그건 당연한 귀결이었다. 왜냐하면 신자유주의는 자유 시장경제가 자본주의의 파국을 가져온다는 1930년대 대공황의 역사적 교훈을 거스르는 반동적 정책이었기 때문이다. 신자유주의와 함께 성장은 둔화되었고, 대량 실업이 고착되었으며, 국가 재정의 위기도 심화되었다. 실물 부문의 지속되는 위기 속에서 자본주의는 세계화와 금융 부문의 팽창을 통해 이윤 증식을 도모했지만, 이는 2008

년 세계 금융 위기로 막을 내리고 말았다. 금융 위기와 이 위기에 대한 신자유주의적 처방, 즉 '손실의 사회화'로 인해 세계경제의 위기는 미국의 국가 디폴트 위기 등에서 보는 바처럼 일층 업그레이드되었다.

신자유주의 위기의 심화와 반동적인 경제정책으로 자본주의 내 계급 간, 계층 간 분배 구조도 크게 악화했다. 대량 실업과 비정규직 그리고 금융 투기, 한마디로 양극화가 극단으로 진행되었고, 자본주의 사회상도 악화될 수밖에 없었다. 무엇보다 대량 실업, 특히 장기 실업과 사회보장 해체가 맞물려 복지국가 하에서 사라졌다고 했던 빈곤 문제가 다시 사회적 문제로 부각되었다. 이름 하여 '새로운 빈곤'이다. 1980년대 중반 이래 유럽에서, 특히 독일에서 회자된 '3분의2 사회'는 자본주의 사회의 이런 변화를 포착한 신조어였다. 안정된 고용 관계하에서 적절한 소득으로 생활하는 2/3 계층과, 실업 및 국가 부조로 연명하는 1/3 계층으로 사회가 나뉜다는 것이다. 위키피디아 독일판 등에 따르면, 이 용어는 1984년 독일 사민당 정치가인 페터 글로츠Peter Glotz가 사용한 데서 유래했다고 한다. 나아가 1990년대 말 그는 디지털 자본주의와 정보사회가 가져온 사회 변화를 이와 연관시켰다. 인구의 상층 1/3은 지식 노동자, 또 1/3은 이에 의존하는 손노동의 중간층, 그리고 나머지 1/3은 구조적 실업의 침전물이라고.

세계화의 진전과 경쟁의 심화 그리고 하향평준화를 배경으로 자본주의 사회구조는 더욱 악화되었다. 1990년대 말에는 전 〈슈피겔〉 편집위원이었던 한스 페터 마르틴과 하랄드 슈만의 저서 《세계화의 덫》의 간행과 함께 '3분의2 사회'는 낡은 용어가 되어 버렸다. 이들은 21세기 자본주의는 '3분의2 사회'가 아니라 '5분의1 사회', 즉 '20대80 사회'로 변할 것이라며 신자유주의의 위험을 경고했다. 세계적으로 노동 인구의 20%만 필요하고 이 인구만이 제대로 된 소득과 소비 생활에 참여하며 나머지 80% 인구는 이로부터 배제된다는 것이다. 이 주장은 좀 과도한 면이 없지 않지만, 오늘날 '20대80 사회'는 신자유주의에 의해 초래된 자본주의의 참상을 표현하는 상징적인 용어로 많은 사람이 사용하고 있다.

'3분의2 사회'로부터 '20대80 사회'로의 변화는 단순한 수치상의 변동을 넘는 질적 변화를 내포하고 있다. 즉 배제되는 인구 계층이 소수(1/3)가 아니라 다수(4/5)라는 점이다. 신자유주의는 이제 인구의 압도적인 다수를 생존의 위기로 몰아넣고 있다는 말이다. 급기야 지난 금융 위기를 거치면서 금융자본에 반대하는 '월가 점거 운동' 속에서 '1대99 사회'라는 주장까지 나왔다. 금융 위기의 장본인인 금융자본의 손실을 국가와 사회로 전가하는 '손실의 사회화'에 대한 대중의 분노와 저항이 이 용어에 그대로 담겨 있다. 막대한 공적 자금 덕분에 금융자본은 위기로부터 회생했지만, 대중은 실업과 납세의 부담을 짊어졌고, 국가는 채무 증대로 파산에 직면하게 되었다. 전체 인구 중 한 줌밖에 안 되는 탐욕스런 금융자본가와 희생과 부담을 떠안는 대다수 인구 간의 이해 대립을 이 용어만큼 더 적합하게 표현할 수는 없을 것이다.

 신자유주의가 열어 놓은 극단적인 양극화와 위기의 사회를 단적으로 표현하는 이들 용어가 자본주의의 현실과 미래를 과장해 풍자한다고 반박하는 논자들도 있을지 모른다. 하지만 세계적인 경제 위기와 구조화된 대량 실업, 그리고 국가 개입의 폭을 제한하는 부채 위기를 고려하면, 또 가속화되는 기술혁신과 자동화, 특히 디지털 정보혁명이 가져온 노동의 파괴적 효과를 감안하면, 자본주의는 분명히 이런 사회로 들어선 것으로 보인다.

_ 2013. 11. 23.

민영화와 국유화를 넘어
사회화로

한국에서 민영화는 1997년 외환 위기와 IMF 구제금융에 따른 신자유주의 정책의 전면적 도입 속에서 본격화되었다. KT, 포스코, 한국중공업(현 두산중공업) 등 우리에게 익숙한 국가 기간산업의 기업들이 이 시기에 민영화되었다. 한국전력과 코레일은 민영화 반대에 밀려 공기업 형태로 분할된 채 지금도 민영화의 위협 속에 놓여 있다. 그리고 기존의 국영은행들을 비롯해서 외환 위기 때 공적 자금을 투입해 국영화되었던 상업은행들도 우리은행을 제외하고는 모두 민영화되고 말았다. 그야말로 민영화의 광풍이 한국 경제를 휩쓸고 지나간 형국이다. 그러고도 부족해서 지금도 대우조선해양, 우리은행 등 대형 기업과 은행들이 민영화를 앞두고 있다. 수서발 KTX 분할 민영화로 인한 작년 말 철도노조의 강력한 파업도 이런 연장선상에 있는 것이다.

신자유주의와 민영화

신자유주의란 자본주의의 조절을 무엇보다 사적 소유권과 시장 경쟁에 위임하라는 사상이자 정책이다. 신자유주의 교리에 따르면 시장에서 수요와 공급에 의해 결정되는 가격이 자원의 배분을 최적화하고 완전고용을 실현하며 사회 구성원 모두의 후생을 극대화한다고 한다. 따라서 시장 과정에 대한 국가의 개입은 최적 균형을 훼손하는 '악'의 상징이 된다. 민영화가 신자유주의 관점에서 추진되었기 때문에 민영화의 이유와 방향도 단순하고 명확하다. 국영기업은 소유자가 없는 데다 정부의 관료주의적 간섭으로 주인 없는 무책임한 경영이 불가피하다는 것, 그리고 시장 경쟁의 부재로 생산성과 효율성이 떨어질 수밖에 없다는 것이다. 이 때문에 민영화를 통해 기업의 소유자를 찾아주고 시장 경쟁을 강화해서 책임 경영과 효율성 증대를 도모하겠다는 것이 정부의 민영화 방향이었다.

그런데 신자유주의의 이런 교리는 결코 현실에서 검증된 것이 아니라 이데올로기일 뿐이다. 현실에서 신자유주의는 자원의 최적 배분과 완전고용, 후생 극대화는커녕 2008년 금융 위기에서 보는 바처럼 자본주의 체제에 대재앙을 가져왔을 뿐이다. 지난 금융 위기 이후 신자유주의는 세계적인 불신의 대상으로 전락했고, IMF의 전 총재 칸을 비롯해 주요 선진국의 정부 수장들도 신자유주의는 실패했다고 인정할 수밖에 없었다. 최근에는 독일연방 대통령 가우크가 신자유주의에 대한 이런 불신을 우려하면서 독일 신자유주의는 영미 신자유주의와 달리 자유방임을 주장하는 게 아니라고 방어에 나서기까지 했다. 한국에서도 수서발 KTX 분할 민영화 논란을 배경으로 철도 민영화의 역사적 책임 문제가 불거져 나왔다. 당시 민영화를 추진해 왔던 김대중 정부와 노무현 정부의 관계자들이 신자유주의와 민영화는 그 시기엔 세계적인 추세였다며 위기 정세하에서 자신들도 맹목적으로 추종했음을 인정했고, 이제는 철도 민영화에 반대한다고 천명하기에 이르렀다. 따라서 신자유주의에 대한 맹신과 허상이 깨진 오늘날 신자유주의에 입각한 민영화 정책도 전면적으로 재고하지 않으면 안 된다.

민영화의 논리와 현실의 민영화

국영기업들에 주인을 찾아주고 시장 경쟁을 촉진해서 효율성을 높이겠다고 했지만, 민영화의 현실은 새로운 재벌 형성이나 기존 재벌의 강화였고, 또는 은행 부문에서처럼 모두 외국자본의 수중에 들어갔다. 시장 경쟁을 촉진하기는커녕 이들 대기업과 은행들은 모두 독과점 기업으로서 막대한 독점이윤을 향유하고 있으며 엄청난 배당 이윤이 외국으로 빠져나가고 있다. 국민 기업형 민영화라는 KT마저도 최근 CEO인 이석채의 불법과 배임 그리고 비자금 조성 의혹 사건에서 보는 바처럼 부정과 비리에다 대리점과 하청 업체에 대한 횡포 그리고 노동자 탄압 등 재벌 기업과 다름없는 행태를 보이고 있다.

사회간접자본의 민자 사업을 통해 일반 시민들은 일상생활에서 민영화의 폐해를 직접 경험하게 되었다. 도로, 전철, 터널, 항만 등에 대한 민간투자가 서비스 개선과 가격 하락을 도모한다는 당초 취지와는 달리 정부와 지자체는 민간 자본의 투자 수익을 보장하기 위해 이들 사업에 막대한 세금을 퍼붓거나 높은 서비스 가격을 허용하지 않으면 안 되었다. 서울지하철 9호선, 신분당선, 인천공항고속도로, 우면산 터널, 광주 제2순환도로 1구간 등 대부분 사업에서 그러했다. 최소운영수입보장MRG 방식에 의해 민간사업자들에게 지원한 금액은 우면산 터널의 경우 2004~2011년간 480억 원, 광주 제2순환도로 1구간은 2001~2012년간 1천390억 원에 이르는 등 지자체 재정에 감당하기 어려운 부담이 되고 있다. 특히 이 민자 사업의 주요 투자자인 맥쿼리한국인프라는 이들 사업의 금융 조정을 통해 최대 20%에 이르는 고금리 대출로 한편에서는 높은 이자 수익을 챙기고, 다른 한편에서 그로 인한 적자는 지자체의 지원금으로 보상받는 등 사악한 경영으로 대중의 공분을 불러일으켰다.

국가개입주의는 자본주의 발전의 필연적 귀결

따라서 사적 소유권과 시장 경쟁이 국가 소유와 계획보다 우월하고 효율적이라는 신자유주의 사상은 근본부터 잘못된 것이다. 원리적으로 보면, 사적 소유권과 시장 경쟁이란 자본의 이윤 추구를 실현하는 것이며, 효율성이란 것도 어디까지나 개별 자본과 사적 이윤의 관점에서만 그러한 것이다. 그러나 사회 전체적으로는 경쟁에 의한 무정부성과 과잉생산으로 자본주의 시장경제는 주기적으로 공황에 빠져 효율성은커녕 기업과 은행의 도산, 대규모 자원의 파괴와 낭비를 가져온다. 자본주의가 독점자본주의로 발전하게 되면 독점자본의 지배로 인해 시장에서 경쟁이 제한되고 공황은 점차 심화하여 자유주의 이념은 더욱 현실 설명력을 상실하게 된다. 1930년대 대공황은 이런 역사 과정의 정점이었고, 국가의 전면적인 경제 개입을 통해 자본주의의 대위기에서 비로소 탈출할 수 있었다. 이렇게 해서 전후 케인스주의로 표현되는 국가개입주의가 제도화되었다. 그 이후 국가개입주의는 자본주의 존립의 불가결한 조건이 되었다. 이 국가개입주의가 1970년대 이래 새로운 구조 위기에 직면했지만, 국가개입주의의 철폐에서 그 해결책을 찾은 신자유주의는 대공황의 역사적 교훈을 무시한 시대착오일 수밖에 없었다. 심지어 자유주의 시장경제를 설파하던 신자유주의조차 국가개입주의를 철폐할 수는 없었고, 복지국가를 지향하던 케인스주의적 개입주의를 독점자본과 금융자본을 위한 반동적인 개입주의로 바꾸어 놓았을 뿐이다.

국가개입주의는 국유 기업과 국가 재정 그리고 중앙은행을 통해 시장경제에 개입한다. 원리적으로 보면, 국가 개입은 사적 이윤의 추구가 아니라 국민경제라는 공공의 목표를 추구하는 것이어서 일반 시민들로서는 국가 부문이 그 자체로 사적 시장경제보다 바람직한 부문이다. 물론 국가개입주의는 전체 자본가계급과 독점자본의 이해도 대변한다. 따라서 국가 부문을 둘러싸고 일반 대중과 (독점)자본가계급의 이해가 충돌하며, 양자의 정치적 투쟁을 통해 국가개입주의의 구체적 성격과 방향이 결정된다. 완전고용과 소득재분배 그리고 사회보장을 추구했던 케인스주의 복지국가는 바로 노동자들의 정치적 힘이 강력했던 시기의 역사적 산물이고, 반면 신자유주의적 개입주의는 자본가들의 권력이 강력해진 시기의 산물이다. 하지만 신자유주의적 개입주의가 케인스주의 복지국가의 근간을 모두 해체할 수는 없었다. 신자유주의하에서도 국가의 정통성은 시민의 주권에 근거하는 것이어서 시민의 일반적 이해를 어떻게든 대변하지 않고서는 선거를 통해 권력을 장악할 수 없기 때문이다.

국가 부문의 역할과 기능

선진 자본주의 국가들과 달리 한국은 복지국가를 경험하지 못했지만, 그래도 국가 부문은 사적 시장경제에 대한 시민의 통제와 복지 증진을 위해 지켜야 할 중요한 영역이다. 국가가 국민을 위해 해준 게 뭐가 있느냐는 반발도 있지만, 냉정하게 들여다보면 사실 국가로부터 많은 혜택을 받고 있다. 우선 교육과 의료보험, 연금 등 사회보장의 영역이 그러하고, 또 국영기업이나 공기업 등의 공공서비스도 그러하다. 이를 통해 사적 시장경제에선 기대할 수 없는 복지의 증대와 소득의 재분배가 이루어진다. 예컨대 한국전력은 독과점 기업이지만, 독점이윤을 추구하지 않고 최소한의 이윤만을 남기며, 농업용이나 산업용 전기는 원가 이하로 공급한다. 또한 코레일도 완전독점임에도 불구하고 취약 계층에게 운임을 할인해 주며, 화물열차의 경우 원가의 60%밖에 안 되는 가격을 책정하는 등 전반적으로 적자 운영과 적자 노선을 마다하지 않는다. 서울지하철의 만성 적자도 마찬가지다. 이윤을 추구하는 사기업이나 재벌 기업들에서는 결코 볼 수 없는 기여를 국가 부문이 수행하고 있는 것이다.

또한 전력이나 철도 같은 산업은 대규모 자본 투자가 요구되는 반면, 자본의 회전 기간은 길기 때문에 높은 이윤과 감가상각을 통해 빨리 자본을 회수하지 않으면 막대한 부채가 불가피하다. 그래서 한국전력이나 코레일의 과다 부채와 적자 누적은 당연하다. 이는 국영기업의 비효율성과는 아무 상관이 없다. 이 경우 공기업의 적자는 공공적 기여의 결과이므로 역설적이지만 적자가 클수록 기여가 높은 것이다. 이 적자를 국가 재정이 떠안으면, 국민의 세금으로 보전하는 것이 되고, 결과적으로 국가 재정을 통한 소득재분배의 효과까지 기대할 수 있다. 이들 기업을 민영화해서 흑자 기업으로 바꾸는 마법은 간단하다. 공공적 기여분을 없애고 가격을 인상해서 독점이윤을 취득하면 된다. 물론 그 대가는 시민들이 부담해야 한다.

이런 점에서 보면 공기업이 커다란 흑자를 내는 것이 오히려 문제다. 왜냐하면 이 흑자는 대개 독점기업으로서의 높은 서비스 가격과 공공적 기여의 삭감에서 기인하는 것이기 때문이다. 그렇다고 해서 흑자 공기업이 민영화의 대상에서 벗어나는 것도 아니다. 인천국제공항공사나 한국전력기술 같은 우량 공기업도 민영화 논란의 중심에 들어와 있다. 적자여도 민영화, 흑자라도 민영화, 모든 길은 민영화로 통한다. 흑자냐 적자냐가 문제가 아니라 공기업을 재벌과 외국자본에 넘겨주는 것이 민영화의 핵심인 탓이다. 부실기업이나 은행을 공적 자금 투입으로 회생시켜 놓고 재민영화하는 수순도 전형적인 민영화 수법이다. 외환 위기 시 기아자동차와 아시아자동차는 총부채 15조 원 중 10조 원을 탕감받고, 게다가 3조 원의 추가 자금 지원까지 받으면서 현대자동차에 매각되었다. 그 부담은 대주주였던 산업은행이 졌고 엄청난 수혜는 현대자동차가 입었다. 기아자동차가 흑자 기업으로 바뀐 것은 민영화되었기 때문이 아니라 민영화를 가능하게 한 국가의 손실 부담 덕택이었다. 공기업 기아자동차에도 이런 혜택을 주었다면, 당연히 흑자 기업이 되었을 것이다.

국유화를 넘어 사회화로

물론 국가 부문의 공공적 역할을 이유로 부정부패와 정경 유착, 관료주의와 복지부동, 낙하산 인사와 철 밥그릇 등 국가 부문의 폐해를 묵과해서는 안 된다. 국가 부문의 긍정적인 기여에도 불구하고 국가 부문이 비효율과 악의 상징이 되어 민영화 선동이 먹혀들었던 것은 바로 이런 폐해들 때문이었다. 게다가 한국에서는 복지국가도 존재한 적이 없었기 때문에 국가 부문을 지켜야 한다는 공감대가 시민들 사이에 부족했다. 국가는 오히려 개발독재 시기에 노동자들과 중소기업을 희생해서 재벌들을 육성해 주는 방식으로 기능했고, 이런 부정적 이미지 속에서 전반적으로 국가는 극복해야 할 대상으로 여겨졌다. 하지만 그 폐해가 국가 부문의 고유한 것이어서 극복할 수 없는 것은 아니다. 또한 국가 부문은 시장경제의 이윤 독재에 대항해서 시민의 복지와 공공적 이해를 대변할 수 있기 때문에 국가 부문의 민영화가 아니라 국가 부문의 확장이 필요한 것이다. 경제민주화와 복지국가는 국가 부문의 확장 없이는 결코 이룩할 수 없다.

국유 기업과 공기업의 이런 폐해들은 국가 부문이 원래 그래서가 아니라 국가와 공공 부문에 대한 노동자와 시민의 통제가 결여되었기 때문에 발생한 것이다. 그리고 이 통제는 민주주의의 발전과 궤를 같이하는 것이다. 국유 기업이란 기업의 소유 형태가 국가 소유라는 것을 말해줄 뿐이고, 그 자체로 시민들의 전체적 이해를 위해 복무하는 것은 아니다. 정말 중요한 것은 기업의 소유 형태가 아니라 이 기업을 누가 통제하느냐 하는 것이다. 그 여하에 따라 국유 기업의 존재 이유, 운영 원리, 기능 방식이 달라질 수 있다. 자본주의하에서 국유 기업의 폐해도, 현실 사회주의 국가에서 국유 기업의 실패도 모두 국유 기업의 문제를 소유 형태의 관점에서만 파악하고 실제적인 통제의 관점을 놓쳤기 때문이다. 형식적 소유관계와 실질적 통제의 두 관점을 모두 포괄하는 것이 다름 아닌 사회화Socialization란 개념이다. 국유 기업을 지금처럼 국가 관료와 정치권력이 지배하는 것으로부터 노동자와 시민들의 민주적 통제로 전환하는 것, 이것이야말로 국유 부문을 혁신하고 민영화를 극복하는 진정한 대안일 것이다.

사회화 전략은 새로운 것이 아니다. 이미 1970~80년대에 영국 노동당의 AES(대안경제전략)와 런던광역시 노동당 좌파의 실험, 프랑스 사회당·공산당의 공동 강령 등에서 국가 부문의 확대와 민주주의적 통제의 강화를 결합하려는 주목할 만한 시도들이 있었다. 독일 등 유럽에서 제도화된 노사 간 공동 결정 제도도 공기업과 민간 기업을 아울러서 기업 통제와 의사 결정의 민주화에 크게 기여했다. 신자유주의 위기 속에서 사회화를 다시 실험하고 강화해야 할 것이다.

_ 2014. 2.

II

신자유주의 15년:
이른바 국민의 정부로부터
박근혜 정부까지

다시 고개 드는
세계화의 망령

우리가 겪는 외환 위기는 근본적으로는 재벌 지배 체제와 대외 지향적·종속적 축적의 모순에서 비롯된 것이다. 물론 위기의 구체적인 전개는 1990년대 자본주의의 국내외적 조건에 규정되었다. 한편에서 과잉생산, 과잉축적과 그에 따른 재벌 및 금융기관의 연쇄적인 부실화, 그리고 다른 한편에서 자본 운동 자유화의 급진전과 국제수지 적자의 심화 등의 요인이 작용했다. 그리고 보다 직접적으로는 이런 경향에 대처할 수 없었던, 아니 이런 경향을 강화시켰던 김영삼 정부의 무능한 경제정책에 그 원인이 있다.

　김영삼 정부의 무능한 경제정책을 단지 정책 브레인들의 잘못된 결정이라든가 경제 문제에 이해 능력이 결여된 대통령의 개인적 문제로만 파악하는 것은 위기 극복의 대안을 모색하는데 도움이 되지 않는다. 위기의 원인과 관련해서 중요한 문제는, 김영삼 정부의 경제정책이 경제 위기의 근본적 원인인 재벌 지배 체제와 대외 지향적·종속적 경제의 모순을 해결하기보다는 오히려 탈조절과 세계화라는 구호 속에서 재벌 지배 체제를 강화하고 OECD 가입 등 대외 개방과 자유화를 급진전시켰다는 것이다. 그래서 김영삼 정부는 위기 경향에 대처할 조절 수단을 상실할 수밖에 없었다.

　김대중 정부가 IMF 구제금융을 받아들이면서 신자유주의 정책을 전면적으로 수용하여 자본 및 금융시장을 거의 완전하게 개방하고, 상품시장 또한 대폭 개방한 것이라든지, 또는 재벌 지배 체제를 말로는 해체하겠다고 하면서 실제로는 5대 재벌을 중심으로 재편해 강화하고 있는 것을 보면, 이 정부는 위기를 겪으면서 김영삼 정부로부터 어떤 교훈도 얻은 게 없는 것 같다. 그렇기는커녕 오히려 위기를 가져온 요인들에 무제한적인 활동 공간을 허용함으로써 장래에 더 큰 위기를 예고하고 있다. 말하자면 김대중 정부는 김영삼 정부를 극복하는 것이 아니라 오히려 강력하게 계승하고 있는 것이다.

그나마 재벌 정책에 대해선 시민단체 및 노동단체로부터 여러 비판이 제기되어 논쟁이라도 되고 있지만, 대외 지향적·종속적 축적 문제에 대해서는 대부분 한국 경제가 세계경제에 깊숙이 편입됨으로써 활로를 찾는 것 외에는 다른 대안이 없다는 생각이 지배적이다. 한국 경제의 위기는 대외 개방의 지체와 세계경제로의 편입이 충분하지 않아서 비롯된 것이 아니다. 위기는 그 반대로 세계경제로의 편입이 과도하게 진행되었고, 그것도 세계경제에서 종속적 지위로서 편입되었다는 점에서 비롯되었다. 예를 들면 한국 경제에서 대외 부문이 총GDP에서 차지하는 비율은 60~80%에 달하는 반면, 많은 사람이 세계시장 지향적인 국가라고 믿는 미국이나 일본 등은 그 수치가 20% 미만에 불과하다. 이렇게 보면 한국 경제는 결코 언론에서 선전하는 바처럼 일본의 수출입국 모델을 따라가는 것도 아니다.

김대중 정부는 IMF 구제금융 협약에서 합의한 시장 개방 약속도 부족하다고 생각하여 최근에는 한국과 미국 간, 한국과 일본 간 쌍무투자협정을 추진하고 있고, 또 한미 간, 한일 간 자유무역 지대의 창설을 적극적으로 검토하는 것으로 알려졌다. 스크린쿼터 폐지에 대한 영화인들의 저항으로 여론의 주목을 받게 된 한미투자협정은 그 내용 면에서 기존의 투자협정들과 기본적으로 성격을 달리 한다. 이는 영화인들의 문제만이 아니라 국민경제 전체의 이해라는 관점에서 결코 이대로 넘어가서는 안 되는 문제이다.

한미투자협정 협상의 토대가 되는 것은 1994년 개정된 미국의 쌍무투자협정 전범인데, 이에 따르면 조약의 대상 투자가 지난 외환 위기 때 그 위력을 드러냈던 투기적인 포트폴리오 투자를 비롯해 모든 유·무형의 투자를 포괄하고, 인가된 투자만이 아니라 투자 설립의 단계에서부터 내국민 대우와 최혜국 대우를 구속적인 의무로서 강제하여 투자 자유화를 획기적으로 강화하고 있다. 이 전범은 또 외국 투자와 관련한 이행 의무 부과 금지 조항(스크린쿼터제나 국산 잎담배 사용 의무의 폐지 등)이라든가 투자 기업의 최고 경영자 국적 요건 부과 금지 조항, 투자 기업에 대한 직·간접 수용 시의 보상 의무 조항, 구속적인 분쟁 해결 절차 조항 등을 규정하고 있는 반면, 필요한 경우 조약의 의무에 대한 일시적 면제 조처를 인정하는 세이프가드 조항은 담고 있지 않다. 이에 따라 협정을 맺을 경우 국가 주권에 기초한 경제정책적 통제 수단을 심각하게 상실할 수밖에 없다.

선진 제국주의 국가와 후진 종속국 간의 이런 협정이 종속국에 가져올 파괴적인 효과는 불문가지라 할 것이다. 그런데도 한국 정부가 위기관리 수단을 요구할 수 없다면, 이런 협정은 재고해야 하는 것 아닌가? 자본 운동의 세계화가 진전됨에 따라 세계경제적 자본 관계의 확대라는 경향은 부정하기 어렵겠지만, 그런 조건하에서도 국민경제적 중심은 포기할 수 없는 것이라면, 세계시장에 이미 과도하게 편입된 한국경제는 일층의 편입을 모색하기보다는 내수 시장의 확대와 국민적 조절 수단의 강화를 통해 세계시장으로부터 일정한 U턴을 모색해야 한다. 그것이 위기극복의 유효한 대안일 것이다.

_ 1999. 1. 21.

경제논리는 선善,
정치논리는 악惡?

김대중 정부가 경제 위기 극복책으로 시장주의 구조 조정 정책을 관철시켜 가면서 시장과 경쟁에 대한 과도한 신뢰가 널리 퍼지고 있다. 일반 시민들까지도 개혁을 말하면 시장 경쟁을 들먹이는 정도가 됐다. 외환·금융 위기를 가져온 것은 관치 금융이고, 위기 극복을 위해 관의 지배를 청산하고 시장 원리를 강화해야 한다며 온갖 규제 완화가 선인 것으로 받아들여지고 급기야 공공 부문 민영화를 넘어 정부 조직에도 시장 경쟁 원리가 도입돼야 한다고 주장하고 있다.

경제 논리가 더 나쁘다

이런 시대 흐름을 거슬러 다른 말이라도 할라치면 제도 언론을 포함해 반개혁적이라느니 구시대적 정치 논리로 경제 논리를 희생시킨다느니 아우성이다. 대표적으로 1997년 여름 이후 기아자동차 처리 문제를 놓고 이런 수상이 횡행했다. 기아를 시장 원리에 따라 처리하지 않고, 정치적 고려 때문에 경제가 망가지고 있다는 게 이름깨나 있다는 경제 전문가나 경제학자들의 주장이었다.

이런 주장이 힘을 얻는 이유는, 유신 정권과 5·6공 그리고 민간 정권 아래에서도 변함없이 부패한 정치권과 국가 관료들, 또 그들의 정책 개입이 가져온 폐해 때문이다. 부정과 야합, 무능과 무책임, 관료주의와 복지부동 등을 볼 때 정치 논리를 망국의 대명사로 이해하는 것은 너무도 당연하다. 게다가 최근에도 의약 분업이나 정부 조직 개편, 과세 특례 조항 철폐 등 이른바 개혁 시도들이 내년 총선을 의식한 정치권의 표 계산으로 연기 또는 축소·무산되는 것을 목도하고 있다. 이런 실정이니 시장 경쟁이 진리로 보일 것이다.

그러나 정치 논리는 배제하고 경제 논리로 개혁해야 한다는 주장에 대해서는 신중한 사고가 필요하다. 특정한 이해관계가 은폐돼 있기 때문이다. 우선 정치 논리가 나쁜 것이라고 하여 경제 논리가 좋은 것은 아니다. 흔히 경제 논리는 합리성과 효율성의 상징으로 이해되지만, 그것은 기본적으로 자본과 이윤의 논리이다. 오늘날 자본주의에서는 특히 재벌과 독점 이윤의 논리이다. 곧 합리성과 효율성은 재벌과 독점 이윤의 관점에서 그러할 때 의미 있게 받아들여진다는 것이다.

하지만 그 때문에 재벌의 관점에서의 합리성과 효율성은 흔히 사회 전체적으로는 비합리성과 비효율성을 가져오곤 한다. 현실 정치를 삼류라고 비하하며, 그렇게 일류의 효율성을 외치던 이건희 삼성그룹 회장은 삼성자동차 신규 진출로 한국 자동차 산업의 구조적 비효율을 가져온 장본인이 아니던가? 오히려 정치권과 국가 관료의 부패와 부정, 낭비와 비효율의 밑바닥에는 재벌의 무분별한 이윤 논리가 도사리고 있고, 그것은 이름 하여 정경유착의 모습으로 나타난다. 삼성자동차 신규 진입을 마지막 단계에서 허용하도록 결정한 정치 논리 뒤에는 삼성의 로비, 삼성과 당시 정권과의 유착이 있지 않았을까?

이렇게 보면 일반의 상식과 달리 무엇보다 경제 논리가 나쁜 것이다. 그렇다면 정치 논리는 어떠한가? 현대 자본주의 아래에서 우선 정치적 조절이 없는 시장경제는 더 이상 생각할 수 없다. 말하자면 정치적 논리는 불가결한 것이다. 다만 정치 논리는 나쁠 수도 있고 좋을 수도 있다. 나쁜가 좋은가는 어떤 목적을 가지고 경제 과정에 정치적으로 개입하는가에 따라 결정된다. 재벌의 이윤을 보호하고 그것의 떡고물을 나눠 갖기 위해 경제 과정에 정치적으로 개입하는 것, 이것이 우리가 해방 이후 한국 사회에서 보아 온 나쁜 정치 논리다.

재벌 이윤 제한, 정치 논리가 필요하다

반면 재벌의 이윤을 제한하고 시장의 무정부적인 경쟁이 가져오는 폐해를 막기 위해서는 이런 폐해를 추동하는 경제 논리를 제한하지 않으면 안 된다. 여기에는 정치 논리가 필요하다. 재벌의 소유와 경영을 제한하거나 청산하고 노동자들의 생존과 권리를 보호하며 진보적인 세제 개혁을 통해 국가 주도로 사회보장 정책을 대폭 확충하는 것, 또 환경을 보호하기 위해 사적인 경제 논리를 제한하는 것, 이런 정치적 개입이 많으면 많을수록 그 사회는 진보하는 것이다.

따라서 현실의 부패한 정치 논리를 근거로 정치 논리 자체를 부정하고 경제 논리와 시장 논리로 경제 문제를 해결해야 한다는 주장은, 결국 경제 문제에 대한 민주적인 정치 개입의 길을 봉쇄하는 효과를 낳을 뿐이다. 결국 정치 논리 자체의 부정은 재벌의 이해관계에 복무하는 것이 되고 만다.

_ 1999. 4. 1.

재벌과 외국자본을 위한
민영화

1998년 7월 이래 공공 부문 구조 조정의 핵심 과제로 추진되고 있는 공기업 민영화는 규모나 내용에서 이전 어느 정부와도 비교할 수 없는 발본적인 성격을 가진다. 여기에는 포항제철과 한국중공업, 한국통신, 한국전력공사, 담배인삼공사 등 국가 주요 기간산업이 포함되어 있다. 공기업 민영화가 제기되는 배경에는 주지하다시피 공기업의 방만한 운영과 비효율성, 관료주의와 부정부패 같은 현실의 폐해가 있다. 정부는 이런 폐해들이 기본적으로 주인 없는 무책임 경영과 국가 독점에서 비롯되는 것이라고 판단한다. 그래서 민영화를 통해 공기업의 주인을 찾아주고 경쟁 원리를 강화하며 책임 경영을 도입함으로써 생산성과 효율성을 증대하겠다는 것이다. 그런데 이런 민영화 논리는 탁상 논쟁에서는 그럴듯하게 들릴지 모르지만, 현실에서는 별로 설자리가 없는 타당하지 못한 논리이며, 민영화를 통해 재벌들에게 공기업을 넘겨주는 실제적 의도를 은폐하는 이데올로기다.

예컨대 포항제철이나 한국전력공사를 분할 민영화하더라도 독과점적인 시장 지배는 변하지 않고 소유 지배만 재벌들에게 넘어가게 되어 공공 독점이 사적 독점으로 전환되는 더 나쁜 결과가 될 것이다. 한국중공업의 민영화 안은 이런 논리의 기만성을 여지없이 폭로하는 예이다. 한국중공업 · 현대 · 삼성의 3사

체제인 발전 설비 부문을 한국중공업으로 일원화한 후 한국중공업을 민영화한다는 빅딜 안은 경쟁을 활성화하기는커녕 독점 체제를 구축하게 되고, 이 부문에서 지금껏 보잘것없던 현대나 삼성이 자신과는 비교도 안 되는 거대 공기업을 집어먹는 어이없는 수순일 뿐이다.

현 정부의 민영화 정책은 단지 민영화가 아니라 해외 매각을 추진한다는 점에서 이전 정부들의 정책과 질적으로 다른 차원의 문제를 제기한다. 포항제철은 3억5천만 달러 규모의 해외 DR(해외주식예탁증서)을 발행했고, 한국전력공사는 군산 및 영월의 복합 화력 설비를 매각했으며, 한국중공업도 해외 매각할수 있다고 한다. 국가 기간산업의 해외 매각이 산업의 국내 기반을 무너뜨리고 생산력의 대외 종속을 심화시키며 고용을 불안정하게 할 것임은 불문가지다. 아무리 외자 유치가 절박했다 하더라도 이는 속되게 말하면 나라를 팔아먹는 정책이다.

공기업의 현실적 폐해들은 물론 척결되어야 하지만, 민영화와 해외 매각으로 해결될 것은 아니다. 이 폐해들은 공기업 자체에서 비롯되는 것이 아니라 낙하산 인사 등에서 보는 바처럼 공기업에 대한 정부의 관료주의적 통제의 산물이며, 문제는 이런 정부 통제를 청산하고 공기업의 자율 책임 경영을 제도적으로 확보해야 하는 것이다. 그 경우 공기업은 사적 자본과 재벌의 이윤 원리를 제한하고, 대중을 위한 공공적 서비스와 산업의 인프라를 담당하는 진보적인 성격을 지킬 수 있게 된다. 이에 반해 국민주라든지 소액주주 또는 종업원지주제, 우리사주 같은 주장들로 공기업의 민영화를 용인하는 것은, 그것이 선의에서 출발하고 있더라도 결국 재벌과 외국자본의 지배를 확대·심화할, 위험한 대안이 아닐 수 없다.

_ 1999. 5. 20.

'정리 해고 불가피'는
지배계급 논리

IMF와 김대중 정부의 신자유주의 경제정책이 어떤 성격의 정책이었는지는 지금의 한국 경제가 그대로 보여 준다. 위급했던 외환 위기는 일단 극복되었고, 실물경제의 심각한 침체는 어느 정도 회복되어 가지만, 400만 명에 이르는 것으로 추정되는 대량 실업이 구조화되고, 빈부 격차는 확대되었다. 노동자들에 대한 정리 해고는 국가의 폭력을 동원하면서까지 사정없이 관철된 반면, 5대 재벌의 개혁은 아직도 청사진만 그려진 채 지지부진한 상태이고, 그 사이 이 공룡 재벌들은 자본 집중을 더욱 강화했다.

100조 원이 넘는 구조 조정의 비용은 그대로 국민에게 전가되어 고납세는 임금 삭감과 함께 대중의 생활을 압박하고 있다. 불붙는 증권시장의 넘쳐나는 자금들에서 보듯이 부유한 자산 계층과 외국자본은 이 정책의 수혜자들이었다. 말하자면 외환 경제 위기는 노동자와 서민 대중을 희생하고 재벌과 자산 계층 그리고 외국자본의 이익을 보장함으로써 극복되고 있는 것이다.

이런 경제정책이 계급 간 대립을 격화시키는 것은 당연하다. 정부는 위기 극복을 위한 이 구조 조정 정책이 국민적 합의라고 주장하면서 노동자들의 저항과 파업을 집단적 이기주의와 불법 파업으로 몰아가고 있다. 그러나 금융, 공공, 기업 부문 등 모든 노동자가 이 정책에 반대해 저항해 온 지난 1년 반을 되돌아보면, 노동자들은 이런 정책에 동의한 바가 없음이 너무도 명백하다. 이들이 국민의 다수일 텐데 어떻게 국민적 합의를 운운할 수 있겠는가? 이런 점에서 '국민의 정부'라는 것은 사기적인 구호다.

경제 위기를 극복하기 위해 국민 중 20%는 죽어야 한다는 대통령의 발상, 정리 해고와 임금 삭감 위에서 이윤 조건을 개선해야만 자본 투자의 조건이 회복되고 성장을 기대할 수 있다는 현대 경제학의 지배적인 논리는 이렇게 지배계급의 논리일 뿐이다. 부유한 자산계급이 더욱 살쪄야만 빈곤한 무산자에게 알량한 일거리와 먹거리를 줄 수 있다는 도착적인 테제, 이것이야말로 복잡한 수식과 언어로 포장된 현대 경제학의 단순한 계급적 성격이다. 한국의 재벌들과 자산계급이 자본 투자와 경제 회복으로 나아가기에 아직도 그 부와 소득이 불충분해서 더욱 보상을 해주어야 하는가? 누구도 그렇게 생각하지 않을 것이다. 오히려 이들의 부와 소득을 사회적으로 환수하고 민주적으로 통제하여 이윤 원리를 제한하면서 투자와 성장, 완전고용으로 나아가는 길, 즉 민주적 구조 개혁도 열려 있는 것이다. 현 정부를 포함하여 부패한 제도 정치권의 청산과 구조 개혁은 그 불가결한 전제이다.

_ 1999. 5. 15.

신자유주의 컨센서스와
'反파업' 이데올로기

IMF 구제금융 협약에 따라 경제 위기 극복을 위한 우리 정부의 경제정책은 정리 해고 등 노동시장 유연화와 시장 경쟁 강화, 자유화와 탈조절, 민영화 그리고 대외 개방으로 요약되는 신자유주의 정책에 의해 규정되었다. 이런 정책은 시장경제(효율성)와 민주주의(형평성)를 결합한다는 수사와 선전에도 불구하고, 실제로는 노동자 정리 해고와 임금 삭감 및 엄청난 구조 조정 비용의 대중 전가를 통해 노동자 대중의 희생 위에서 재벌의 지배 체제를 합리적으로 재편함으로써 위기를 극복하겠다는 것이다. 나아가 전면적인 대외 개방과 자유화 정책으로써 한국 경제를 세계경제에 보다 종속적으로 편입시켜 생존을 연장한다는 전략의 일환이다. 신자유주의는 우리에게 종속적 신자유주의의 문제다.

정부는 이 정책에 대한 지지 여하를 국민에게 한 번도 묻지도 않고 국민적 합의가 이루어졌다고 강변하면서 일방적으로 실행을 강제했는데, 이런 정책에 노동자들은 당연히 저항할 수밖에 없었다. 이에 맞서 민주노총은 정리 해고 및 노동조건 악화에 반대하고, 노동시간 단축을 통한 고용 안정을 주장했으며, 경제 위기의 책임을 물어 재벌 총수의 퇴진과 그들 자산의 사회적 환수 그리고 재벌 기업에 대한 소유의 사회화와 경영의 민주화를 요구했다. 그리고 이를 위해 파업 투쟁으로 나아갔다. 말하자면 경제 위기 극복을 둘러싸고 우리 사회에는 두 개의 길, 즉 신자유주의적 구조 조정과 민주적 구조 개혁이 대항하고 있던 것이다. 이런 대립 속에서 노사정위원회는 당연히 가동될 수 없었다.

필자는 노동자들의 저항과 파업이 정당하고 민주노총이 제시하는 위기 극복 대안이 민주적이고 민중적인 대안이라며 파업을 지지했다. 물론 한국의 정치적 힘 관계를 고려할 때, 이 대안이 현실화될 것으로 기대한 것은 아니다. 그럼에도 노동자들의 저항과 파업만이 IMF의 경제정책 즉 신자유주의 컨센서스의 관철을 저지할 수 있는 유일한 현실적 힘이고, 정치적 타협과 양보를 얻더라도 노동자들의 투쟁력 위에서만 그것이 가능하다고 생각했다. 또 김대중 정부가 조금이라도 민주적이라면, 나아가 민족적 이해를 지키고자 한다면, 이 정부가 노동자들의 파업을 방패로 IMF로부터 정책적 양보를 받아 낼 수도 있지 않을까라는 생각도 있었다. 그러나 생각 이상으로 김대중 정부는 친재벌적이고 친외국자본적이었고, 노동자들에 대해서는 완강하게 타협을 거부했다.

정부는 노동자들의 파업에 대해 개혁(?)을 저지하고 대외 신인도를 하락시켜 외환 위기를 다시 초래하고 경제 위기를 심화시킬 것이라고 선전했으며, 파업 때마다 관변 시민단체와 제도 언론들은 시민 여론을 빙자해 악의적인 보도와 함께 파업을 억압하고자 했다. 하기는 언제 한국에 파업에 동정적인 여론이 있었던가? 이른바 민주적인 시민단체들도 유감스럽게 양비론을 주장하면서 정부와 노동자 사이에서 솔직하지 못한 줄타기에 매달렸고, 결국 정부의 손을 들어주었다. 필자는 이들 시민단체가 결코 시민과 국민을 대표할 어떤 조직적 기반이 없는데도 한 줌밖에 안 되는 활동가들이 제도 언론의 이해에 영합함으로써 과잉 대표권을 행사하는 것이라고 생각한다.

물론 언론에서 보도하는 바처럼 시민들 사이에서 파업 반대의 여론이 너 높을 수도 있다. '시민의 발을 볼모로 하는 파업', '구조 조정을 거부하는 만성 적자 지하철', '철 밥그릇 공기업' 등 파업 반대 여론 공세는 그 대표적인 예라 할 수 있다. 그러나 제도 언론에 의해 파업의 쟁점과 요구, 쟁점의 연관 관계들이 왜곡되는 상황에서 시민들의 견해가 이처럼 일그러져 형성되는 것은 오히려 당연하다. 그 이데올로기적 왜곡의 사례를 다시 보자. 예컨대 선진국과 비교해 지나치게 낮게 책정된 지하철 요금을 감안하면, 적자 운영은 불가피하며 흑자 운영을 위해서는 요금이 지금보다 몇 배는 올라야 한다. 따라서 흑자 경영을 하면 저소득층을 중심으로 시민 부담이 오히려 직접적으로 증대할 수밖에 없다. 적자 운영도 물론 시민이 부담해야 하는 것이지만, 이는 예산을 통해 매개되는 것이어서 소득 재분배적 효과를 갖기 때문에 흑자 경영보다 오히려 진보적인 것이다. 이렇게 '적자 경영 → 시민 부담 → 불가피한 구조 조정'이라는 공세는 공공 부문을 공격하는 전형적인 이데올로기의 하나인데, 실은 자산계급의 이익을 이렇게 은밀히 대변하고 있다.

_ 1999. 5. 27.

노동시간 단축의
정치경제적 조건

한국은 노동자들의 주당 노동시간이 50시간을 초과하는, 세계에서도 불명예스러운 장시간 노동 국가이다. 다른 한편에서 경제 위기로 대량 실업이 구조화되어 경기가 회복되는 상황에서도 실업자 수는 공식적으로도 130만 명에 이르고 있다. 이것은 분명히 모순적인 현실이다. 이러한 현실의 모순에 대항해 민주노총을 비롯한 노동계는 노동시간 단축을 통해 일자리를 나눔으로써 새로운 고용을 창출하자고 제안했고, 구조적인 대량 실업하에서 이 제안은 신선한 대안처럼 다가왔다.

노동시간 단축 문제는 물론 새로운 문제가 아니다. 이는 산업혁명과 함께 자본주의가 확립된 이래 착취당하는 노동자들의 끊임없는 요구 사항의 하나였으며, 그 투쟁의 결과 노동시간은 실로 상당히 단축됐다. 그런데 경제 위기 국면에서 제기되는 노동시간 단축 문제는 이러한 오랜 역사를 갖는 투쟁 요구의 선상에 있으면서도 이를 통한 일자리 나누기와 고용 창출이라는 새로운 요구와 설합되어 있다는 점에서 독자적인 측면을 가진다. 이와 같은 대안은 1970년대 중반 이래 구조적 위기를 겪는 선진 자본주의국가들에서도 이미 실행되어 위기 속에서의 대량 실업에 대한 하나의 대안으로 자리 잡고 있다. 특히 신자유주의 정책 20년의 실천에도 불구하고 더욱 증대되는 유럽 국가들의 대량 실업 상황에서 이 대안은 실업 문제에 대한 희망으로 떠올랐다. 따라서 이런 대안이 과연 실현 가능한가라는 질문보다는 그것이 실현될 수 있는 현실적인 정치경제적 조건이 무엇인가를 물어야 한다.

노동시간 단축을 둘러싼 가장 첨예한 쟁점은 노동시간이 줄어들 때 임금을 삭감하느냐 하지 않느냐는 문제다. '임금 삭감 없는 노동시간 단축'을 주장하는 논자들은 노동시간 단축에 따라 임금을 삭감하면 임금을 보충하기 위해 노동자들은 초과 노동을 감수할 수밖에 없기 때문에 결국 고용 창출 효과가 없다고 한다. 반면, 강단에서는 경제학의 교리에 따라 노동시간이 줄어드는데도 임금이 삭감되지 않으면 결국 실질임금이 인상되는 것이어서 그 결과 고용은 오히려 줄어들게 된다고 가르친다. 재계의 인사들은 이 교리를 성전으로 들이대며 '임금 삭감 없는 노동시간 단축'은 결국 임금 인상일 뿐이라고 반대한다. 그런데 자본주의 역사를 보면 한편에서 노동시간이 단축되면서도 다른 한편에선 명목임금과 실질임금이 오히려 증대되어 왔기 때문에, 현실은 경제학의 교리를 반박한다. 임금 삭감 없는 노동시간 단축은 다른 측면에서 보면 임금 인상인 것이고, 그것은 자본의 이해를 침해한다. 이렇게 노동시간 단축 문제는 계급 간 이해 대립을 내포하고 있다. 따라서 정치적 논쟁과 힘 관계가 이 대안을 현실적인 대안으로 만드는 것이지, 경제학 교리가 가르치는 경제적 논리가 과학적인 해답을 주는 것은 아니다.

'임금 삭감 없는 노동시간 단축' 주장에 대해서는 기업의 지급 능력 문제를 들어 반론하기도 하는데, 이런 반론은 특히 중소기업의 경우를 고려하면 상당한 설득력을 가진다. 그러나 이 반론은 이 대안이 현실화될 수 있는 조건을 일층 사고하도록 한다. 즉 노동시간 단축 문제는 단순히 개별 기업 수준에서 해결될 수 있는 것이 아니라 사회경제적 구조 개혁과 관련해 이해해야 한다는 것이다. 기업에 따라 지급 능력에 차이가 있기 때문에, 예컨대 재벌 대기업에선 임금 삭감 없는 노동시간 단축이 즉각 도입될 수 있지만, 중소기업의 경우 이 대안은 중소기업을 도산시킬 수 있다. 여기에는 두 가지 해결 방안이 있다. 하나는 임금 삭감 없는 노동시간 단축을 일괄적으로 도입하면서 중소기업에 대해서는 고용 보조금 지원이나 세제 혜택을 통해 기업의 지급 능력을 유지시키는 방안이다. 다른 하나는 지급 능력이 없는 중소기업에 대해서는 노동시간 단축에 따른 어느 정도의 임금 삭감을 허용하고, 이에 따라 임금 소득이 줄어드는 노동자들에게 주택, 교육, 양육 보조금 등 사회적 성격의 임금을 지급하는 것이다.

어느 방안이든 그것은 사회정책을 위한 획기적인 재정 확대가 전제되어야 하며, 이를 위해 진보적인 방향에서 세제 개혁이 이루어져야 한다. 한국의 조세 부담률은 GDP 대비 20% 정도로 선진 자본주의국가들의 절반 정도에 지나지 않고, 세입 구조는 역진적인 성격의 간접세 중심이며, 세출에서 사회정책의 비중도 상대적으로 낮다. 조세부담률을 선진국 수준으로 올리고, 세입 구조에서도 자산계급에 누진적인 직접세를 강화하고, 자영업자들의 탈세를 방지하며, 세출에서 사회정책적 지출을 대폭 확대하면, 이 대안은 현실화될 수 있다. 이것이 사회 계급 간 이해 대립을 키우고, 세입과 세출을 둘러싼 계급·계층 간 정치적 논쟁을 첨예화시키겠지만, 원래 자산계급의 이해를 침해하지 않고서 개혁 대안은 성립할 수 없다.

노동시간 단축 문제가 오늘날 고용 창출과 관련해 특별한 의미를 갖게 된 것은 과거의 자본주의와 비교할 수 없을 정도로 대량 실업이 구조화되었기 때문이다. 현대 자본주의에서 더욱 심각해지는 대량 실업 문제는 정세적으로 보면 1970년대 이래 오늘에 이르는 구조적 위기의 직접적 결과다. 20년의 구조 불황에도, 또 신자유주의적 처방에도 또는 바로 그 처방 때문에 자본주의가 조만간 이 불황을 탈출할 것이라는 전망은 보이지 않는다. 따라서 대량 실업 문제도 조만간 해결되기 어려울 것이다. 대량 실업과 관련해 더 근본적인 문제는 기술혁신의 진전과 함께 오늘날 자본주의가 그 어느 시기보다도 급속하게 자동화되어 생산과정으로부터의 노동력 방출이 심각하다는 점이다.

21세기는 기계와 자동화 기술이 미증유로 인간의 노동력을 대체해 나갈 것이다. 이런 상황에서 노동시간 단축을 통한 고용 창출이라는 대안은 지금보다 더욱 중요한 대안으로 주목받을 것이다. 구조적인 경제 위기라는 것은 자본의 이윤 증식의 위기이며, 자동화와 노동력 방출 또한 초과 이윤을 둘러싼 자본 간의 무제한적인 경쟁의 결과이기 때문에, 여기에서 비롯되는 대량 실업의 위기는 곧 자본의 지배에 그 뿌리가 있다. 그 때문에 대량 실업의 위기에서 벗어나기 위해서는 자본과 이윤의 지배를 제한하고, 그에 대한 사회적인 통제를 확보하지 않으면 안 되는데, 노동시간 단축을 통한 일자리 창출이라는 것도 그런 관점에서 이해해야 한다. 자본가의 관념에서 '임금 삭감 없는 노동시간 단축'이 불합리하고 수용할 수 없는 것이라 하더라도 이제 자본주의 사회는 그런 대안을 피할 수 없다.

_ 1999. 10.

국부 유출 논쟁:
진정한 쟁점과 쟁점의 희화화

이번 2000년 총선은 총선연대의 낙천·낙선 운동 바람으로 정책 논쟁이 실종되고 인물 논쟁으로 치닫는다. 부패하고 무능한 그리고 반인권적인 낡은 정치인들을 의회에서 몰아내자는 이 운동은 제도 정치권에 대한 대중의 불신과 분노를 담고 있어 커다란 운동으로 발전한 만큼 특별한 의의를 가진다. 그러나 제도 정치권의 몇몇 인물을 청산하는 것이 아니라 외환 위기 이래 한국 사회를 대내적으로는 '20대80 사회'로 몰아가고 대외적으로는 초국적 자본의 직접적 지배 하에 종속시키는 신자유주의 경제정책 심판의 문제라면, 낙천·낙선 운동에 대해 달리 생각하지 않을 수 없다.

왜냐하면 신자유주의 경제정책은 낙천·낙선 대상 정치인들 못지않게 낡은 제도권 정치인들, 또는 그들보다 깨끗하고 유능하다 하더라도 신자유주의를 지향하는 제도 정치권 인물들에 의해 실행되고 있어서 낙천·낙선 대상 인물들의 당락과는 무관하게 관철될 것이기 때문이다. 오히려 낙천·낙선 운동의 인물 논쟁은 총선 시기에 신자유주의에 반대하는 대안적 정책 논쟁을 억압함으로써 이번 총선을 통해 신자유주의 정책을 재신임하는 결과를 가져올 우려가 높다. 실제로 민주노총을 비롯한 수십 개의 노동·사회단체가 민중 생존권 쟁취와 신자유주의에 반대하는 민중대회위원회를 출범시켜 한미·한일투자협정

체결 반대, 공기업 민영화와 해외 매각 중단, 농가 부채 탕감 등 6대 민중 요구를 제출하고 이를 위한 대중 집회와 시위를 조직하고 있음에도 낙천·낙선 운동에 묻혀 여론화되지 못하고 있다.

이런 상황에서 돌출한 여야 간의 국부 유출과 국가 부채에 대한 '정책' 논쟁은 많은 사람을 당혹스럽게 한다. 국가 부채 문제도 그렇지만 무엇보다 국부 유출 문제는 신자유주의 정책의 필연적인 결과로서 민중운동 진영에서 그동안 비판적으로 제기한 문제인데, 집권당과 동일하게 신자유주의 지반 위에 서 있는 보수적인 한나라당이 마치 민중운동의 요구를 대변하듯 이 요구를 제출하는 상황이기 때문이다. 뿐만 아니라 한나라당은 세계화 정책과 재벌 지향적 정책 등 신자유주의 정책의 선구자였던 김영삼 정부의 뿌리를 계승한 정당으로 이런 정당이 제기한 국부 유출이나 국가 부채 논쟁은 결국 자기 자신에게 그 창끝이 돌아갈 수밖에 없다.

결국 민중운동의 올바른 문제 제기조차 제도권의 정략적 논쟁 속에서 희화화되고 마는 것이다. 아니나 다를까 민주당은 한나라당이야말로 국부 유출 정책의 원조라고 비판하면서 이 문제를 정략적 논쟁으로 비하시켰다. 논쟁을 제기한 당사자가 하필이면 대우경제연구소장을 역임한 한나라당 정책위원장 이한구 씨라는 점에서 희화화는 극에 다다른 느낌이다. 이 씨는 대우 부도의 책임을 면할 수 없는 지위에 있었을 뿐 아니라 세계 경영과 세계화의 전도사적 발언으로 국부 유출을 운운할 염치가 없는 인물이기 때문이다. 민주당의 비판에 대해 이 씨는 "그렇다면 외환 위기에 대해 나뿐만이 아니라 현재 경제정책을 담당하는 고급 경제 관료 모두가 책임져야 한다"고 반박한다. 황당한 반론으로 들리지만 어쨌든 이 말은 맞는 말이다. 국부 유출을 정당화하는 민주당이나 국부 유출을 비판하는 한나라당이나 모두 신자유주의의 경제정책적 뿌리는 동일하며, 이 점에서 김대중 대통령은 흔히 오해하는 것처럼 '나라를 망쳐 버린' 김영삼 전 대통령과 단절한 것이 아니라 오히려 더 확실하게 김영삼 전 대통령을 계승하고 있다. 그러한 동일한 기반 위에서도 한나라당이 보다 재벌의 이익을 대변한다면, 민주당은 보다 초국적 자본의 이익을 대변한다는 색채상의 약간의 차이가 있는 정도다. 초국적 자본 지향적인 현 정부의 국부 유출 정책으로 퇴임 후 김대중 대통령은 '나라를 팔아먹은' 대통령으로 기억될 것이다. 뿌리가 같은 이들 간의 국부 유출 논쟁이란 이렇게 중차대한 문제를 정략적으로 이용하는 대중 기만적인 논쟁이고, 특별검사제 도입 같은 쟁점에서 보듯 여야가 바뀌면 입장도 바뀌는 그런 논쟁이다.

그러나 정략적 논쟁으로 치부하기에는 국부 유출의 현 상황이 실로 심각하다. 금융 구조 조정 과정에서 이미 제일은행과 서울은행이 초국적 금융자본에 넘겨졌거나 넘겨질 예정이고, 외환, 국민, 한미은행 등은 외국 합작은행으로 전환했으며, 주택은행은 주식의 절반 이상이 외국인 투자자의 손으로 넘어가는 등 이미 금융 부문은 초국적 금융자본이 장악했다. 뿐만 아니라 국가의 기간산업을 담당하는 공기업들의 민영화와 해외 매각 일정이 본격적으로 잡혀 있다. 이미 민영화가 진행된 한국통신, 포항제철 등을 비롯해 한국전력, 한국중공업, 한국가스공사 등 에너지 주권까지 초국적 자본에 넘어갈 전망이고, 대우자동차, 쌍용자동차를 비롯한 대우 계열 기업들의 해외 매각도 공공연히 주장되고 있다.

세계화 시대에 국민자본과 외국자본 간의 특별한 차이는 없고 생산과 고용만 유지하면 외국자본도 우리 자본이라는 현 정부의 발상은 초국적 자본의 '글로벌 전략'을 국민국가가, 특히 한국 같은 대외 종속적인 국민국가가 통제하는 것이 거의 불가능하다는 점에서 위험하기 짝이 없는 발상이다. 초국적 자본에 의한 국내 산업과 자본의 지배가 위험한 것은 다름 아니라 생산과 투자 그리고 기술에 대한 국민적 주권의 통제력을 상실함으로써 생산과 고용 자체가 불안정해질 수밖에 없고, 생산과 고용을 유지하기 위해서는 끊임없이 초국적 자본에 목을 매기 때문이다. 그것이 다름 아닌 '세계화의 함정'이다. 이 함정에 빠지면 산업 생산과 고용 유지를 위해 외국자본 유치가 지상명령이 되고, 자본 유치를 위해서는 외국자본의 이윤 조건을 계속 개선해 주어야 하며, 이를 위해서 노

동자들의 임금과 노동조건을 끊임없이 압박해야 하는 악순환으로 떨어지는데,
유감스럽게도 국민주권은 이런 악순환을 지탱하는 보루가 된다.

_ 2000. 4. 10.

120조 원의 공적 자금,
정치 공방의 진실과 기만

한국 경제가 외환 위기를 과연 극복했는가도 논쟁점이지만, 이를 위해 정부가 투입한 엄청난 규모의 공적 자금도 목하 논쟁 중이다. 지난 2000년 4월 총선 기간 중 국가 부채 규모를 둘러싼 논쟁에서도 이 문제가 부각된 바 있는데, 새롭게 공적 자금 논쟁이 일어나게 된 배경은 2차 금융 구조 조정을 위해 앞으로도 거액의 추가 공적 자금 조성이 불가피하게 되었던 데 있다. 정부는 총선 때까지도 공식적으로는 모두 64조 원의 공적 자금을 조성해 사용했다고 밝혔었는데, 총선이 끝난 후에는 64조 원이 아니라 무려 90조 원을 투입했다고 실토했다. 그뿐만이 아니라 정부는 2차 금융 구조 조정을 위해 내년까지 30조 원의 추가적인 공적 자금 투입이 필요하다고 한다. 작년(1999년) 정부 예산이 90조 원 규모임을 생각하면 120조 원의 공적 자금 규모가 얼마나 큰 액수인지 가늠할 수 있다. 정부는 총선 전의 공적 자금 공방에서 사기를 친 행각도 있어 추가 공적 자금 조성이 필요함에도 불구하고 국회 동의가 필요한 공적 자금 조성 대신 다른 방식의 자금 조달을 구상하는 등 전전긍긍하는 모습이다.

정부가 공적 자금 조성 문제에서 꼬리를 빼는 것은 단순히 총선 기간 중의 사기 행각과, 그 때문에 더욱 거칠어진 거대 야당 및 국회와 맞붙어야 하는 부담 때문이 아니다. 보다 근본적으로는 공적 자금의 조성과 사용에 대한 국민적 불만이 증대했다. 위기 극복을 위해서 공적 자금이 불가피하다는 정부의 선전 논리를 따라가던 사람들은 점점 이 공적 자금이 자신들의 주머니를 턴 자금이라는 것을 이해하게 되었고, 더구나 아무런 책임도 없는 그들 자신은 재벌과 금융기관의 부실화를 메우기 위해 부담을 떠안은 반면, 정작 부실화에 책임져야 할 재벌과 금융기관의 소유자, 경영자는 책임에서 면제된 것에 분노하게 된 것이다. 뿐만 아니라 공적 자금의 투입으로 공기업화된 기업과 금융기관에 국민은 어떤 통제권도 없다. 이런 부당하고 일방적인 거래가 공적 자금의 투입이라는 해법 속에 당연시되었는데, 이런 점에서 공적 자금에 대한 국민적 불만이 높아가는 것은 당연하다. 야당의 공세가 힘을 얻을 수 있는 것은 이런 국민 정서 때문이다.

공적 자금이 이러한 성격의 것이라면, 혹자는 공적 자금 투입을 통한 부실기업과 금융기관에의 정부 개입을 중단하고 시장 원리에 입각해서 정리해야 한다고 과격하게 주장할지 모른다. 즉 기업과 금융기관의 부실 부분을 공적 자금을 통해 국민에게 전가할 것이 아니라 해당 기업과 금융기관의 당사자들이 스스로 떠안아야 한다는 것이다. 회사는 청산 · 정리해서 주주는 투자 자본만큼 손해보고, 경영자는 경영 책임을 지고, 노동자는 실업자가 되어 거리로 나가고, 금융기관은 회수 불가능한 대출 부분을 손실 처리하고, 일반 투자자나 금융기관은 보유 부실 채권의 손실을 감수하면 된다는 주장이다. 사실 이런 주장과 논리는 낯설지 않다. 이는 대학 강단의 경제학 교수들과 여론 매체의 이른바 경제전문가들이 일상적으로 가르치는 금과옥조 같은 경제학 교리다. 누구라도 기아자동차나 제일은행 등의 처리에서 공적 자금 투입을 비판하는 이런 식의 목소리를 심심찮게 접해 보았을 것이다.

그런데 이런 해법은 강단에서 가르칠 수는 있지만, 현실에선 설 자리가 없다. 왜냐하면 이런 해법은 해당 기업과 금융기관의 청산으로 끝나지 않고 상호 거래 관계로 맺어진 멀쩡한 기업들과 금융기관에까지 연쇄적인 도산 효과를 가져와 국민경제 전체를 일거에 붕괴시킬 수 있기 때문이다. 강단의 경제학이 현실적인 관계를 추상적인 시장 논리로 얼마나 왜곡하고 있는가를 이것만큼 적나라하게 드러내는 경우도 없을 것이다. 정부가 공적 자금을 투입할 수밖에 없었던 것은 이런 사정 때문이었다. 부실기업과 금융기관의 시장주의적 청산은 더욱 커다란 위험을 가져오기 때문에 정부는 이 부실 부분을 공적자금 투입으로 사회화하는 것이다.

이렇게 국민 부담으로 귀결되는 공적 자금의 투입이 불가피하더라도 공적 자금의 조성 규모, 사용 방식과 통제 기구 등에 대해서는 여러 방안이 있을 수 있다. 공적 자금을 둘러싼 공방의 핵심은 공적 자금의 투입이냐 아니냐가 아니라 바로 어떤 방식의 공적 자금 투입이냐 하는 것에 있다. 먼저 공적 자금의 조성이 120조 원에 이르게 된 주요한 요인은 기업과 금융기관의 부실에 책임 있는 대주주와 경영자, 그리고 일반 투자자에게 부실 책임을 묻지 못한 데 있다. 예컨대 대우의 대주주와 경영자는 체면치레도 안 되는 부담만을 떠안았고, 정부는 대우 채권 등에 투자했던 일반 투자자들에 대해서는 시장 원리뿐 아니라 예금자보호법을 어기면서까지 원리금을 거의 보장해 준 반면, 노동자들에게는 시장 원리에 입각한 정리 해고를 강제했다. 그 결과 기업 부실은 전적으로 노동자와 국민의 몫으로 돌아온 것이다. 국민의 부담으로 왜 이들 자산계급의 이익을 보장해 주어야 하는지 누구도 이해하기 어렵다.

국민 세금으로 회생되는 기업의 소유권과 통제권을 국민이 가질 수 없는 것도 정부의 공적 자금 해법을 수용할 수 없는 또 하나의 이유다. 정부는 국민에게 전적으로 부담 지우는 공적 자금 투입으로 기업과 금융기관의 경영 조건을 개선한 후 이 기업을 공기업으로 유지하는 것이 아니라 제3의 자본가에게 다시 민영화하는데, 이 과정에 국민은 어떤 통제권도 행사하지 못한다. 한시적으로 공기업으로 유지되는 경우에도 상황은 마찬가지다. 민영화와 매각 과정은 통상 제3의 자본가에게 이윤 활동을 보장해 주는 특혜적인 방식으로 이루어지기 때문에, 공적 자금 투입과 기업 회생 그리고 재매각의 과정은 국민의 부담으로 기업을 회생시키고 그 이익을 제3의 자본가 또는 심지어 동일한 자본가에게 부여하는 것이 아닐 수 없다. 예컨대 기아자동차와 아시아자동차를 현대가 인수할 때 기아와 아시아차 전체 부채 15조 원 중에서 10조 원을 탕감해 주고 3조 원의 추가 자금 지원이 이루어졌음을 상기할 필요가 있다. 그래서 현대는 국민의 부담으로 기아를 집어먹었던 것이다.

이렇게 보면 정부의 공적 자금 해법이 부실 부분의 청산 비용을 국민과 노동자에게 전가시키고 그들의 희생 위에서 위기에 빠진 재벌과 자산계급을 구원하는 프로그램이라는 비판은 반박의 여지가 없다. 이에 반해 민주적인 구조 조정을 지향한다면 부실 부분의 청산 비용을 재벌과 자산계급에게 전가시키고 공적 자금의 국민 부담을 최소화하며, 공적 자금 투입으로 회생되는 기업과 금융기관을 공기업이나 국민 기업으로 유지해서 노동자와 국민의 통제권 아래 두어야 할 것이다. 이런 점에서 정부의 공적 자금 투입을 국민 부담 운운하면서 비판하는 한나라당도 기만적이고 정략적일 따름이다. 한나라당이 진정으로 공적 자금 투입으로 인한 국민 부담을 우려한다면, 정략적 공세에 머무를 것이 아니라 그 부담을 줄일 구체적인 프로그램을 제시해야 하는데, 이 당이 과연 부실 부분의 청산 비용을 재벌과 자산계급에 전가시킬 프로그램을 제시할 수 있을까 의심스러울 뿐이다. 하물며 공적 자금이 투입된 기업과 금융기관의 국민적 소유와 통제권에 대해서야 더더욱 의심스럽다.

_ 2000. 7. 13.

총선 평가 뒤집기

17대 총선은 대통령 탄핵과 보수 부패 정치 심판, 수구 대 개혁, 노무현 정권의 실정 심판, 거여 견제론, 거야 부활론, 지역주의, 낙천·낙선 운동, 진보 정치 실현, 신자유주의 심판 등 이슈도 다양했을 뿐 아니라 1인2표의 정당투표제 도입 등 선거제도도 달라졌기 때문에 16대 총선과 비교해 총선 결과를 평가하기 쉽지 않다. 평가를 위한 자료조차 제공되지 못하는 현실을 감안하면 더욱 그러하다.

그럼에도 이른바 정치평론가나 칼럼니스트들의 자의적인 평가와 언론 매체들의 아전인수 곡해가 횡행하는 상황에서 제한적인 수준에서지만 총선 결과를 재평가하고 선거에 나타난 민의를 올바로 파악하는 것은 의미 있는 과제다. 총선의 결과는 주지하다시피 첫째, 과반수 의석 확보를 통한 열린우리당의 승리, 둘째, 과반수 의석을 내주었지만 안정 의석을 확보한 한나라당의 회생, 셋째, 민주당과 자민련의 몰락, 넷째, 민주노동당의 의회 진출과 제3당으로의 성장, 즉 진보 정치의 제도화로 요약할 수 있다. 이 결과는 분명 극우 반동과 보수주의 그리고 지역주의에 의해 지배되어 온 한국 정치사의 획기적인 전환을 의미한다.

자유주의 경향의 제도 언론과 평론가들은 이를 놓고 대통령 탄핵에 대한 국민의 심판, 노무현 재신임, 보수 부패 정치 청산과 정치 개혁에 대한 국민의 열망, 지역주의 몰락, 진보 정치에 대한 관용과 기대, 심지어는 황금분할이라느니 하면서 자유주의 정치와 신자유주의의 승리를 자축하고 선전하는데 여념이 없다. 보수주의 언론들조차 이런 평가를 따라가지 않을 수 없었다. 이러한 평가는 분명 진실의 일면을 담고 있지만, 진실의 전체는 아니며 상당 부분 과장되고 왜곡됐다.

대통령 탄핵을 둘러싸고 형성된 전선은 총선 국면을 지배적으로 규정했다. 그러나 이 전선은 선거 운동이 공식적으로 시작된 2주간의 짧은 시간에 급격히 약화했다. 개헌선까지 확보할 것이라는 전망하에 열린우리당의 압도적인 우세로 시작된 선거 국면은 박근혜 바람과 정동영의 노인 폄하 발언으로 한나라당의 전통적인 지지층이 재결집하며 변화했다. 또한 열린우리당의 압승에 대한 견제 심리와 노무현 정권 심판 주장과 맞물려 선거 직전 정동영이 선대위원장 및 비례대표 사퇴라는 배수진을 치는 상황으로까지 급변했다. 대통령 탄핵의 쟁점을 되살리기 위한 이 결정으로 탄핵 문제는 이번 총선 국면 내내 최대의 이슈로 작용했다. 그리고 탄핵 전선은 이렇게 부정할 수 없이 열린우리당 지지 효과를 창출하는 환경이었다.

자유주의의 승리, 그러나 탄핵 심판과 노무현 정권의 재신임은 아니다

이렇게 탄핵 전선의 규정하에서 치른 총선이었기 때문에, 열린우리당의 과반수 의석 확보와 탄핵을 주도한 한나라당의 과반수 의석 상실 그리고 민주당의 몰락이라는 선거 결과는 당연히 이른바 의회 쿠데타 세력과 보수 부패 정치에 대한 국민적 심판, 노무현 정권의 재신임이라는 평가를 일반화했다. 그러나 기본적인 선거 통계만 검토해 보아도 알 수 있다시피 이 평가는 올바르지 않다.

먼저 이번 총선의 투표율은 60%대로 역대 최저라는 지난 2000년 총선 투표율 57%보다 3% 정도 올랐을 뿐이다. 대통령 탄핵 문제가 우리 사회의 폭발적 이슈가 되었고, 광화문과 전국 곳곳에서 수십만 명의 촛불 시민이 모였으며, 탄핵 세력을 심판하자는 목소리가 TV 방송 3사를 도배했음에도, 또 시민단체들과 언론의 대대적인 투표 참여 캠페인에도 불구하고 투표율은 역대 최저 수준으로부터 3%만 올라갔을 뿐이었다. 특히 20대의 투표율은 이번에도 30%를 약간 넘겨, 탄핵과 촛불 집회가 국민의 정치 참여와 정치의식을 제고했다느니, 인터넷을 무대로 활동하는 20대가 정치 개혁의 새로운 주도층으로 나섰다느니 하는 언론의 선전은 실상과는 거리가 멀다. 국민의 40%가, 20대의 65% 이상이 부르주아 제도 정치에 무관심하거나 자신들의 이해관계를 대변하지 않는다고 선거를 거부한 셈이다.

투표율이 의미 있게 올라간 것은 아니지만, 투표자들의 지지 성향은 의미 있게 변동했다. 그 변동의 이유를 추적할 수 있는 통계 자료(연령별, 계층별, 지역별, 계급별 지지표 이동 자료)는 나와 있지 않기 때문에, 이에 대한 분석은 불가능하다. 또 이번 총선에는 정당투표제가 도입되었기 때문에 16대 총선과 단순한 비교도 의미가 크진 않다. 그럼에도 간략하게 정당별 득표율의 변화를 보면, 16대 총선에서 39%의 득표율로 지역구 의석수의 49%를 차지했던 한나라당은 이번 총선에서 정당 투표의 35.8%, 지역구 의석수의 41%를 차지함으로써 제1당의 지위를 내주었지만, 결정적으로 패배한 것은 아니었다. 탄핵 정세로 조성된, 한나라당에 절대적으로 불리했던 총선 환경을 고려하면, 이는 오히려 한나라당의 지지 기반이 강고하다는 점을 재확인시켜 준다.

반면 16대 총선에서 민주당은 30%의 득표율, 42%의 지역구 의석수를 차지했는데, 17대 총선에서는 열린우리당이 38.3%, 민주당이 7.1%를 얻어 양당을 합친 자유주의 정파의 득표율은 45.4%, 지역구 의석수 55%(열린우리당 53%, 민주당 2%)가 됨으로써 자유주의 정파가 압승했다. 민주노동당이 새로 추가한 12%의 지지율과 함께 생각하면, 자유주의 정파들의 득표율 15%포인트 증가는 일단 놀라운 것이다. 왜냐하면 민주노동당의 지지율은 아마도 지난 총선에서 무소속 후보나 자유주의 정파를 지지한 유권자들로부터 나왔을 것이기 때문이다. 한나라당이 잃은 지지율이 3% 정도임을 감안하면, 자유주의자들의 지지율 제고는 대부분 자민련 지지표나 무소속 표를 잠식했다고 할 수밖에 없다.

이처럼 정파 간 지지율 변동으로 한국 사회의 정치 지형이 크게 변동했다는 것은 의문의 여지가 없다. 16대 총선에서 보수주의파와 자유주의파의 지지율은 52.5% 대 30%였는데, 17대 총선에서는 38.6% 대 45.4%로 크게 역전되었다. 한국 사회의 극우 보수적인 정치 지형이 이번 총선을 통해 자유주의 정파의 지배로 변화했다는 것은 부정할 수 없는 진실이다. 여기에 13%의 민주노동당 지지표까지 감안하면, 정치 지형의 변화는 더욱 크게 보인다.

그렇지만 이 선거 결과가 탄핵 세력에 대한 국민적 심판이고 노무현 정권에 대한 국민적 재신임이라는 주장은 진실이 아니다. 왜냐하면 열린우리당은 과반수에 훨씬 모자라는 38.3%의 지지표밖에 얻지 못했고, 이에 반해 한나라당·민주당·자민련 3당의 지지표는 45.7%에 이르기 때문이다. 설령 민주노동당의 13%를 탄핵 반대표로 계산한다 하더라도(여기에는 많은 유보 조항이 필요하지만), 그 결과는 탄핵 세력에 대한 국민적 심판이라고는 할 수 있어도 노무현 정권에 대한 국민적 재신임이라고 할 수는 없다. 심지어 보수 부패 정치의 청산 요구가 반영된 것이라는 주장도 일정하게 상대화할 필요가 있다. 왜냐하면 우선 한나라당은 약간의 지지율 감소를 겪었을 뿐이고, 열린우리당이 가져간 자민련의 커다란 지지표는 행정 수도 이전과 관련된, 기본적으로 보수적인 성향의 지역주의 표이기 때문이다. 보수주의파와 자유주의파 간 지지율 변화가 그렇게 극적이었던 것은 사실 극우 경향의 자민련 지지자들이 열린우리당 지지로 전환된 것에 기인한 것이어서, 이를 감안하면 양자 간 지지율 변화는 그렇게 의미 있는 것도 아니라 할 수 있다.

자유주의 압승의 착시 현상과 선거제도의 결함

보수주의의 패배와 자유주의의 승리를 극적으로 보이게 한 근본적 이유는 사실 다른 데 있었다. 이는 이번 선거만의 문제도 아니지만, 선거 결과를 분석하는 데 있어 기본적인 지표가 정당 지지율임에도 국회의원 수만 논하는 유치한 평론 문화 때문이다. 국민의 정당 지지율이 의회 구성에 반영되는 것은 대의제의 기본 요소라 할 수 있는데, 한국은 이런 기본적 요소를 선거제도에 담고 있지 않다. 정당 투표로 결정하는 비례대표는 총선 직전의 개혁에도 불구하고 아직도 전체 의석의 1/4 정도밖에 되지 않고, 나머지 3/4의 지역구 의석은 결선투표제 없이 최대 득표자 당선 원칙이 지배하기 때문에, 국회 구성은 언제나 국민의 지지와 어긋날 수밖에 없고, 국민 결정을 왜곡해서 반영할 뿐이다.

이번 선거도 예외가 아니어서, 38.3%의 정당 지지율을 얻은 열린우리당은 비례대표를 포함하여 전체 의석의 50.8%(152석)를 가져갔고, 한나라당도 그보다는 덜하지만 35.8%의 정당 득표로 40.4%의 의석(121석)을 가져갔다. 이 선거 제도의 피해자는 당연히 민주당과 민주노동당이었다. 양당은 국민적 지지율에 훨씬 못 미치는 의석수를 가져갔고, 이렇게 이 당들을 희생하여 열린우리당의 압승과 한나라당의 안정 의석이 달성될 수 있었던 것이다. 이렇게 보면 열린우리당은 원내 과반 의석을 차지한 지배 정당이 되었음에도 실제로는 투표자의 38.3%밖에 지지를 얻지 못했고, 더군다나 투표율이 60%임을 감안하면 전체 유권자의 23%의 지지만을 획득한 셈이다. 전체 유권자의 23%, 전체 투표자의 38%의 지지를 받고도 국회 의석의 50%를 넘게 차지하게 하는 선거제도, 이것 이야말로 이번 선거가 자유주의의 압승으로 나타나게 한 착시 현상의 근본적인 요인이었다. 이런 선거제도하에서는 정당별 지지율의 사소한 변화에도 원내 구성이 크게 요동치는 결과를 가져오기 쉽다.

그러나 분명한 것은 이번 총선에서 투표자의 62%가 열린우리당을 거부했다는 점이다. 따라서 열린우리당의 압승, 노무현 정권의 재신임, 단핵 세력에 대한 국민적 심판, 보수 부패 정치의 국민적 청산이라는 평가는 사실관계로부터 벗어난 것이다. 열린우리당은 국민의 다수파 지지를 받지 못했고, 노무현 정권은 재신임을 받지 못했다. 이것이 진실이다. 이번 총선 결과를 놓고 탄핵 세력의 심판이냐 탄핵 세력의 지지냐 하는 탄핵 민심 논쟁이 뒤늦게 열린우리당과 한나라당 사이에 벌어지는 것은 이 때문이다. 열린우리당은 과반 의석을 근거로 탄핵 세력 심판이라고 주장하는 반면, 한나라당은 탄핵에 찬성한 3당의 정당 지지율을 근거로 탄핵 세력에 대한 지지라고 주장했는데, 선거 결과를 탄핵 심판 문제만으로 본다면 열린우리당 지지자들에게는 유감스럽지만, 한나라당의 주장이 맞다.

낙천·낙선 운동, 노골화된 커넥션과 영향력 감소

자유주의를 지향하는 시민단체들의 낙천·낙선 운동과 당선 운동의 평가도 이런 점에서 비판을 면할 수 없다. 시민단체들과 자유주의 정당 간의 정치적 커넥션은 이제 공공연한 비밀이 되었지만, 특히 이번 총선에서는 총선시민연대가 이라크 파병에 찬성한 국회의원들은 제외하고 탄핵에 찬성한 한나라당·민주당 의원 전체를 낙선 대상으로 결정함으로써 그 커넥션은 노골화되었다. 또한 그만큼 낙선 운동의 공정성은 의심받게 되었고, 그 영향력도 현저하게 줄었다. 물갈이연대의 당선 운동도 노골적인 열린우리당 지지로 나타나서 민주노동당으로부터 당선 지지 후보를 사절 받는 수모까지 당했다.

총선시민연대는 이번 총선에서 낙선 대상자 206명 중 129명(62.9%), 특히 탄핵 찬성 이유로 낙선 대상자가 된 100명 중에서는 51명(51%)이 낙선되었다고 밝혔고, 물갈이연대는 지지후보 54명 중 23명(42.6%)이 당선되었다고 했는데, 이런 수치는 2000년 총선 당시 낙선율 70%에 훨씬 못 미치는 것이다.

그러나 2000년 총선에서나 이번 총선에서나 문제는 물론 시민단체들이 밝힌 낙선율이 아니다. 왜냐하면 그들이 선정한 대상자가 낙선되고 당선되었다 하더라도, 그 당선과 낙선이 시민단체의 낙선 운동과 당선 운동 효과 때문인지 아니면 다른 이유 때문인지 아무도 모르기 때문이다. 이를 확인하기 위해서는 해당 지역구에서 지지표의 변화와 그 변화의 요인들을 추적해야 하는데, 이를 분석하기 위한 의미 있는 자료들은 존재하지 않는다. 따라서 낙선 운동과 당선 운동을 통해 "국민의 개혁 의지가 충분히 반영되었다"느니, "국민이 탄핵 반대 의지를 보여주었다"는 시민단체의 자화자찬은 전혀 근거가 없는 것이다. 이는 앞에서 살펴본 정당별, 정파별 지지율과 그 변화에 비추어 보아도 사실관계와 많이 다른 주장이어서 이들이 선거 결과의 기초적인 분석조차 감당하지 못한 다는 것을 보여줄 뿐이다.

정당투표제와 진보 정치의 약진

13%의 정당 지지율을 획득한 민주노동당의 약진은 부정할 수 없는 획기적인 사건이다. 진보 정당이 의회에 진입했을 뿐 아니라 13%의 지지율을 얻었다는 것은 좌파 정치가 척박한 한국 현실에서는 경이적인 결과라 할 수 있다. 보수주 의와 자유주의가 지배하는 기존의 부패 정치권에 대해 유권자들 중에서 좌파 대안을 모색하고자 하는 경향이 확인되었다는 점에서, 이는 진보 정치의 미래 에 희망을 갖게 하는 결과이다.

　진보 정치의 약진은 이번 총선에 처음 도입된 정당투표제의 성과라 할 수 있 다. 하지만 현재의 정당투표제는 제한적이어서 13%라는 높은 정당 지지율이 의석 배분에 그대로 반영되어 있지 않다. 13%의 지지율은 중대한 의미를 갖는 수치이지만, 국회에서 10석의 의원 수는 그렇게 의미 있는 수치가 아니며, 열린 우리당이 단독으로 과반수 의석을 확보하고 있는 상황에서는 더더욱 의미 있 는 수치가 아니다. 국회에서 민주노동당이 과소 대표되고 있는 문제를 제도적 으로 정정해야 하는 과제는 그것대로 제기해야 하겠고, 또 과소 대표된 상태에 서도 국회 정치의 특별한 의의는 부정할 수 없다. 하지만 민주노동낭의 신보 정 치가 국회 정치에 몰두하면서 국회 밖 대중 정치를 멀리한다면, 그건 스스로 높 은 대중적 기반을 부정하는 것이고, 국회 밖의 더 큰 힘을 오히려 과소 대표된 제도권 안으로 제한하는 결과를 가져올 것이다.

　선거 결과 분석에서 정말 어려운 문제는 민주노동당 지지표의 성격에 대한 것이다. 즉, 이 지지표가 어느 계급·계층을 기반으로 하는지, 또 민주노동당의 진성 지지자들 표인지 아니면 1인2표제 하에서 자유주의 지지자들의 관용표인지 또는 좌파 성향의 비판적 지지표인지 확인할 수 없다는 것이다. 또 역으로 이 지지표가 지역구 투표에서 얼마나 민주노동당 지지표로 또는 자유주의 지지표로 나타났는지도 확인되지 않는다는 점이다. 민주노동당 등 각 당은 전국 및 시도별 지역구 득표율을 집계한 것으로 알고 있지만, 황당하게도 중앙선관위는 지역구 득표율을 전국적으로 또는 시도별로 집계하지 않았다. 모든 지역구에 후보를 낸 것은 아니지만, 민주노동당의 지역구 득표율은 10%가 안 되는 것으로 알려져 있다.

이 지지표의 성격 여하는 민주노동당이 추구해 온 진보 정치의 노선을 평가하고 민주노동당의 지지 기반이 누구인지를 밝히는데 있어, 또 앞으로 민주노동당의 정치와 정책이 지지자들과 어떻게 교류하고 어느 방향을 지향해야 하는가를 판단하는 중요한 척도가 된다. 그럼에도 이 성격은 모호한 채로 남아 있어 앞으로 많은 논란이 불가피할 것 같다. 따라서 이 선거 결과를 단순하게 민주노동당 주류파가 추구해 온 의회주의 진보 정치의 역사적 성과라든지 의회주의 노선의 올바름을 증명하는 것이라고 주장할 수는 없으며, 또 민주노동당이 한국에서 좌파 운동의 방향을 모범적으로 보여주는 것이라 할 수도 없다.

_ 2004. 4. 22.

열린우리당 참패로 끝난
6.5 재보선의 의의

지난 4.15 총선(2004년) 이후 두 달도 안 되어서 치른 6.5 지방자치단체 재보선 결과는 한나라당의 압승, 열린우리당의 참패로 끝났다. 한나라당은 4개 광역단체장 중 압도적인 표 차로 승리한 부산시장과 경남지사를 비롯해 3곳을 차지했고, 열린우리당은 전남지사까지 커다란 표 차로 민주당에 내줌으로써 한 곳도 얻지 못했다. 19개 기초 단체장에서도 한나라당은 수도권 전승을 포함해 13곳에서 승리했고, 열린우리당은 충청권에서만 3곳을 차지했을 뿐이다. 4.15 총선에서 열린우리당 압승에 환호했던 자유주의 지지자들은 이해하기 어려운 의외의 결과라 할 것이다.

언론들의 평가를 보면, 대체로 이 의외의 결과를 총선 승리 이후 그리고 대통령의 복권 이후 열린우리당과 노무현 대통령이 보여준 극히 실망스런 행태들에 대한 민의의 심판으로 보고 있다. 영남 출신 총리 임명 구상과 영남 올인 전략, 열린우리당 차기 주자들의 입각 파동, 노래방과 다를 바 없는 열린우리당의 청와대 만찬, 경제 위기와 민생 외면, 그리고 대통령의 변함없는 오만함과 가벼운 언행들, 이런 것들은 분명 열린우리당으로부터 민심을 돌리게 한 요인들이었을 것이다.

그러나 재보선의 결과를 의외의 결과로 받아들이는 데에는 그보다도 4.15

총선 결과에 대한 잘못된 평가가 한몫을 한다고 생각한다. 지난 총선에서 열린우리당의 국회 과반 의석 획득을 수구 반동 세력에 대한 민주 세력의 승리, 정치개혁을 요구하는 국민의 승리로 선전했던 자유주의자들과 그들을 쫓아갔던 사이비 진보주의자들은 이렇게 짧은 기간에 변화한 민심을 설명할 길이 없다. 압도적인 투표자들이 수구 반동의 지지자로 돌변했으니 이렇게 지지 변화가 무쌍할 만큼 수구 반동과 자유주의의 차이라는 게 보잘 것 없는 것인가? 그렇다면 무엇 때문에 이런 차이를 공화국의 위기, 파시즘의 위기니 하면서 입에 거품을 물었던가? 지방 권력은 이제 전북지사를 제외하면 모두 수구 반동의 수중으로 떨어졌는데, 이른바 민주주의자들은 이런 파시즘의 지배에 대해서는 왜 무감각한가? 탄핵과 총선 국면에서 민주 수호를 외치면서 열린우리당을 지지하고 대중을 기만했던 논자들은 이 변화된 상황을 설명해야 할 뿐 아니라 이론의 오류, 정세 분석의 오류에 대해서도 책임을 져야 할 것이다. 그런데 이들은 말이 없다.

돌이켜 생각하면, 탄핵과 총선 국면에서 열린우리당－한나라당 간 논쟁의 핵심은 결코 민주주의냐 파시즘이냐가 아니라 자유주의와 보수주의 간의 대립일 뿐이었다. 그런데도 자유주의자들과 이를 따라가는 사이비 진보주의자들이 이를 수구 반동 대 민주 수호라는 논쟁으로 왜곡해서 열린우리당 지지 효과를 창출했고, 이를 통해 위기의 열린우리당과 대통령이 극적으로 회생할 수 있었던 것이다. 그런 점에서 탄핵 국면에서 치러진 지난 총선의 결과는 사실 의외였다. 노무현 대통령의 실정 및 신자유주의 정책에서 비롯된 대중의 불만으로 탄핵 전 열린우리당과 대통령의 지지율이 땅에 떨어진 상태였음을 생각하면, 탄핵의 쟁점과 그 효과가 사라진 지금 다시금 낡은 쟁점이 정치를 지배하면서 재보선에서 열린우리당 심판으로 나타난 것은 너무도 당연한 결과라 할 수 있다. 말하자면 이번 지방 재보선의 결과가 의외라기보다는 지난 총선 결과가 의외였던 것이다. 이번 재보선의 결과는 총선 결과에 대한 재평가의 관점에서만 올바로 이해할 수 있는 것이다.

물론 이번 재보선의 투표율이 평균 28% 수준이므로 이번 선거 결과에 커다란 의미를 둘 수 없다는 주장도 있을 수 있다. 이런 지적은 그 자체로 타당하다. 투표율의 저하는 정치적 무관심 또는 대의제의 왜곡과 위기를 의미하기 때문에 부르주아 정치의 본질적 문제에 속하는 것이라 할 수 있다. 지난 총선 때의 투표율 60%에는 크게 미치지 못하지만, 광역 단체장 선거의 투표율은 32~47%로 평균 수준을 웃돌았고, 부산·경남·전남 세 곳에서 당선자와 낙선자 간 압도적인 표 차이가 있었기 때문에, 투표율 문제를 고려한다 하더라도 위와 같은 평가를 뒤집을 근거가 되지는 못할 것이다.

　선거에서 참패한 열린우리당 주변에서도 이런 주장이 흘러나오는데, 내친김에 한마디 한다면, 투표율과 관계없이 한 표만 더 많아도 지역 대표권을 당당히 가져가는 부르주아 정당들은 이런 말할 자격조차도 없다. 열린우리당의 유시민은 한술 더 떠서 지방선거는 중앙 정치와 무관하고 따라서 대통령과 연관시켜서는 안 된다고까지 했다. 선거 전에 보여준 열린우리당의 올인 전략을 기억한다면, 선거 패배 후의 이런 평가는 참으로 가소로운 태도가 아닐 수 없다. 이번 재보선에서 승리하기 위해 여야 할 것 없이 당 지도부가 전력 투입되었고, 심지어 대통령까지 총리 내정설의 당사자를 영남 공략에 투입하면서 이 선거 결과를 보고 총리 지명을 결정하겠다고 하지 않았나? 결국 이런 태도는 선거 결과에 대해 책임지지 않겠다는 것이며, 개혁 정치의 전도사를 자처하는 유시민 또한 개혁과 책임 정치와는 거리가 멀다는 것을 보여줄 뿐이다. 열린우리당과 대통령이 결국 여론에 몰려 선거 패배의 책임을 지는 방향으로 정리했다고 하니까, 유시민의 개혁 정치는 열린우리당의 평균도 따라가지 못하는 수준인 셈이다.

_ 2004. 6. 7.

그들만의 개혁,
그들만의 공화국

열린우리당의 총선 승리 후 석 달, 이 당과 대통령에 대한 지지율은 탄핵과 총선 국면 이전의 바닥 상태로 되돌아갔다. 열린우리당과 노무현 지지자들에게는 이 상황이 이해할 수 없는 일일지도 모르겠다. 필자로서는 오히려 지난 탄핵 국면에서처럼 이 당과 대통령이 누렸던 높은 지지율이 이해하기 어려웠다. 또는 이렇게 불신 받는 이 정권을 아직도 지지해야 한다고 떠들어대는 사람들을 이해할 수가 없다. 왜냐하면 열린우리당과 대통령은 입만 열면 개혁을 말하지만, 그 개혁이란 게 대중을 위한 것이 아니라 자신들의 권력을 위한 것이었고, 그래서 대다수 사람이 이 정권의 등장 이래 더욱 고달픈 삶을 살아가고 있기 때문이다. 그렇게 보면, 지지율의 급락은 대중이 KBS, MBC 등 탄핵 국면에서 극성을 부린 자유주의 언론의 선동에서 벗어나 정치를 보다 현실적으로 보고 있음을 말해주는 것이다.

지지율 급락의 근본 원인은 열린우리당과 대통령이 개혁이라는 이름 아래 권력 게임에만 몰두해 왔던 것에 있다. 지금까지 한국 사회의 정치권력을 장악해 왔던 냉전 보수주의 세력, 즉 한나라당과 조중동으로 대표되는 기득권 세력에 대항해 자신들의 권력을 강화하고 자신들의 권력으로 대체하는 것, 이것이 개혁의 주요한 목표였다. 열린우리당과 대통령을 지지했던 사람들은 이러한 권력 교체가 민주주의와 개혁을 진전시키고 대중의 삶을 개선할 것으로 기대했는데, 그것은 단지 그들만의 권력이었을 뿐이다. 신자유주의 경제 개혁은 기본적으로 반대중적이었고, 자유주의 정치사회 개혁은 설령 의미가 있는 것이라 하더라도 그들의 권력을 강화하는 한에서만 진전되었다. 진정한 개혁은 그들의 권력 요구와 충돌했으므로 추구될 수 없었다. 이런 개혁을 위해 그들은 불법도 마다치 않고 모든 것을 걸었다. 개혁이 불법도 정당화하는 상황이었다. 총선 승리 후 사방에서 터져 나오는 집권당과 대통령의 반개혁적 행태들과 부도덕성 그리고 무능함은 바로 그런 것의 표현이다. 그리고 대중의 지지 철회는 필연적인 결과다.

이라크 파병국들도 철수를 검토하는 마당에 적극적인 파병 찬성으로 선회한 것이라든지, 김선일 씨 피랍과 살해 과정에서 나타난 진실 은폐 의혹과 무능하고 무책임한 정부 태도, 그리고 문화관광부 장관의 교수 임용 청탁 의혹 사건에서 드러난 현직 차관 및 노무현 지지 핵심 세력 〈서프라이즈〉 대표의 뻔뻔스러운 거짓말과 부도덕성, 이런 것만 거론하더라도 그러하다. 이라크 파병 문제처럼 주요한 공약 사항들은 주저 없이 뒤집으면서도 수도 이전은 공약 사항이라며 대통령직을 걸겠다는 것이나, 검찰 개혁처럼 여론이 유리한 현안은 여론을 이유로 강행하고 수도 이전 문제처럼 여론이 불리한 현안은 여론을 무시하며 강행하는 모순성은 이 정권의 권력에 대한 이해관계를 떠나서는 이해할 수 없다.

정말 가관인 것은, 자신들의 권력 추구에서 비롯된 비리와 실정에 대한 비판을 개혁에 대한 공격, 음해라고 하면서까지 변호하려 한다는 점이다. 여기서 〈조선일보〉라는 비판은 전가의 보도다. 얼마 전 〈오마이뉴스〉의 어느 기자가 노무현 정권의 실정과 지지자들의 심각한 이탈을 보도했는데, 〈서프라이즈〉 사이트에서 이를 두고 "〈오마이뉴스〉가 언제부터 〈조선일보〉가 되었느냐"라고 비난하고 나선 것이다. 친정부 인터넷 매체인 〈오마이뉴스〉에도 이런 비난이 횡행하니 다른 비판들에 대해서는 오죽하겠는가? 교수 임용 청탁 사건을 터뜨린

성균관대 교수에 대해 참여정부를 음해하려는 불순한 의도가 아니냐고 한 정부의 처음 반응도 마찬가지다. 유시민처럼 "교수 임용 문제로 청탁 한번 하는 게 뭐가 문제냐, 보수 언론도 (국회의원인) 나한테 여러 가지로 청탁을 한다"며 반박한다면, 그건 막가는 행태다. 너나 나나 더럽기는 마찬가지라면, 개혁을 운운할 것도 없다.

탄핵 국면에서 유시민은 대통령의 탄핵을 '공화국의 위기'라고 하면서 수구 반동의 수중으로 떨어질 공화국을 시민의 힘으로 지켜낼 것을 호소했다. 지금 보면 명확해졌는데, 그것은 공화국의 위기가 아니라 다만 그들 자신의 권력의 위기였을 뿐이다. 총선의 승리와 탄핵의 기각으로 되살아난 것은 그들만의 공화국이었던 것이다. 대중은 이 공화국에서 배제되어 있다. 대중이 공화국의 주인이 되기 위해서는 한나라당과 조중동의 보수주의뿐 아니라 열린우리당과 노무현의 사이비 개혁을 넘어서지 않으면 안 된다.

그런데 이 사이비 개혁을 저지하고 진보적인 구조 개혁으로 나가는 게 왜 그렇게 어려운가? 진보 진영에 책임을 전가할 생각은 아니지만, 그 주요한 요인의 하나로 자칭 개혁과 진보를 내세우고 그들만의 공화국에 결합한 다양한 자유주의 세력을 들지 않을 수 없다. KBS, MBC 등 이른바 공영방송과 〈한겨레〉로부터 〈오마이뉴스〉, 〈서프라이즈〉 등 인터넷 언론, 그리고 참여연대, 안티조선, 노사모 등 각종 시민사회단체에 이르기까지 이들의 세력은 이제 진보 진영을 억압할 정도로 거대해졌다. 이들은 자유주의 권력에 직·간접으로 참여해 있고, 또 그런 만큼 권력의 일부분으로서 전임 권력자들 못지않은 부정적 행태까지 보이고 있다. 집권 초반에 이미 무너져가는 노무현 정권을 노사모처럼 온 힘을 다해 전투적으로 변호하고자 하든, 아니면 참여연대처럼 외관상 비판을 하면서도 은밀하게 이 정권을 지키고자 하든, 이들은 이미 진보적인 개혁의 적대자들이다.

이들이 노무현 정권을 끝까지 지키고자 하는 명분은 아마도 이 정권이 무너질 경우 한나라당의 집권과 이른바 수구 반동화가 예상된다는 우려 때문인 것 같다. 이를 저지하기 위해 진보 진영이 노무현 정권을 지지해야 한다는 것이다. 그러나 이들이 진정으로 개혁을 원한다면, 사이비 개혁의 노무현 정권을 버리고 진보 진영을 지지해야 할 것이 아닌가 한다. 오늘 같은 정치 지형에서 이들이 진보 진영과 결합한다면, 노무현 정권의 몰락은 한나라당의 집권으로 이어지는 게 아니라 진보적인 정권의 탄생으로 이어지지 않겠는가? 그러나 이들은 이 길을 거부하는데, 왜냐하면 이들의 자유주의가 진보 정권의 개혁 정책을 거부하기 때문이다. 결국 이들이 말하는 한국 정치의 수구 반동화란 노무현 정권 지지의 명분이고, 진보 진영에 대한 협박이며, 자유주의 수호의 결연한 의지 표명이다. 사실이 이러할진대, 아직도 이 정권과 자유주의 세력에 대해 미련을 갖고 개혁을 위한 연대를 주장하는 논자들이 진보 진영의 다수파를 이룬다. 이미 정권 말기의 증상을 보이는 현 정권하에서 노사정 합의주의의 경향이 현저하게 강화되는 것도 다름 아닌 그 표현이다. 우리가 단순하게 자유주의 세력 탓을 하는 게 아니라면, 노사정 합의주의와 실용주의를 넘어서는 건 진보 진영의 시대적 과제다. 지난 대통령 탄핵 사태에서 다함께나 3인의 좌파 교수(남구현·이해영·최형익) 등과 같이 탄핵 반대와 자유주의 지지를 선동했던 그런 오류는 다시 반복되어서는 안 된다.

_ 2004. 7. 12.

경제 위기론의 진실

최근 여야 정치권에서, 또 노동조합과 재벌 간에도 한국 경제가 위기냐 아니냐의 논쟁이 한바탕 벌어졌는데, 이렇다 할 논쟁의 결말은 없는 실정이다. 이 논쟁을 바라보는 사람들은 위기론의 진실을 알기 어려워 답답해 할 것이다. 왜냐하면 위기를 판단하는 객관적인 척도나 기준을 명시하고 위기론에 입각해 한국 경제의 위기 상황을 객관적으로 평가하기보다는 여야 간에, 또 노동계와 경영계 간에 경제 위기라는 진단이 가져올 정치적 효과만을 계산하면서 논쟁이 진행되었기 때문이다. 이들은 물론 주장의 근거로서 경제 현실을 거론하고 있지만, 그 현실을 부분적으로, 단편적으로만 이해할 뿐이었고, 상반되는 측면들의 전체적 연관을 위기론과 관련하여 이해하지는 못했다.

노무현 정부는 대표적인 거시 경제지표의 양호함을 들이대면서 경제 위기론을 불순한 세력의 음모로 일축했고, 나아가 과장된 위기론이 잘나가는 경제를 정말 위기로 몰고 갈 것이라고 경고까지 했다. 반면 한나라당은 심각한 청년 실업과 금융 피해자의 양산, 소비와 투자의 침체, 대외 환경의 악화 등 민생 파탄과 경제 위기를 주장하면서 현 정부의 경제정책 실정을 부각시키고자 했다. 재벌과 경영계도 경제 위기론에 동참했는데, 위기를 극복하기 위해서는 정부의 재벌 개혁과 규제를 완화하고 노동시장을 보다 유연화하는 등 기업을 운영하기 위한 보다 좋은 환경을 창출해야 한다는 입장이었다. 이에 대해 민주노총과 민주노동당은 현재의 경제 상황을 위기가 아니라며 정부와 평가를 함께하면서, 경제 위기론을 재벌 개혁을 저지하고 노동계를 압박하기 위한 재벌과 보수 언론의 이데올로기 공세로 간주했다. 그러나 경제 위기가 아니라고 하면서도 민주노총과 민주노동당은 민생 파탄과 삶의 위기를 지적했고, 이는 정부의 신자유주의 정책의 불가피한 결과라고 하면서 정부 정책의 전환을 요구했다.

이렇게 경제 위기를 둘러싼 논쟁을 살펴보면, 현재 한국 정치의 구도가 그대로 반영되어 있고, 극히 정치적 성격의 것이라는 게 드러난다. 경제 위기 논쟁이 정치적 성격을 띠는 것은 물론 당연하다. 왜냐하면 위기의 원인에 대한 진단과 그 해법 여하에 따라 위기 극복을 위한 부담을 어느 계급, 어느 계층이 져야 하는가가 '일차적으로' 결정되기 때문이다. 그러나 위기의 분석과 그 해법을 정치적으로 접근하려는 것은 과학적인 태도가 아니다. 위기분석을 위해서는 경제학의 위기론을 전제하지 않으면 안 된다.

그런데 부르주아 경제학의 위기론은 케인스 경제학을 제외하면 사실 경제위기의 존재를 부정하는 이론이어서 위기 분석은커녕 그 분석을 가로막는 주범이라 하지 않을 수 없다. 시장경제는 자유경쟁이 보장되면 완전고용과 최적 균형에 도달한다고 가르치는 부르주아 경제학에서 경제 위기는 설 자리가 없다. 그런데도 저널리즘에서 관변의 경제학자들, 시민단체의 경제학자들, 언론사의 기자들은 한국 경제가 이래서 위기다, 저래서 아니다 일상적으로 떠들어댄다. 저널리즘에서 떠드는 각종의 위기 진단에 익숙한 사람들에게는 놀라운 것이지만, 저널리즘의 위기론은 강단의 부르주아 경제학의 위기론과는 별로 관계가 없다. 저널리즘의 위기론은 부르주아 경제학의 용어로 위기를 말하고 있지만, 실은 부르주아 경제학적 근거를 갖고 있지 않다. 말하자면 저널리즘의 경제 위기론은 정체불명의 이론이고, 강단의 위기론과 저널리즘의 위기론은 따로 놀고 있는 셈이다. 어떻게 이런 사기가 공공연하게 일어나는가, 경제학 전공자들에게 정말 묻고 싶은 말이다. 케인스 경제학에 입각해 경제 위기를 운운한다면, 그건 이해할 수 없는 게 아니다. 그러나 신자유주의 경제학이 지배하는 오늘날 강단에서 케인스 경제학을 따라가는 논자는 거의 없는 실정이다. 따라서 현실의 위기 논쟁에서 수요 측면과 분배 문제를 고려해야 한다는 케인스주의는 보고 듣기 어려운 희귀한 존재가 되어 버렸다.

부르주아 경제학이 저널리즘에서 경제 위기를 말할 수 있는 유일한 논거가 있다면, 그건 현실의 세계가 학문의 세계와 달리 자유경쟁이 확립되어 있지 못하다는 데 있을 것이다. 케인스주의의 유산인 국가개입주의가 자유경쟁을 제한하고 그래서 위기가 발생했다는 것, 이 위기를 극복하기 위해서는 국가의 축출을 통해 시장의 자유와 경쟁의 강화를 도모해야 한다는 것이다. 이것이 다름 아닌 신자유주의 경제학의 명령이다. 그러나 이런 경제학이 결코 과학적인 설명이 아니라는 건, 간단하게 케인스주의의 시대로 돌아가 보면 된다. 케인스주의 시대에 국가개입주의는 강화되었고 자유경쟁은 지금보다 더욱 훼손되었는데, 왜 당시 경제는 지금보다 더 호황기를 구가했을까? 한국 경제를 놓고 보더라도 마찬가지다. 왜 국가주도하의 공업화 정책 시기가 신자유주의 시장경제가 지배하는 지금보다도 고도성장을 구가했을까? 결국 부르주아 경제학은 과거 시기의 성장 신화도, 현 시기의 경제 위기도, 어느 것 하나 과학적으로 설명할 수 있는 게 없다.

한국 경제의 현재 위기를 과학적으로 분석하기 위해서는 정치경제학적 위기론이 필요한데, 정치경제학을 들이댄다 하더라도 종속적 성장이라는 한국 경제의 특수성을 포괄하는 위기 분석은 그렇게 만만한 작업이 아니다. 정치경제학의 원론 수준에서는 한국 경제의 위기와 그 특수성을 해명할 수 없다. 한국 경제의 위기는 적어도 세 개의 분석 차원에서 검토하지 않으면 안 된다.

먼저 정치경제학적으로 위기라 함은 마이너스 성장률과 가격 폭락, 기업과 은행 도산, 그리고 그에 따른 실업 증대를 특징적 지표로 하는 산업 순환의 한 국면이다. 오늘날에는 국가의 경제 개입이 제도화됨에 따라 이와 같은 고전적인 위기 현상에 일정한 변화가 나타났지만, 마이너스 성장률과 고실업은 여전히 위기를 가늠하는 기본 지표이다. 이런 기준에서 보면, 한국 경제는 소비와 투자 위축으로 근년에 성장률이 낮아지기는 했어도 3%대 이상의 성장률을 기록하고 있고 또 실업률도 3~4% 수준에 머무는 상황이어서 경제 위기라고 할 수는 없다. 즉, 한국 경제는 경기순환상의 위기에 빠져 있는 것은 아니다.

그런데 한국 경제의 위기는 선진국처럼 마이너스 성장률의 순환적 위기로 나타나기보다는 플러스 성장률, 심지어는 고도성장의 와중에 외채 위기 또는 외환 위기로 나타나곤 했다. 1975년, 1979년 그리고 1997년의 위기가 그런 것이었다. 그에 반해 1970년대 이래 마이너스 성장의 위기로 나타난 것은 1980년의 위기와 1998년의 위기뿐이었다. 이 위기들은 모두 외채 위기 또는 외환 위기와 결합된 것으로, 거칠게 말하면 한국에서는 순환적 위기가 존재하지 않았고, 외채 위기 또는 외환 위기가 규정적 위기였다. 말하자면 경제의 펀더멘탈은 튼튼하다 하면서도 (실은 튼튼한 게 아니어서) 국제수지의 위기에서 비롯되는 외채 위기 또는 외환 위기가 강타하곤 했는데, 이는 한국 경제가 외국자본과 해외시장에 크게 의존하는 대외 종속적 방식으로 성장해 온 데에 기인한다. 이런 대외 종속적 경제성장은 외환 위기를 겪으면서 IMF 관리하에서 신자유주의 구조 조정을 통해 더욱 강화되었고, 그런 점에서 위기의 잠재성은 더 커졌다고 할 수밖에 없다. 다만 외환 위기 이후 국제수지가 일단은 흑자 기조로 전환되었고, 외환보유고가 1천500억 달러를 넘는 상황에서 당장 이런 외환 위기가 재발할 거라고는 생각되지 않는다.

그러면 한국 경제는 지금 위기가 아니고 근거도 없는 정치 공세로 위기 논쟁이 벌어진 것인가? 그렇지는 않다. 이와 관련하여 세 번째 차원의 위기를 고찰하지 않으면 안 된다. 외환 위기와 신자유주의 구조 조정을 겪으면서 한국 경제는 그 이전의 국가 주도 성장 경제로부터 크게 변화했는데, 이 변화는 한편에서 성장률의 명백한 둔화, 성장과 고용의 연계 약화 또는 구조 조정에 따른 상시적인 실업 위기, 비정규직 양산, 민생 파탄과 다른 한편에서 외국자본, 특히 금융자본의 지배력 강화와 해외시장에의 의존 심화 등으로, 이는 한국 경제의 구조적 불안정 또는 구조적 위기의 심화로 요약할 수 있다. 즉 1970년대 이래 선진국 경제가 구조 위기에 들어선 이후에도 고도성장을 구가하던 한국 경제가 외환 위기를 계기로 마침내 구조 위기로 들어선 게 아닌가 한다. 한국에서 구조 위기는 물론 선진국과 달리 대외 종속성의 심화라는 특수성을 포함하고 있지만 (수출 증가가 그나마 성장을 유지하고 있는 지금의 현실은 그 아이러니의 표현이다), 성장 둔화와 고실업이라는 동일한 특징을 공유할 것으로 보인다. 이 위기는 자본주의 발전의 보편적 경로에서 나타나는 모순의 표현으로서, 신자유주의에 의해 초래된 것은 아니지만 이 위기를 해결하겠다는 신자유주의 정책에 의해 부정할 수 없이 심화하고 있다.

즉 이 위기는 김대중 정부와 이를 계승한 노무현 정부의 신자유주의 정책의 소산이며, 이런 점에서 현 정부는 경제 위기론을 부정해서도 안 되고 그 책임을 결코 면할 수도 없다. 한나라당 또한 마찬가지다. 한국 경제의 이러한 위기 현상을 고발한다 하더라도 한나라당의 경제정책이 신자유주의의 동일한 기반 위에서 친재벌적 경향을 보다 강화하고자 하는 한, 그 비판은 위기 극복과는 거리가 멀고 다만 정략적일 따름이기 때문이다. 경제 위기냐 아니냐의 논쟁은 이렇게 신자유주의 정책의 근본적인 전환을 요구해야 한다는 진실을 드러내고 있다. 민주노총과 민주노동당은 경제 위기론을 재벌과 보수 언론의 이데올로기 공세라고 차단하려 할 것이 아니라 이 위기의 성격을 폭로하고 노동자·민중운동이 위기를 극복할 진보적 대안과 결합할 수 있도록 적극적으로 대처해야 할 것이다.

_ 2004. 8. 2.

좌파 경제정책,
공방의 진실은

노무현 정부가 들어선 이래 이 정부의 성격을 둘러싸고 '진보'와 '좌파' 논쟁이 끊이질 않고 있다. 논쟁의 진원지는 재벌과 보수 언론 그리고 그 주변의 여론 주도 계층이다. 정작 정부 자신은 좌파 정부라는 평가가 가당치 않다며 자신들을 중도우파 정부로 규정짓고자 한다. 그러나 경제 위기의 우려가 점점 더 확산하면서 경제 위기가 좌파 경제정책 탓이라는 비판이 힘을 얻어 가는 듯하다. 도대체 좌파란 무엇이고, 좌파 경제정책의 기준은 무엇일까, 당장 이런 질문부터 하지 않을 수 없다.

좌파의 기준

우선 현 정부를 좌파라고 비판하더라도 그것이 사회주의적 좌파를 지칭하는 것으로 이해할 수는 없다. 일부 극우 성향의 논자들이 친북 좌익 정권을 운운하지만, 현 정부가 자본주의 시장경제에 기본적으로 입각해 있는 한, 이런 비판은 증오와 무식함의 발로라 할 수밖에 없다.

그러면 좌파를 자본주의 내에서의 좌파로 이해하는 것인데, 이는 사민주의를 지칭한다. 사민주의는 그 자체로 변천해 왔기 때문에 한마디로 규정하는 게 쉽지 않지만, 오늘날의 사민주의는 사회주의의 모든 유산을 제거하고 자본주의 시장경제를 기본 원리로 받아들인다. 이들에 있어 사회주의란 국가 개입 또는 사회적 개입의 의미 정도를 가질 뿐이다. 그런데 1930년대 대공황 이래 자본주의 시장경제는 어느 나라에서도 정부의 개입과 규제 없이는 존재할 수 없게 되었다. 사민주의 정부만이 아니라 보수적 정부도 개입주의 정책에 기반하고 있는 것이다. 1980년대 이래 정부의 경제 개입을 비판하고 시장경제에서 정부를 축출하고자 했던 신자유주의 정부 아래에서도 이는 변함없는 진실이다. 그렇게 보면, 사민주의적 좌파와 보수주의적 우파 간의 차이는 정부의 개입 여하에 있는 게 아니라 개입 정책의 방향과 성격의 차이에 있는 것이다. 사민주의적 좌파가 시장 경쟁보다는 독과점 규제와 소득재분배 그리고 사회보장에 정책적 중심을 놓고 있다면, 보수주의 우파는 자유로운 시장 경쟁과 경쟁 원리를 최우선의 정책으로 사고한다. 그러나 이런 차이도 상대적인 차이, 정도의 차이일 뿐이라는 점을 간과해서는 안 된다. 왜냐하면 사민주의 정부도 시장 경쟁을 기본적인 원리로 승인하고 있고, 반면 보수주의 정부도 독과점 규제와 사회보장을 정책 과제로 설정하기 때문이다. 오늘날 선진국들의 사민주의와 보수주의는 그만큼 서로 접근해 있다.

노무현 정부는 우파 정부

그러면 노무현 정부는 사민주의라는 의미에서 과연 좌파 정부일까? 현 정부를 좌파라고 비판하는 논거들, 예컨대 재벌에 대한 각종 규제 정책, 노사 관계에서의 노동자 편향 정책, 경제성장에 우선하는 재분배 및 사회보장정책 등을 열거한다면, 그렇다고 할지도 모르겠다. 그러나 노무현 정부의 정책을 막상 들여다보면, 이런 비판들은 과장되고 왜곡된 것임이 곧 드러난다. 노무현 정부의 반독점 정책이나 노동·사회정책은 사민주의 정부들의 정책과 제도는커녕 보수주의 정부들과도 비교할 수 없을 정도로 빈약한 내용으로 구성되어 있다. 노동사회 관련 지표들을 보면, 한국은 여전히 OECD 국가들 중 최하위라는 것, 노동자들과 빈곤 계층에서도 노무현 정부에 대한 비판과 불신이 고조되고 있다는 것, 이런 것이야말로 현 정부가 결코 사민주의적 좌파가 아니라는 상징적 현상이다.

그런데도 좌파 정부라는 논란이 벌어지는 이유는 현 정부를 이전의 극우적 보수 정권과 비교하는 데서 비롯된다. 현 정부도 기본적으로 재벌과 기업가들을 위한 우파 정부이지만, 군사 정권들에 비해서는 상대적으로 진보적인 정부인데, 이런 변화조차 수용할 수 없는 논자들에 의해 좌파 논란이 일어난 것이다. 이렇게 현 정부가 우파 정부라면, 경제 위기가 지속되는 이유도 당연히 좌파 경제정책이 아니라 우파 경제정책, 다름 아닌 신자유주의 정책 때문이라 하지 않을 수 없다.

_ 2004. 10. 6.

신자유주의적 뉴딜의
망상

정부와 열린우리당 주변에서 언급되던 이른바 한국판 뉴딜의 구체적 모습이 제시되었다. 11월 7일 당·정·청 경제 워크숍에서 재경부 장관이 보고한 '2005년 종합 투자 계획'이 그것이다. 이에 따르면, 정부는 내년 상반기에 재정을 조기 집행하고 하반기부터 정부 예산과 연기금, 공기업, 사모 펀드 그리고 외국자본까지 가능한 자원을 모두 동원하여 사회간접자본의 확충, 학교 시설, 의료 및 복지시설, 공공 주택 그리고 공공 청사 건설 등 대대적인 투자 확대를 통해 경기 활성화를 도모하겠다고 한다. 나아가 2006년 이후에는 지역 균형 발전 사업과 기업 도시 건설 사업으로 경기 활성화 정책을 지속한다는 것이다.

이런 정책 전환은 두말할 것도 없이 신자유주의하 지속되는 성장 둔화와 고용 위기 그리고 민생 파탄 때문에 강제된 것이다. 정부는 그동안 거시 경제지표들도 양호하고 OECD 국가들 중에서 한국 경제의 성장률이 가장 높은 편에 속한다는 등 한국 경제가 위기가 아니라고 강변했다. 심지어 위기론은 현 정부의 개혁 정책을 저지하기 위한 보수 언론의 음모라고까지 몰아세웠는데, 이제 그것이 잘못된 평가였음을 정부 스스로 인정하지 않을 수 없게 된 것이다. 노무현 대통령도 한국 경제는 순환적인 위기는 아니지만 특별한 불황에 처해 있다고 실토했다.

불황하에서 확장적 재정 정책이란 전형적으로 케인스주의적 정책을 의미하지만, 현 정부의 확장 정책의 시도가 케인스주의로의 전환을 의미하는 것은 물론 아니다. 이 경기 활성화 정책은 신자유주의 정책의 기조 위에서 추진하고자 하는데, 불황의 심화를 가져온 게 다름 아닌 신자유주의 정책이라는 점에서 그것은 모순적인 정책이다. 그것은 위기에 빠진 신자유주의 정책을 어떻게든 보충해야 하는 일종의 고육지책이라 할 수 있다. 따라서 이 정책이 한국 경제의 구조 불황을 극복하는데 얼마나 기여할 것인가 하는 질문에 대해 기본적으로 회의적이다.

그뿐만 아니라 정부의 경기 활성화 정책은 단순하게 신자유주의를 케인스주의적 확장 정책으로 보완하는 것도 아니다. 활성화 정책은 공공 수요를 창출하겠다면서도 그 자금은 전체 10조 원 중 재정 자금은 3조 원에 머물고 나머지는 연기금과 사모 펀드 등 민간 자본에 의존하는 것이어서 확장 정책 자체의 태반은 신자유주의적 색채로 물들어 있다. 그러나 민간 자본을 동원해서 불황에 빠진 경제를 구제할 수 없다는 것은 너무나 분명하다. 현실 경제의 불황은 투자를 통해 적절한 이윤을 얻을 전망이 부재하기 때문에 투자가 위축되어 발생한 것이다. 따라서 불황 극복을 위해서는 이윤에 관계없이 투자할 수 있는 자금, 즉 재정 자금의 투입이 필요하기 때문이다.

그런데도 이런 상황에서 민간자본을 동원하고자 한다면, 정부의 계획처럼 민간자본에 충분한 이윤을 보장해 주어야 한다. 민간자본의 동원과 이윤 보장은 그 자체로 소득과 수요의 창출, 따라서 활성화 효과를 제한할 수밖에 없고, 또 높은 서비스 가격과 사업 부진을 초래해서 재정 자금에 의한 민간자본의 이윤 보전을 실로 현실화하기 마련이다. 만약 정부가 보진을 해 주시 않는다면, 민간자본은 동원되지도 않을 것이다. 또는 정부가 강제할 수 있는 연금 기금 같은 자본만 겨우 동원되어서 그 기금들의 부실화를 가져올 것이다. 연금 기금이 노동자들의 노후와 관련된 중요한 자금이라는 점에서, 이것은 또 다른 문제를 야기한다. 이에 반해 재정 자금은 설령 국채 발행을 통해 동원한다 하더라도 채권 이자율은 민간자본에 보장해 주어야 하는 이윤율보다 낮은 수준이고, 또 그것조차도 조세로 충당할 수 있는 것이다. 따라서 누진적이고 진보적인 조세 개혁을 이룬다면, 재정 자금의 동원은 투자하지 않는 자산계급의 자본을 무상으로 징수해서 공공 수요를 창출함으로써 소득과 소비 및 투자를 진작시키는데 크게 기여할 수 있다.

이렇게 케인스주의적 확장 정책이 의미를 갖기 위해서는 진보적인 세제 개혁과 재정 운용을 해야 한다. 정부의 활성화 정책은 이 핵심적 요소를 제거하고 신자유주의적 요소로 대체한 것이어서 케인스주의적 확장 정책이라고 말할 수 없다. 그런데도 이 활성화 정책을 '한국판 뉴딜'이라고 호들갑스럽게 떠들어 대는 정부와 열린우리당 그리고 언론을 보고 있노라면, 이들의 무지와 왜곡이 뉴딜도 죽이고 한국 경제도 죽이고 있다는 생각이 든다. 한국판 뉴딜이라고 요란을 떠는 와중에 나온 대통령의 횡설수설, 즉 '경제 위기론은 재벌들로부터 나온 것이고 정부는 경기 부양을 위해 영양제나 환각제 투입을 고려하지 않는다'는 식의 발언도 따지고 보면 이런 혼란의 표현이다. 앞에서는 대통령도 지금 특별한 불황이라고 언급하지 않았던가?

1930년대 대공황을 배경으로 루스벨트 정부에 의해 도입된 '뉴딜'은 주지하다시피 자유주의 시장경제의 무절제한 운동이 대공황이라는 파국을 가져왔다는 인식 위에 시행됐다. 따라서 대공황을 극복하기 위해서는 국가 개입을 통해 시장경제를 조절하고, (독점)자본의 무절제한 이윤 추구를 제한하고 통제할 것이 요구되었다. 농산물의 생산과 가격을 조절하고 통제할 목적의 농업조정법, 산업의 이윤과 임금을 조정하는 산업부흥법, 금융자본의 운동을 엄격하게 통제하는 글래스-스티걸 은행법, 미국 최초의 사회보장법과 노동관계법(와그너법), 그리고 테네시강 유역 개발 공사 등이 바로 뉴딜을 구성하는 정책적·법적 요소들이었다. 이렇게 뉴딜과 그 이론적 기초로서 케인스주의는 미국 자본주의 역사상 처음으로 진보적 전환을 이룩한 정책과 사상이었다.

이에 반해 한국판 뉴딜은 자유무역협정과 경제 자유 구역 그리고 기업 도시 건설 등 자유 시장경제를 획기적으로 추진하고 탈규제를 통해 재벌과 기업의 이윤 원리를 최대한 보장해 주는 반면, 노동자들에 대한 자유롭고 무제한적인 착취의 길을 열어 놓는 반동적인 정책이 아닐 수 없다. 따라서 한국판 뉴딜은 개념이나 용어 사용법에서 결코 뉴딜을 차용할 수 없는 상반된 정책인 셈인데, 이런 신자유주의 정책을 뉴딜이라고 부르는 도착적인 시대에 우리가 살고 있는 것이다.

급기야 이필상 교수 같은 시민운동의 논자(〈경향신문〉 인터넷 판, 2004. 11. 3.)는 한술 더 떠서 한국판 뉴딜을 비판하고 신자유주의적 뉴딜의 완성을 요구하고 나섰다. 그에 따르면, 공공시설이나 복지시설 같은 비생산적인 부문에의 지출은 신용카드 정책에서와 같은 거품과 부실 그리고 재정 악화를 가져올 우려가 크기 때문에 성장의 잠재력을 높이는 방향으로, 예컨대 정보통신이나 신소재, 생명공학 등 첨단 지식 산업과 고부가가치 산업을 육성하는 방향으로 전환해야 한다는 것이다. 그리고 기업하기 좋은 나라가 되도록 정부 규제나 조세 부담, 노사 문제로부터 기업을 해방시키는 것이 근본적으로 중요한 과제라는 것이다.

신자유주의를 뉴딜이라고 주장하는 이런 논자들은 신자유주의에 의해 심화되는 현 구조 불황의 성격을 전혀 이해하지 못하고 있다. 즉 한국 자본주의 역사상 어느 때보다 탈규제와 유연화 등 우호적인 기업 환경하에서 첨단 산업의 주도하에 재벌들의 막대한 이윤이 쌓여가고 수백조 원의 투기 자금이 몰려다니는데도 왜 대중의 소비 제한과 신용 불량, 투자 위축, 성장 둔화 그리고 고용 위기가 해소되지 않는가를 이해하지 못하는 것이다. 신자유주의 정책이 강화되면 될수록 양자의 이 극명한 대립은 더욱 날카로워질 것이다. 이 점이야말로 한국판 뉴딜에 대한 비판의 요체다.

_ 2004. 11. 17.

자본의 국적 논란

외환 위기와 신자유주의 구조 조정을 거치면서 한국 경제는 그 이전과 무척 상이한 유형의 경제로 전환되었다. 외국자본의 지배력이 획기적으로 강화되었다는 것도 하나의 중요한 측면이다. 시가 기준으로 볼 때, 증권거래소 상장 기업 주식의 외국인 소유는 외환 위기 직후인 1997년 말 15% 미만으로부터 2004년 초에는 40% 이상을 차지하게 되었다. 산업에 피를 공급하는 상업은행들에 있어서도 외국인 지분 비중은 이미 40%를 넘긴 상태다. 시가총액 기준 상위 10대 기업들을 보면, 외국인 소유 비중은 더욱 더 심각하다. 세계 일류 기업인 삼성전자의 외국인 지분은 58%, SK텔레콤은 49%, 국민은행 74%, 포스코 67%, 현대자동차 51%, KT 47%, 그리고 신한금융지주는 52%였다(2004년 1월 기준).

이들 기업을 지배하는 외국자본은 대개가 미국이나 영국 계열의 (기관)투자가들로서 투자의 목적은 경영권 지배가 아닌 투자 수익의 획득에 있다. 그래서 이처럼 높은 외국인 비중에도 불구하고 이들 기업은 '아직'까지는 한국의 기업으로 남아 있다. 그러나 제일은행과 외환은행처럼 외국 투자 펀드의 자본이 지배 지분을 확보해 경영권을 직접 장악함으로써 이미 외국계 은행으로 전락한 대표적인 사례들도 있다. 또 소버린과 SK의 경영권 다툼 사례도 외국자본의 지배가 단지 투자 수익의 획득에 한정되는 것이 아니라는 점을 새삼 일깨워주고 있다. 한국의 대표적인 기업과 금융기관들이 한국 국적의 딱지를 뗄지도 모른다는 우려는 이제 현실로 다가온 셈이다. 재계와 정부도 이제는 이런 위험을 현실로 인식하여 한국 기업의 경영권 방어 문제를 중대한 과제로 삼았다. 정부는 경영권 방어를 위한 제도적 장치를 갖추겠다고 했고, 급기야 노무현 대통령까지 나서서 연기금을 동원해서라도 포스코, KT, 국민은행 등 우리의 대표 기업들을 지키겠다고 공언했다.

그러나 공언에 앞서 먼저 필요한 것은 정책에 대한 반성이다. 왜냐하면 민영화와 해외 매각을 추진해 온 지난 8년간의 정부 정책과 이 정책을 앞장서서 요구한 재벌, 이 길만이 살길이라며 요란하게 선전한 언론이 오늘의 현실에 책임을 져야 하기 때문이다. "한국에 투자해서 노동자를 고용하면 그게 다 한국 자본이다"라는 김대중 전 대통령의 주장은 가히 그 극치라 할 것이다. 이런 해괴망측한 논리를 동원하며 개방화와 해외 매각의 길을 추구한 결과가 오늘의 위험을 가져온 것이다. 사적 이윤을 추구하는 것이 자본의 본성인데, 자본의 국적이 뭐가 문제가 되냐고 생각하는 사람들도 있을지 모른다. 그러나 오늘날처럼 세계화된 경제에서도 자본의 국민적 성격은 부정할 수 없다. 그리고 국민경제의 자율성은 국민자본이 외국자본에 대해 얼마나 자립적인가 여하에 달려 있다.

한국 경제는 그렇지 않아도 이례적으로 대외 의존도가 높고 대외 종속적 성격으로 얼룩져 있는데, 이렇게 외국자본의 직접적 지배가 강화되면, 앞으로 투자와 고용 등 우리의 생존에 사활이 걸린 모든 것을 외국자본의 손에 맡겨야 할지도 모른다. 그러면 경제정책 또한 그들이 요구하는 높은 이윤을 충족시켜 주는데 복무해야 한다. 한국의 자본을 위한 정책도, 한국 국민의 복지를 위한 정책도 실행할 공간을 잃게 될 수밖에 없다. 따라서 외국자본의 지배력 강화라는 이 중대한 문제를 둘러싸고 벌어지는 재벌과 외국자본의 싸움에서 어떤 경우에도 외국자본의 손을 들어주어서는 안 된다. 외국자본은 경영의 투명성과 재벌의 지배 구조를 개선한다는 명분하에 경영권을 압박하고 있는데, 재벌 개혁의 이런 과제는 물론 부정할 수 없다. 그러나 외국자본의 직접적 지배가 가져올 국민경제적 위험을 고려한다면, 재벌의 지배 구조 개혁은 외국자본이 아니라 재벌에 대한 국민적 또는 사회적 통제라는 주체적 방식으로 추진되어야 한다.

_ 2004. 12. 29.

이른바 '참여정부'하에서
벌어지는 참상들

이랜드 비정규직 노동자들의 피맺힌 점거 농성이 결국 공권력 투입으로 끝을 맺었다. 이랜드는 그동안도 부당 노동 행위를 일삼았던 대표적 악덕 기업이자 비정규직 법령 시행을 앞두고 비정규직 노동자들의 대량 해고와 용역 고용으로의 전환을 시도함으로써 이번 사태를 촉발한 주범이었다. 비정규직 법령에 대해 이미 노동계가 이 법령이 비정규직 노동자들을 보호하는 것이 아니라 오히려 대량 해고를 부추길 것이라고 극렬 반대해 왔는데도, 정부는 사이비 노사정 합의를 근거로 이를 통과시킴으로써 이랜드 같은 사태가 대량 발생할 수 있는 토대를 마련해 주었다.

주지하다시피 이 법령은 자본의 외관상 반대와는 달리 노동의 유연화를 강화하고 노동자 착취를 증대시키려는 자본의 요구에 따라 도입된 것이다. 그럼에도 정부는 비정규직 보호라는 이해할 수 없는 명분으로 이를 호도해 왔는데, 이랜드 사태는 정부의 억지 주장이 조금도 근거가 없는 것임을 여지없이 드리내 보였다. 따라서 이랜드 노동자들의 저항과 분노는 너무도 정당한 것이었다. 그럼에도 이들에 대한 공권력 투입과 강제 연행을 정당한 법 집행이라고 운운하는 정부의 파렴치함에 분노를 넘어 비참함을 느낀다.

정부의 잘못된 정책으로 노동자들이 희생되었다는 명백한 사실 앞에서, 이 법령과 정부의 치부가 그대로 드러나 어떻게든 자신의 숨을 곳을 찾지 않으면 안 되는 궁핍함 속에서도, 또 노골적인 법령 회피로 악덕 사업주의 탐욕이 여론의 질타를 받는 속에서도, 정부는 자본가가 아니라 노동자를 타격했다는 것, 이 어이없는 행태가 이른바 '참여정부'의 신자유주의적, 친자본적 본질을 다시 한번 유감없이 보여 주었다.

비정규직 법령에서처럼 이 정부는 개혁이라는 이름하에 대중을 참상으로 몰아가는 정책을 초지일관 추진했고, 대중의 삶을 개선하기 위한 진정한 개혁은 회피해 왔으며, 그로써 자산계층과 재벌들에게는 최상의 사회를 선사했다. 그럼에도 이 사회의 보수적 기득권층과 일상적으로 다투며 개혁의 전도사로서의 정체성을 만들어 나간 건 이 정부의 놀라운 기만술이다. 그러나 정권의 말기 이 모든 기만술은 대중의 참상 앞에서 빛이 바랬고, 그 반대의 실상이 적나라하게 드러나 버렸다.

국민연금은 개악되어 그렇지 않아도 빈약한 장래 노후소득의 1/3이 날아가 버렸고, 생활고에 몰린 대중은 대부업체의 살인적인 고금리에 내몰리고 있으며, 결국 자살률(2005년)은 OECD 국가 중 최고가 되었다. 이 정부 들어 각종 개발과 천문학적 보상비 지출로 부동산 가격은 폭등했고, 집 없는 대중은 집 가질 꿈을 접어야 했다. 더욱 심해지는 사교육비로, 또 국제 유가와 관계없는 휘발유 값의 고공 행진으로 대중의 허리가 휘어지는 형편이다.

유일한 개혁 성과로 내세우던 사립학교법은 재개정으로 하나마나한 누더기가 되었다. 부유층과 전면전을 벌인다는 종부세도 실은 전체 국세 수입 138조 원(2006년) 중 1조3천억 원밖에 안 되는 작은 싸움이며, 정작 유류세(23조 원)와 부가가치세(38조 원) 등 역진적인 성격의 간접세 개혁과 누진적인 직접세 강화에는 강력하게 반대하고 있다. 결국 종부세 싸움도 일종의 기만이었던 셈이다.

그러나 다른 한편에는 별세계가 있다. 주가 폭등과 불로소득에 열광하는 투기꾼들, 자본금의 7배(2005년)에 이르는 막대한 현금 축적을 구가하는 10대 재벌들, 그리고 선진 갑부 부럽지 않은 듯한 강남의 천박한 명품족들. 이런데도 이 정부는 돈 없으면 강남에서 이사 가라, 휘발유 값 없으면 승용차 타지 말라는 망언을 늘어놓는가 하면, 고금리에 내몰려 신체와 가족의 일부까지 포기해야 하는 참상을 나 몰라라 하고 있다. 상황이 이럴진대, 이 정부는 이미 정부가 아니지 않는가? 국가도 국가이기를 포기한 것이 아닌가?

_ 2007. 7. 22.

대통령의 진보 논쟁

– 진보 정치의 정체성과 2007 대선 전략

노무현 정부에 대한 최장집 교수의 비판으로부터 촉발된 이른바 진보 논쟁은 현직 대통령이 개입하는 희귀한 사건으로 발전해 언론의 집중 조명을 받았다. 대통령의 논쟁 개입은 바야흐로 대선의 정치가 시작되었음을 말해 준다. 대선을 앞둔 길목에서 바닥을 기는 지지율을 반전시켜야 하는 조급함이 없었다면, 노 대통령의 개입은 없었을지 모른다. 진보 논쟁은 2007년 대선에 대한 진보 진영의 전략 논쟁으로 전개될 수밖에 없고, 진보 논쟁 자체도 대선의 전략적 관점에서 평가하고자 할 것이다. 그러나 이 때문에 진보 논쟁 자체가 왜곡될 우려도 많다.

진보 논쟁 자체를 보면, 이 논쟁은 대통령의 완패로 끝났다. 진보 진영의 논객들이 노 대통령의 신자유주의 정책을 비판의 핵심 표적으로 삼은데 반해, 노 대통령은 진보 진영의 비판이 어려워서 무슨 말인지 이해하지 못하겠다고 했다. 노 대통령이 이해하지 못하는 진보의 정체성 문제는 신자유주의에 관한 것이다. 노 대통령은 정치적 민주주의, 절차적 민주주의를 진보의 기준으로 이해했고, 신자유주의는 필요에 따라 수용해도 되고 안 해도 되는 부수물로 간주했다. 따라서 신자유주의를 수용하면서도 '좌파 신자유주의'라는 해괴망측한 개념도 사용했던 것인데, 이번 논쟁에서 노 대통령은 '유연한 진보'라는 실용주의적 태도로 자신의 진보성을 변호하고자 했다.

주지하다시피 신보수주의는 (군사화를 포괄하는) 정치적 보수주의와 경제적 신자유주의의 결합물이고, 1980년대 이래 세계적으로 진보 또는 좌파를 판단하는 기준은 신보수주의/신자유주의의 수용이냐 반대냐에 있다. 노 대통령이 진보의 기준이라고 본 정치적 민주주의는 부차적 쟁점이고(신보수주의도 정치적 민주주의를 반드시 배제하는 것은 아니다), 한국에서도 민간 정부가 들어선 이래 정치적 민주화가 진전됨에 따라 점점 더 그러했다. 그런데도 노 대통령은 신자유주의에 개방적 태도를 취하고 신자유주의를 수용하는 것을 유연한 진보라고 강변한 것이니 이는 유연한 것이 아니라 오늘날의 진보의 개념을 진정으로 왜곡한 것이다.

노 대통령은 자신의 실정과 민생의 파탄 그리고 대중의 분노가 근본적으로 신자유주의 정책에서 기인했음을 전혀 이해하지 못하고 있다. 심화되는 양극화와 고용 불안, 성장 둔화, 투기와 부동산 폭등 등은 단순히 대통령의 실정과 무능에서 비롯된 것이 아니라 신자유주의 정책의 필연적 귀결이기 때문이다. 말하자면 노 대통령은 실정과 무능으로 파산한 것이 아니라 신자유주의 정책을 훌륭하게 집행함으로써 파국을 맞이했던 것이다. 신자유주의의 기치를 내걸고 나가면서 자신을 진보로 자처했던 것, 이것이 노 대통령의 비극이었고, 스스로 이해하지 못했던 자신의 정체성이었다. 진보 진영의 논객들이 일치하여 한목소리로 대통령을 비판한 것은 바로 이 점이었고, 이 점에서 진보 논쟁은 진보 진영 내부에서 진보의 정체성을 새롭게 확립하는 성과를 가져왔다.

반신자유주의를 핵심으로 하는 진보 진영의 자기정체성은 한국에서 사실 새로운 게 아니다. 노무현 정부, 아니 그전의 김대중 정부 이래 진보 진영이, 특히 좌파 진영이 이 정부들을 비판한 핵심은 신자유주의에 있었기 때문이다. 진보 논쟁의 새로운 성과라면, 정치적 민주주의의 진전이라는 이유로 민간 정부들에 대해 비판적 지지를 표방하던 진보 진영의 우파와 중간파 인물들까지 이제는 진보의 기준으로 반신자유주의를 명확히 하면서 노무현 정부의 신자유주의를 비판하고 나섰다는 점이다. 우선 논쟁을 촉발했던 최장집 교수 자신이 그러하다. 대통령 자문 정책기획위원장으로서 김대중 정부에 참여해서 '민주주의와 시장경제'라는 신자유주의 정책을 책임졌던 인물이 이제는 김대중 정부와 노무현 정부의 신자유주의가 대중의 삶을 파탄냈다고 비판하고 나선 것이다. 사실 최장집 교수가 자기 자신에게 향해야 마땅할 이런 비판을 노 대통령에게 퍼부으면서 진보 논쟁을 촉발하고 진보 이론가로 둔갑하고 있다는 것 자체가 진보 논쟁의 아이러니겠지만, 신자유주의의 강화와 대중 생활의 피폐화는 이렇게 진보 논쟁의 지형을 변화시켰다.

　노 대통령의 탄핵 국면에서 탄핵 반대를 주장하던 조희연 교수도 진보 논쟁에서는 반신자유주의의 정체성을 분명히 하고 노무현 정부와 단호한 결별을 요구하고 나섰다. 하지만 탄핵 국면에서 자신의 정치적 태도에 대한 어떤 반성도 없이 노무현 정부 비판과 진보 논쟁에 끼어든 것은 분명 유감스런 일이다. 돌이켜 보면, 당시 진보 진영의 다수파(우파)와 중간파의 탄핵 무효화와 탄핵 반대 슬로건이 신자유주의 정권에 대한 지지 효과를 창출한다고 비판하면서 'another0415' 사이트를 운영하던 좌파의 관점이 뒤늦게 진보 진영의 다수적 견해로 자리 잡게 되었다는 것, 이것이 진보 논쟁이 가져온 의미 있는 성과라 할 것이다.

　그러나 진보 논쟁이 진정으로 의미가 있다면, 그것은 이로부터 귀결되는 실천적 전략을 사고할 수 있기 때문이다. 노무현 정부의 신자유주의가 민주주의를 형식화하고 대중의 삶을 파탄낸 근원이라 평가한다면, 진보 진영은 어떠한 연대하에서 대중을 동원하여 신자유주의에 반대하는 전선을 강화할 것인가를 도모해야 한다. 그것이 진보 논쟁의 당연한 전략적 결론이 아닐 수 없다. 그런데 실천적 전략의 문제를 다루는 순간부터 진보 논쟁의 결론은 뒤집히기 시작한다. 신자유주의냐 반신자유주의냐 하는 진보의 합의된 기준이 대선을 앞둔 정세에서 다시 한나라당 집권이냐 저지냐 하는 자유주의 개혁 전선에 퇴색되고 마는 것이다. 2004년의 탄핵 정세가 다시 머리를 들어 올리는 상황이고, 이런 상황이라면 진보 논쟁은 무엇 때문에 한 것인지 되묻지 않을 수 없다. 반신자유주의 정체성과 반신자유주의 전선을 일관되게 주장한 손호철 교수를 제외하면, 진보 논쟁과 실천 전략은 따로 놀고 있을 뿐이다.

자칭 진보 이론가로 나선 최장집 교수는 한나라당 집권에 정당성을 부여하는 것으로 논쟁을 끝맺고 있다. 실패한 정당은 정권을 내주어야 한다는 것, 그것이 책임 정치라는 것이다. 최장집 교수는 진보 이론가로서는 전혀 어울리지 않게 여야 교체와 책임 정치라는 부르주아 정치학에 근거해서 민주주의의 이름으로 한나라당 집권을 정당화하고 있다. 노무현 정부를 신자유주의, 신보수주의라고 그렇게 비판하고, 또 한나라당도 신자유주의와 신보수주의를 공유하는 또 다른 정당이라 하면서도, 한나라당의 신자유주의·신보수주의로 가는 길을 민주주의라고 한다면, 그는 무엇 때문에 노무현 정부의 신자유주의를 그렇게 비판했을까? 최장집 교수에게서 반신자유주의 진보 전략에 대한 고민은 흔적도 읽을 수가 없다. 필자가 최장집 교수를 사이비 진보 이론가로 평가하는 이유다. 이런 점에서 손호철 교수가 역설적으로 말하는 한나라당 집권 용인론은 최장집 교수의 그것과는 본질적으로 다른 진보적 맥락에 있다. 반신자유주의의 정체성을 선명하게 내세운 조희연 교수도 특유의 화려한 수사 뒤에서는 당면한 대선에서 어떻게 한나라당 집권을 저지하느냐, 다시 말해 어떻게 다시 자유주의 정권의 재집권을 도모할 수 있는가를 고민하고 있다. 탄핵 국면에서처럼 대놓고 자유주의 정파를 지지할 수 없다는 상황의 변화 속에서 돌려돌려 들어갈 틈새를 찾아야 한다는 것에 그나마 조희연 교수의 양심적인 고민이 있다.

진보 이론가를 자처하면서 한나라당 집권을 용인할 수 있다는 건 할 수 있는 말이 아니다. 그러면 '미래구상'처럼 진보 진영이 한나라당 집권을 믹기 위해 열린우리당 또는 어떻게든 재편되어 나타날 자유주의 정파를 다시 지지해야 한다는 말은 할 수 있는가? 현 정세에서 이런 주장은 한나라당 집권을 용인해야 한다는 주장 못지않게 정치적으로 뻔뻔스러운 것이다. 노무현 정부의 실정과 민생 파탄으로 대중의 분노가 끓어오르는 상황에서 실정의 책임을 덮어 두고 다시 한번 표를 주자는 것은 어떤 이유로도 대중을 설득할 수 없다. 오히려 진보에 대한 대중의 불신을 높여줄 뿐이다. 그것이 수구 보수 한나라당 집권보다는 낫다는 주장도 진보 진영에는 칼이 되어 돌아올 것이다.

　노무현 정부의 몰락에 따른 반사이익이 왜 한나라당으로 돌아가는지를 진보 진영은 반성할 필요가 있다. 이는 단순한 반사이익이라고 할 수 없다. 노무현 정부의 출범이래 그 정책에 대해 비타협적으로 투쟁한 것은 유감스럽게도 진보 진영(비판적 지지를 표방한 우파와 중간파)이 아니라 한나라당이었고, 대중에게 진보 진영은 노무현 정부와 한통속으로 보였을 뿐이다. 한국의 이데올로기 지형이 극히 보수적인 측면도 있지만, 노무현 정부의 실정과 파산이 분명하게 드러나면서 대중이 한나라당의 투쟁을 평가하고 그 지지로 돌아서는 것은 너무도 당연한 정치적 결과다. 노무현 정부에 대한 한나라당의 투쟁이 대중의 이해관계와는 오히려 대립하는 것임에도 그 이해관계에 대한 과학적인 인식 여하가 대중을 움직이는 것은 아니기 때문이다. 이런 점에서 노무현 정부에 대한 진보 진영의 때늦은 비판과 진보 논쟁은 씁쓸한 뒷맛을 남길 수밖에 없다.

　한나라당이 집권한다면, 분명 민주주의는 자유주의 정부보다 후퇴할 것이고(그렇다고 파시즘으로 가는 길은 결코 아니다) 신자유주의도, 그 폐해도 강화될 것이다. 그래도 진보 진영은 2007년 대선에서 자유주의 정파와의 대연합과 반한나라당 전선으로 가는 길을 선택해서는 안 된다. 이 길은 자유주의 개혁의 작은 이익(전망 없는 이번 대선에서는 기대하기도 어렵겠지만)을 진보 진영과 대중에게 갖다 주겠지만, 그 대가로 진보 정치를 결국에는 질식시킬 것이기 때문이다. 나락으로 떨어진 자유주의 정치의 꽁무니까지 쫓아가는 게 진보 정치라면, 그것이 어떻게 이 굴레를 벗어날 수 있겠는가?

　노무현 정부의 신자유주의가 가져온 현재의 실정과 한나라당의 신자유주의가 가져올 미래의 실정에 대항해서 투쟁하는 것, 이 길만이 진보 정치가 자신의 정체성을 회복하고 반신자유주의 투쟁에서 대중의 지지를 획득하는 미래를 열 것이다. 이에 대해 한나라당의 집권이라는 적지 않은 비용을 책임지라 요구한다면, 그건 김대중 정부와 노무현 정부에 대한 진보 진영의 비판적 지지가 치러야 할 값비싼 대가라고 말할 수밖에 없다.

_ 2007. 3. 12.

3不을 뒤흔드는
현실의 교육 위기

3불 정책을 둘러싼 논쟁이 급기야 헌법재판소로까지 갈 전망이다. 뉴라이트전국연합의 이석연 변호사가 3불 중 기여입학제 금지를 제외한 2불(본고사 금지와 고교등급제 금지)에 헌법소원심판을 청구하겠다는 것이다. 이로써 3불의 폐지 · 유지 여하가 보수적인 헌법 재판관들의 판단에 의해 결정될지 모를 상황에 처하게 되었다. 노무현 정권에 들어와 3불 정책 비판이 새로운 건 아니지만 그 임기 말에 집중적으로 제기되는 것은 두말할 것도 없이 이 정권의 실정과 바닥으로 떨어진 지지도 때문이며, 이 정권의 집권 기간 강화된 신자유주의 시장화 정책에 의해 보수파의 정치 지형이 크게 강화된 데 기인한다. 서울대, 서강대, 고려대 등 일개 대학의 총장들까지 공개적으로 대통령과 교육인적자원부의 정책을 비난하고 나서는 진귀한 풍경은 임기 말 노무현 정권의 자화상이라 할 것이다.

그러나 그것만으로 3불 정책에 대한 비판 여론이 형성되는 것을 설명할 수는 없다. 3불 정책 비판에는 교육 현실의 위기라는 객관적 토대가 있고, 따라서 현실의 위기를 해결하지 않고는 3불 정책의 유지 주장은 설득력을 가질 수 없다. 교육 현실의 위기는 이 정권의 교육 정책과 3불 정책이 실패했음을 말해 주는 것이다. 3불 정책하에서 평준화 등 공교육은 실패했고, 과거 대입 본고사 때보다 오히려 입시 경쟁이 심해졌으며, 일층 강화된 사교육에 의해 부와 가난이 대물림되는 게 현실이다. 이런 현실을 왜곡하고 마치 3불 폐지가 부자들을 위한 사교육으로 가는 것이고 입시 지옥을 부활하는 것인 양 3불 유지를 선전하는 건 오히려 3불의 위기를 심화시킬 뿐이다. '개천에서 용 나는' 건 이미 지나간 옛일인데, 상고 나와서도 대통령할 수 있다고 3불을 변호하는 노 대통령의 인식은 현실에서 너무나 동떨어져 있다.

3불 정책과 그 위기에 대해 근본적으로 책임을 져야 하는 것은 신자유주의 기치를 들고 나온 두 번의 민간 정권과, 이를 계승하고 강화한 노무현 정권이다. 교육 개혁과 자율이라는 이름하에 교육 부문에 시장화 원리를 도입, 강화하고 대학과 사학에 대한 국가의 통제력을 점차 약화시킴으로써 민간 정권들은 정작 3불이라는 공교육의 원칙을 실천할 수 있는 수단을 상실해 왔다. 그에 따라 3불 정책의 위기가 발전할 수밖에 없었는데 신자유주의 정책 기조 위에서 이 위기는 방치될 수밖에 없었다. 당장 2008년도 입학 전형에서 연·고대 등 주요 사립대학들이 고교등급제와 수능 중심의 선발 제도를 공식화했는데도 정부는 더는 이를 규제할 법적 수단을 갖고 있지 않다. 3불 정책의 근간은 상당 부분 이미 무너졌고 무력화된 상태다.

그런데도 노무현 정권은 마치 공교육 수호의 전도사인 양 아직도 3불 정책 유지를 천명하면서 부자들을 위한 3불 폐지론에 반대한다고 한다. 그러나 그것은 기만적인 면피용 거론일 뿐이다. 지금처럼 3불 정책이 존폐의 기로에 들어섰음에도 노무현 정권은 언사만 늘어놓을 뿐 3불과 공교육의 위기를 정말로 해결하려 하지는 않는다. 왜냐하면 그것은 반신자유주의 교육정책으로의 전환을 요구하기 때문이다. 따라서 현재의 3불 찬반의 구도로는 3불을 지켜내기 어려우며 3불 정책의 법제화로도 현실의 위기와 논란을 극복할 수는 없다. 진보 진영은 3불의 위기를 가져오는 교육 현실의 위기를 직시하여 그 해결을 모색하지 않으면 안 된다.

먼저 고교등급제 문제는 미완의 평준화 정책 때문이고, 특히 평준화 정책을 보완한다는 취지로 도입된 특수목적고의 불법과 편법 운영 때문이다. 설립 취지에 어긋나게 외고, 과학고 등 특수목적고들이 입시 중심으로 운영되어 왔는데도 교육인적자원부가 이런 불법과 편법을 사실상 방치함으로써 고교 간 격차가 발생했던 것이다. 현실의 고교 간 격차를 이유로 거꾸로 고교등급제를 요구하는 것은 지금까지의 불법을 현실로 용인하자는 주장이며, 이는 용납할 수 없는 것이다. 불법의 철폐와 원상 복귀가 올바른 해결책이고 특수목적고의 불법과 편법에 대해서는 일반고로의 전환 같은 강력한 법 집행이 필요하다. 이러한 규제 없이는 고교등급제 문제가 원천적으로 해결될 수 없다.

이는 의지만 있다면 실행 가능한 간단한 문제지만, 물론 평준화를 강화한다고 해서 모든 문제가 해결되는 것은 아니다. 무엇보다 평준화 고교의 현 실정, 즉 평준화 고교 내에서의 우열의 차이, 이와 관련한 수업 방식과 학급 운영 방식의 문제, 요컨대 내신 경쟁과 이로부터 발생하는 교육 현장의 파행 등 평준화 실패로 언급되는 어려운 문제들에 해답이 요구되기 때문이다. 이들 문제는 근본적으로 평준화 제도하에서도 우열과 경쟁을 통한 선발이라는 입시 방식이 지배하기 때문에 발생하는 것인데, 입시 방식의 문제가 해결되지 않는 한, 평준화에 대한 비판은 끊임없이 제기될 것이다.

이런 점에서 대입 본고사 금지 문제는 3불 중 가장 어려운 문제라 할 수 있다. 대입 본고사 금지야 법령으로 쉽게 강제할 수 있겠지만, 우열에 따른 경쟁과 내신 경쟁이라는 난제를 어떻게 해결해야 하느냐, 이를 공교육 정상화와 어떻게 조화시키는가 하는 근본적 성찰이 요구되기 때문이다. 이와 관련하여 내신 경쟁의 철폐와 입시 철폐는 공산주의 미래 사회의 교육 대안일 수는 있어도 현 단계에서 요구할 대안이 아님은 분명하다. 현 단계에서 상정할 수 있는 최선의 대안은 어떻게든 내신과 수능 경쟁을 약화시키는 방향의 대학 입학 제도이며, 그 위에서 공교육을 보다 정상화할 토대를 마련하는 것이다. 국·공립대의 획기적인 확대와 강화, 사립대에 대한 국가 지원 확대와 통제의 강화, 대학 간 격차와 서열화의 해소, 적정한 수준의 최소 내신 또는 최소 수능 하에서의 자유로운 대학 입학과 대학 선택의 보장 등이 그러한 대안을 구성하는 기본 요소라 할 수 있다.

기존의 3불은 이미 내용적으로 크게 무력화되었지만 교육 현실의 위기를 극복하고 공교육을 개혁하기 위해서는 일단 유지해야 할 일종의 마지노선이다. 마지노선이 뚫리면 대안은 더욱 멀리 날아갈 것이다. 그러나 3불의 유지 또는 법제화 위에서 3불의 위기를 가져온 신자유주의 교육정책을 비판적으로 검토하고 위기의 해결책을 모색하지 않으면, 3불은 껍데기만 남고 결국은 폐지될 운명을 맞이할 것이다.

_ 2007. 4. 16.

무늬만 남은 3不,
뿌리마저 뽑히나

한나라당 이명박 후보의 교육정책 공약이 교육계를 넘어 정치·사회적으로 커다란 논란을 불러일으키고 있다. 논란의 핵심적인 부분은 자율형 사립고의 확대와 대학 입시의 완전 자유화에 대한 것이다. 현재의 특수목적고, 자립형 사립고 외에 100개의 자율형 사립고 설립과, 수능 및 내신 반영의 대학 자율 결정-수능 과목 축소-대학 입시의 완전 자율화라는 이른바 3단계 대학 입시 자율화 공약은 고교등급제 금지와 대입 본고사 금지라는 3불 정책 중 2불과, 그에 기초한 고교 평준화 정책을 뿌리째 흔드는 것이기 때문이다.

그렇지 않아도 설립 목적을 위반하는 특수목적고의 불법과 편법 운영을 용인한 결과 고교 간 격차가 현실화되고 이를 빌미로 이른바 명문 대학들의 등급제 도입이 공공연히 시도되는 상황에서 자율형 사립고의 대폭 확대가 고교 평준화의 근간을 해치고 고교입시제의 부활과 고교등급제로 이어질 것임은 자명한 일이다. 또한 대입 본고사 금지라는 정책에도 불구하고 대학 수능을 넘어서는 각종 면접 및 구술 고사와 지필 고사를 도모하는 입시 현실에서 대입 자율화가 본고사의 전면적 도입으로 이어질 것임도 불문가지다.

명맥만 유지되는 현재의 3불 정책하에서도 입시 경쟁의 심화와 공교육의 파행 그리고 과도한 사교육비 부담으로 교육 망국의 목소리가 날로 높아지고 있는데, 대입 본고사와 고교 입시까지 부활하면 지옥 같은 입시 경쟁과, 그로 인한 사교육 시장의 비대화가 불가피하다. 그런데도 이명박 후보는 사교육비 절반 감소 및 입시 부담 경감 그리고 공교육 정상화를 기대하며 이런 공약을 내세웠다고 하니 교육정책은 고사하고 그가 과연 합리적인 사고라도 할 수 있는 인물인지 의심스럽다.

한나라당 교육 공약의 이와 같은 망상은 오로지 경쟁과 자율이라는 미명하에 수월성 제고만을 도모하려는 발상에서 교육 문제를 바라보기 때문이다. 상위 1% 또는 4%, 넓게 잡아도 상위 10% 학생만 건지고 나머지 90%는 포기하는 엘리트주의 교육이 이 망상의 토대다. 더욱이 그 경쟁과 자율이라는 것도 사교육 시장에서의 부유한 계층의 자산과 부에 기반한 경쟁이며 사립학교 재단의 시장 권력을 강화시키는 자율이어서 문제는 단순한 수월성 제고가 아니다. 현재의 자산과 부의 불평등, 계급·계층 간 불평등을 교육정책을 통해 오히려 심화시킴으로써 빈부 격차를 대물림한다는 것이 심각한 문제다.

이명박 후보는 3불의 나머지 하나인 기여입학제 금지에 대해서도 장학금으로 전용될 수 있다면 추후 검토할 수 있는 것처럼 언급했다. 기여입학제까지 시행된다면, 그야말로 교육은 노골적인 돈 놀음으로 전락할 것이다. 부유한 계층은 돈으로 자식의 졸업장을 얻게 될 것이고, 이른바 명문 사립대들은 기여 입학이라는 이름하에 대놓고 학위증 장사를 하게 될 것이다. 그것이 이미 비대해진 이들 대학을 더욱 살찌울 것이고 다른 대학들과의 재정적 격차를 더욱 크게 벌릴 것이다.

따라서 이와 같은 반동적인 교육 공약은 재고의 여지없이 폐기되어야 한다. 또한 그 폐기가 껍데기만 남은 3불 정책의 고수여서도 안 된다. 이명박 후보의 반동적인 교육 공약의 현실적 토대는 바로 노무현 정권을 포함하여 민간 정권들에 의한 3불 정책의 형해화와 무력화, 그에 따른 3불 정책의 위기에 있기 때문이다. 다름 아닌 교육정책에서의 신자유주의의 도입, 시장주의의 도입이 이런 위기를 가져온 근본 원인이다. 이런 점에서 노무현 정권과 이명박 후보는 정도의 차이만 있을 뿐 동일한 기반 위에 있다고 할 수 있다. 이들 간의 사이비 3불 논쟁을 넘어 반신자유주의의 진정한 교육 대안을 모색할 때다.

_ 2007. 10. 16.

노무현 정부 실정 위에 피어나는 이명박 신화

제17대 대선의 한나라당 후보로 이명박 후보가 선출되었다. 박근혜 후보와 1.5%포인트 차의 박빙 승부였다. 대선 후보로 공식 선출된 이후 이명박 후보는 각종 여론조사에서 60%에 육박하는 압도적인 지지를 얻고 있다. 이는 박근혜 후보 지지자들이 한나라당의 전통적이고 보수적인 지지자들이므로 경선 패배의 반발로 이탈할 여지가 별로 없음을 보여주는 것이다. 반면 10여 명의 범여권 후보군은 그 지지율을 모두 합해도 20% 정도에 머물고 있다. 이변이 없는 한 넉 달도 안 남은 대선 기간에 지지율 역전과 정권 재창출은 무망한 상태다.

부동산 투기 등 이 후보에 대한 여러 의혹이 집중적으로 제기되고 급기야 검찰 수사까지 진행되는 상황에서도 지지율이 고공 행진을 유지하는 것은 이례적 현상으로 보인다. 이 후보와 관련된 의혹과 도덕적 결함을 추측할 수 있는 정황에도 불구하고 이 후보의 면역력만 높아졌을 뿐이고, 이 후보에 대한 대중의 지지는 크게 동요하지 않고 있다. 이런 현상을 설명할 수 있는 몇 가지 요인이 있다.

무엇보다 노무현 정부의 실정이다. 노무현 정부의 신자유주의 정책이 가져온 참상으로 노무현 정부와 (구)열린우리당에 대한 대중의 기대는 불신과 분노로 바뀐 지 오래다. 노무현 정부 지지도는 그간 회복되었다고 하나 여전히 20% 중반 정도에 머물고 있다. 실정에 대한 동반 책임을 탈색하고자 탈당과 신당 그리고 합당의 기만적인 기획을 도모한 (구)열린우리당과 (현)대통합민주신당의 사기극도 이런 현상을 부추기는 한 요인이다. 시민운동의 한 부분을 물 타기로 엮어 넣고 간판을 갈아 다는 이런 사기극으로 대중을 현혹할 수는 없다. 대선에서의 바람몰이도 대중의 신뢰와 지지가 전제되는 것인 바, 현 대통령과 전임 대통령이 이 과정에 개입했다 하지만 신당의 지지율은 기껏해야 10%대에 머물 따름이다. 말하자면 백약이 무효한 것이다.

이명박 후보에 대한 높은 지지를 물론 현 정부와 집권당 불신에 따른 반사이익만으로 설명할 수는 없다. 여기에는 이명박 후보 개인의 정치적 능력에 대한 대중의 기대가 표현되어 있다. 현대건설 사장과 샐러리맨 신화, 청계천 사업에서 보여준 서울시장으로서의 추진력 등 이 후보의 경영 능력을 대중이 평가하고, 노무현 정부하에서의 경제와 일자리의 위기, 민생 파탄에 대한 대안을 기대하는 것이다. 한나라당의 비주류인 이 후보가 당내 지지를 놓고 박근혜 후보와 거의 대등한 경쟁을 하고, 국민 여론조사를 통해 역전할 수 있던 것은 이런 기대의 표현이다. 이를 두고 여러 논자들이 이번 대선의 쟁점 또는 패러다임의 변화 심지어 시대정신의 변화라고 심대한 의미를 부여하고자 한다. 민주화나 개혁 또는 남북 화해 같은 문제가 아니라 일자리와 경제 문제, 즉 먹고사는 문제가 이 시대의 정신이고 이명박 후보에게서 그 실현을 기대한다는 것이다.

그러나 노무현 정부 실정의 근원이 신자유주의 정책에 있었다면, 한미FTA, 공기업 민영화, 금융화, 노동 유연화 등 신자유주의 정책을 확실하게 계승할 것으로 보이는 이명박 후보가 실정을 극복하고 번영으로 나갈 것이라고 기대할 근거는 존재하지 않는다. 더욱이 2001~2003년에 시작한 현재의 세계경제 사이클은 다음 대통령 임기 중에 공황으로 끝날 것이 확실한 만큼 한국경제는 대내외적으로 번영보다는 위기에 직면하기 쉽다. 이명박 후보가 이대로 대선에서 승리한다면, 그 신화는 현실에서 무너져 갈 것이다.

_ 2007. 8. 27.

신보수파에 의해 강화되는 신자유주의

– 경제 대통령의 경제정책 전망

이번 대선을 결정한 이슈는 대체로 경제 문제와 노무현 정권 심판 두 가지로 압축된다. BBK를 비롯한 이명박 당선자의 각종 의혹들은 정치 공방만 요란했을 뿐 대세를 결정하는 요인이 되지 못했다. 김대중-노무현 정권 10년이 가져온 결과는 한국 사회의 신자유주의적 재편이었다. 경제 성장의 둔화, 고용의 위기, 재벌 지배의 강화, 막대한 투기 자본의 운동과 부동산 가격 폭등, 중산층 몰락과 비정규직 급증, 양극화의 심화, 더욱 격화된 입시 경쟁과 사교육비 증대 등 신자유주의 재편은 대중에게 재앙으로 돌아왔다. 이에 따른 대중의 분노가 경제 회복과 일자리 창출을 최우선 공약으로 내세운 보수당 후보의 압승을 가져왔던 것이다. 40%에 육박하는 역대 최대의 기권표와 정치적 냉소는 이런 상황의 또 다른 표현이다.

대중의 선택은 실로 아이러니가 아닐 수 없다. 이들은 자신들의 생존 조건을 참혹하게 파괴한 신자유주의의 대변자들을 심판하면서 회복과 보상을 기대하고 있는데, 그들의 선택은 또 다른 신자유주의, 이번에는 신보수파의 신자유주의이기 때문이다. 자신들의 몰락의 근원인 신자유주의에서 회복의 희망을 기대하고 있으니 이는 분명 아이러니이고 잘못된 선택이 아닐 수 없다. 이와 같은 모순적 선택이 가능했던 것도 신자유주의가 가져온 이데올로기 효과 덕분이다. 현실 사회주의 실패를 배경으로 시장주의와 상업주의를 지상의 정책으로 선전하는 신자유주의 10년의 지배하에서 대중의 의식은 더욱 자본주의화되었고, 자본주의 우월론과 생존경쟁은 대중을 파편화하고 정치 지형을 극히 보수화했던 것이다.

한국의 진보 진영은 자유주의 정파로부터 보수주의 정파로의 신자유주의 강화라는 권력 변화의 성격을 올바로 파악하지 못했다. 그 백미는 노무현 정권의 탄핵 정세에서 노 정권에 대한 비판적 지지로 나타났는데, 노 정권에 대한 탄핵과 한나라당 정권의 등장이 공화국의 폐지와 파시즘으로 선회하는 반동이라는 선전하에 진보 진영은 신자유주의 정권의 유지에 협력했던 것이다. 민주노총과 민주노동당, 구 민중연대, 그리고 이른바 마르크스주의 정치학자 3인까지 이 역사적 오류에 책임이 있다. 노무현 정권의 신자유주의를 심판하는 대선에서 민주노동당도 심판받는 치욕과 무력감은 비판적 지지에 대한 혹독한 대가라 할 수밖에 없다.

탄핵 정세에서는 '한나라당=파시즘'론이 비판적 지지의 간교한 술책이었지만, 이제는 한나라당과 이명박 정권의 등장을 파시즘으로 모는 것은 정신 나간 주장이 아닐 수 없다. 파시즘과 신자유주의의 결합을 원리적으로 부정할 수는 없겠지만, 탄핵 국면 당시에도, 현재의 새 정권 출범 시점에도 권력 변화의 핵심은 파시즘으로의 반동이 아니라 신자유주의의 강화라는 반동일 뿐이다. 새 정부는 의심할 바 없이 노무현 정권의 신자유주의를 확고하게 계승할 뿐 아니라 더욱 강화할 것으로 보인다.

이명박 당선자의 경제 공약은 이른바 '747' 비전에 압축된 성장주의 정책이다. 연평균 경제성장율 7% 달성과 임기 중 300만 개 일자리 창출, 10년 내 1인당 국민소득 4만 달러와 7대 경제 대국으로의 진입이라는 비전은 강력한 성장주의 정책을 예고한다. 그러나 이 정책을 신성장주의나 또는 신개발주의로 규정하기는 어렵다. 개발시대 현대맨으로서의 이명박 당선자의 이미지와도 자연스럽게 결합되는 신성장주의나 신개발주의라는 딱지는 정책 내용을 들여다보면 개발 시대의 성장주의와는 커다란 차이를 가진다. 왜냐하면 이명박 정권은 이러한 고도성장을 박정희 정권의 개발 시대처럼 정부의 확대·강화와 정부 주도의 개입주의 정책을 통해 달성하려고 하지 않기 때문이다. 새 정권은 오히려 정부 개입과 규제를 대폭 완화하고 작은 정부를 지향하며, 시장경제와 경쟁의 원리를 촉진하고 대외 개방과 세계화를 강력 추진함으로써 고도성장을 달성하겠다고 하기 때문이다. 이른바 7대 경제정책에는 이러한 원칙 위에서 규제 최소화, 세율 최소화, 금융 국제화, 노사 관계의 법적 지배를 통해 기업 활동을 하기 위한 최고의 조건을 조성하겠다고 하는 바, 이는 신자유주의 정책의 계승이자 강화가 아닐 수 없다.

커다란 논란이 되었던 이른바 한반도 대운하 공약조차도 개발주의 정책이 아니라 신자유주의 정책의 일환으로 추진될 계획이다. 이 공약을 실로 추진할 것인가는 두고 보아야 하겠지만, 이 대규모 토목 사업도 정부 재정이 아니라 민간 투자 사업으로 추진하도록 계획되어 있다. 총 16조 원에 이르는 경부 운하 건설 비용 중 8조 원은 골재 판매 수익금으로 충당하고 나머지 8조 원은 민간 자본을 끌어들인다는 계획이다. 정부 재정지출은 전혀 없다는 말이다. 이런 점에서 새 정권의 경제정책에 신자유주의와 신개발주의의 결합이라는 딱지를 붙이는 것도 부정확한 규정이 아닐 수 없다.

새 정권은 노무현 정권의 신자유주의 정책을 계승하면서도 이를 강력하게 추진할 것으로 보여 동일한 신자유주의라 해도 여러 점에서 변화가 불가피할 것이다. 법인세율 감소와 기업 활동에 관한 각종 규제 완화, 논란이 되고 있는 출자총액제한제도 폐지, 금융 규제 대폭 완화, 금산 분리 원칙의 폐지, 노사 관계에 대한 법률적 지배의 확립, 공공 부문 민영화와 상업적 원리 강화, 부동산 입법 재개정, 대학 입시 제도 자유화 등 기업과 재벌 그리고 부유 계층에는 유리하고 대중의 생존은 더욱 압박할 법과 제도의 변화가 예고되어 있다. 물론 경쟁 탈락자들과 소외 계층에 대한 국가의 보호와 배려를 말하고 있지만, 이는 노무현 정권에서나 이명박 정권에서나 부차적인 수사일 뿐이다.

기업 규제를 대폭 풀고 이윤 조건을 크게 개선하여 민간 투자를 활성화함으로써 고도성장과 고용 창출을 이룩하겠다는 이명박 정권의 경제정책에 과연 미래가 있을까? 기업의 이윤 조건을 높여야만 투자를 활성화하고 경제가 성장할 수 있는 게 노동자 계급의 비극이고 자본주의 경제의 모순이긴 하지만, 신자유주의 시대 이후에는 기업의 이윤 조건이 개선됨에도 확대 투자와 고도성장을 기대할 수 없는 게 세계적으로도 지배적인 새로운 현상이다. 이른바 '고용 없는 성장'은 그 대표적 현상이다. 노무현 정권의 신자유주의 정책으로 재벌의 이윤 조건은 크게 개선되었는데, 그럼에도 투자는 제한되었고 성장은 둔화되었다. 10대 재벌들의 현금 보유액만도 140조 원(2005년)을 넘어 한국도 '이윤 증대=투자 증대'라는 공식이 더 이상 성립하지 않는다.

이러한 상황을 기업 규제와 투자 환경의 악화 때문이라고 하면서 신자유주의 정책의 가속화를 통해 해결하겠다는 것은 원인과 결과를 혼동하는 것이며, 번영을 가져오기는커녕 위기와 갈등을 심화시킬 뿐이다. 다시 말해 노무현 정권의 과거 속에서 우리는 이미 새 정권의 미래를 볼 수 있다. 더구나 세계경제적으로도 목하 2001~2003년에 시작한 경기 순환의 마지막 국면이 전개되는 상황이어서 새 정권 임기 중에 새로운 공황은 불가피하다. 여기에 한미FTA의 인준 등 한국 경제의 대내외적 환경은 더욱 불안정해질 것으로 보여 새 정권의 경제 공약 실현이 난망하다 하지 않을 수 없다.

_ 2007. 12. 21.

실용주의로 포장한
강력한 이념 정부

기획예산처와 대통령직 인수위원회로부터 나온 보도에 따르면, 이명박 정권은 역대 어느 정권에서도 볼 수 없던 강도 높은 공공 부문 개혁(?)을 수행할 것으로 보인다. 여기에는 공기업 민영화, 통폐합, 구조 조정 등 공기업의 성격에 따른 모든 가능한 방안이 검토된다. 지난 1월 8일 기획예산처의 업무 보고에 따르면 아직 민영화 대상 기업과 민영화의 방식 등에 대해서는 결정한 바 없고, 올해 상반기 중 공공 기관 민영화 기본 계획을 확정할 예정이다. 하지만 인수위원회가 이미 산업은행의 민영화와 그 방식까지 확정했고, 기업은행과 우리은행 같은 국책·국영은행뿐 아니라 전력·가스·수도·철도·공항·도로·항만 등 사회간접자본까지도 민영화 대상으로 적극 검토하고 있어 민영화의 대상과 폭이 어느 정도인지 가히 가늠이 되는 상황이다.

지난 외환 위기와 IMF 관리 체제하에서 김대중 정권에 의해 본격화된 민영화는 노무현 정권에서는 공기업 내부 개혁에 치중한나며 수춤했는데, 이제 새 정권에 의해 새로운 동력을 얻게 된 것이다. 이번에는 개별 공기업의 성격과 시장 조건을 고려해 그에 합당한 여러 방식의 민영화를 검토한다고 한다. 즉 시장 경쟁 여건이 성숙된 분야는 소유권 매각을 통해 적극적으로 민영화하고, 공공성이 있으나 민간 참여가 가능한 분야는 운영권 매각 방식으로 민영화하며, 수익성이 있지만 경쟁이 도입되지 않은 분야는 선 분할 후 민영화를 추진한다는 것이다. 김대중 정권 당시의 민영화안과 비교하면, 새 정권의 민영화 계획은 그 계승이면서 보다 적극적인 안이라는 것을 쉽게 알 수 있다. 이처럼 이명박 정권 은 박정희 정권의 국가주의와 개발주의가 아닌 신자유주의 정권 10년의 강력 한 계승자다.

운영권 매각 방식과 선 분할 후 민영화 방안이란 말하자면 민영화를 가능하 게 할 방식을 모두 짜내 보겠다는 것이다. 즉 소유권 매각이 여의치 않다면, 소 유권은 국가에 두고 운영권만 민영화하고, 통째로 민영화하기 어렵다면 분할 해서 민영화할 수 있도록 하겠다는 것이다. 분할 민영화는 사실 김대중 정권 때 추진하려다 노동조합의 저항에 부딪쳐 좌절된 안인데, 한국전력·가스공사· 철도공사 등 미완의 민영화로 끝난 공기업들을 대상으로 민영화를 완결하겠다 는 의지로 보인다. 전력의 경우 발전과 배전을 분할하고 이미 분할된 발전과 함 께 배전도 또 분할하며, 철도는 시설, 유지보수 그리고 운영, 여객과 화물, 나아 가 노선별로도 분할하려 한다. 이것이 그대로 실행된다면, 역사상 최악의 민영 화 사례로 기록될 것이다.

민영화는 규제 완화와 작은 정부 그리고 시장 경쟁으로 요약되는 시장주의 (=신자유주의) 경제정책의 핵심을 이룬다. 국가 소유의 기업들을 사기업에 넘겨 주는 민영화만큼 자본주의 시장경제의 강화에 기여하는 것은 없다. 기업의 주 인을 찾아준다느니 시장 경쟁을 강화한다느니 또는 효율성을 제고한다느니 하 는 민영화의 온갖 선전 논리에도 불구하고 민영화의 이유는 그런 것이 아니다. 그것은 다만 이데올로기일 뿐이다. 민영화는 국영기업을 인수하는 사기업에 소유와 경영권을 넘겨주고, 막대한 이윤을 획득할 수 있는 권리를 제공하는 데 그 진정한 목적이 있다. 다시 말해 국민의 세금으로 세운 국영기업을 사유화하 는 게 민영화의 본질이다. 뿐만 아니라 국영기업의 매각과 인수에서 각종 특혜 와 막대한 이익이 발생하는데, 민영화된 기업의 재무구조가 개선되는 건 대개 이 때문이지 민영화로 효율성이 증대되어서가 아니다.

예컨대 김대중 정권 들어서 이루어진 기아자동차와 아시아자동차의 현대차로의 매각에는 16조 원에 이르는 매각 대상 기업의 총 부채 중 10조 원의 부채 탕감과 3조 원의 추가 대출 조건이 붙어 있었고, 무려 17조 원의 공적 자금이 투입된 제일은행은 불과 5천억 원에 뉴브리지캐피탈에 매각됐다. 말하자면 막대한 국민 세금과 부채 탕감으로 사기업의 이윤 조건을 만들어줌으로써 국영기업 민영화가 성사되었던 것이다. 공기업을 인수한 현대차와 뉴브리지캐피탈이 그 후 각각 엄청난 흑자와 재매각 이익을 챙긴 것은 두말할 것도 없다.

국민의 세금이 투입된 국영기업은 기본적으로 공공서비스 제공 의무를 피하기 어렵다. 이 때문에 국영기업은 적자를 감수하면서도 이윤의 획득을 추구하지 않고 저렴한 가격에 보편적인 공공서비스를 제공하지 않을 수 없다. 반면 국영기업을 인수한 사기업은 본질상 독과점 이윤을 추구하며, 높은 가격으로 구매력 있는 소비자를 대상으로 선별적인 서비스를 제공하고자 한다. 국영기업을 인수한 사기업이 인력 구조 조정에 나서는 것도 이러한 이윤 추구 본성 때문이다. 이런 점에서 보면, 민영화 결과 기업의 수익성이 높아지는 것은 너무나 당연한 일이다. 그러나 그렇다고 해서 사적 소유에 입각한 사기업이 공기업에 비해 보다 효율적인 것은 아니다. 경제학의 원리상 사적 소유와 시장 경쟁이 공적 소유와 사회적 규제보다 더 효율적이라는 주장은 논증되지 못한다.

이명박 정권이 추진할 민영화 정책의 결과는 사실 이렇게 예정되어 있다. 더욱 거대해진 독점적 사기업과 금융기관의 시장 지배, 민영화 거래에서 발생하는 막대한 세금 부담, 공공서비스의 차별 및 악화, 서비스 가격의 인상, 그리고 일자리 감축. 특히 이명박 정권은 외환 위기 하의 김대중 정권과 달리 외국자본보다는 국내 재벌들에게 국영기업의 매각을 검토하는 것으로 보여 민영화는 국내 재벌들의 잔치가 될 전망이다. 특별히 산업은행의 민영화 방안에서 검토하는 바처럼 현행 금산 분리 원칙의 완화와 산업자본 컨소시엄에 의한 인수 허용의 방향으로 금융기관의 민영화를 진행한다면, 이는 한국에서도 산업 독점자본과 은행 독점자본의 결합이라는 명실상부한 금융자본의 성립을 가져올 것이다.

그에 따라 금융자본과 국가 독점과의 결합도 새로운 단계에 들어갈 것이다.

이러한 명백한 폐해에도 민영화가 시대의 대세처럼 받아들여지는 가장 큰 이유는 신자유주의 시대 대중의 이데올로기 외에도 부정부패와 정경 유착, 낙하산 경영과 관료주의 그리고 밥그릇 챙기기와 조직이기주의라는 공기업의 왜곡된 현실 때문이다. 대중의 이데올로기 자체도 사실은 이런 현실에 근거하는 것이고, 그 때문에 민영화 이데올로기가 강력한 것이다. 따라서 민영화를 비판하고 사유화에 대항하는 진보 진영의 운동이 대중의 지지를 끌어내고 힘을 동원하기 위해서는 이데올로기 논쟁을 넘어 공기업의 현실을 변화시켜 나가지 않으면 안 된다. 재벌과 국가 독점 그리고 심지어는 노동조합까지 이 결탁에 참여하는 현실에서 공기업을 진정으로 대중을 위한 기업으로 변모시키는 일은 실로 지난한 과정일 것이다. 이 과정은 국가독점자본주의 체제 내에서는 결코 완료될 수 없는 과정이겠지만, 사유화를 반대하고 그 대안으로 사회화를 추구하는 진보 진영의 운동이 피해갈 수 없는 과정이기도 하다.

민영화 정책에서 적나라하게 드러나듯이 이명박 정권은 공공연히 친기업, 친자본주의를 내세우면서도 실용정부 또는 실용주의라는 구호로 그 이데올로기를 포장하고 있다. '국민의 정부'가 국민의 정부가 아니었고, '참여정부'가 참여정부가 아니었듯이, '실용정부'도 실용정부는 아닐 것이다. 친기업, 친자본주의는 그 자체로 강력한 우파 이데올로기의 표현이며, 실용주의란 자본주의 질서를 인정하고 그 지향을 변호하는 일종의 이데올로기다. 자신의 자본주의 이데올로기는 실용주의로 포장하고 자본주의 비판은 이념주의로 몰아가는 알량한 재간으로 현실의 계급 갈등과 이해 대립을 무마할 수는 없다. 이 정권 하에서 민영화가 본격적으로 실행될수록 사유화의 폐해는 그만큼 현실화될 것이고, 이는 사회화를 위한 투쟁의 새로운 토양이 될 것이다.

_〈참세상〉, 2008. 2. 25.

MB정부만도 못한
반MB 경제정책

긴축과 확장 정책에 대한 잘못된 관념

1930년대 대공황 이래 최대의 경제 위기라던 2007·2009년 위기는 2010년을 전환점으로 산업 순환상 새로운 회복 국면으로 들어선 것 같다. 그러나 위기 후에도 신자유주의의 지배가 지속되는 상황이어서 저성장−저고용−금융 투기−금융 위기라는 신자유주의의 고유한 금융 지배와 금융 위기 메커니즘은 앞으로도 계속 작동될 것이다. 경제 위기에 대한 국가 개입은 세간의 기대와 달리 신자유주의의 재편 또는 재건을 가져왔고, 따라서 자본주의 세계는 신자유주의의 구조 위기로부터 결코 벗어날 수 없기 때문이다. 그러나 산업 순환상 회복 국면으로의 전환을 배경으로 경제정책의 전환을 요구하는 목소리가 높아지고 있다. 즉 물가 안정이냐 성장이냐, 그리고 이와 관련하여 금리와 환율 정책에 대해 정부와 시민단체 그리고 정치권 사이에 논쟁이 벌어지고 있다.

정부는 위기 시의 성장 및 확장 정책 기조를 여전히 유지하고자 하는 바, 이를 위해 금리 인상을 주저하고 환율 하락(원화 강세)을 억제하고자 한다. 투자 유도와 수출 증대를 통해 성장과 고용 증대를 도모하겠다는 정책이다. 이에 반해 경제개혁연대의 김상조 교수는 성장 및 확장 정책이 인플레를 가져올 것이라며, 금리 인상과 환율 하락을 통해 물가를 잡아야 한다고 긴축정책을 주장한다. 경제 회복과 함께 세계적으로 석유·곡물·광물 자원의 가격 등귀가 우려스러운 상황에서 물가를 잡아야 한다는 목소리는 반MB 정당들에서도, 개혁적인 인터넷 매체에서도, 또 민간경제연구소에서도 나오고 있다. 이렇게 신자유주의 독재 권력이라는 MB정부와 개혁적인 또는 진보적인(?) 반MB 연합의 논쟁이라는 대립 구도가 각인되면서 긴축정책이 대중을 위한 진보적인 경제정책으로 받아들여지는 분위기다.

그러나 이런 대립 구도는 신자유주의와 진보적 경제정책의 대립 관계를 왜곡하는 잘못된 논쟁 구도다. 우선 경제사상적으로 보면, 확장 정책(케인스주의 정책)이 긴축 정책(신자유주의 정책)보다는 진보적인 정책이다. 긴축 정책은 전형적인 보수적 정책이다. 따라서 반MB 긴축 정책보다는 MB정부의 확장 정책이 보다 진보적인 것이며, 또한 경제 위기 후 경제 회복 기조를 안착시키는데 보다 합당한 정책이라 할 것이다. 긴축과 물가 안정, 이를 통한 성장과 고용의 희생은 신자유주의 정책의 핵심이며, 이런 점에서 여론상의 논쟁 구도와는 달리 실제로는 반MB 연합이 신자유주의를 대변하고 있다.

그런데 MB정부의 확장 정책이 과연 케인스주의 정책인가라는 이런 질문이 당연히 제기된다. 물론 MB정부의 확장 정책은 결코 케인스주의 정책이라고 할 수 없다. MB정부의 경제정책 기조는 분명 신자유주의에 입각해 있기 때문이다. 그러나 신자유주의는 그 교리와 달리 현실 정책에서는 불가피하게 케인스주의 요소도 포괄한다. 왜냐하면 긴축과 탈조절이라는 신자유주의의 교리는 현실에서 그대로 적용하는 게 불가능하기 때문이다. 1945년 이래 현대 자본주의는 국가의 경제 개입 없이 더 이상 살아갈 수가 없다. 경제로부터 국가의 축출은 불가피하게 자본주의 조절 위기와 파국을 불러오기 때문이다. 그것이 다름 아닌 1930년대 대공황의 교훈이었고, 그 이래 국가의 전면적인 경제 개입은 자본주의 존립의 불가결한 조건이 되었다.

신자유주의하에서도 이런 사정은 마찬가지다. 많은 사람이 신자유주의 교리에 현혹되어 신자유주의가 시장으로부터 국가를 축출했다고 생각하지만, 실제로는 신자유주의에서도 국가개입주의는 폐지되지 않았다. 국가개입주의는 다만 형태와 내용이 변화했을 뿐이었다. 말하자면 케인스주의로부터 신자유주의로 국가개입주의(국가독점자본주의)의 변종으로 바뀌었을 뿐이다. 신자유주의가 한편에서는 긴축과 탈조절을 주장하고, 다른 한편에서는 강력한 개입주의를 실천한다는 점에서 이 사상과 정책은 극도로 모순적이다. 이 모순은 기본적으로 현대 자본주의하에서 국가 개입을 폐지할 수 없음에도 그 폐지를 최적 균형의 조건으로서 상정한 이론의 오류에서 비롯된 것이다.

이런 모순을 이해하면 신자유주의 정권이 현실의 경제정책에서 케인스주의 요소를 포함하는 게 전혀 이상하지 않다. 주지하다시피 이번 금융 위기를 극복하는 과정에서 자본주의 국가들은 막대한 재정 자금을 투입했다. 그 때문에 몇몇 국가들은 심각한 채무 위기에 몰릴 정도였다. 이를 두고 많은 사람이 '국가의 귀환'과 케인스주의의 복귀라고 말했다. 또 신자유주의 정권의 대명사였던 미국의 레이건 정부도 1980년대 기록적인 재정 적자를 가져왔었다. 무엇보다 막대한 군사비 지출을 통한 군수 수요의 창출 때문이었는데, 이를 종종 군사적 케인스주의라고도 불렀다. 그러나 이런 것들을 케인스주의라고 할 수는 없다. 그것들은 모두 기본적으로 신자유주의 정책의 구성 요소이며, 신자유주의 이론과 정책의 모순의 표현이다.

MB 신자유주의에 대한 잘못된 비판

케인스주의와 신자유주의는 국가개입주의인가 아닌가, 또 확장 징책인가 아닌가로 구별할 수 있는 게 아니다. 그런 구별은 다만 이데올로기적 기만일 뿐이다. 실제로는 국가개입주의의 목표와 내용이 무엇인가가 양자의 차이를 결정한다. 케인스주의는 국가개입주의와 확장 정책을 독점자본에 대한 규제와 통제 그리고 소득재분배 및 사회보장 확대 등 노동자계급 조건의 개선과 결합시키고자 한다. 반면 신자유주의는 국가개입주의와 긴축 정책을 독점자본의 이윤 보장과 사회보장 해체 그리고 노동자계급에 대한 공격과 결합시킨다. 이런 목적에 유효하다면 신자유주의는 물론 국가개입주의의 강화와 확장 정책도 추구한다. 신자유주의 정책은 그렇게 모순적인 정책이지만, 반노동/친독점이라는 일관된 목적을 가지고 있다.

이렇게 보면, 논란 중인 4대강 사업을 비롯해 성장과 일자리를 위한 MB정부의 확장 정책도 케인스주의 정책은 아니고 신자유주의 정책의 일환일 뿐이다. 그러나 이런 정책은 자본주의 경제의 현실적인 위기에서 신자유주의 교리에 따라 긴축과 탈조절이라는 정책을 시행할 수는 없다는 이 사상과 이론의 모순을 표현하는 것이다. 그런 한에서 이런 정책은 현실의 객관적 요구에 직면하여 불가피하게 신자유주의 교리를 이탈한 것이지만, 반노동/친독점이라는 신자유주의의 일관된 목적에 종속되어 있다. 그럼에도 이 정책은 신자유주의 교리를 교조적 · 급진적으로 주장하는 것보다는 현실적이고 온건한 정책이다. 따라서 현 경제 정세에서 긴축 정책을 요구하는 반MB 연합보다는 확장 정책을 고집하는 MB정부의 경제정책이 보다 현실적인 정책이라 하겠다.

또한 MB정부의 경제정책에 '토건 국가'와 '삽질'이라는 딱지를 붙여 무언가 박정희 시대의 개발 정책과 독재 정권의 계승자라는 이미지를 교묘하게 연상시키는 시민단체들의 비판도 근본적으로 잘못된 것이다. 개발 독재의 케인스주의와 MB정부의 신자유주의 독재는 근본적으로 상이한 경제정책이기 때문이다. 그뿐만 아니라 경제사상적으로 개발 독재의 케인스주의가 시민단체들의 신자유주의 정책보다는 그래도 진보적이다. 결국 현재의 경제정책 논쟁에서 MB정부와 반MB 연합 간의 '보수 대 개혁' 또는 '보수 대 진보'라는 논쟁 구도는 사실관계를 심하게 왜곡하고 있다.

보수파-자유주의파-진보파라는 현실 정치 구도 속에서 자유주의적 시민사회단체를 이렇게 공격하면, 좌파가 보수파와 합작해서 민주주의를 퇴행시킨다는 비난이 제기되곤 한다. 일종의 흑색선전이라고 할 이런 비난이 필자로서는 사실 한 두 번이 아니다. "신자유주의로 우향우한 한겨레"(월간 〈말〉, 2001. 1)라는 내 글에 대한 김동민 교수와 강준만 교수의 반박이 그러했다. 이런 비난은 진보파의 반신자유주의 정치를 견제하고 진보파를 자유주의파로 견인하려는 얄팍한 술책에 지나지 않는다. 돌이켜보면, '안티 조선' 운동을 선동했던 김동민 교수, 이 사람은 〈조선일보〉에 투고한다는 이유만으로도 다른 사람을 공격하면서 정작 자신은 노무현 정부의 권력을 등에 업고 SBS 사외 이사로 가지 않았나? 〈조선일보〉는 안 되는데 SBS는 괜찮다는 게 언론 개혁 운동이라면, 나는 이런 운동을 결코 용납할 수 없다. 결국 시민단체와 자유주의 권력의 커넥션을 수호하기 위해 이런 종류의 악성 비난을 퍼부었다고 생각한다.

오해를 피하기 위해 보다 신중하게 말한다면, 반MB 시민단체가 MB정부보다 더 신자유주의적이라는 건 아니다. MB정부가 더 진보적이어서 확장 정책을 쓰는 건 아니기 때문이다. 양자는 모두 신자유주의 정책의 기조를 공유한다. 차이가 있다면, MB정부는 경제정책을 현실적으로 담당하고 있어 현실의 경제 위기와 대중의 경제적 상태를 어떻게든 정치적으로 책임져야 하는 반면(그래서 신자유주의 정책을 교조적으로 집행하기가 어렵다), 경제개혁연대 같은 시민단체는 이런 책임에서 벗어나 있기 때문에 자신들의 신자유주의 교리에 보다 충실하게 비판할 수 있다는 점에 있을 것이다.

재벌의 소유 및 경제력 집중에 대항해서 전투적으로 논쟁하는 진보적인(?) 경제개혁연대나 참여연대를 정말 신자유주의라고 비판할 수 있느냐는 의문을 제기하는 사람이 많을지 모른다. 그러나 대자본의 담합과 인수 합병 그에 따른 집중과 계열 지배, 요컨대 독점 지배에 의한 경쟁의 왜곡을 비판하며 경쟁 정책을 주장하는 것이 바로 신자유주의 정책의 하나의 핵심 요소다. 독일 신자유주의, 이른바 사회적 시장경제론에서 경쟁 정책의 지위가 바로 그것을 말하고 있다. 오늘날 대부분의 자본주의 국가에서 반독점 정책은 제도화되었다. 그러나 문제는 신자유주의자들이 권력을 장악하고 반독점 정책으로 과연 경쟁 질서를 확립했는가 하는 것이다. 자본주의 경제의 현실을 보면 20세기 이래 독점자본의 지배 구조가 오히려 강화되어 왔다. 요컨대 반독점 정책은 자본주의의 독점화 경향을 극복하기는커녕 완화하지도 못했던 것이다. 이것은 신자유주의 반독점 정책이 일종의 기만이라는 것을 말해 준다. 참여연대가 권력에 들어가면 재벌 구조를 철폐하고 경쟁 질서를 확립할까? 단언컨대 그런 일은 결코 없을 것이다. 다름 아닌 독점자본주의 100년의 역사가 이를 웅변하고 있다.

신자유주의의 대안은 독점자본의 사회화

반독점 정책으로 재벌을 극복할 수는 없다. 왜냐하면 독점화는 자본주의의 역사적 경향이기 때문이다. 시민단체의 경제학자들 같은 신자유주의자들과는 달리 마르크스주의 좌파는 독점자본의 사회화를 요구한다. 거대하게 발전한 독점자본을 경쟁 자본으로 분할하는 게 아니라 거대 독점자본을 국가와 사회의 소유로 전환하고 통제하는 것, 이것이 자본주의의 역사적 경향에 조응하는, 진정으로 독점자본을 극복하는 길이다. 재벌 그룹을 경쟁 자본으로 분할하는 것(이른바 재벌해체론)은 겉으로 보기에 독점 지배의 대안인 것처럼 보이지만, 실은 자본주의의 무정부성을 증대시켜 자본주의 위기를 심화시킨다. 자본주의 역사에서 대자본들이 독점 담합으로 나간 이유는 바로 독점에 의한 시장 지배를 통해 이런 무정부성의 위험을 회피하고 높은 이윤을 획득하기 위함이었다. 경쟁 질서를 확립하겠다는 것은 자본주의 역사를 뒤집어 놓겠다는, 결코 달성할 수 없는 신자유주의 경제학의 망상이고, 대중을 기만하고 호도하는 이데올로기다. 유감스럽게도 진보 진영 내에서도 독립적인 대기업으로 재벌을 해체하여 경쟁 체제를 갖춰야 한다고 주장하는 경우가 적지 않다. 물론 진보 진영의 이런 대안은 시민단체의 신자유주의와 달리 (독립적인 개별 대기업의) 소유와 통제의 사회화를 담고 있기는 하지만, 시장 경쟁을 통한 조절이라는 점에서 역사적 발전에 역행하는 무정부적이고 위험한 대안이라 할 것이다.

현재 세계적인 인플레의 직접적인 원인은 금융 위기를 신자유주의 재건의 방식으로 극복한 후유증 때문이다. 금융자본의 회생을 위한 막대한 유동성 공급과 공적 자금 투입, 그에 따른 적자 재정이 인플레가 심화되는 배경이다. 금융자본의 사적 손실 처리를 강제했다면, 유동성 공급과 공적 자금 투입은 최소화되었을 것이고, 확장 정책의 인플레 효과는 크게 경감되었을 것이다. 또 다른 인플레 요인은 한편에서 독점 가격의 지배와, 다른 한편에서 경제 회복 국면에 벌어지는 식량·에너지·자원 등의 공급 제한과 그에 따른 국제 투기에 있다. 따라서 인플레 대책도 신자유주의자들이 주장하는 바와 같은 단순한 긴축정책과 금리 인상·환율 인하가 될 수 없다. 이런 정책으로는 인플레도 못 잡고 경제 회복만 위협할 것이다. 이들은 오늘날 인플레의 복합성을 이해하시 못하고 있다. 인플레를 잡기 위해서는 복합적인 원인들에 대한 다면적인 대응책이 요구된다.

　　우선 경제 회복을 위해서는 확장 정책의 지속이 필요하다. 문제는 세계적인 구조 위기와 금융시장의 지배하에서 확장 정책은 투자의 활성화를 가져오지 못하고 인플레의 확산만 가져올 우려가 크다는 것이다. 따라서 이런 위험을 막기 위해서는 한편에서 금융시장의 지배를 제한 또는 청산해서 금융 부문의 과잉 화폐·과잉 자본을 강제적으로 감가해야 하며, 다른 한편에서는 이윤의 지배로부터 벗어나 투자를 확대할 수 있도록 독점자본과 은행에 대한 사회화 프로그램을 도입해야 한다. 이것이야말로 진정으로 진보적인 좌파의 대안이다. 이 대안은 위에서 거론한 인플레의 세 가지 원인을 척결하는 매우 효과적인 대책이기도 하다. 이런 경우에만 확장 정책은 스태그플레이션의 우려를 불식하고 안정적이 성장에 기여할 수 있을 것이다. MB정부의 확장 정책이 성장과 고용의 증대를 가져오기 어렵고 인플레 논쟁에 휩싸이는 이유는 바로 이렇게 확장 정책이 성공할 수 있는 정책적 조건을 갖출 수 없기 때문이다. 다시 말해 MB정부의 신자유주의 정책은 이와 같은 사회화 프로그램의 부정 위에서 존재하는 것이다. 이런 비판은 반MB 신자유주의 정책에 대해서도 타당하다. 다만 신

자유주의 긴축을 교조적으로 주장하는 반MB 경제정책에 대해서는 MB정부만
도 못하다는 비판이 추가되어야 한다.

＊ 이 칼럼의 원래 제목은 "MB정부만도 못한 참여연대 경제정책"이었다. 제목과 함께 내용도 상
응하게 수정했다. 수정 이유는 참여연대의 이의 제기 때문이다. 환율·금리 논쟁에서 경제개
혁연대의 김상조 교수의 입장을 참여연대의 입장으로 비판한 것이 문제였다. 참여연대의 경
제개혁센터는 2006년 경제개혁연대라는 이름으로 참여연대에서 분리했으므로, 두 단체를
동일단체로 상정하여 비판한 것은 필자의 불찰이었다. 따라서 정정이 불가피했다. 그러나 원
래 칼럼의 취지가 잘못되었다고 생각하지는 않는다. 경제개혁연대가 참여연대로부터 분리되
었어도 경제개혁연대는 참여연대 역사의 중요한 부분이었고, 지금도 참여연대는 소액주주운
동을 비롯해서 신자유주의 재벌 개혁의 관점에서 그 역사를 이어가고 있기 때문이다.

_ 2011. 4. 17.

MB 실정 위에 피어나는
또 하나의 신화

4월 총선과 12월 대선의 최대 쟁점은 두 말할 것도 없이 MB 심판이다. 그래서 선거 정치는 반MB 야권 연대에 쏠려 있다. MB 심판의 근거는 물론 MB 4년간의 실정이다. MB 통치는 왜 실패했을까? 다 아는 얘기지만 우선 고려대 및 소망교회 등 사적 인맥에서 동원한 권력 실세와 MB 친인척의 전횡과 비리를 들지 않을 수 없다. 권력 실세와 친인척의 비리는 MB만이 아니라 한국의 역대 대통령 모두 정권 말기에 망가지게 된 뿌리 깊은 비극이다. 이런 비리와 부패 앞에서는 다른 설명이 필요하지 않다. 대중은 또 다시 속았다, 또는 역시나라는 생각에 분노와 불신을 분출하지 않을 수 없을 것이다.

그러나 MB 실정의 보다 근본적인 원인은 신자유주의가 가져온 성장 둔화와 고용 위기 그리고 양극화에 있다. 중산층의 붕괴와 일자리 위기, 비정규직의 전면화, 그러나 다른 한편에서는 1%의 금융 자산가, 재벌, 부유 계층의 천문학적인 부와 소득, 사치스런 소비. 이 전례 없는 양극화의 심화, '1대99 사회'에 대한 대중의 분노가 MB 심판의 불길이 일어나는 토대였다.

돌이켜 보면 한국의 신자유주의는 아이러니하게도 김영삼 정권이라는 민간 정권의 출범과 함께 명백하게 가시화되었다. 나아가 외환 위기를 거치면서 전면화했다. 김영삼 정권으로부터 김대중, 노무현 정권 그리고 MB 정권으로 계속되는 민간 정권하에서 성장률은 계속 둔화되었고, 양극화 지수는 계속 악화했다. 이들 역대 정권하에서 연평균 경제성장률은 평균 7.4%, 5.0%, 4.3%, 3.1%로 계속 하락했고, 소득 불평등 지수인 지니계수도 평균 0.253, 0.279, 0.281, 0.293으로 계속 악화했다. 이는 개별 정권의 경제정책의 잘잘못을 넘어 강화된 신자유주의 정책의 필연적인 결과다. 신자유주의는 성장 둔화와 경제 금융 위기 그리고 양극화의 주범이기 때문이다.

따라서 MB 심판을 진정으로 원한다면, 신자유주의와 단절하지 않으면 안 된다. 그리고 반MB 연대는 반신자유주의에 입각하지 않으면 안 된다. 그러나 불행하게도 현실의 반MB 연대는 반신자유주의를 지향하지 않는다. 반MB 연대의 쟁점은 보수주의 대 자유주의의 대립구도며, 구체적으로는 새누리당 대 민주통합당의 대립 구도다. 통합진보당은 자유주의에 오염된 채 민주통합당의 꽁무니를 쫓아가고 있다. 대중의 이해를 대변하는 새로운 권력의 창출이 아니라 또 한 번의 신자유주의 권력이 예고되어 있는데, 이렇게 반MB 연대는 생존의 벼랑 끝에 내몰린 대중에게 또 한 번의 기만이 될 것이다.

이런 평가가 지나치게 단정적인 게 아닌가 반문할 수도 있다. 또는 민주통합당이 신자유주의라 할 수 있는가, 민주통합당이 과거에는 신자유주의라 하더라도 이제는 반성하고 비판하지 않는가, 더욱이 통합진보당도 신자유주의인가, 민주통합당이 신자유주의라 해도 보수주의 정권보다는 낫지 않은가, 차선책도 거부하면 대안은 뭔가 등등 여러 질문이 제기될 수 있다. 하지만 질문에 대한 답은 불확실한 미래가 아니라 확실한 현재와 과거에서 찾아야 한다. 보수주의 대 자유주의라는 식의 선거 구도는 이번만의 특별한 구도가 아니라 민간 정권들 하에서 이미 고착된 구도이고 또 신물 나게 그 결과를 경험했기 때문이다. 그런데도 바로 이와 같은 질문들로 분장하면서 한국에서 자유주의는 날로 거세지고 있다. 민주통합당과 참여연대, 경실련 등 시민단체들의 자유주의는 말할 것도 없다. 새누리당과 그 전신인 한나라당에서도 자유주의는 일층 강화되어 왔다. 신자유주의 경제정책이라는 점에서 새누리당과 민주통합당의 정책은 별로 차이가 없다. 새누리당의 보수주의와 민주통합당의 자유주의라는 대립보다는 신자유주의라는 공통의 정책, 이념 기반이 양당 관계를 기본적으로 규정한다.

이렇게 보면, 보수 반동 새누리당 대 진보 개혁 민주통합당이라는 구도는 대중을 기만하는 '짝퉁' 진보들의 구도다. 현재의 MB 정권을 독재 정권으로 몰아부치는 것도 노무현 탄핵 국면에서 공화국의 위기를 운운했던 것과 다를 바 없는 허무맹랑한 기만이다. 당시 유시민은, 심지어 일부 좌파 교수들까지 노무현의 탄핵과 한나라당의 권력 장악이 파시즘 반동이자 공화국의 위기라고 대중을 선동했다. 그러나 언제나 역사 속에서 진실을 읽을 수 있다. 그 후 한나라당의 MB 정권이 등장했지만, 그건 보수주의 정권이고 신자유주의 정권일 뿐 파시즘 정권도 독재정권도 아니었고, 또 공화국의 위기도 아니었다. 그건 자유주의자들의 위기였을 뿐이다.

이른바 '경제대통령 MB'는 노무현 정권의 실정 위에서 탄생한 하나의 신화였다. 그리고 그 신화는 신자유주의의 현실 앞에서 처참하게 부서져 버렸다. 다시 민주통합당의 주류로 복권한 친노 세력은 이번에는 MB의 실정 위에서 또 하나의 신화를 만들려 한다. 이 신화가 또 깨지면, 다음에는 다시 새누리당인가? 반복되는 지겨운 역사에 마침표를 찍어야 하지 않는가? 누가 뭐래도 이 시대 진보의 진정한 잣대는 반신자유주의며, 오늘날 진보의 가장 위험한 적은 보수주의자들이 아니라 짝퉁 진보로 나서는 자유주의자들이다. 진중권, 조국, 나꼼수, 그리고 통합진보당과 그 주변의 수다한 자유주의자들.

_ 2012. 3. 7.

대의민주주의 왜곡으로 뒤바뀐
의회 권력

4.11 총선 결과에 대한 언론의 통상적인 평가에 따르면, 그 결과는 대체로 새누리당 과반 승리, 야권 연대의 패배, 민주통합당 참패, 통합진보당 약진, 새누리당 수도권 참패, '나꼼수'의 수도권 영향 막강 등으로 요약할 수 있다. 언론의 이런 평가는 국회의원 당선자 수만 본 반쪽뿐인 평가다. 비례대표를 포함한 정당별 의석수는 새누리 152(25), 민주통합 127(21), 통합진보 13(6), 자유선진 5(2)이었고, 서울(전체 48석)에서는 새누리 16, 민주통합 30, 통합진보 2였다. 하지만 실제의 선거 민심은 이런 평가와 크게 다르다. 실제 선거 민심은 정당별 당선자 수가 아니라 정당별 득표율에 있는데, 정당 투표 득표율이든 지역구 정당별 득표율이든 정당별 득표율로 보면, 선거 평가는 완전히 뒤집히게 된다. 즉, 새누리당 제1당, 그러나 야권 연대 과반 승리, 새누리당 수도권 선전, '나꼼수' 수도권 영향 별로라는 것이다.

정당 투표 득표율을 보면, 새누리 42.8%, 민주통합 36.5%, 통합진보 10.3%, 자유선진 3.2%였다. 새누리당이 제1당이기는 하나 야권 연대(46.8%)가 새누리당보다도, 또 자유선진당과 합한 보수 연합(46%)보다도 더 높은 득표율을 보였다. 야권 연대의 승리였던 것이다. 또 서울에서도 정당별 득표율은 새누리 42.3%, 민주통합 38.2%, 통합진보 10.6%로 전국 득표율과 크게 차이 나지 않는다. 서울에서도 새누리당 참패, 민주통합당 압승이 아니라 새누리당이 민주통합당에 앞섰고, 다만 야권 연대가 승리했을 뿐이다. 이는 인천·경기도 비슷한 상황이어서 수도권 전체에서 민주당 패배, 야권 연대 승리라는 동일한 평가를 할 수 있다.

따라서 민주통합당의 '나꼼수' 전략 공천의 영향은 미미했거나 오히려 부정적이었다고 생각된다. 왜냐하면 당 대회 돈봉투 사건, 민간인 불법 사찰 등 임기 말 MB정부의 대형 악재들이 쏟아져 나오는 절대적으로 유리한 선거 지형에서 민주통합당은 수도권에서도 집권당에 패배했기 때문이다. 선거 막판에 불거진 김용민의 저질 막말과 후보 사퇴 버티기 그리고 민주통합당의 사실상의 용인 등의 악재를 제쳐 두고 민주당의 수도권 패배를 설명하기는 어려울 것이다. 사실 김용민의 저질 막말은 한국 정치사상 최악의 저질이자, 우리 사회 일상 어디서도 좀처럼 듣고 보기 어려운 말들이다. 이런 것도 진보 개혁의 언어와 수단이라고 변호하려 한다면, 그런 진보 정치, '나꼼수'의 정치는 차라리 없는 게 더 낫다.

이와 같은 상반된 총선 평가가 나오는 이유는 정당별 득표율이 정당별 의석 수에 반영되지 않기 때문이다. 이는 분명 대의민주주의의 왜곡인데, 이번 총선처럼 의회 권력의 지배 질서 자체가 뒤바뀔 정도의 왜곡이라면, 이는 민주주의 자체의 심각한 위기라 하지 않을 수 없다. 이런 왜곡된 선거 결과는 결선 투표가 없는 최다 득표 당선의 현행 소선거구제에서 기인하는 것이다. 과반에 의한 대표성이란 대의민주주의의 기본 원칙이지만, 결선투표제가 없는 한국의 선거 제도에서는 총선에서도, 대선에서도 이런 상식조차 제도화되어 있지 않다.

정당 득표율에 드러난 민심과 정당별 의석수에 표현된 의회 권력 구성 간의 불일치와 괴리는 대의민주주의의 왜곡일 뿐 아니라 제도 정치 불안정의 토대이기도 하다. 민심은 야권 연대의 승리였지만, 의회 정치가 새누리당의 단독 지배를 허용한다면, 당연히 민심을 등에 업은 야권 연대가 새누리당의 단독 지배를 의회에서 결코 용인하지 않을 것이다. 한국의 제도 정치는 이렇게 물리적 충돌을 불가피하게 만드는 제도적 결함 위에 세워져 있다. 대선에서도 상황은 마찬가지여서, 민주화 이후 역대 대통령은 언제나 소수파 대통령이었고, 아이러니하게도 대다수 시민이 반대한 자가 대통령으로 당선되었다. 득표율은 노태우 36.7%, 김영삼 42%, 김대중 40.3%, 노무현 48.9%, 그리고 이명박 48.7%였다. 대통령의 절대 권력도 처음부터 시민의 절대적 반대에 입각한 것이었고, 이렇게 국내 정치는 기본적으로 불안정할 수밖에 없었다.

이 제도적인 결함은 독일식 정당명부제나 결선투표제의 도입으로 정정할 수 있다. 독일식 정당명부제에서는 기본적으로 정당별 득표율에 의해 의석수가 결정되기 때문에, 이 제도는 대의제 민주주의의 꽃이라 할 수 있다. 결선투표제는 양당 제도가 제도화되어 있는 미국과 달리 다양한 정치색이 경쟁하는 유럽에서 일반화된 제도다. 한국의 제도를 감안하면, 의회 선거에서는 정당명부제 투표, 대통령 선거에서는 결선투표제의 도입이 최선이라 생각된다.

이 제도 개혁은, 특히 정당명부제의 경우는 새누리당과 민주통합당엔 기득권의 손실이 불가피하고, 통합진보당엔 정치적 대약진을 보장하는 것일지 모르지만, 이 문제는 정파적 이해관계를 떠나 대의민주주의의 기본 원칙을 실현한다는 대승적 견지에서 접근하지 않으면 안 될 것이다. 통합진보당이 그 정치적 이익을 가져갈지도 이제는 불투명해진 상황이다. 비례대표 부정 선거라는 비리도 심각한 타격이거니와, 진보 정치의 끝장을 보더라도 정파적 이해는 지키겠다는 통합진보당 당권파의 파렴치한 태도를 보면, 이 당의 장래는 없기 때문이다. 따라서 진보 정치의 대안을 위해서도 정당명부제의 도입은 하나의 기회가 될 것이다.

_ 2012. 5. 9.

내상 깊은 대선 패배의 이유

진보·개혁 진영은 이번 대선에서 하고자 했던 바를 다하고도 패배했다. 문재인과 안철수의 단일화도 이루어 냈고, 승리의 관건이라는 75%가 넘는 투표율도 달성했다. 진보―보수의 대립 구도도 만들어 냈다. 투표 마감 직전까지는 승리도 전망했었다. 그런데도 패배했던 것이다. 결과론적이긴 하지만, 언론의 대선 평가에서 거론되는 문재인의 패배 이유는 한두 가지가 아니다. 후보 단일화가 잘못되었다거나 또는 단일화의 감동이 부족했다고도 하고, 또는 세대 전쟁에서 졌다든가 5060세대의 비율 증가라는 인구 구성의 변화를 간과했다고도 한다. 또는 '보수 대 진보', '박정희 대 노무현'이라는 프레임 싸움에서 진 것이라 하기도 한다. 영호남 지역주의도 여전히 승패의 중요한 결정 요인이다.

그 밖의 다른 요인들도 있겠지만, 무엇보다 이 요인들의 효과에 대한 면밀한 분석 없이 대선 결과를 평가할 수는 없을 것이다. 안철수가 다음 대선의 대안이 될 수 있는지, 인구 구성 비율의 변화에도 투표율 독려가 여전히 승리의 보증수표인지, 또 보수 표심의 강고함을 확인하고도 '보수 대 진보'의 프레임이 유효한지, 이 평가 여하가 진보·개혁 진영의 다음 대선 전략을 결정할 것이다. 문제는 이른바 진보·개혁 진영에 이런 분석을 감당할 능력이 있느냐는 것이다. 민주통합당 인사들은 패배 후에 왜 졌는지 모르겠다고 했다. 진보·개혁 진영의 논객들도 사정은 마찬가지다. SNS 여론을 주도하던 조국 교수는 '침묵안거'라며 사이버상의 칩거에 들어갔다. 대학 교수로서는 어울리지 않게 가벼운 말을 끊임없이 쏟아내다가 정작 말이 필요할 때 입을 다문 것이다. 공지영 씨는 황당하게도 유신과 나치를 운운하면서 울분이나 토로할 뿐이었다. 민주노총과 통합진보당은 대선 패배의 현실을 용인할 수 없다는 태도로 일관하는 것 같다.

진보·개혁 진영의 단일화만 이루고 투표율만 높이면 승리할 수 있다고 장담하던 이들에게서 합당한 대선 평가를 기대할 수 있을지 모르겠다. 하지만 이런 평가 없이 안철수를 중심으로 다시 단일화를 시도해 이른바 '보수 대 진보'의 싸움으로 다음 대선에 임한다면, 또 한 번의 대선 패배는 불가피할 것이다. 5년 후 50대 이상은 240만 명 정도 더 증가한다고 하지 않는가? 이들의 보수 성향을 흔들어 놓지 않고서 어떻게 진보·개혁 진영이 대선에서 승리할 수 있겠는가?

그런데 언론에서 거론하는 위의 요인들보다 더 근본적인 대선 패배의 이유가 있다. 후보 단일화의 정체성 즉 진보·개혁의 정체성 문제다. 이 문제가 사실 위의 요인들도 규정했다고 생각한다. 후보 단일화는 수단일 뿐이고 무엇을 위한 단일화인가가 중요한 것인데, 선거전에서는 오히려 단일화 자체가 목적이 되어 버렸다. 물론 진보·개혁 진영은 선거전의 구도를 '보수 대 진보'로 설정해서 후보 단일화가 진보적 경제·사회정책을 열어줄 것이라고 선전했다. 하지만 김대중-노무현 정권 10년의 신자유주의를 경험한 대중에게 '박정희의 딸 대 노무현의 분신'으로 각인되는 선거 구도에서 그 진정성을 인정받기는 어려웠을 것이다. 이번 대선에서 90%에 이르는 투표율로 결정력을 행사했다고 평가되는 50대가 다름 아닌 그 시대의 구조 조정으로 고통받았고 이제 노후가 불안정해진 세대가 아닌가? 통합민주당과 문재인이 노무현 정권의 신자유주의 정책은 실정이었다고 반성하고 나섰지만, 립 서비스 같은 때늦은 변명으로 들렸을 뿐이었다.

신자유주의 정권의 실세였던 인물이 이명박 정권의 신자유주의를 심판하자고 나서는 선거 구도 속에서 진보와 보수의 구별은 희석될 수밖에 없다. 한미 FTA, 제주 해군 기지, 정리 해고와 비정규직법, 공공 부문 민영화, 부동산 가격 폭등, 살인적인 등록금 등 어느 하나 양자가 구별되지 않는다. 그러면 선거는 진보-보수의 계급 투표가 아니라 지역과 세대 그리고 각종 이데올로기에 의해 지배될 수밖에 없다. 진하든 옅든 진보-보수 모두 신자유주의에 기반한 대선 이었다. 이런 점에서 신자유주의 정권의 계승자인 박근혜를 박정희와 등치시 키며 유신 독재의 부활을 막자고 한 것도 객관적인 대선 구도와 정세에 어울리 지 않는 선전이었다.

진보·개혁 진영이 대선의 실패를 딛고 새로운 전망을 갖기 위해서는 신자 유주의와의 단호한 결별을 실천적으로 보여주지 않으면 안 된다. 이를 위해서 는 무엇보다 진보 정치의 재활성화가 요구된다. 그 새로운 동력을 통해서만 민 주통합당에 반신자유주의를 강제할 수 있기 때문이다. 민주통합당에는 그런 동력이 존재하지 않는다. '묻지마 야권 연대'가 아니라 새로운 세계를 여는 반신 자유주의 연대가 필요한 것이고, 그 위에서 대중의 신뢰를 다시 회복해야 한다. 진보 진영이 과연 이런 과제에 부응할 수 있을까? 통합진보당의 내분 사태와 막장 정치에 질린 대중에게 진보 정치의 신뢰 회복은 결코 쉬운 일이 아니다. 대 선과 함께 치러진 서울교육감 선거에서 전교조 위원장 출신 이수호 후보의 완 패, 각각 1% 지지도를 보인 진보정의당과 통합진보당. 이것이 진보 정치의 현 주소며, 대중의 냉혹한 평가다. 이번 대선에서 세대별 인구 이동과 보수 표심도 확인된 만큼 이런 상태가 고착된다면, 다음 대선 구도는 더 보수화될 것이다.

_ 2013. 1. 1.

말만 바꾼 신자유주의,
박근혜 정권에서 계속된다

새 정권 출범 때마다 그에 대한 기대는 컸지만, 역시나 하고 끝났던 게 반복되는 우리의 정치사다. 선거 공약들은 빈말이 되기 일쑤였다. 그럼에도 이번에는 이른바 원칙과 신뢰를 트레이드마크로 권력을 장악한 정권이기에 특별히 기대도 높은 것 같다. 하지만 새 정권이 출범하기도 전부터 기초연금, 4대 중증 질환 건강보험, 경제민주화 등 주요 공약에 대해 수정과 말 바꾸기 논란이 벌어져 기대는 이미 의구심으로 바뀐 상태다. 그러면 선거 공약으로부터 명백하게 후퇴했다고 평가받는 140개 국정 과제조차 과연 제대로 실행될 수 있을까 의문이 아닐 수 없다. 물론 새 정권이 이제 시작된 상태에서 미래의 결과를 예단해 평가할 생각은 전혀 없다. 그보다는 국정 과제에 담긴 경제·사회정책의 기조가 여전히 신자유주의에 입각해 있다는 점이 보다 근본적인 문제다. 신자유주의 정책으로 일자리와 복지 그리고 사회 통합이라는 박근혜 정권의 핵심 과제가 실현될 수 있을 것으로 기대하기는 어렵다. 왜냐하면 신자유주의는 바로 일자리와 복지 그리고 사회 통합을 해체한 주범이기 때문이다.

말만 따라가 보면 이명박 정권으로부터 박근혜 정권으로의 교체와 함께 경제정책의 패러다임이 크게 변화한 게 아닌가 하는 주장이 제기될 수도 있다. 이명박 정부의 5대 국정 과제의 하나였던 '활기찬 시장경제'는 박근혜 정권에서

'일자리 중심의 창조 경제'로 바뀌었고, 그 핵심 과제의 내용과 강조점의 변화도 분명한 것으로 보이기 때문이다. 즉 활기찬 시장경제에서는 감세와 출자총액제 한제 폐지, 금산 분리 완화 그리고 규제 개혁 등 친재벌적인 경제정책을 노골적으로 드러내고 있는 반면, 창조 경제에는 '원칙이 바로 선 시장경제 질서의 확립'이라는 전략하에 이른바 경제민주화의 요소들, 예컨대 중소기업과 소상공인 등 경제적 약자의 권익 보호라든가 대기업 집단 지배 주주의 사익 편취 행위 근절, 기업 지배 구조 개선(신규 순환 출자 금지, 금산 분리 강화) 등이 배치되어 있다.

그러나 원칙이 바로 선 시장경제 질서는 다름 아닌 신자유주의의 기본 원칙이며, 독점력의 남용과 불공정 거래의 규제란 이 원칙을 실현하기 위한 정책이어서 박 정권의 경제정책은 신자유주의의 틀을 넘어가는 것이 아니다. 또한 박 정권의 단호한 증세 거부와 건전 재정 기조도 신자유주의의 기본 원칙에 속하는 것이고, 이명박 정권의 균형 예산 과제를 계승하는 것이다. 뿐만 아니라 증세 거부와 건전 재정하에서 보편적 사회복지의 확대는 제한적일 수밖에 없고, 따라서 복지정책 또한 신자유주의 경제정책의 부속물로서의 지위밖에 가질 수 없다. 기초연금과 건강보험에서 말 바꾸기 논란이 일어날 수밖에 없었던 것도 복지정책의 이런 성격 때문이다. 이명박 정권에서의 '능동적 복지'든 박 정권의 '국민 맞춤형 복지'든 복지정책은 기본적으로 신자유주의 경제정책에 종속되어 있다. 맞춤형 복지의 하나의 전략으로서 '자립을 지원하는 복지 체계 구축'이란 다름 아닌 신자유주의 복지정책을 실현하는 것이다.

이렇게 국정 과제에 나타난 박 정권의 경제사회정책은 신자유주의의 기본 틀 안에 있으면서도 이명박 정권의 신자유주의와는 정도와 색채가 다른 게 사실이다. 얼핏 보면 마치 영미권 신자유주의와 독일권 신자유주의 차이처럼 보이기도 하고, 그런 만큼 박 정권의 신자유주의는 이명박 정권의 시장지상주의, 영미권 신자유주의보다는 그래도 진보적인 것처럼 보인다. 하지만 양자의 차이를 영미권 신자유주의와 독일권 신자유주의의 차이로 해석할 수는 없다. 현실적으로 보면, 신자유주의의 두 유형은 경제정책론의 원리적 차이보다는 재벌을 규제하고 복지정책을 강제할 수 있는 정치적 힘 여하에 의해 결정되기 마련이다. 그 때문에 신자유주의의 두 유형은 이론적 차이에도 불구하고 현실적으로는 힘 관계 여하에 따라 서로 절충되고 혼합된 형태로 존재한다. 예컨대 미국 같은 영미권 신자유주의에서도 강력한 독점 규제가 제도화되어 있다. 따라서 국정 과제에 나타난 박 정권의 경제사회정책은 이제 시험대에 올랐을 뿐이다.

이명박 정권과 비교해서 박 정권에 정책 변화를 가져온 토대는 다름 아닌 양극화, 실업과 불안정 노동 그리고 노후 불안 등 신자유주의의 폐해에 대한 대중의 분노와 저항이었다. 대선 전 경제민주화에 대한 압박과 논쟁은 이로부터 촉발된 것이었고, 보수 정권임에도 또 보수 정권으로서 박근혜 정권은 이런 요구와 압박을 신자유주의 내에서지만 어떻게든 담을 수밖에 없었던 것이다. 국정 과제의 온건한 신자유주의 정책이 그 반영이다. 그러나 신자유주의 틀 내에서의 이런 정책 변화로 신자유주의의 폐해를 극복하고 사회 통합을 이룩할 수는 없을 것이다. 게다가 이 국정 과제를 실행할 경제 사령탑에는 시장주의 성장론자로 알려져 있는 현오석 경제부총리 내정자와 조원동 청와대 경제수석이 자리 잡고 있다. 박근혜 정권의 원칙과 신뢰가 이미 도전받고 있는 상황이다. 온건한 신자유주의가 지켜질지, 강경한 신자유주의로 회귀할지 두고 볼 일이다.

_ 2013. 3. 10.

유별났던 2013 철도 민영화 반대 파업

수서발 KTX 분할로 야기된 철도 민영화 논란은 역사적으로 보면 김대중 정부 시절로 거슬러 올라간다. 이번 파업을 계기로 여야 간에 철도민영화의 책임을 둘러싸고 공방을 벌이는 것도 이 때문이다. 구제금융의 대가로 워싱턴 컨센서스의 경제정책을 충실하게 집행하던 김대중 정부는 당시 철도청 체제의 국유철도를 철도시설공단(철도 시설을 소유하고 건설을 담당)과 철도주식회사(차량 및 역사를 소유하고 운송을 담당)로 분할하는 철도 구조 개혁을 추진했다. 이는 시설과 운영을 분할하는 수직적 분할이었는데, 철도주식회사의 경우 단계적 지분 매각을 통한 민영화를 예고하는 것이었다. 그뿐만 아니라 운영 부문도 시설 유지 보수 및 노선 운영에서 민간 위탁의 길을 터준 것이라 이 구조 개혁은 수직적·기능별·노선별 분할을 모두 포함한 급진적인 민영화 방안이었다.

　김대중 정부의 철도 구조 개혁안은 당시에도 많은 논란과 철도노조의 반대로 관철될 수 없었다. 결국 철도 구조 개혁은 노무현 정부에 와서 현재와 같은 체제인 철도시설공단과 한국철도공사로 분할되는 방식으로 이루어졌다. 이는 그 자체로 보면 공단과 공사 체제로 일단 민영화를 저지한 모양새였다. 그렇다고 민영화 논란이 완전히 종식된 것은 아니었다. 왜냐하면 철도공사의 적자 노선 폐지와 그에 따른 민간 자본 참여의 길은 열려 있었고 이런 방향의 시도가 이어졌기 때문이다. 게다가 이명박 정부 시기에는 수서발 KTX에 대한 민간 사업자 선정 계획까지 발표되었다가 반발에 밀려 철회되었다. 이렇게 외환 위기 이후 신자유주의 정권들하에서 철도 민영화는 끊임없는 쟁점이었고, 박근혜 정부의 수서발 KTX 분할 민영화 시도를 보면 공사화가 민영화의 전단계라는 당시 철도노조의 주장이 틀린 게 아니었다.

지난 15년간 철도 민영화는 정부와 보수 언론의 악의적인 왜곡과 선동에 대항해서 또 정부의 공권력에 저항해서 철도노조와 민주노총 그리고 민중운동에 의해 힘겹게 저지된 것이었다. 시민들의 여론도 왜곡과 선동에 사로잡혀 또는 공공 부문의 여러 가지 부정적인 현실 때문에 결코 우호적이었다고 할 수 없었다. 파업 때마다 철도노조는 사회적으로 고립되곤 했다. 이런 역사와 비교하면 작년 말의 수서발 KTX 분할 반대 파업은 여러모로 대조적인 파업이었다. 우선 23일간의 철도 최장기 파업도 그렇지만, 이렇게 장기간의 파업에도 또 통상적인 공권력 동원과 탄압에도 불구하고 철도 노동자들이 강고한 파업 대오를 유지했다는 점이다. 파업 철회 직전까지도 전체 복귀율은 30%에도 미치지 않았고, 특히 기관사 복귀율은 5%였다.

둘째, 이번 파업에는 시민 여론도 상당히 우호적이었다. 보수 언론들의 악성 선동은 변함없었는데도 말이다. 그동안 신자유주의 정권들에 의해 추진된 민영화와 민자 사업의 추악한 모습들을 경험한 일반 시민들의 부정적 인식도 크게 작용한 것으로 보인다. 특히 서울지하철 9호선, 인천공항철도, 우면산 터널, 인천대교 등 민간 자본에 대한 MRG(최소운영수입보장제)의 폐해를 통해 시민들이 일상생활에서 민영화의 값비싼 대가를 피부로 느끼게 되었던 것이다. 이런 민자 사업도 김대중 정부와 노무현 정부에서 전면적으로 확대된 것인데, 이제는 민영화 반대를 넘어 이들 사업을 다시 공공화하는 게 과제로 떠오를 만큼 민영화 반대 여론이 확산되었다. 그뿐만 아니라 인터넷과 SNS 등을 통해 철도공사의 17조 원에 이르는 막대한 부채와 적자 운영도 공기업의 방만 운영과 비효율성에서 비롯된 것이라기보다는 정부 부채의 강제적 인수와 기간산업의 특수성 그리고 공공적 기여의 결과라는 등 파업 쟁점에 대한 이해도 상당히 높아졌다.

셋째, 이번 파업을 통해 나타난 민영화 반대 여론의 확산으로 정치권에서도 민영화 반대를 천명할 수밖에 없었다. 지난 정권 10년 동안 민영화를 추진하면서 철도 파업을 진압했던 민주당이 이번에는 KTX 분할 민영화를 반대하고 나섰고, 심지어 KTX 분할을 통해 민영화를 추진하려는 박근혜 정부조차 이건 철도공사의 자회사일 뿐 민영화가 아니고 절대로 민영화를 추진하지 않는다고 언명할 정도가 되었다. 그만큼 이번 철도 파업은 철도 산업을 넘어 민영화에 대한 전반적인 반대 투쟁이 확산되는 계기가 될 것으로 보인다. 공공 부문의 여러 폐해들은 민영화가 아니라 공기업 개혁으로 달성해야 한다.

정부도 야당도 모두 철도 민영화를 반대한다고 하면, 철도 민영화를 금지하는 입법 조처로 나가지 못할 이유가 없다. 노조가 철도 파업을 철회하면서 국회 국토교통위원회 산하 철도산업발전소위원회가 구성된 만큼 여기서 철도 민영화 금지 법안이 마련되어야 할 것이다. 과거의 역사를 보면 민영화 중단이란 건 언제나 민영화를 계속 추진하려는 정부의 꼼수에 지나지 않았으므로, 이번에도 현 정부의 언사는 결코 믿을 수 있는 게 아니다. 확실한 보장 없이 파업을 접은 철도노조가 징계에 손배소와 가압류 그리고 수사기관의 압박으로 어려운 상태다. 노조와 정치권과의 합의가 결실을 맺도록 사회적 압력이 절실하게 요구된다.

_ 2014. 1. 15.

졸속 창당, 진보 없는 새정치

안철수 새정치연합과 민주당의 신당 창당 및 합당 합의에 따라 그동안 논란이 많았던 새정치가 모습을 갖추기 시작했지만, 안철수 진영의 통합 명분을 보면 새정치는 벌써 퇴색하고 국민의 기대에도 크게 못 미치는 것 같다. 양당제의 기득권 구조에 도전하고 당장의 불이익을 감수하더라도 멀리 내다보며 100년 가는 당을 만들겠다고 새정치를 천명한 게 불과 얼마 전인데, 이제 가설 정당을 만들어 민주당과 합당해서 양당제의 기득권에 동참하겠다고 하니 말이다. 그것도 졸속으로 한 달 안에 신당 창당을 완료한다는 것이다. 당의 건설과 합당이라는 정치적 중대사를 무슨 개인 집 이사하는 것보다도 더 빨리 처리할 수 있는지 납득하기 어렵다. 기본적으로 당내 민주주의가 결여된 당이라고 할 수밖에 없다.

안철수 진영은 기초 자치단체의 정당 공천 폐지 합의를 양당 통합의 명분으로 내세웠다. 이로써 민주당이 기득권을 내려놓고 새정치의 대의를 수용한 것으로 평가한다는 것이다. 그리고 새정치에 입각해 2017년 정권 교체를 이룩하겠다는 집권 의지도 표명했다. 하지만 자치단체 정당 공천 폐지와 차기 대선 집권 목표가 이와 같은 졸속 창당의 명분이 되기는 어렵다. 정당 공천은 사실 정당 정치의 근간이기 때문에 폐해가 있다면 폐지가 아니라 개선할 방법을 강구해야 하는 것이고, 또 이 문제가 새정치의 대의를 가늠할 정도로 중대한 사안도 아니다. 아직 4년 가까이나 남은 다음 대선을 위해 지금 한 달 안에 신당 창당을 해야만 할 이유도, 명분도 없다.

졸속 창당의 실제 이유는 말할 것도 없이 다가온 6월 지방선거에서의 야권 결집과 승리에 있고, 이건 새정치가 그렇게 비판했던 정치 공학의 재판이다. 기초 단체 정당 공천 폐지는 지방선거에 내세울 인물 부족이라는 안철수 진영의 현실적 고충과 지지율 바닥이라는 민주당의 이해관계가 서로 맞물린 결과다. 일반 시민들도 알고 있을 이런 사정을 각색해서 통합의 명분으로 내세우는 건 새정치의 수준을 정치적 꼼수의 수준으로 떨어뜨리는 것이다. 이런 부정적 평가 때문에 합당 추진에도 불구하고 양당의 지지율은 이전과 다름없이 답보 상태다.

정말 새정치를 하겠다면, 현행 최대 득표자의 승자 독식 선거제도로 심각하게 왜곡된 대의민주주의를 바로잡는 것이 무엇보다 중요하다. 정당 득표율에 따라 국회 의석수가 주어지고 과반 다수에 의해 대통령이 선출되어야 진정으로 정치적 정당성이 확립되는 것인데, 한국에서는 기본적인 대의민주제 자체가 훼손되어 있다. 이 기형적인 선거제도의 수혜자는 양당제의 당사자, 즉 이제 출범할 새정치민주연합과 새누리당이다. 독일식 정당명부제와 결선투표제 도입 같은 선거제도의 근본적인 개혁이 신당이 기득권을 내려놓는 길이다. 또한 대의민주주의의 폐해와 한계를 선출직에 대한 국민소환제 도입으로 보완하는 것도 정치 개혁의 중대한 과제다. 현재 자치단체에 한정된 주민소환제를 국회의원과 대통령에게 확대해서 임기 중에도 국회와 대통령을 국민주권으로 통제할 수 있는 게 진정한 새정치가 아닌가?

정당명부제·결선투표제·국민소환제 등의 정치 개혁은 사실 통합신당의 양측으로부터 이미 제안된 상태다. 그럼에도 이 개혁 과제들을 양당 통합의 실제적이고 절대적인 조건으로 내걸지 않고 기초 단체 정당 공천 폐지 같은 사소하고 잘못된 사안을 통합의 명분으로 주장하는 건 이 개혁 과제들을 사실상 피해 가고 빈말로 만들어 버리는 거나 마찬가지다.

이런 개혁이 아니라면, 하다못해 진영 논리로 갈라져 죽기 살기로 싸우는 구태 정치라도 타파하면 좋겠다. 똑같은 오류에 대해 반대편에게는 '참 나쁜 대통령'이라고 비판하고 자기편 대통령은 감싸고도는 행태, 여야가 바뀌면 서로 주장이 바뀌는 것, 그래도 이익을 챙길 게 있을 땐 손잡고 외유 길에 오르는 것, 이런 건 대중에게 정치의 환멸만 가져다줄 뿐이다. 이런 정치 행태를 바꾸는 게 새 정치라 할 텐데, 말만 신당이지 김상곤 전 경기교육감 같은 일부 인사 외에는 기존 정치권의 사람들 그대로여서 앞날이 회의적일 수밖에 없다.

새정치는 형식적·제도적 개혁의 문제에 한정되는 게 아니다. 보다 중요한 것은 정치의 내용과 색채, 다시 말해 신자유주의와 대중의 생존권 문제이다. 한국은 신자유주의를 공유하는 보수파와 자유주의 정파가 압도적으로 우세하고 반신자유주의 진보파는 극도로 취약하다. 그러다 보니 어이없게도 자유주의파가 진보파로 불리는 실정이다. 이념적으로 보면 같은 자유주의파라 해도 안철수 진영이 민주당보다 더 우파적 색채를 갖고 있다. 이 때문에 새로 탄생하는 통합 신당은 현재의 민주당보다도 우파 성향이 강해질 것이다. 통합 과정에서 민주당 내 가장 진보적인 친노 그룹의 배제가 운운되고, 창당 발기인 대회 취지문에서 '성찰적 진보와 합리적 보수'를 아우르겠다고 하는 등 변화는 이미 나타나고 있다. 새정치로 진보 정치가 오히려 후퇴하고 보수적인 정치 지형이 더 강화되지 않을까 우려된다.

_ 2014. 3. 19.

짝퉁 진보,
신자유주의 시민운동과의 논쟁

이 시대의 진보란 무엇인가

1990년대 이래 현실 사회주의의 붕괴를 배경으로 한국에서도 이른바 진보적 지식인들 사이에서 전통 마르크스주의 비판과 새로운 진보의 이론화 시도가 유행처럼 확산된 바 있다. 그런 시도들의 하나가 다름 아닌 시민사회 또는 시민운동론이었다. 경실련이나 참여연대 등 시민사회단체들의 운동은 그 정치적 산물이다. 자본주의의 계급 문제와 그 지양을 위한 노동운동을 진보의 독점적 담지자로 사고하는 전통 진보관에서 벗어나 계급 문제로 환원되지 않는 시민사회의 여러 측면들을 부각시켰다. 이를테면 환경, 인권, 여성 문제 등을 자립적 운동으로 발전시키는 방향에서 사회 진보를 이해하려 했으며, 이 같은 문제 설정은 분명 진보적인 것이었다.

그러나 비계급적 문제와 비계급 운동의 자립적 영역을 주장하거나 승인한다고 해서 이것이 곧 사회 진보를 담보하는 것은 아니다. 이 시대의 진보는 단지 노동운동을 넘어 시민운동을 승인하는 것에 있지 않다. 문제는 그 시민운동의 정치적·이데올로기적 지향성이 자본주의를 넘어서는 진보적인 성격이냐 아니냐에 달려 있다. 현 정세에서 그 시금석은 다름 아닌 신자유주의 경제정책의 수용 여하에 있다. 계급 문제를 넘어서 비계급 문제의 진보적 성격을 제기한 한국의 시민사회·시민운동론은 계급 문제를 부차화하거나 나아가 자본의 노동력 착취를 승인하기에 이르렀고, IMF 정세하에서 신자유주의 정책을 수용하여 그 틀 내에 갇혀 버렸다. 여기서 사회 진보란 자본주의를 넘어서는 민주 변혁에 반대하고 자본주의의 틀 내에서 자본주의를 개혁하는 것, 우리의 경우는 이른바 천민자본주의 또는 관치자본주의를 선진적인 시장경제로 개혁하는 것으로 한정되어 버린다. 환경과 인권, 여성 문제도 이런 틀 내에서의 개혁에 머무를 수밖에 없게 된다. 신자유주의적 구조 조정 및 대규모 정리 해고 문제에 대해, 그리고 이에 저항하는 민주노총의 파업 투쟁에 대해 경실련, 참여연대 등이 암묵적이든 명시적이든 노동조합이 정리 해고를 받아들이고 파업을 자제할 것을 요구했던 것은 이런 점에서 일관된 결과다.

시민운동의 이런 요구들을 부르주아 제도 언론이 받아 선전하고 여론화하는 것은 당연하다. 1천3백만 노동자들을 대변하고 백 수십만 조직 노동자들을 대표하는 양대 노총이 일부 시민운동가들에 의해 운영되는 '시민 없는 시민운동'에 여론 주도권을 내주고 있다. 이런 현실은 이들 시민운동이 비계급 문제로 상정되는 새로운 진보 운동을 선점했기 때문은 결코 아니다. 그보다는 경제 위기하의 노자 간 정치 논쟁이 재벌의 지배 자체를 청산하고자 하는 민주 변혁 전선으로까지 발전하는 것을 억압하고, 이를 자본주의적 개혁 전선으로 묶어 두려는 지배계급의 목표에 부르주아 시민운동의 정책 요구들이 적절했기 때문이다.

오늘날 시민운동의 자립적 발전에도 불구하고 진보적인 운동의 중심은 여전히 자본주의 계급 적대를 핵심 문제로 설정하는 진보적 노동운동이며, 현 정세에서 그것은 신자유주의와의 투쟁에 집중되어야 한다. 노동운동 일각에서 주장하는 사회적 조합주의라든지 케인스주의적 타협론 또는 국민주·종업원 지주제 등은 노동운동 내부에서 신자유주의와의 투쟁을 교란시키고, 노동운동의 목표를 시민운동의 정책으로 끌어내리지 않나 하는 우려를 자아낸다. 노동운동은 새로운 진보라는 이름 아래 부르주아 시민운동에 포섭될 것이 아니라 오히려 계급 적대의 철폐와 노동 해방의 이념하에서 시민운동과 논쟁해야 하고, 그럼으로써 이들 시민운동이 자본주의의 틀을 벗어나 전투적인 반신자유주의 시민운동으로 발전하도록 압박해야 한다.

_ 1999. 4. 9.

과대 포장된 소액주주운동

1990년대 이래 성장해 온 한국의 시민운동은 이제 정치·경제·사회 등 모든 영역에서 비판 여론을 주도할 정도로 그 위상이 높아졌다. 특히 참여연대의 소액주주 운동은 언론의 주목을 한몸에 받으면서 시민운동의 꽃으로 자리 잡았고, 그 운동의 대표자인 장하성 교수는 〈한겨레〉에 의해 1998년의 인물 10인 중 한명으로 선정된 바 있다. 내노라하는 재벌의 소유자와 경영자들이 주주총회에 앞서서 참여연대의 관계자들과 협상하는가 하면, 주주총회에서 이들의 신랄한 공격 앞에 변변한 반박의 말조차 못하고 쩔쩔매는 모습이 보도되고, 몇몇 재벌기업은 참여연대의 공세를 회피코자 아예 주주총회 날짜를 한 날로 잡는 치졸함까지 보이는 상황이다. 미처 몰랐던 소액주주의 큰 권력에 많은 사람이 감탄했을 것이다. 어떤 사람들은 우리 사회에서 이 운동만큼 재벌을 강타하는데 효과적인 운동이 있었는가라고 반문하기도 한다.

그러나 소액주주 운동을 이렇게 올려 세우는 것은 당면한 재벌 개혁이나 사회 개혁의 중요한 쟁점들을 왜곡하거나 은폐할 수 있어 상당히 문제가 있다. 소액주주 운동은 부분적인 성과에도 불구하고 결국은 주주총회의 표 대결에서 패배함으로써 재벌 통제와 관련해 이미 커다란 한계를 드러낸 바 있다. 참여연대 안팎에서도 이런 자성의 목소리가 제기되었지만, 여기서 말하려는 문제는 이런 것만이 아니라 보다 근본적인 것이다.

소액주주 운동은 법적으로 보장된 소액주주권의 행사를 통해 대략 총자산의 2%, 총자본의 10%에 지나지 않는 재벌 총수 및 그 가족의 지분이 전체 자산과 자본을 지배하는 독점적인 소유·경영 지배 구조를 민주화하거나 또는 철폐하여 주주민주주의를 실현하고, 기업 경영을 투명하게 감독하려는 데에 목적을 둔다. 이렇게 볼 때 소액주주 운동은 대주주에 의한 소주주의 권리 침해를 저지하고 기업 경영을 민주적으로 통제하는 하나의 수단이 된다는 점에서 분명 민주주의 운동의 한 부분이기는 하겠지만, 그것은 어디까지나 주주민주주의, 즉 가진 자의 민주주의를 내세울 뿐이다. 이런 식의 민주주의는 주식 보유에 따른 주주 간의 비례적인 권력만을 주장할 뿐이며, 다만 그것을 넘어 행사되는 부당한 재벌 권력만을 문제 삼는다.

그러나 지금 우리 사회에선 가진 자 간의 민주주의도 문제이지만, 보다 중요하고 절실한 것은 가진 자와 못 가진 자 간의 민주주의를 실현시키는 개혁, 즉 고용 안정, 노동시간 단축, 소득과 부의 재분배 그리고 재벌 지배 체제의 청산과 사회적 통제 등이다. 그렇다면 이러한 개혁 과제에 여론이 일어날 수 있도록 운동을 재배치해야 하지 않는가? 또 소액주주 운동은 기업 경영에 대한 통제를 주주의 권리, 즉 주식에 대한 권리에 기반해 달성하려는 것인데, 이는 비소유자인 노동자들에 의한 기업 경영 통제의 길을 이데올로기적으로 억압하는 효과를 가져온다. 독일의 공동결정제도처럼, 노동자들이 소유하지 않으면서도 노자 동수로 기업의 주요 문제를 주주들과 공동으로 결정할 수 있는 권리를 제도화함으로써, 노동자들이 소유자들의 처분권을 법적으로 제한하여 경영을 통제하는 길도 열려 있다. 그런데도 소액주주 운동은 이런 길을 마다하고, 굳이 '경영 통제는 소유로부터 나온다'는 재벌의 인식을 따라가고 있다.

보다 근본적인 문제는 한국의 소액주주들은 대개가 이윤 배당과 기업 통제에는 별로 관심이 없는 투기적인 주식 소유자들이라는 점이다. 이 글을 볼지 모를 많은 소액주주들에게는 정말 미안한 말이지만, 투기자들의 이익을 대변하는 운동은 결코 민주주의 운동일 수 없다. 그들은 주식 가격의 등락에서 투기 이익을 얻고자 할 뿐인데, 이 때문에 참여연대는 소액주주권 행사를 위한 지분 확보에 많은 어려움을 겪고 있고, 실제로 필요한 지분을 외국인 주주나 외국계 기관투자가들로부터 충당하고 있는 실정이다. 이로써 소액주주 운동이 외국자본의 이해를 대변한다는 어처구니없는 결과를 가져오기도 하는 것이다. 이것 또한 심각한 문제가 아닌가?

_ 1999. 4. 29.

소액주주 운동 재반론,
진보적인 경제민주주의로
나아가야

소액주주 운동을 비판한 필자의 글에 대해 참여연대의 김주영 변호사는 크게 보아 두 가지 문제를 반론으로 제기했다. 첫째는 노동자를 비롯한 평범한 시민들이 참여하는 소액주주 운동을 주주민주주의, 즉 가진 자의 민주주의를 위한 운동으로 규정짓는 것은 과도한 비판이라는 것이다. 둘째, 참여연대는 소액주주 운동을 재벌 개혁과 경제민주화를 위한 여러 운동 중 단지 하나의 제한적인 운동으로 설정하기 때문에, 이 운동으로써 다른 개혁 운동, 예컨대 노동자의 경영 참가를 반대하는 것이 아니라 다른 운동과 같이 나아가고자 한다는 것이다.

첫 번째 반론과 관련해서는 먼저 노동자가 소액주주로 그 운동에 참여한다 하더라도 주주민주주의로서의 소액주주 운동의 성격이 바뀌는 것은 아니라는 점을 명백히 하고 싶다. 소액주주 운동이란 법률적으로 보장된 소액주주권 행사를 통해 지배적 대주주의 독점적인 경영 지배를 견제하고 소주주의 권익을 보호하자는 것이다. 이 운동은 기업 경영을 민주화하고 투명성을 제고시킨다 하더라도 그것은 수단일 뿐이며, 궁극적으로는 주주로서의 이윤 배당과 주식 가격의 유지에 목적이 있다. 참여연대의 소액주주 운동이 재벌 경영을 민주화한다는 선의를 갖고 있다 하더라도, 그 운동이 결국은 주주의 이익을 주주 민주주의적으로 대변한다는 비판을 면할 수는 없다. IMF 구조 조정의 파괴적 효과가 정리 해고와 임금 삭감, 고납세 등으로 노동자 대중과 서민 대중에게 전가되고, 부유한 자산계층은 불붙는 주식시장에서 투기적인 이익에 열 올리는 상황에서, 필요한 것은 투기자의 이익을 대변하는 주주 운동이 아니라 못 가진 자의 이익을 대변하는 진정한 민주 개혁이다. 노동자의 일부가 투기적인 소주주로서 주식시장에 참여하든 아니면 참여연대의 선의의 소주주로서 활동하든, 그는 이 경우 노동자가 아니라 주주로서 기능하는 것이며, 그 때문에 위와 같은 비판에서 별로 수정할 것이 없다.

김 변호사의 둘째 반론은 소액주주 운동을 변호한다기보다는 오히려 재벌 지배 체제의 개혁에서 소액주주 운동의 제한성을 인정하고 보다 근본적인 재벌 개혁으로 나아가는 경제민주화 운동의 필요성을 역설하고 있어 필자도 동감하는 바가 없지 않다. 그런데 소액주주 운동이 이렇게 제한적인 성격의 운동이라면, 참여연대는 왜 노동자의 경영 참가 같은 보다 중요한 운동으로 역량 배치를 하지 않을까라는 의문이 남는다. 만약 참여연대가 경영 참가 운동에 보다 중요성을 두고 역량을 배치했는데도 이 운동이 소액주주 운동처럼 언론에서 각광을 못 받는 것이라면, 그것은 다름 아니라 노동자 경영 참가 운동이 소액주주 운동의 자산계급적 성격과 달리 반자산계급적 성격을 띠기 때문에, 지배계급의 대변자인 제도 언론이 이를 무시·억압했기 때문일 것이다. 필자로서는 참여연대가 언론의 화려한 주목을 받는 소액주주 운동에 안주하면서 자산계급의 이해를 대변하기보다는 언론과의 지난한 싸움을 감수하더라도 노동자의 경영 참가 등을 통해 경제민주주의를 진정으로 확대하는 길로 나아가기를 바란다.

_ 1999. 5. 20.

총선 결과에 나타난
낙천·낙선 운동의 성적표

총선 전에도 그랬지만, 총선이 끝난 지금도 총선시민연대의 낙천·낙선 운동을 평가하는 것은 조심스러울 수밖에 없다. 왜냐하면 과학적인 논쟁보다는 제도 언론에서의 과장과 왜곡, 진보 진영의 무비판과 타협, 개혁과 진보에 대한 혼란 그리고 감정과 흥분이 이 운동을 지배하기 때문이다. 앞으로 한국 사회의 개혁과 변혁에서 시민운동의 위상을 올바로 세우기 위해서는 이런 것들을 뚫고 본질과 진실에 이르는 진정한 평가가 필요하다. 총선시민연대의 자화자찬과 여론의 대대적인 의미 부여에도 불구하고 선거 결과를 놓고 그 쟁점을 재론해 보도록 하자.

먼저 민중운동의 관점에서 이번 총선을 평가한다면, 우선 현 정부와 집권당의 신자유주의 정책과 '20대80 사회'로의 전환 그리고 초국적 자본으로의 해외 매각 정책에 대한 대중적 심판이 총선의 주요 쟁점으로 제기되지 못했다는 점을 들 수 있다. 여기에는 민중운동 진영 내에서 진보 정치의 실험과 관련해 이번 총선의 의의 또는 개입 전술에 대한 상이한 견해와 그로부터 기인하는 정세 대응력의 부족 그리고 조직력 또는 투쟁력의 한계 등 여러 요인이 작용했겠지만, 무엇보다도 낙천·낙선 운동의 돌풍이 가져온 효과를 지적하지 않을 수 없다.

'유권자 혁명'이니 '시민혁명'이니 하면서 낙천·낙선 운동에 대한 제도 언론의 집중적인 보도로 인해 선거 지형은 정책이 아니라 인물 논쟁으로 급전되었고, 총선 후반기에는 그 위에 지역주의 논쟁이 가세함으로써, 신자유주의의 쟁점이 묻혀 버리고 말았기 때문이다. 오해를 피하기 위해 부연한다면, 이렇게 총선시민연대의 운동이 가져온 효과를 비판함으로써 이번 선거에서 진보 진영의 여러 문제들의 책임을 전가하려는 것은 아니다. 시민운동을 비판하면 종종 '그러면 진보 운동은 무엇을 했느냐'는 반론이 제기되곤 하는데, 진보 진영의 문제는 그 문제대로 별도의 평가가 필요하다. 낙천·낙선운동에 의한 민중운동적 선거 쟁점의 억압이라는 효과는 총선시민연대가 의도하지 않은 우연한 효과가 아니라 총선시민연대의 신자유주의적 지향성에서 비롯된 필연적인 효과였고, 나아가 집권당과 친정부 제도 언론 그리고 총선시민연대 간의 신자유주의적 컨센서스의 소산이었다. 한나라당의 분열과 그로 인해 조성된 집권당에 유리한 선거 지형도 이 운동의 부수적인 효과였다.

낙천·낙선 운동, 은밀한 목표의 좌절

이러한 선거 지형에서 현 정부와 집권당의 신자유주의 정책에 대한 심판 문제를 어이없게도 한나라당이 주요한 선거 구호로 내걸었고, 그것은 주지하다시피 국부 유출 논쟁이나 국가 채무 논쟁을 유발했다. 그에 반해 집권 민주당과 정부는 신자유주의 개혁 정책의 지속을 위해 안정적인 다수 의석을 호소했는데, 선거 결과는 한나라당이 과반 의석에 육박하는 제1당이 됨으로써 보수적인 한나라당에 의한 신자유주의 정책의 심판이라는 기이한 결과를 가져왔다. 그것은 의석수뿐 아니라 득표율에서도 그러했다.

한나라당도 김영삼 정부의 신자유주의 정책을 계승한 당이라는 점에서, 이 심판은 말할 것도 없이 반신자유주의적 심판이라기보다는 선거 막판에 기승을 부린 지역주의의 심판, 즉 호남지역주의에 대한 영남지역주의의 심판이라 할 것이다. 그러나 한나라당을 통한 심판만이 중요한 것은 아니다. 무엇보다도 투표를 통한 심판 못지않게 투표를 거부한 심판 또한 주목하지 않으면 안 된다. 낙천·낙선 운동의 대대적인 여론 몰이에도 불구하고, 이번 총선의 투표율은 57%로 역대 최저를 기록했기 때문이다. 말하자면 유권자의 43%는 한나라당과 민주당을 막론하고 제도 정치권을 불신했는데, 그 근저에 신자유주의 정책의 파괴적 결과와 그에 대비되는 기성 정치인의 부패와 무능 등에 대한 대중의 불만과 분노가 자리 잡고 있음은 두말할 것도 없다. 물론 투표를 포기한 유권자들을 모두 신자유주의에 반대하거나 제도 정치권을 거부한 의식적인 기권자라 할 수는 없다. 그들 중 상당수는 정치에 무관심하거나 그래서 휴일을 유원지에서 보내는 것이 더 의미 있다고 여기는 탈정치화된 사람들일 수 있다. 그러나 이러한 정치적 무관심과 탈정치화도 결국에는 경제와 정치, 사회생활의 개별화와 파편화를 조장하는 신자유주의의 정치적·이데올로기적 효과에서 비롯된 것이어서 그 부정적인 결과물임을 인정해야 한다.

그뿐만이 아니다. 낙천·낙선 운동으로 민중운동에 불리하게 조성된 선거 지형과 총선을 위해 급조된 민주노동당과 청년진보당의 조직·재정상의 현격한 열세, 그에 따른 제한된 지역구에서의 후보 출마에도 불구하고 진보 정당들은 예상보다 훨씬 높은 득표율을 기록하며 신자유주의에 대한 민중적 대안을 요구하는 대중의 지지를 확인할 수 있었다. 원내 진출은 좌절되었어도, 민주노동당은 후보를 낸 21개 지역구에서 평균 13%의 지지를, 청년진보당은 46개 지역구에서 평균 3%를 얻어 진보 정당은 후보 출마 지역에서 대체로 평균 16%를 득표했다. 이렇게 보면 이번 총선은 낙천·낙선 운동을 통한 신자유주의 쟁점의 억압에도, 한편에서 진보 정당에 표를 찍은 적지 않은 대중의 적극적인 신자유주의 반대와, 유권자의 43%나 투표를 거부하기에 이른 소극적인 반대, 그리고 다른 한편에서 지역주의와 결합한 한나라당의 보수주의적 반대로 인해 정부와 집권 민주당의 신자유주의 정책은 대중적인 지지를 확보하는 데 실패했다고 요약할 수 있다. 그것은 달리 말하면, 총선시민연대와 집권당 그리고 친정부적 제도 언론 간의 신자유주의 연대의 선거 목표, 즉 이번 총선을 통해 정부와 집권당의 신자유주의 정책을 재신임한다는 은밀한 목표가 좌절되었음을 의미하는 것이기도 하다. 물론 집권 민주당 스스로가 어느 정도 선전했다고 말할 만큼, 집권당은 총선 전보다 약화되기는 하겠지만 어떻게든 신자유주의 정책의 추동력을 유지할 것으로 보인다. 이처럼 집권당이 정책 추동력을 결정적으로 상실하지 않게 된 데에 총선시민연대의 운동이 기여한 바가 크다는 점에서 이 운동의 은밀한 목표가 완전히 좌절된 것은 아니다.

낙천·낙선 운동, 공식적 목표의 달성?

이러한 평가를 총선시민연대는 받아들이지 않을 것이다. 자신들이 선정한 낙선 대상 후보 86명 중 70%에 이르는 59명을 낙선시켜 이 운동은 커다란 성과를 이룩했고 유권자 혁명을 성취했다고 자축하는 분위기이기 때문이다. 그러나 그것은 어디까지나 공식적인 목표일 뿐이다. 민중운동 진영은 총선시민연대에 대해 낙천·낙선 운동의 신자유주의적 성격 또는 그 위험을 수차 지적했고, 이 운동의 지평을 보다 넓혀서 단순히 몇몇 정치인의 물갈이가 아니라 제도 정치권의 청산과 진보 정치의 새로운 대안을 모색하는 운동으로 발전시킬 것을 제안했다. 총선시민연대는 이를 거부했는데, 이는 총선시민연대가 낙천·낙선 운동을 통해 신자유주의 정치경제 질서를 확립하겠다는 의도를 분명하게 보여주는 것이었다. 그런 점에서 보면, 이번 총선의 결과는 외관과는 달리 총선시민연대로서는 내심 쓰라린 결과라 아니할 수 없다. 그뿐만 아니라 낙천·낙선 운동의 공식적인 성과도 그 내용을 보면 전혀 자축할 만한 것이 아니다.

우선 낙천·낙선 운동에 대한 3개 방송국과 10개 신문사의 집중적인 보도에도 불구하고 오히려 역대 최저의 투표율을 기록하여 유권자 혁명이란 찬사가 무색하게 되어 버렸다. 그것도 낙천·낙선 운동의 선도자라는 20~30대의 투표율이 가장 낮았다. 낙천·낙선 운동을 대대적으로 보도한 언론을 따라간 독자라면, 그래서 낙천·낙선 운동으로 정치를 새롭게 자각하는 많은 시민의 목소리를 언론에서 들어온 독자라면, 이런 결과는 아마도 충격일 것이다. 유권자의 권리를 행사하여 썩은 정치를 바꾸자는 총선시민연대의 구호는 실은 자신들이 선정한 86명만 찍지 말고 그 대신 어떤 다른 후보라도 찍으라는 강요이다. 그럼으로써 신자유주의와 보수주의가 지배하는 제도 정당들을 대중으로 하여금 다시 승인하도록 유도한 것인데, 대중은 역대 최고의 기권율로 이를 거부했다. '찍을 정당이 없다, 찍을 정치가가 없다, 그래서 선거에 관심 없다'라는 대중에 대해 총선시민연대는 대안의 정치, 대안의 정당을 만들어가려는 대신 신자유주의든 보수주의든 어느 하나를 찍으라고 강요한 셈이다.

또 낙천·낙선 운동은 더욱 심화된 지역주의 앞에서 좌절했고, 그로써 유권자 혁명이란 더더욱 걸맞지 않는 말이 되어 버렸다. 총선시민연대는 선거 막판 지역주의와 집중적으로 대결했지만, 그 벽을 넘을 수 없었다. 총선시민연대가 내세운 낙선 대상 후보의 낙선율이 영남에서 45%로 가장 낮았던 만큼, 이들의 지역주의 비판은 영호남 지역주의를 거론하더라도 주로 영남지역주의를 겨냥하고 있었다. 언론들에서는 65개 지역구 중 64개를 한나라당에 몰아준 영남지역주의의 싹쓸이가 개탄의 대상이 되고 있다. 말하자면 영남지역주의 때문에 한나라당이 제1당이 되었다는 것이다. 그러나 유권자들의 선택은 당선 의석수가 아니라 득표율에 보다 정확하게 나타나 있다. 정당별 득표율을 보면 지역주의의 아성은 영남보다는 오히려 호남이다. 영남에서 한나라당은 41%(울산)-63%(대구)를, 민주당은 10%(울산)-15%(부산, 경북)를 득표한 반면, 호남에서는 한나라당이 겨우 3~4%를, 민주당은 66~70%를 득표했다. 호남의 친여 무소속과 영남의 민주국민당을 이에 각각 포함시키면 호남지역주의는 더욱 빛나게 된다.

이처럼 여전히 완고한 호남지역주의, 그리고 조금은 약화된 영남지역주의를 영남지역주의의 싹쓸이로 보이게 한 것은 다름 아니라 최대 득표자 당선을 제도화한 부당한 현행 선거제도다. 전국적으로 보더라도 전체 투표수의 39%, 36% 정도 득표한 한나라당과 민주당이 각각 전체 의석수의 49%, 42%를 쓸어

간 결과는 분명 대의제를 부정하는 것이다. 이런 점에서 보면 자민련의 몰락도 과장된 것이다. 이번 총선에서 자민련의 득표율은 10% 정도로 지난 15대 총선의 16%와 비교하여 크게 떨어졌지만, 의석수에서는 17%에서 6%로 더욱 심하게 떨어졌다. 이처럼 지역주의, 영남지역주의의 폐해를 운운한다면, 먼저 46석의 비례대표 의석만이 아닌 지역구를 포함한 전체 의석에 대해 전면적인 정당 명부제 투표와 득표율에 따른 의석 배분을 보장하는 방향의 선거제도 개혁을 받아들여야 한다.

한편 호남지역주의는 군사정권의 지배하에서 파시즘의 지배에 대항하여 호남 소외 계층을 결집시키는 긍정적인 의미도 없지 않았지만, 신자유주의 민간 정권하에서는 신자유주의를 지지하는 정치적 지반이 되어 버렸다. 이런 점에서도 지역주의의 보다 큰 문제는 언론에서 말하는 영남지역주의가 아니라 호남지역주의이다. 호남 대통령의 출현에도 불구하고 변함없이 소외된 국민과 계층인 호남 대중이 대중 소외를 극단으로 몰아가는 신자유주의 정책에 압도적인 지지를 보냈다는 현실이야말로 지역주의 타파와 계급주의적 투표 행태를 모색하려는 과제에 더 큰 걸림돌이 아닐까? 반면 영남지역주의는 예나 지금이나 (극우)보수주의의 지반으로 남아 있다. 여기서도 새로운 변화가 있다면, 군사정권에 저항하던 PK지역주의가 김영삼 정부의 신자유주의 지지를 매개로 TK지역주의에 포섭되었다는 점에서, 보수주의의 기반이 확대되었다는 것이다. 아울러 현재의 영남지역주의는 군사정권의 패권적 지역주의가 지속된다는 측면도 있지만, 지역 등권과 지역 연대론에 입각해서 정권을 잡은 지역주의 정권 (김대중 정부)은 지역주의를 청산할 수 없다는 점, 그것이 오히려 영남지역주의를 새롭게 결집시킨다는 점도 인식하지 않으면 안 된다.

기왕에 지역주의를 논하는 마당에 충청지역주의도 간단히 언급하자. 자민련의 충청지역주의가 와해되면서 언론은 충청도민이 품위 있는 투표를 통해 지역주의를 극복하고 있다고 올려 세우는데, 여기에도 왜곡은 있다. 왜냐하면 JP의 충청지역주의는 몰락하고 있지만, 이를 대체하는 것은 정책론에 입각한

계급주의가 아니라 이 지역의 연고를 주장하는 민주당 이인제의 새로운 충청 지역주의일 가능성이 높기 때문이다. 이를 통해 극우적인 자민련이 몰락의 기로에 서게 된 것은 일정한 의의가 있겠지만, 그 성과를 신자유주의 지역주의가 가져가는 것을 지역주의 해체라고는 할 수 없다. 말하자면 언론은 JP의 충청지역주의가 망국병이라고 비판하면서, 그 뒤에서는 이인제의 신충청지역주의를 은밀하게 지지하고 있는 것이다.

이처럼 최악의 투표율과 대중의 투표 거부 그리고 지역주의의 기승 속에서 이루어진 이번 선거에서 유권자 혁명과 낙천·낙선 운동을 자랑하기는 아무래도 면목이 서지 않는다. 그래서 총선시민연대는 이제 보다 이성적인 자세로 돌아와서 겸허하게 '절반의 성공' 또는 '미완의 성공'이라고 평가하고, 총선 전에 진보 진영이 제기한 문제들, 즉 대안의 정치를 위해 진보 진영과 시민운동 진영이 같이 나아갈 방안을 스스로 말하고 있다. 총선시민연대의 운동을 위해 그리고 아마도 집권당의 재신임을 위해 총선 기간 중 민중운동의 목소리를 억눌러 왔던 〈한겨레〉, 심지어 지난 4월 1일 전국 12곳에서 2만여 명의 노동자, 농민, 빈민 등이 참가한 민중 대회조차 보도하지 않았던 〈한겨레〉도 같은 평가를 하고 있다. 그러나 이런 방안을 논의하기에는 총선 기간 동안 민중운동과 시민운동이 너무 다른 방향으로 나아가 버렸다고 생각한다. 그리고 그 뿌리에는 신자유주의 정책에 대한 근본적인 입장 차이가 놓여 있다.

'절반의 성공'을 운운하는 마지막 근거는 무엇보다도 낙선 대상자의 70%가 낙선되었다는 사실에 있다. 그런데 자화자찬의 근거이자 그래도 절반은 성공했다고 자위할 수 있는 59명의 이들 낙선자는 과연 총선시민연대의 낙천·낙선 운동 때문에 낙선한 것일까? 유감스럽게도 이를 논증할 수 있는 투표 분석은 존재하지 않는다. 물론 이 운동의 효과가 일정하게 작용했다는 것을 부정할 수는 없겠지만, 해당 낙선자의 당락을 결정짓는 데 얼마만큼 효과를 발휘했는지는 알 수 없다. 좋게 말해도 어느 지역구에서는 그러했을 수도 있고, 또 다른 지역구에서는 그렇지 않을 수도 있다. 그렇다면 70% 낙선 운운은 잘못된 평가라고 할 수밖에 없다. 한국에서처럼 계급과 계층 간, 연령 간 투표 행태와 그 지지 정당 변화 그리고 지지 정당 또는 후보를 바꾼 이유 등에 대해 이해할 만한 지역구별 투표 분석이 부재한 상황에선 누구도 그 효과를 말하기 어렵다. 가장 권위 있는 여론조사 기관들의 출구 조사조차 한나라당과 민주당의 실제 선거 결과를 정반대로 예측한 한국의 현실 수준을 보면 더더욱 그러하지 않은가? 결국 총선시민연대와 제도 언론들은 이해할 만한 논거도 없이 낙천·낙선 운동을 부풀려 보도했고, 그 결과를 서로 좋은 방향으로 해석했고, '절반의 승리'라고 강변하고 있다.

한국의 시민운동을 조롱하는 세계의 시민운동

총선 후의 문제는, 총선 전에도 그러했지만, 한국의 시민운동과 진보적인 민중운동이 지향하는 한국 사회의 개혁 청사진이 근본적으로 다르다는 점에 있다. 시민운동과 민중운동이 개혁을 위해 같이 나아가는 데 심각한 갈등을 보이는 것은 기본적으로 이 때문이다. 총선 후에 시민운동은 낙천·낙선 운동에 대한 언론의 지지와 자화자찬식 평가에 입각해 진보 진영과 차별성을 강화하고 더욱 자립적인 운동으로 나아가려 할 것이다. 한국에서 이러한 발전은 참으로 유감스러운 것이다. 한국의 시민운동과 낙천·낙선 운동이 세계의 주목을 받고 일본으로 수출될 것이라는 보도까지 접하면서 이런 생각을 지울 수가 없다.

그러나 세계의 시민운동이 한국의 시민운동을 따라간다는 보도는 세계의 시민운동을 모독하는 보도다. 우리는 세계의 전투적인 NGO들이 스위스의 다보스에서, 그리고 미국의 시애틀과 워싱턴에서 초국적 금융 과두들과 그 정치 대표자들에 대항해서, IMF와 세계은행 그리고 WTO의 신자유주의 개방화 정책과 자유화 정책에 대항해, 그리고 세계의 빈민과 노동자, 지구적 환경을 위해, 국가를 초월한 대규모 시위를 조직해 왔음을 보지 않았는가? 그것도 한국의 시민운동을 그렇게 추켜세우는 그 동일한 언론의 보도를 통해서. 세계의

NGO들이 신자유주의적 세계화와 자유화 정책에 온몸을 던져 저항하고 있을 때, 한국의 대표적인 NGO들은 IMF 구제금융 협약을 수용하고, 국내외의 신자유주의 지배계급에 영합하여 한국 사회를 초국적 자본에 내어주는 신자유주의 개혁을 위해 이데올로기적 첨병의 역할을 수행하고 있다. 한국의 제도 언론들 또한 반신자유주의, 반세계화를 내세운 세계의 NGO 운동은 주목할 만한 운동으로 보도하면서 동일한 요구 사항을 내건 한국의 민중운동은 묵살하기 일쑤다. 오히려 신자유주의를 추종하고 세계화를 수용하는 한국의 NGO들을 개혁의 새로운 기수라며 호들갑 떨고 있다. 언젠가 한국에서도 많이 알려진 프랑스 '시민지원을위한금융거래과세연합'(ATTAC) 의장의 인터뷰 기사가 〈한겨레〉의 지면에 크게 소개된 바 있는데, 세계 NGO의 비판적 과학 인식의 높은 수준을 엿볼 수 있었다. 이는 한국의 천박한 시민운동가들의 수준과 대조적이다. 한국의 시민운동이 세계의 NGO를 쫓아갈 수 있다면, 그래서 반신자유주의와 반세계화로 입장을 전환할 수 있다면, 그때야 비로소 민중운동과 시민운동이 같이 갈 수 있는 공동의 기반이 만들어질 것이다. 그런 점에서 한국에서 현재의 시민운동과 민중운동 간의 간극과 갈등은 불가피하며, 봉합이 아닌 폭발과 파열을 필요로 한다.

_ 2000. 5.

의사들의 폐·파업 사태,
왼쪽에서 보는 법

의약분업의 실행으로 야기된 의사들의 폐·파업 사태에는 의약분업만이 아닌 의료 체계와 의료보험 전반에 관한 많은 쟁점이 뒤섞여 있어 먼저 이 사태의 핵심 쟁점을 밝혀내는 것이 필요하다. 국민의 생명을 담보로 한 집단이기주의라는 무차별적인 '의사들 때리기'나 의약분업의 정착을 양보할 수 없는 절대적 개혁 과제로 설정해 밀어붙이는 태도는 사태 해결에 도움이 안 될 뿐만 아니라 진정한 쟁점들을 억압함으로써 진보적인 방향에서의 해결을 왜곡시킨다. 이번 사태는 의약분업의 시행을 계기로 불거져 나왔지만, 의약분업만의 문제로 한정해서는 이해할 수 없고 해결될 수도 없다. 예를 들면 의약 간 이해의 대립, 즉 의사와 약사 간의 영역 다툼이라든지 의약 제품의 유통 비리, 약가 마진과 과잉 진료에 의존해 온 의사들의 편법 수입, 그리고 이를 위한 병원 경영의 불투명성 등의 문제는 의약분업 도입과 관련한 고유 쟁점이긴 하지만, 실은 한국의 기형적인 의료보험제도에 그 뿌리를 두고 있다. 따라서 이들 문제는 기존 의료보험제도의 근간을 개혁하지 않고서는 해결할 수 없는 사항들이다.

우리의 의료보험제도는 말로는 국가의료보험제도이면서 실제로는 의료보험의 급여 대상이 상당히 제한되어 있고, 급여 수준도 충분치 못할 뿐 아니라 의료보험 재정까지 개인 부담에 크게 의존한다는 점에서, 개인의 질병은 개인이 책임져야 하는 시장주의 원리에서 벗어나 있지 않다. 시장주의 원리에 따른 개인 부담은 당연히 고소득자에게는 상대적으로 낮은 부담을, 저소득자에게는 상대적으로 과도한 부담을 의미하는 것이다. 이런 의료보험제도 아래선 의사들의 수입을 결정짓는 의료보험 수가도 낮은 수준에 묶여 있을 수밖에 없었다. 결국 저수가—저부담—저급여의 기형적인 의료보험제도가 정착된 것이다(오해를 피하기 위해 부연한다면, 저수가—저급여에 대해 저부담이 대응된다 하더라도, 그것은 평균적인 관계에서 그런 것이고, 저소득계층의 상대적인 과도한 부담은 결코 배제되지 않는다).

이런 제도 위에서 의사들은 자신들의 수입과 생존을 불법과 편법으로 지켜왔던 것인데, 이제 의약분업의 시행으로 이런 불법적이고 편법적인 수입 보장이 침해받기에 이르자 대중에게 낯설게 들리는 생존권 투쟁으로 나서게 되었다. 현행 의료보험제도를 전제하는 한, 의약분업 시행에서 비롯되는 이해 당사자 간 대립을 해결할 길이 없다. 정부가 의사들의 2차 폐·파업 위협에 굴복해서 의료 수가 일부 인상, 대중에게 비용 부담 전가, 의사 정원의 감축과 특권적 지위 보장 등 황당한 양보안을 발표했던 것은 다름 아닌 이런 모순의 표현이다. 언론과 시민단체들의 황색 선전을 따라 의사들 때리기에만 눈을 돌렸던 대중은 그 대가를 톡톡히 치른 셈이다. 언론과 시민단체들은 물론 이런 결과에 대해 어떤 책임도 질 생각이 없다. 다시 말하건대, 의약분업은 진보적 방향에서의 의료보험제도의 전면적 개편과 함께 도입될 때 비로소 이해 당사자의 갈등을 해결하고 정착될 수 있다.

이른바 공익을 대표한다고 자청한 시민단체들은 이러한 쟁점을 이해하지 못했고, 현행 의료보험제도 위에서의 의약분업 중재안을 관철시켜 현재의 분쟁의 씨앗을 만들었다. 이들은 폐·파업 기간 중에 언론의 스포트라이트를 받는 절호의 조건에서도 이런 근본적인 쟁점을 결코 제기하지 않았고, 결국 정부의 기만적인 의료 정책에 시민 여론이라는 외양을 부여했다. 이들의 운동은 늘 이런 성격의 것이었다. 지난 4월 총선 때 총선시민연대 등의 낙천·낙선 운동이 신자유주의 구조 조정 정책의 대중적 심판이라는 핵심 쟁점을 왜곡시키고, 총선을 개별 인물 논쟁으로 가져가 집권당의 선거 전략에 유리한 지형을 형성시켜 주는 등 집권당의 2중대 역할을 했던 것도 동일한 맥락이다. 그들이 자랑스러워하던 낙천·낙선 운동의 성과, 즉 부패·비리·반인권의 낡은 정치인들을 의회에서 쫓아냈다는 그 성과가 어떤 것인지 우리는 지금 새로 구성된 국회의 거듭되는 파행과 장기 공전 등 비참한 현실에서 뼈아프게 확인하고 있다. 그 낡은 정치가들이 쫓겨난 자리는 낙천·낙선 운동의 탈락 기준에서 벗어났지만 그들보다 조금도 낫지 않은 행태와 작태를 보이는 새 정치가들로 채워졌을 뿐이다. 시민단체의 낙천·낙선 운동이 잘못된 운동이었다는 것을 이것만큼 적나라하게 보여주는 것이 있을까? 그럼에도 시민단체들은 이런 결과에 대해 책임을 느끼고 운동을 반성하기는커녕 이제는 또 다시 의사들의 폐·파업 사태에 개입해 그 진정한 해결을 왜곡시키고 있다.

물론 폐·파업 사태의 본질을 이렇게 본다고 해서 의사들의 편법·불법적 행태들을 변호하거나 덮어 두자는 것은 아니다. 의사들은 자신들의 생존권과 의권을 근본적으로 위협하는 상업주의적 의료 현실과 빈약한 의료보험제도의 모순에 대항해 의료 개혁을 요구하기보다는 그에 기생하여 자신들의 기득권과 특권적 생존권의 수호에 집착했고, 그것이 이번 폐·파업에 대한 대중의 지지와 동정을 획득할 수 없도록 했다. 대중의 비판은 정당하고, 의사들의 내부 개혁이 필요하지만, 문제는 이번 사태가 이것만으로 해결될 수 있는 것은 아니라는 점이다. 문제 해결을 위해서는 사회적 성격과 연대를 강화하는 방향에서 의료보험제도를 개혁해야 하고, 이런 방향에서 쟁점을 제기하고 여론화해야 한다.

이를 요약하면, 먼저 의료보험의 혜택, 즉 급여의 대상과 수준을 획기적으로 확대하고, 이를 위해 보험 재정을 대폭 확충해야 한다. 또 보험 재정은 지금처럼 역진적인 성격의 개인 부담에 의존해서는 안 되며, 보험 재정을 통해 소득의 재분배가 이루어지도록 해야 한다. 이를 위해서는 사용자의 보험료 부담 증대 및 국가 재정을 통한 의료보험 재정의 지원 증대와 자산 소득세, 누진세를 강화하는 방향의 조세 개혁이 뒤따라야 하고, 또 개인 보험료 부담에서도 고소득층의 부담률을 인상하고 저소득층의 부담률은 경감, 면제시켜야 한다. 그것은 곧 부유한 계층의 비용으로 빈곤 계층의 질병을, 건강한 사람들의 비용으로 병든 사람들의 치료를 보장하는 연대적인 방식을 보장하는 것이며, 바로 여기에 의료보험의 진정한 의의가 있다. 이를 토대로 적정한 의료 수가를 책정해 의사들이 정당한 의료 행위로 적정한 수입을 보장받을 수 있게 해야 하며, 그때에 비로소 우리는 의사들에게 투명한 병원 경영과 수입 내역 그리고 세금 납부에 대한 사회적 통제를 정당하게 요구할 수 있다.

반면 현재 진행되는 의사들과 정부 간 협상이나 시민단체들의 방안을 보면, 이른바 의료보험의 개혁은 급여의 수준과 대상을 확대한다는 미명하에 의사들의 보험 수가 인상과 대중의 비용 추가 부담으로 이어질 전망이다. 또 한 번 기만당하는 것을 막기 위해서는 진보적인 해법 이외에 다른 해법은 있을 수 없다. 정부와 언론의 '의사들 때리기'란 결국 진보적인 해법을 피해가기 위한 기만적인 수법인 것이다.

의료 제도 개혁 문제에 있어 의료보험의 개혁 못지않게 더욱 중요한 과제는 민간 의료 자본 중심의 상업주의 의료 체계를 공공 의료 체계와 정책으로 전환시키는 문제이다. 국민의 질병을 예방하고 치료하는 것은 가장 대표적인 공적 영역에 속하는 것인데도, 한국에서는 이를 기본적으로 상업적 이윤의 대상으로 열어 놓았다. 전체 의료 기관 중 공공 의료 기관이 차지하는 비율(10%)이라든지 총 의료비에 대한 공공 지출 비중(45%)은 OECD 국가들(전자의 비율은 유럽 50~100%, 일본 31%, 민간 의료 중심인 미국도 19%이며, 후자의 비율은 유럽 60~90%, 일본 80%, 미국 46%) 내에서도 가장 보잘 것 없는 수준이다. 상업주의 의료 정책은 현 정부의 신자유주의 정책으로 강화되고 있다. 정부 일각에서는 현재의 빈약한 국가 의료 체계의 근간마저도 흔들 수 있는 민간 의료보험(사보험)의 도입을 적극 검토하는 것으로 알려졌다. 결국 정부는 공공 의료와 보험 정책을 포기하고, 돈 없는 자들은 질병으로 고생하거나 죽을 수밖에 없음을 공언하는 것이나 다를 바 없다. 언론들도 이미 다양한 의료 서비스의 욕구와 선택권을 보장해 주어야 한다는 미명하에 민간 의료보험의 도입을 선동하고 있다. 의사들의 폐·파업에 대해 '국민의 생명을 볼모로 하는 파렴치한 집단행동'이라고 그렇게 몰아세우던 정부와 언론은 사실 그 뒤에서 '국민의 생명을 체계적으로 죽이기 위한 준비'를 진행시키고 있었던 것이다. 의사들의 폐·파업으로 죽어가는 몇몇 생명에 대해서는 그렇게 분노하던 정부와 언론은 돈이 없어 치료를 받지 못하고 죽어 간, 지금도 죽어 가는 수많은 생명에 대해서는 결코 분노해 본 적이 없었다. 이 어찌 기만이 아니고 위선이 아니겠는가? 우리가 정부와 언론, 시민단체의 황색 선전 선동을 넘어서 이번 사태의 핵심 쟁점을 끌어내 싸워야 한다는 의미는 바로 이런 것에 있다.

의사들의 집단적 폐·파업으로 의료 정책 문제가 지금처럼 사회적으로 전면화된 것은 아마도 처음이다. 이런 결정적인 국면에서도 개혁의 쟁점을 의제화할 수 없다면, 또는 이번에는 의약분업이고 그 다음에는 의료 개혁이라는 식으로 의제화를 연기한다면, 또는 폐·파업이라는 극단적인 방식이 아닌 다른 방식의 문제 제기를 모색해야 한다고 물러선다면, 우리는 어떤 국면에서도 이 문제를 쟁점화할 수 없을 것이다. 왜냐하면 지금 같은 사회적 동력을 동원하는 것은 앞으로 어느 때도 결코 쉬운 일이 아니기 때문이다. 이런 식으로 대처하는 논자들(시민단체 또는 시민운동 지향적 의료 운동 단체들)은 운동의 역동성이 어떤 것인지, 그 운동 정세에서 누구와 연대해서 무엇을 제기하고 어디를 쳐야 하는 건지를 알게 모르게 왜곡하고 있다. 의사라는 특권 계층이 진보적인 세력과 연대해서 진보적인 의료 개혁으로 나아가는 것은 물론 기대하기 어렵지만, 의사들로 하여금 공공 의료 중심의 정책 전환이나 진보적 방향의 의료보험제도를 수용케 하는 것, 즉 진보적인 제도와 타협케 하는 것은 불가능한 것이 아니다. 그런 방향으로 쟁점을 전환시키고 운동의 요구를 고양하는 것이야말로 이번 사태에 개입하는 진보 운동의 올바른 방향이라 할 것이다.

이번 사태는 이밖에도 많은 것을 우리에게 가르쳐 주었다. 의사라는 특권층의 집단행동에 대해서는 지배계급이 자신들의 친척 형제들의 행동이라고 자제하거나 용인할 수 있다는 것, 노동자들의 파업과 달리 경찰의 물리력은 행사되지 않았다는 것, 검찰권도 요란하기만 했지 솜방망이라는 점, 이번 사태는 이런 것을 통해 국가와 정부의 계급성을 대중에게 여지없이 폭로했다. 또 자산계층이고 특권층인 이들의 지위와 여유, 폐·파업에 대한 지배계급의 자제를 감안하더라도, 그 투쟁력과 단결력은 노동조합의 그것보다도 더 강고했다는 것, 이들에게서도 투쟁에서 승리하고 정부의 양보와 대화를 얻어낸 동력은 바로 강력한 연대와 단결력이었다는 점, 경제·정치적으로 피지배계급인 노동자들이 파업에서 승리하기 위해서는 이들보다 더욱 강고한 단결과 연대가 필요하다는 것을 이번 사태는 우리에게 가르쳐 주었다. 이런 점에서 민주노총이 폐·파업 반대 시민대책위에 참여해서 의약분업의 진정한 쟁점을 가두어 두고 황색 선전에 동참했다는 것, 의사들의 폐·파업을 집단이기주의로 비판함으로써 스스로 집단이기주의 선동의 포로가 되었다는 점은 지난 총선에서 신자유주의 낙천·낙선 운동에 결합했던 과오와 함께 두고두고 반성할 부분이다.

_ 2000. 9. 27.

한국 자본주의의 개혁을 둘러싼
세 개의 전선

IMF 관리 체제를 3년도 안 되어 졸업했다고 자화자찬하면서 현 정책을 치켜세우던 것이 불과 다섯 달 전인데, 그 사이에 경제 상황은 급속히 악화했다. 제2의 위기설이 분분한 가운데 다시 한 번 구조 조정의 고삐를 바짝 잡아당겨야 한다는 여론이 비등했고, 급기야 정부는 내년 2월까지 4대 부문의 구조 조정을 완료하겠다고 선언했다. 내년 2월에 정부가 시도하는 구조 조정이 관철되면, 과연 한국 경제는 위기의 수렁에서 벗어나 새로운 번영의 길로 나설 수 있을까?

그렇지 않을 것이다. 무엇보다도 미국 경제의 막바지 호황이 이제 파국을 향해 달려가고 있다. 미국발 공황이 현실화되면, 구조 조정의 성과로 설령 한국 경제가 정상적인 궤도에 진입한다 하더라도 그 파괴적 효과를 감당하기 어려울 것이다. 그러나 문제는 단지 세계경제의 불투명한 전망 때문만이 아니다. 정부의 경제 개혁과 정책 방향은 올바른데 세계경제의 환경 변화가 이 개혁과 정책을 파탄으로 가져오는 상황이 아니기 때문이다. 이 개혁 정책은 대외적인 의존과 종속을 심화시키는 정책이어서 세계경제의 위기에 대항할 수 있는 국민적 면역력을 상실케 하고 있다. 따라서 다가올 위기는 이 정책에 의해 오히려 증폭되고 있는 것이다. 다행히 미국 경제가 연착륙에 성공한다 하더라도, 문제의 핵심은 세계경제의 환경 변화가 아니라 위기를 심화시키는 정부의 개혁 정책 자체에 있기 때문에, 내년 상반기에 한국 경제가 구조 조정을 마무리하고 새로운 번영의 시대를 열 것이라고 기대하기는 어렵다.

다시 말해 지금 한국 경제의 위기와 불안정을 논함에 있어 중요한 것은, 이 위기가 정부의 주장대로 개혁과 구조 조정의 정책 방향은 올바른데 그 정책이 보수적인 이익집단들의 저항으로 제대로 관철되지 못했기 때문인가, 그래서 다시 한 번 강력한 구조 조정이 필요한가, 아니면 이 정책이 지금까지 관철된 결과 위기가 이렇게 심화된 것인가, 그래서 문제는 구조 조정 정책의 강화가 아니라 이 정책의 폐기와 근본적인 정책 전환이 요구되는 것은 아닌가 하는 점이다. 이 문제의 진실은 단언컨대 후자에 있다. 그러나 유감스럽게도 후자를 관철할 수 있는 힘이 우리에게는 아직 없다.

경제 개혁의 이데올로기 지형

경제정책을 둘러싼 한국 사회의 이데올로기 지형은 진보 진영에 너무도 불리하다. 정부의 신자유주의 경제정책에 대해서는 대학 교수, 경제 전문가, 시민단체, 언론 등 이른바 여론 주도층의 광범위한 자유주의적 또는 신자유주의적 '컨센서스'가 존재한다. 노동자들의 커다란 저항에도 정부 정책이 힘을 받는 이유의 하나는 바로 이들의 역할 때문이다. 신자유주의 구조 조정에 앞장서는 자는 정부라기보다도 오히려 이들 여론 주도층이다. 정부 관료를 포함해 이들 여론 주도층은 군사정부 이래로 권력에 기생해 특권적인 지위를 향유해 왔던 인물들이고, 구조 조정의 칼날을 들이대야 할 제1순위의 대상인데, 이들의 입에서 구조 조정이 외쳐진다는 현실 하나만 봐도 이 정책의 반개혁성을 확인할 수 있다. 문제는 시민사회의 비판세력으로 자처하는 시민단체들까지 정부 정책의 지원 부대로 나섰다는 점이다. 이러한 상황은 정부 정책에 대항하는 진보 진영의 개혁 전선을 설정하는데 적지 않은 혼란을 가져왔고, 투쟁 동력을 크게 훼손했다.

비판적 시민단체들은 위기와 개혁 논쟁에서 '비판적'이라는 수식어가 무색하게 신자유주의 진영으로 넘어갔다. 참여연대나 경실련 등 시민단체의 좌우파를 막론하고, 구조 조정과 관련해 이들과 정부 사이에는 본질적인 차이가 존재하지 않는다. 차이가 있다면 색채가 다를 뿐이다. 정부의 신자유주의 정책은 한편에서 국가 주도적 재벌 중심 경제를 일정하게 해체하여 경쟁 질서를 강화하려 했고, 다른 한편에서 대외 개방과 대외 종속을 획기적으로 심화시켰으며, 이런 구조 조정의 비용과 부담을 주로 노동자와 대중에게 전가했다. 비판적 시민단체들은 시장주의 방식으로 재벌 체제를 개혁하고 대외 개방을 확대하는 정부의 정책 기조를 공유할 뿐 아니라 그 강화를 앞장서서 요구하는데, 다만 구조 조정의 비용과 부담을 대중에게 전가하는 것에는 비판적 목소리를 내고 있다. 그러나 구조 조정의 가속화가 일층의 정리 해고와 생존 조건의 악화 그리고 부실 자본의 청산 비용 증대를 초래한다는 점에서 그 비판은 일종의 정신분열적 현상이 아닐 수 없다.

세 개의 전선

현재 한국의 논쟁 지형에서 시민단체와 정부의 신자유주의적 연대는 지배적인 논쟁 전선을 이룬다고 할 수 있다. 논쟁 전선은 첫째, 정부와 시민단체 그리고 초국적 자본을 한 축으로 하고, 둘째로 재벌, 그리고 셋째로 노동자계급을 각각 또 다른 축으로 하여 삼자에 걸쳐 형성되어 있다. 시민단체와 정부는 서로 어떻게 대립한다 하더라도 이들은 공히 초국적 자본과 연대해 한편에서 재벌과, 다른 한편에서 노동자계급과 대항하고 있다. 정부가 노동자계급을 개혁의 주적으로 설정하고 재벌을 부차화한다면, 시민단체는 재벌을 주적으로 설정하고 노동자계급을 부차화한다. 그러나 그 차이는 신자유주의라는 공통의 뿌리하에서 정도의 차이라는 것을 간과해서는 안 된다. 시민단체가 아무리 재벌을 개혁의 주적으로 설정해 집중한다 하더라도 보수주의적인 재벌과 신자유주의적 시민단체(그리고 정부)는 기껏해야 사촌 간의 대항 관계일 뿐이다. 이것은 재벌을 비롯하여 이들과 노동자계급 간의 적대적인 관계와는 질적으로 다른 것이다.

재벌은 노동자계급과는 적대적인 대항 전선을 치고 시민단체-정부-초국적 자본과는 부차적으로 경쟁 전선을 치고 있다. 시민단체-정부-초국적 자본에 대한 재벌의 대항 감정은 이중적이다. 왜냐하면 이들의 시장주의와 개방 정책은 한편에서 재벌의 독점적 지배 체제를 위협하고 불안정하게 하지만, 다른 한편에서 시장 규율의 강화를 통한 노동자 착취의 증대와 민영화 및 대외 개방에 따른 확장의 기회를 제공하기 때문이다. 이 때문에 시민단체-정부-초국적 자본과 재벌 간에는 이해관계의 경쟁은 있어도 적대적이진 않으며, 오히려 지배계급으로서의 공통의 이해가 깔려 있는 것이다. 이에 반해 노동자계급은 시민단체-정부-초국적 자본과 재벌 양자에 대해 적대적인 대항 전선을 칠 수밖에 없다.

이렇게 보면 삼자 간의 세 개의 전선 중 시민단체-정부-초국적 자본과 재벌에 대항하는 노동자계급의 반신자유주의-반보수주의 전선이 진정으로 개혁을 위한 전선임에도 불구하고, 시민단체의 이른바 비판성과 개혁성이라는 외피로 말미암아 이 전선은 확고하게 형성되지 못한 것이 현실이다. 그 결과는 시민단체-정부-초국적 자본의 반재벌 전선에 노동자계급이 일정하게 포섭되고, 그로써 이 전선이 강제하는 신자유주의 구조 조정을 노동자계급이 전면적으로 거부하는 방향으로 투쟁을 발전시킬 수 없었던 것이다. 따라서 노동자계급이 개혁의 전선을 반재벌 신자유주의 전선으로부터 반재벌 반제국주의의 반신자유주의 전선으로 이동시키기 위해서는 신자유주의를 지향하는 시민단체를 타격하고, 계급 운동으로서의 노동운동의 자립성을 확보하지 않으면 안 된다.

신자유주의 개혁 대 반신자유주의 개혁

이런 전선 이동의 주장에 대해 많은 사람은 시민단체가 그래도 정부보다는 개혁적이고, 따라서 시민단체는 노동운동이 타격할 대상이 아니라 개혁의 동반자이며, 지금처럼 노동자계급의 정치적 힘이 열악한 상황에서 시민단체와의 선긋기는 노동운동을 더욱 고립시킬 것이라고 말할지 모른다. 또는 문제는 비현실적인 급진적 변혁 요구가 아니라 현실적인 개혁 정책인데, 시민운동을 타격하자면 결국 노동운동은 개혁의 의의를 부정하는 것이 아니냐 하는 비판도 있을 수 있다. 그러나 신자유주의 시민운동을 타격하고 반신자유주의 전선으로 이동하자는 주장은 개혁을 부정하고 급진적인 공문구나 날리자는 것도 아니고, 시민운동과 협력을 전면적으로 부정하자는 것도 아니다.

노동자계급의 관점에서도 개혁 투쟁은 변혁 운동의 현실적 토대가 아닐 수 없다. 문제는 그 개혁이 어떤 개혁인가, 즉 신자유주의적 개혁이냐 아니면 신자유주의를 넘어가는 민주적인 개혁인가 하는 점에 있다. 구조 조정의 과정에서 시민운동의 개혁 정책과 노동운동의 개혁 정책이 어떻게 다른 것인가는 분명하게 드러난 상황이다. 예컨대 시민운동은 노동운동이 그렇게 반대하면서 투쟁했던 정리 해고라든가 민영화와 해외 매각 등을 수용했고, 노동자들의 파업도 비판함으로써 명확하게 신자유주의 진영으로 넘어갔다. 이런 중요한 개혁 쟁점들에서 시민운동과 노동운동은 화해할 수 없었고, 시민운동에 대한 비판과 타격은 불가피했다. 그럼에도 시민운동을 비판하지 말아야 한다면, 그것이야말로 오히려 노동운동을 죽이는 결과를 가져오지 않겠는가? 이와 달리 사회복지나 사회보장 등에 대해서는 시민단체와 협력의 공간이 존재하지만, 여기서도 반신자유주의 경계선이 필요함은 마찬가지다. 노동운동 또한 사회보장의 확대를 주장하는데, 그러나 시민단체와 달리 사회보장 제도가 신자유주의의 틀 내에 갇혀 버리는 것을 경계하지 않으면 안 된다. 우리가 정부의 이른바 '생산적 복지'를 비판하는 것은 바로 이 때문이다.

_ 2000. 12. 28.

새 천년의 단상

새로운 천년이 이제 두 달 정도 남은 시점이지만, 일상에 쫓겨 사는 많은 사람은 그 의미를 새겨볼 여유도 별로 없다. 밀레니엄(천년)이란 것이 별건가, 인간이 만들어 놓은 시간의 분할에 지나지 않는가, 이렇게 생각할 수도 있다. 그렇다 하더라도 시간의 인위적인 분할은 사고를 위한 시간을 열어 준다. 오늘이 있고 내일이 있기에 우리는 오늘, 내일을 생각하는 시간을 갖게 되지 않는가? 하물며 천년의 시간이 바뀌는 시점이 아닌가? 잠시라도 새 천년의 꿈을 가져보는 것은 이 시대를 사는 사람들만의 하나의 특권인 셈이다. 그러나 새 천년의 토대는 언제나 현실과 현실의 경향이고, 현실은 천년의 꿈을 짓밟고 만다. 경제 위기와 정리 해고, 파업, 목숨을 건 경쟁, 그리고 초라하게 살아남은 자…. 그 반대편에는 위기에서 기회를 보는 주식 투기자, 재벌들의 막대한 탈세와 거대한 부, 정치권 부패, 비생산적 사치 놀음들, 죽어 가는 자연환경을 대가로 챙겨 가는 엄청난 이익과 이윤…. 그만큼 우리의 현실은 밀레니엄을 운운하기에는 너무도 각박하고 잔인하다. 새 천년의 문 앞에서 우리는 희망의 꿈보다는 생존의 위기를 느낀다.

이 위기는 분명 전 지구적인 현상이다. 무엇보다 탈출구가 보이지 않는 현대 불황으로 자본주의의 고성장 시대는 이제 신화에 지나지 않는다. 과거의 구조 위기에 비추어 보더라도 그렇다. 20여 년에 걸친 구조 위기 이후에는 새로운 호황을 준비하는 국면으로 전환되어야 함에도 불구하고 그런 전망은 보이지 않는다. 저성장과 구조적인 실업은 아직도 지속되고 있고, 새로운 성장이 도래한다 하더라도 가속적인 기술 진보와 자동화 기술로 21세기엔 일찍이 경험하지 못한 노동자 실업 사태가 일어날 것이다. 미증유의 기술 발전에도 많은 인구가 실업하에서 연명하는 도착적인 현실이 우리를 기다리는 것이다. 불안정한 상태에서 지속되는 미국의 막바지 호황은 새로운 천년의 위기를 상징하는 새로운 공황으로 전락할 것이다. 공황의 역사에서 알 수 있듯이 예외적으로 오래 지속된 호황은 보다 심각한 공황을 가져온다. 다가오는 미국 공황이 세계경제의 구조 위기와 금융 위기를 새로운 수준에서 격화시킬 것임은 두말할 것도 없다. 이렇게 시장 경쟁의 강화와 자본의 세계화라는 신자유주의 교리는 그 전도사들이 선전하는 것처럼 인류에게 조화와 복지를 가져다주기는커녕 갈등과 위기의 세계화를 가져왔을 뿐이다. 위기 속에서 위기의 전가를 둘러싸고 제국주의 국가들 간의 경쟁이 어디까지 발전할 것인가는 가늠하기 어렵지만, 제3세계의 국민과 대중에게 집단적인 방식으로 전가될 것이라는 점은 현실의 국제정치로부터 어렵지 않게 예측할 수 있다.

　김대중 정부의 자유화와 개방 정책은 한국의 외환 위기를 극복하기 위한 개혁 정책이라기보다는 위와 같은 위기적 경향이 한국에서 본격적으로 관철될 수 있는 길을 열어준 정책이었다. 그것은 시장과 이윤의 자유로운 지배를 보장함으로써 경제 위기를 무기로 대중의 희생하에 대내외 독점자본의 지배력을 증대시키는 정책이었다. 특히 민영화와 개방화 정책을 통해 국가의 기간산업까지 국제 독점자본에 넘겨줌으로써 세계적인 경제 위기 속에서 자립적인 생존의 토내를 최종적으로 무너뜨리는 결과를 가져올 것으로 우려된다. 외국에서는 개혁 대통령으로서 칭송받는 대통령, 국내에서는 형편없는 지지도로 고민하는 대통령, 이런 현상만큼 김대중 정부의 개혁 성격을 적나라하게 말해 주는 것이 또 있을까?

한편에서 전 세계적인 탈규제 정책과 무제한적 경쟁, 제국주의적 수탈 증대와 다른 한편에서 환경과 핵전쟁, 종의 위기, 그리고 그 위기의 파고 한가운데 있는 돛단배 같은 한국호. 이런 위기를 안고 우리는 새로운 천년으로 다가간다. 새로운 천년에 그래도 희망이 있다면, 그것은 진보를 위해 투쟁하는 사람들이다. 위기를 희망으로 바꿀 전망을 우리가 아직 갖고 있지 못하더라도, 우리는 생존을 위한, 퇴행을 막기 위한 마지막 희망이다. 우리마저 손을 들면, 새 천년의 미래는 없다. 그래서 새 천년은 현재의 문제다.

_ 1999. 10. 22.

신자유주의로 우향우한
〈한겨레〉

한국 사회에서 〈한겨레〉에 대한 평가는 대체로 세 갈래로 나뉘어 있다. 하나는 극우 보수파로부터의 비판이다. 이들 계층은 군사정부 아래서는 빨간 안경을 끼고 〈한겨레〉를 급진적인 운동권 신문으로 간주하다가 민간 정부, 특히 DJ정부에서는 불온한 정부를 감싸고도는 정부 여당지라고 비판한다. 진보 진영으로부터는 두 개의 다른 평가가 제출된다. 그 하나는 극우 보수파가 아직도 지배적인 척박한 이데올로기 토양 위에서 이들에 대항하는 진보적인 언론이라는 평가, 다른 하나는 DJ정부하에서 〈한겨레〉는 정부 여당지로서 신자유주의로 우향우했다는 평가다. 많은 사람에게 신자유주의라는 용어는 이제 더 이상 낯선 말이 아니다. IMF 구제금융과 경제 위기를 거치면서 이 용어는 대중에게 정리 해고와 대량 실업, 비정규직 노동, 20대80, 워크아웃과 막대한 공적 자금, 민영화와 해외 매각, 국부 유출 등 우울하고 부정적인 이미지와 결합되어 있다.

진보적인 독자라면, 극우 보수파로부터의 비판은 특별한 것도 없겠지만, 진보 진영 내의 상이한 평가에는 촉각을 세울지 모르겠다. 더군다나 이 글은 그 중에서 후자의 평가 위에서 쓰고 있다고 밝힌다면, 전의를 불태울 독자도 있을 것이다. 하물며 이 글이 〈한겨레〉와 현 정부의 신자유주의적 친화성만이 아니라 시민사회(?)의 새로운 권력으로 부상한 참여연대나 경실련 같은 비판적 시민단체까지 그 연대에 참여했다고 싸잡아서 비판하려 한다면, 분노하는 독자들까지 있을지 모르겠다. 이 글은 그런 분노가 이유 없는 것임을 보이고자 의도했다. 보다 정확하게 말한다면, 그런 분노는 다름 아니라 스스로가 신자유주의에 사로잡혀 있음을 표현하는 것이기도 하다.

필자는 먼저 〈한겨레〉의 독자 중에 이런 평가에 동조하는 부분이 있다는 것을 지적하고 싶다. 나 자신을 포함해서 적지 않은 사람들이 〈한겨레〉의 진보성을 의심하고, 친정부적 신자유주의 보도 기조를 역겨워하면서도 달리 볼 신문이 없어서, 또는 의리 때문에 할 수 없이 보는가 하면, 급기야는 〈한겨레〉의 구독을 아예 끊어 버리는 과격한 사람들도 심심치 않게 확인할 수 있다. 〈한겨레〉 앞에서 피켓 시위라도 해야 하지 않느냐, 〈한겨레〉 주식 환매를 요구해야 한다는 등, 말하자면 〈한겨레〉를 '사건화'해야 한다는 주장까지 나오는 상황이다. 이런 현상이 왜 일어났을까, 분노에 앞서 질문을 하지 않으면 안 된다.

다시 제기되는 쟁점: 신자유주의

건전한 시민들의 생각과는 달리 필자는 비판성이라든가 개혁성·참신성을 트레이드 마크로 하는 시민단체가 신자유주의적 지향을 분명히 하고 정부의 개혁 정책에 연대했다는 것은 한국 진보 운동의 발전이 아니라 커다란 비극 중 하나라고 생각한다. 즉 시민운동이 신자유주의에 정치적·도덕적 정당성을 부여함으로써 한국 사회의 신자유주의 기반은 결정적으로 강화되었기 때문이다. 〈한겨레〉의 신자유주의적 변신보다도 어쩌면 시민운동의 신자유주의적 지향이, 이데올로기 논쟁에서 가져온 부정적인 효과가 더 크지 않나 생각한다. 시민단체의 신자유주의 운동을 전거로 해서 〈한겨레〉는 당당하게 정부에 대한 비판적 지지의 많은 '알리바이'를 내세울 수 있었고, 또 역으로 시민단체는 제도권 내에서 시민권을 인정받은 새로운 권력으로 부상하는데 〈한겨레〉의 지면을 활용할 수 있었다.

그런데 이런 주장에 대해 시민단체 일각에서는 '신자유주의라는 게 도대체 무엇인가, 〈한겨레〉, DJ정부, 시민운동을 단일하게 신자유주의로 규정할 수 있는가'라는 반문을 제기한 바 있다. 이들의 반문에는 〈한겨레〉와 시민운동은 DJ정부의 경제정책을 비판해 왔고, 그런 점에서 신자유주의라고 싸잡아서 비판할 순 없으며, 나아가 DJ정부의 경제정책도 신자유주의가 아니라는 견해가 깔려 있다. 심지어는 '생산적 복지' 등을 들어 DJ정부가 사민주의 정책까지 내포하고 있다는 어이없는 말도 들린다. 말하자면 이들에게는 신자유주의란 시장지상주의를 추구하는 '영미식 카우보이 자본주의'의 정책일 뿐이고, 무제한적 이윤 추구와 시장주의에 일정한 국가 개입을 설정하는 DJ정부의 경제정책은 신자유주의에 포괄될 수 없다는 것이다. 그러나 다시 한 번 생각해 보자. '영미식 카우보이 자본주의'는 일체의 국가 개입을 배제하고 시장지상주의 정책을 실행하는가? 그렇지 않다. 또 그럴 수도 없다. 예컨대 미국의 반독점법을 조금이라도 알고 있다면, 미국의 사회보장 체계를 조금만 들여다본다면, 여기서도 신자유주의는 심지어 레이건-부시 행정부에서도 국가의 일정한 개입하에서, 아니 DJ정부보다 훨씬 더 강력한 개입하에 실행되었음을 알 수 있다. 한국보다도 더 복지국가인 영미식 자본주의의 정책을 신자유주의로 비판하면서, 그것에 훨씬 미치지 못하는 DJ의 경제정책을 사민주의라고 추켜세우는 이 정신분열 증세를 어떻게 해석해야 할까? 결국 이들은 국가 개입을 배제한 가공架空의 '영미식 카우보이 자본주의'를 상정하고, 이것에만 신자유주의 딱지를 붙임으로써 자신들을 향한 비판에선 빠져나가려 한다.

신자유주의란 쉽게 말하면 자본주의 시장의 경쟁 질서를 기본 이념으로 지향하는 사상이다. 여기서도 국가는 개입힌다. 띠 나시 국가 개입을 배제한다는 신자유주의 선전은 이데올로기적 기만이다. 신자유주의에서 국가는 이른바 경쟁 질서를 회복하기 위해 개입한다. 사회보장정책도 이런 이념에 복무하지 않으면 안 되기 때문에 신자유주의하에서 사회보장은 기본적으로 제한적일 수밖에 없다. 단순히 국가 개입을 주장하는 것이 아니라 시장 질서의 기본 원칙을 지양하는 방향에서 국가 개입을 주장할 때만 자신이 신자유주의자가 아니라고 말할 수 있다. 그런데 〈한겨레〉와 DJ정부 그리고 시민단체의 어느 누구도 이런 주장을 하지 않는다. 바로 여기가 〈한겨레〉-DJ정부-시민단체와 진보적인 민중운동 진영이 신자유주의와 반신자유주의로 갈리는 지점이다. 따라서 〈한겨레〉와 시민단체 그리고 DJ정부의 신자유주의 컨센서스는 부정할 수 없다. 다만 이들 간에도 신자유주의의 색채는 다를 수 있고, 아무래도 DJ정부보다는 〈한겨레〉가, 〈한겨레〉보다는 시민단체가 보다 비판적이라고 할 수 있다.

신자유주의, 차선의 대안인가 최선의 봉쇄인가

이렇게 설명해도 〈한겨레〉와 DJ정부 그리고 시민단체의 당사자들은 물론이고 이를 좇는 지지자들은 필자의 말에 승복하려 하지 않는다. 아직 미진한 부분이 있다는 것인데, 이 부분도 해명하도록 하자. 그것은 일종의 '차선의 대안'론과 관련된 문제다. 말하자면 자신들의 이념적 지향을 신자유주의라고 치자, 그리고 신자유주의에 문제가 있다고 하자, 그래서 신자유주의를 넘어가야 하겠지만, 우리의 정치적·이데올로기적 조건에서 자본주의 시장 질서를 넘어가는 변혁이 가능하지 않다면, 신자유주의는 군사정부하에서 구조화된 재벌 경제를 민주화하고 위기를 극복하는 차선의 대안이 아니냐는 것이다. 따라서 민중운동 진영도 현재의 정세에서는 신자유주의 개혁에 동참해야 하고, 이를 거부하고 변혁을 운운하는 것은 시대착오적이거나 무책임한 공문구라는 것이다.

사실 필자는 이런 말들을 많이 들어 왔는데, 다른 사람들은 내가 이미 이에 대해 여러 번 해명한 것을 모르는 것 같다. 필자를 포함해 민중운동 진영은 결코 현실적인 개혁을 개량주의로 폄하하고 급진적인 변혁 요구만 해 오지 않았다. 오히려 위기와 구조 조정의 정세에서 현실의 개혁을 요구했는데, 대체로 다음과 같은 것이었다. 부실 자본의 청산 비용을 재벌과 자산계급에 전가하자, 그래서 공적 자금의 규모를 최소화하자, 재정 확장과 조세 개혁을 통해 사회보장을 확대하자, 정리 해고 대신 노동시간을 단축하자, 생산과 경영에 대한 노동자들의 통제권을 높이자, 부당한 비정규직 노동을 철폐하자, 워크아웃 기업을 사회적 기업으로 유지하자, 공기업의 민영화와 해외 매각을 막고 공기업을 혁신하자, 관료주의와 낙하산 인사를 철폐하자, 초국적 자본의 운동을 통제하자. 이런 요구들이 현실의 개혁 요구가 아니던가? 따라서 문제는 개혁이냐 변혁이냐가 아니다. 신자유주의 진영도, 민중운동 진영도 개혁을 주장하는데, 다만 그 개혁이 어떤 개혁이냐 하는 점에서 다른 것이다. 신자유주의 개혁인가, 신자유주의를 넘어서는 개혁인가, 이것이 쟁점이었다.

　민중운동이 반대하는 것은 개혁이 아니라 신자유주의적 개혁이다. 신자유주의적 개혁은 자본주의 시장의 경쟁 질서를 회복·강화하는 것으로서 시장 원리와 이윤 원리에 충실한 개혁이기 때문이다. 따라서 정리 해고와 노동자 파업이라든가 민영화와 해외 매각 같은 핵심적인 쟁점들에서 신자유주의 진영과 민중운동 진영은 결코 같이 갈 수 없었다. 또 소액주주라든가 사외 이사, 경영의 투명성 제고와 같은 개혁들을 신자유주의자들이 이 정부의 중요한 성과라고 추켜세울 때에도, 민중운동 진영은 이런 개혁이 결국은 자본가들을 위한 개혁이라고 비판했던 것이다. 그러면 우리는 재벌 총수의 독재적인 소유·경영 지배에 대한 개혁을 제출하지 않았는가? 그렇지 않다. 우리는 소액주주나 사외 이사 같은 자본가적 제도를 통해 경영 통제나 경영의 투명성을 요구하지 않고, 노동자 이사나 대주주의 처분권 제한 같은 보다 사회적인 형태로 경영 통제나 경영의 투명성을 제고하고자 했다. 말하자면 신자유주의자들은 개혁이란 차선을 빙자해 자본주의 질서를 변호하고 이를 넘어서는 변혁의 길을 봉쇄하고자 한 반면, 민중운동은 개혁이라 하더라도 그것이 자본주의의 핵심을 침해하는 개혁, 그래서 결국에는 신자유주의와 자본주의를 넘어가는 징검다리가 될 수 있는 개혁을 주장했던 것이다.

〈한겨레〉의 여론 왜곡

〈한겨레〉는 개혁을 둘러싼 정치·경제적 논쟁에서 대중의 민주 개혁에 대한 요구를 억압하고, 이를 신자유주의의 틀 내에 가두어 두기 위해 여론 왜곡을 마다하지 않았다. 이것은 〈한겨레〉의 신자유주의적 입장에서 비롯된 것이지만, 여론 왜곡이란 그것과는 또 다른 문제이다. 사실 현 정부하에서 〈한겨레〉가 왜곡한 그 많은 사례들을 기록으로 남겨둔 바가 없다. 혹시라도 이런 글을 쓰려고 했다면 사정이 달랐을 텐데, 그러나 지금의 내 기억만으로도 충분히 잔인한 경험들이다. 지금까지의 내 말에도 불구하고 〈한겨레〉와 시민운동을 변호하려는 독자들이 있다면, 그 경험을 함께 나누어 보자.

〈한겨레〉는 시민운동에 대해선 과도하게 보도하고 민중운동 관련 보도엔 인색했다. 2000년 4월 총선 국면에서 총선시민연대의 낙천·낙선 운동의 보도는 그 극에 달한 사례이다. 〈한겨레〉만이 그런 것도 아니었지만, 시민들의 조직적 대표도 아닌 시민단체가 벌인 이 운동은 총선 기간 내내 시시콜콜한 내용까지 대문짝만하게 보도되었다. 신자유주의의 파괴적 효과 위에서 선거를 치러야 하는 정부와 집권당의 관점에서 보면, 신자유주의 쟁점을 희석시키고 몇 십 명의 부패·비리·반인권 정치가들에 대한 심판으로 선거 쟁점을 전환시킨 이 운동, 집권당보다는 보수당에 더 커다란 타격을 줄 이 운동만큼 좋은 사건은 없었을 것이다. 사전에 기획을 했든 아니든, 결과적으로 이 운동은 〈한겨레〉-DJ 정부-시민운동의 연대 틀에서 작동된 것으로 평가할 수밖에 없다. 퇴출 대상 정치가들을 몰아낸 이 운동의 성과가 무엇이었는가는 새로 구성된 국회의 파행 운영이 그 부정적 성과를 웅변하고 있다. 바뀐 것은 없다!

그런데 수만 명의 노동자와 농민들의 집회와 시위 그리고 그들의 요구는 〈한겨레〉 지면에서 묵살되곤 했다. 예컨대 2000년 4월 1일과 6월 10일에 열린 두 번의 민중 대회를 〈한겨레〉는 모두 보도하지 않았다. 보수적인 지상파 방송 3사와 신문들까지 보도했는데도 말이다. 민중 대회의 규모와 의미를 생각할 때

여론 왜곡의 진수를 보여주는 일종의 사건이 아닐 수 없다. 수십만 명의 조직 노동자들과 농민을 대표하는 대규모 집회를 〈한겨레〉가 보도하지 않을 수도 있다는 그 배짱을 나도 그때까지는 상상하지 못했다. 그런 상황인데 개별 노조나 노조 연맹의 집회는 말해서 무엇하겠는가?

2000년 10월 8일 민주노총과 한국노총 소속 공공 부문 노동자들의 대규모 연대 집회도 〈한겨레〉는 보도하지 않았는데, 이번에는 노동조합도 그냥 넘어가지 않았다. 민주노총 공공연맹의 집행부가 〈한겨레〉 편집국에 가서 정식으로 항의했는데, 그 자리에서 나온 말이 보다 충격적이다. 〈한겨레〉는 처음에 담당 기자가 지방 출장으로 취재를 못했다고 궁색하게 답했는데 이어 편집국장은 너무도 당당하게 공공 부문을 구조 조정해야 한다는 것이 〈한겨레〉의 입장이기 때문에 노조의 주장을 담을 수 없다고 했다는 것이다.

〈한겨레〉는 〈조선일보〉를 비판할 자격이 있는가

〈한겨레〉의 입장이 다른 것은 좋다. 그런데 입장이 달라 사실 보도도 하지 않았다는 말 속에서 〈조선일보〉가 떠올랐다. 박정희의 10월 유신과 전두환의 5.17 쿠데타가 필요했다는 것이 극우적인 〈조선일보〉의 입장이었으므로 이 신문사는 이에 반대하는 대중의 저항을 보도하지 않았다. 그렇게 〈조선일보〉는 여론을 왜곡했다. 도대체 〈한겨레〉가 〈조선일보〉를 왜 비판하는가, 그 비판의 정당성마저 부정하는 것이 아닌가.

수십 개의 노동·사회단체들이 모여 DJ정부 정책 평가 토론회를 해도 이를 묵살하고, 경실련이라는 1개 시민 단체가 개최한 평가 토론회는 보도하는가 하면(2000. 2. 22.), 구조 조정에 관한 전문가 대상 여론조사라고 하면서 민주노총 실무자 1명을 제외한 나머지 26명을 모두 자본가의 대표자 또는 대변자들로 구성해 전문가들이 정부의 강력한 구조 조정을 주장한다고 여론을 기만하는 신문(2000. 11. 27), 그것이 〈한겨레〉다. 물론 〈한겨레〉는 아직 민주노총이나 민주노동당 같은 제도화된 대중 조직과 정당에 관한 보도도 억압할 정도로 신자유주의의 공공연한 전위대로 나서지는 않았다. 그것이 독자들로 하여금 〈한겨레〉의 신자유주의적 변신을 인식하지 못하게 하는 착각 요소일지 모른다. 그러나 〈한겨레〉의 보도와 논조를 보면, 여론 왜곡은 아주 정교하고 단호하다는 느낌을 지울 수 없다. 즉 한겨레는 민주노총과 시민단체 간의 연대 활동에 대해서는 여론을 주목시키는 반면, 민주노총과 민중적인 사회단체 간의 연대 활동은 묵살함으로써, 한편에서 반신자유주의 민중운동을 고사시키고, 다른 한편에서 민주노총을 중심으로 하는 대중운동이 신자유주의의 틀 안으로 견인되도록 유도한다. 이렇게 되면 민주노총은 시민단체와의 연대 활동에 집착하게 될 것이기 때문이다.

　지역주의와 관련해서도 그러하다. 지난 총선에서 민주당, 한나라당의 영호남 득표율을 보면 호남지역주의가 더욱 강고함에도 불구하고, 〈한겨레〉는 주로 영남지역주의의 비판에 열중하고 있다. 말하자면 지역주의를 비판하면서도 〈한겨레〉 스스로가 그 포로가 된 것인데, 아직도 호남지역주의를 소외된 국민 계층의 저항적 지역주의로 변호하는 것은 시대착오적이다. 오히려 호남 정권의 출범에도 변함없는 소외 계층인 호남 대중이 대중의 삶을 극단적으로 위협하는 신자유주의 정책을 추진한 현 집권당에 몰표를 주었다는 점을 새로운 문제로 인식할 필요가 있다. 즉 호남지역주의는 이제 신자유주의의 지지 기반이 되어 버렸다는 점이다. 반면 영남지역주의는 보다 보수적인, 그러나 마찬가지로 신자유주의의 기반 위에 있는 한나라당의 토양으로 남아 있다. 우리가 지향해야 할 정치는 신자유주의와 보수주의에 사로잡힌 지역주의를 넘어가는 진보정치이지, 〈한겨레〉처럼 호남지역주의로 영남지역주의를 공격, 비판하는 것이 아니다. 그것으로는 결코 지역주의를 극복할 수 없다.

그래도 남아 있는 〈한겨레〉의 진보성?

〈한겨레〉의 신자유주의적 지향성과 신자유주의 개혁의 보수성, 이것은 이제 부정하지 말자. 그럼에도 〈한겨레〉의 진보성을 남김없이 부정하려니 어쩐지 주춤해진다. 아직도 남아 있는 무엇이 있을까? 한국의 이데올로기 지형에서 보면 한겨레—DJ정부—시민운동의 신자유주의 연대는 한편에서 극우 보수파에 대항하고, 다른 한편에서 진보적인 민중운동에 대항하는 중간적인 위치에 존재한다. 그러나 정치·경제적 이데올로기에 따라 그 대항 관계를 보면 보다 단순하다. 정치 이데올로기 지형에서 보면, 신자유주의와 극우 보수파의 대항 관계는 날카롭지만, 신자유주의와 민중운동의 관계는 그만큼 긴장 관계가 없고, 일정하게 협력의 공간이 존재한다. 그것은 두말할 것도 없이 국가보안법 등 군부 통치와 분단 체제의 정치적 유산 청산에 대해 신자유주의 진영과 민중운동 진영이 함께 인식하는 부분이 크기 때문이다. 물론 신자유주의 신영의 정치적 민주화 요구나 남북 관계 개선도 신자유주의의 틀을 넘어가는 것은 아니지만, 긴장 완화와 인권·자유·민주주의의 확장은 민중운동의 정치적 토양을 개선하는 데 분명 기여할 것이다.

이와 달리 경제정책 지형에서는 신자유주의와 극우 보수파의 대항 관계는 크게 희미해져서 양자 간 신자유주의적 동질성이 보다 강한 반면, 신자유주의와 민중운동 진영의 대항 관계는 앞에서 말한 바처럼 첨예하게 설정되어 있다. 즉 여기서는 극우 보수파를 포함하는 신자유주의 연대와 민중 연대 간에 날카로운 전선이 쳐져 있다. 말하자면 정치 개혁 및 남북 문제와 경제 개혁에 대해 신자유주의 진영과 민중운동 진영 간에 상호 배반되는 대항 관계가 형성되어 있다. 이런 모순적이고 불균등한 관계가 〈한겨레〉 평가 논쟁의 한 요인일 것이다. 정치 악법 개폐나 긴장 완화 문제에 대한 〈한겨레〉나 시민운동의 기여까지 신자유주의라는 이름으로 매도할 생각은 없다.

한 가지 첨언한다면, 이상의 비판에도 불구하고 〈한겨레〉 자체가 단일한 신자유주의 입장이 아니라는 점이다. 〈한겨레〉 내에는 서로 충돌되는 다른 목소리들이 있는데, 분명하게 신자유주의를 반대하는 목소리도 그 중 하나이다. 아직도 내가 〈한겨레〉를 본다면 이런 목소리가 있기 때문이다. 그것은 〈한겨레〉

의 기자들인 경우도 있고, 외부의 기고자일 때도 있다. 한국의 이데올로기 지형에서 보면 전통적인 좌파라고 하는 내 글을 받아 주는 곳도 〈한겨레〉 정도 뿐이니, 〈한겨레〉 비판은 나 자신도 민망한 부분이 없지 않다. 따라서 〈한겨레〉 내에서 신자유주의와 싸우는 기자들에 대해서는 이 모든 나의 비판이 해당되지 않는다. 내가 비판한 것은 〈한겨레〉의 편집 방침, 보도 기조와 관련된 것이기 때문이다.

_ 2001. 1.

민주노총의 궤변

민주노총은 3월 12일 국회의 탄핵소추안 의결에 대해 탄핵은 무효라며 노무현 지지 입장을 담은 성명을 냈다가, 이를 철회하고 보수 부패 정치 청산이라는 새 성명으로 입장을 바꾸었다. 새 성명에는 보수 부패 정치 청산에 더해 노무현 정권의 심판도 내걸었는데, 이런 수사 하나 첨부한 것으로 민주노총의 입장이 바뀌었다고는 아무도 생각하지 않는다. 오히려 탄핵 무효화와 보수 부패 척결을 요구하는 '범국민행동'에 버젓이 들어가 활동하면서 탄핵 무효 주장을 삭제한 것은 얄팍한 눈가림에 지나지 않는다. 탄핵 무효화를 요구하면서 탄핵에 찬성한 수구 부패 정당을 총선에서 심판하자는 '범국민행동'의 선전은 곧 열린우리당에 표를 결집해서 탄핵 당한 노무현을 정치적으로 재신임하자는 것을 의미한다. 이것은 평범한 시민도 쉽게 이해할 수 있는 것이고, 시민 단체들이 노리는 점도 이것이다. 그런데 막상 조직노동자를 대표한다는 민주노총은 이 단순한 관계도 이해하지 못하고, 자신의 결정이 정치적으로 무엇을 의미하는지 모른다. 민주노총은 노사모나 시민단체들과 달리 보수 부패 정치 청산뿐 아니라 노무현 정권 심판도 요구하고 총선에서 진보 정치를 실현하겠다고 주장하지만, 탄핵 무효화를 요구하는 범국민행동 전선에서 노무현 심판의 목소리는 결코 나올 수 없다. 탄핵을 무효화해서 노무현의 대통령 권한을 회복시키자고 하면서, 어떻게 노무현을 심판하자고 하는 것인가? 이는 민주노총의 궤변이고 자가당착이며, 자유주의 정치에 대한 민주노총 내 협조주의적 경향의 발로일 뿐이다.

탄핵과 총선 정국에서 진보 진영에 핵심적인 문제는 보수 부패 정치 청산이 아니라 신자유주의 청산이다. 왜냐하면 지금 한국 사회의 파국적 변화를 주도하는 것은 보수주의 정당과 그 이데올로기가 아니라 이전의 김대중−민주당과 지금의 노무현−열린우리당의 신자유주의 노선이며, 또 한나라당과 보수주의도 정치적으로 노무현−열린우리당과 사활 경쟁을 하고 있지만, 신자유주의라는 공통의 기반을 수용하고 있기 때문이다. 따라서 총선 국면의 핵심 요구는 탄핵 무효화와 보수 부패 정치 척결이 아니라 노무현 탄핵과 열린우리당 심판이어야 한다. 이렇게 '탄핵 무효화인가 노무현 탄핵인가'는 노사모−열린우리당−시민단체 대 한나라당−보수파 간의 중심적인 쟁점일 뿐 아니라, 그와 다른 차원에서 민주노총−진보 진영 대 자유주의−보수주의 진영 간의 중심 쟁점을 형성한다.

보수 부패 정치 척결은 그에 비하면 부차적인 요구이다. 이 때문에 진보 진영에서 노무현 탄핵 주장이 혹시라도 한나라당−보수파의 주장과 맞아떨어지고 결국 한나라당을 이롭게 하는 결과를 가져오지 않을까 하는 우려가 제기될 수 있는데, 이는 논쟁의 차원을 이해하지 못하는 소치이다. 진보 진영의 노무현 탄핵 주장은 보수파의 주장과 상이한 효과를 창출하며, 일차적으로 자유주의와 부차적으로 보수주의 양자를 모두 조준하는 것이다. 이렇게 해서만 민주노총은 진보 정치의 지지자들과 동요하는 자유주의 지지자들을 진보 진영으로 끌어들일 수 있고, 또 동시에 한나라당과 열린우리당 모두를 심판할 수 있다. 설령 동요하는 자유주의 지지자들의 일부가 한나라당 지지로 돌아간다 하더라도, 그것을 우려해서 한나라당과 보수 정치를 표적으로 삼는다면, 민주노총은 열린우리당을 위해 총선에 개입하는 결과를 낳을 것이다.

시민단체들과 자유주의 세력은 대통령 탄핵이라는 국면을 빌미로 보수주의 지배로의 회귀냐 자유주의 정부의 유지냐 하는 위기의식을 조장하고 후자의 선택을 강조할 수 있다. 그러나 민주노총은 이런 선택을 강조할 수 없고 또 그래서도 안 된다. 왜냐하면 민주노총은 김대중-노무현으로 이어지는 신자유주의 정권에 대항해서 반신자유주의 투쟁을 전개해 왔고, 반신자유주의 대안과 독자적인 진보 정치를 모색해 왔기 때문이다. 대통령 탄핵 국면을 이유로 이제와 보수주의에 대항해 자유주의를 지지한다고 하면, 외환 위기 때와 같은 엄중한 국면에서 반김대중-반신자유주의 투쟁의 역사는 무엇이고, 지나간 두 번의 대선 때와 같이 대권이 걸려 있는 중대한 국면에서 보수주의와 이회창을 심판하기 위해 김대중-노무현을 밀지 않고 권영길을 내세운 이유는 무엇인지 설명이 되지 않는다. 말하자면 이런 선택은 민주노총의 역사와도 모순된다.

이번 총선에서 진보 진영의 선택은 단순하다. 즉 탄핵 무효화를 요구하고 한나라당 심판과 노무현 재신임을 선전할 것인가, 아니면 대통령 탄핵을 요구하고 열린우리당 심판과 노무현 불신임을 선전할 것인가. 전자에서 진보 정치는 자유주의 정치에 묻혀 총선 국면에서 소진될 것이고, 후자에서는 자립적인 운동 공간을 확보하고 활성화를 모색할 수 있다. 그러나 탄핵 무효화를 요구하면서 한나라당 심판과 노무현-열린우리당 심판을 주장하는 민주노총의 개입 방안은 현실에서 존재할 수 없는 대중 기만이고, 이는 결국 전자로 귀결되는 안이다. 요컨대 핵심은 탄핵 무효화가 아니라 탄핵 심판이다. 민주노총과 민중연대가 진정으로 노무현 정권을 심판하고자 한다면, 탄핵 무효화를 주장하는 범국민행동에서 즉각 나와 노무현 탄핵을 요구해야 한다.

_ 2004. 3. 16.

대중의 정서와 좌파의 정치

— 남구현·이해영·최형익 3인의 비판에 대하여

범국민행동과 광화문의 대규모 탄핵 반대 집회, 대중으로부터 고립된 좌파, 들어주는 사람 없는 민중 탄핵 목소리에 좌파 단체들은 얼마나 갑갑할까. 이 현실을 어떻게 설명해야 할까? 또는 어디서 잘못되었을까? 이를 어떻게 돌파할까? 이런 질문들이 머리를 짓누른다. 명확한 관계부터 검토해 보도록 하자.

우선 좌파의 정세 평가와 전술을 되돌아볼 수 있다. 자유주의자들이 설정한 '민주 대 반민주' 구도 또는 '수구 대 개혁'의 구도는 노무현의 재신임을 위한 구도라는 것, 이는 '신자유주의 대 반신자유주의'의 민중 전선을 교란시키고 민중운동을 신자유주의로 포섭하여 그 세력을 강화시킨다는 것, 따라서 민중운동은 자유주의 개혁 전선을 비판하고 반신자유주의 전선을 복원·강화해야 한다는 것, 여기에 잘못된 주장은 없다.

오류는 오히려 이를 비판하는 논자들에게 있다. 남구현·이해영·최형익 세 사람의 이름으로 민중 탄핵론 비판이 제출되었는데, 그 주장인즉 국회의 한나라당과 민주당에 의한 대통령 탄핵 소추 결정은 의회 쿠데타이고 테르미도르의 반동에 비교된다는 것이다. 나는 이들이 어떻게 정치학 전공자, 그것도 마르크스주의 정치학 전공자인지 의심스럽다. 형식적으로도 그렇고 내용적으로도 그렇고 한나라-민주당 대 열린우리당의 탄핵 대결이 어떻게 헌법 질서를 위협하는 문제인가? 또 어떻게 이 문제가 자유주의 질서로부터 파시즘과 극우 반동으로의 회귀 여하가 걸려 있는 문제인가? 이 세 당은 노무현 정권 이전에도 동일한 헌법하에서 한국 정치를 지배했고, 지배적인 정당은 김영삼의 한나라당(당시 신한국당), 김대중의 민주당이었으며, 지금은 그 뿌리를 같이 하는 노무현의 열린우리당이다. 김영삼의 한나라당 대 김대중의 민주당 간의 대결, 그리고 이회창의 한나라당 대 노무현의 민주당 간의 대결이 극우 반동과 민주주의의 대결이었나?

위의 세 사람은 이런 정세 평가에 근거해 어이없게도 반파시즘 전술 제안까지 하고 있다. 즉 파시즘에 대항하는 통일전선, 인민전선의 의의를 환기시키고, 좌파들이 극우 반동 대 민주주의라는 투쟁에서 노무현−열린우리당과 연대해야 한다는 것이다. 또 현재의 민주주의 운동에서 좌파가 고립된 것은 극우 보수파에 대한 전선에서 중간계급과 자유주의 정파를 함께 무차별하게 공격하거나 심지어 주적을 자유주의 정파로 설정했기 때문이라고 좌파의 전술을 비판한다. 좌파가 이른바 사회파시즘론에 빠져 있다는 것이다. 정치학 전공자들의 이런 정세인식과 전술 제안은 채만수 선생의 표현을 빌리면 "아는 게 병"인 셈이고, 나대로 말한다면 "모르는 게 약"이다.

이들의 논리를 따른다면, 1997년 이회창 대 김대중의 대선 경쟁은 극우 반동의 유지인가 아니면 자유주의로의 진보인가를, 2002년 이회창 대 노무현의 대선 경쟁은 자유주의의 유지인가 아니면 극우 반동으로의 회귀인가를 결정하는 중대한 투쟁인 셈인데, 주지하다시피 한국의 좌파들은 이 두 번의 대선에서 모두 독자적인 좌파 후보를 내세웠으니 중대한 전술적 오류를 범한 셈이다. 1997년 대선에서 나를 포함한 좌파 지식인들은 '국민승리 21'의 권영길 후보를 비판적으로 지지했는데, 세 사람 중 한 사람(남구현 교수)은 당시 권영길 후보의 우파적 성향을 비판하면서 보다 좌파적 입장을 제출하지 않으면 지지할 수 없다고 했다. 자유주의 정치와도 연대해야 한다고 선동하는 사람이 진보 진영의 후보가 우파 성향이라서 지지하기 어렵다고 주장한 건 어떻게 이해해야 하나?

이들의 주장을 따른다면, 극우 반동이냐 자유주의냐 하는 중대한 싸움에서 사회파시즘론에 빠져 있던 사람은 바로 이들 자신이었던 셈이다. 그리고 여전히 극우 반동의 문제가 지배한 2002년 대선에서 이들은 누구를 지지했나? 극우 반동으로의 회귀를 막기 위해 노무현을 지지했나? 아니면 사회파시즘론에 입각해 사회당 후보를 지지했나? 나는 이들이 다른 좌파들을 문제 삼을 게 아니라 자기비판을 해야 한다고 생각한다. 그런데 그 자기비판도 정세 평가의 오류 때문에 제대로 될 수 없다.

이들을 따라 극우 반동 대 자유주의라는 전선 설정을 수용한다면, 지난 세 번의 대선에서 좌파는 모두 자유주의 정파에 대한 비판적 지지를 선언했어야만 했다. 결국 이들은 지금 2004년에도 비판적 지지론을 들고 나왔다. 왜 비판적 지지인가? 이들은 말한다. 노무현의 집권하에서 부르주아 민주주의의 획기적인 진전이 이루어져 왔던 바, 이에 대해 수구 반동들의 위기감이 고조하고 저항이 매우 날카로워져서 극우 반동 대 자유주의의 대립이 지배하는 정세가 되었고, 이런 위기 정세가 국회에서 한나라―민주당의 대통령 탄핵을 가져왔기 때문이라고. 이런 정세 평가가 역사 현실과 어긋난다는 것은 두 말할 것도 없다. 극우 반동 대 자유주의의 대립은 현재가 아니라 오히려 2002년, 1997년으로 거슬러갈수록 더욱더 날카로웠기 때문이다.

그런데 노무현 이전과 이후 전선의 성격을 근본적으로 변화시켰다는 그 민주주의의 내용은 무엇인가? 이들에 따르면 그것은 한국 정치를 지배했던 사당 정치, 보스 정치, 지역주의 청산 등 정치 개혁과 언론 개혁에 있다. 그런데 이런 개혁이 파시즘―극우 반동과 의회민주주의를 차별하게 하는 기준이란 말인가? 파시즘과 극우 반동의 본질이 의회민주주의의 후진국적 형태나 그 왜곡의 문제가 아니라 형식적이든 실제적이든 의회민주주의 자체의 부정에 있는 것이라면, 의회민주주의를 복원하는 게 아니라 이를 선진화시키려는 성격의 자유주의 개혁은 당연히 극우 반동―파시즘과 대항하는 개혁이 아니다.

자유주의 전통의 민주당은 말할 것도 없고, 제5공화국의 극우적 뿌리와 노태우 정권의 유산을 가진 한나라당조차 그동안의 이합집산으로 그 극우 성격을 어느 정도 탈각하고 보수적 정당으로 변신을 꾀하는 상황이다. 그렇다면 대통령의 탄핵 문제는 자유주의 대 극우 반동의 대결이거나 현행 헌법 질서의 전복 문제가 아니고, 다만 자유주의자들과 보수주의자들 간의 정파적 다툼일 뿐이다. 대통령이 탄핵되면, 현 헌법 질서하에서 대통령을 다시 뽑으면 되는 것이고, 새 대통령이 자유주의자이든 보수주의자이든 기존의 헌법 질서하에서는 부차적인 의미만을 가질 뿐이다.

마르크스주의자 3인의 주장은 사실 자유주의자들의 주장과 동일하다. 유시민은 탄핵 국면 이전부터 공화국의 위기를 운운했고, 열린우리당은 탄핵을 의회 쿠데타로 규정했다. 그런데 자유주의자들은 보수주의자들과의 권력 투쟁을 이렇게 헌법 질서의 위기로 과대 포장하고 선전해서 대중을 자유주의 지지로 끌어들이려 했고, 또 열린우리당에 대한 압도적인 지지도에서 보는 바처럼 생각했던 것 이상으로 이에 성공했다.

자유주의자들은 자신들의 선동과는 달리 본심으로는 현재의 탄핵 국면을 결코 헌정 질서의 전복 위기라고 생각하지 않을 것이다. 또 광화문에 몰려간 그 대중도 지금의 정세가 파시즘으로 회귀하는 공화국의 위기라고 생각하지 않을 것이다. 광화문에서도, 우리 사회의 어떤 영역에서도 그러한 위기의식과 정치·사회·계급적 긴장과 충돌은 찾아볼 수 없다. 이런 평화 현상이야말로 현 정세가 공화국의 위기가 아니라는 것을 보여주지 않는가? 그런데 마르크스주의자로 자처하는 인물들이 헌법 질서의 위기라고 떠들어 대면서 대중에게 자유주의자들을 지키라고 선동하는 것이다.

탄핵 정국의 추이를 지켜본 사람이라면, 또 이번 총선에서 열린우리당의 압도적인 승리 전망을 직시하는 사람이라면, 탄핵 문제에서 자유주의자에 대한 공격이 주요한 측면이고 보수주의자들에 대한 비판은 부차적이라는 것, 자유주의에 대한 비판적 지지가 아니라 자유주의에 대항해 자립적인 진보 정치를 활성화하는 것이 좌파의 올바른 대응 방향이었음을 이해할 것이다. (신)자유주의와 열린우리당을 이런 관점에서 공격하고 민중의 힘으로 노무현을 탄핵하자는 좌파 진영의 입장을 양비론이니 한나라당과 합작하는 거나 마찬가지라고 비판하는 논자들에 대해서는 가소로울 뿐이다. 이는 우리 사회를 기껏해야 조중동–한나라 대 한겨레–열린우리당의 대결이라는 편협한 세계관으로 바라보는 '안티 조선'의 부르주아 시각일 뿐이다. 따라서 위 3인의 의견은 단순하게 좌파의 논쟁을 활성화하고 논쟁의 흥행을 가져온다고 좋게 생각할 수 없다. 중요한 것은 논쟁의 흥행이 아니라 논쟁의 해결이기 때문이다.

그러면 이제 처음의 질문들로 다시 돌아갈 수 있다. 정세 평가와 전술에서 근본적으로 오류가 없었다면, 왜 좌파는 대중으로부터 고립되고 궁색해졌는가? 강내희 교수는 최근의 글에서 이런 고민을 좌파의 무능력, 실력 부족이라 했다. 이런 평가는 틀리지 않았다. 그런데 한국 좌파의 이 무능력과 실력 부족은 무엇에서 비롯된 것일까? 왜 좌파가 대중과 함께 가지 못하고, 대중으로부터 오히려 소외되었을까? 위 3인의 비판처럼 좌파가 이념적이고 계급적인 요구만을 제출하고, 민주주의 투쟁을 거부했기 때문인가? 좌파가 이념적·정치적 순결성을 위해 대중과 선을 긋고 스스로를 폐쇄했던 것인가? 대중과 대중운동 그리고 좌파의 관계는 어떻게 설정되어야 하는가? 탄핵과 총선이라는 특정한 국면에서 전개된 대중의 운동과 좌파의 개입이라는 문제를 검토해 보자.

탄핵 정국에서 좌파가 대중으로부터 고립된 결정적 계기는 간단하다. 민주노총 같은 민중연대 소속의 대중 조직들이 '범국민행동'에 들어감으로써 좌파는 간단히 고립되었다. 좌파의 대중 정치가 대중 조직을 매개로 행해질 수밖에 없는 한, 대중 조직과 떨어지게 된 순간부터 좌파의 활동 공간은 크게 제약될 수밖에 없었다. 대중과 직접 접촉하는 공간이 없는 것은 아니지만, 이것은 대세를 결정짓는 요소가 아니다. 물론 좌파 고립의 원인을 대중 조직들에 돌리면서 좌파를 변호하려는 것은 이 글의 취지가 아니다. 또 좌파 정치의 핵심이 대중 조직의 장악에 있고, 따라서 민주노총의 각급 노조 수준에서 좌파 성향의 위원장을 내는 것이 문제의 해결이라고 말하는 것도 아니다.

문제는 좌파와 대중 조직 간의 이 괴리가 민주노총이라는 대중 조직 내에서도 재현된다는 점이다. 조합원 대중의 직접적 이해관계와 요구 수준은 노동조합 존립의 근거이지만, 노동조합이 보다 높은 수준에서 산별이나 총연맹의 형태로 조직될수록, 개별 기업이나 개별 산업의 직접적 이해관계는 산별이나 총연맹의 높은 요구 수준과 충돌할 수밖에 없다. 노조 지도부가 어떤 요구를 가지고 어떻게 투쟁하는가의 문제에서 지도부는 조합원 대중과 긴장 관계에 놓이게 되고, 어떤 지도부를 구성하느냐를 둘러싸고 노동조합 정치가 전개된다. 조합원들이 지도부를 불신하는 순간, 지도부는 무력화되고 좌파든 우파든 노조 활동가들은 대중으로부터 고립된다.

좌파와 대중 조직 그리고 대중 간의 관계에서 궁극적인 힘은 대중으로부터 나온다. 그러나 대중의 힘은 그 자체로 독립변수가 아니다. 대중의 힘, 즉 대중의 정서, 의식 그리고 행동을 결정하는 요인들은 자본주의 질서의 구조에 의해 규정되는 여러 수준의 복잡한 관계들로부터 나온다. 또한 대중 조직을 장악하려는 좌파의 정치, 대중 조직 내에서의 조합 정치도 역으로 대중의 힘을 결정하는 이 중요한 요인들 중 하나이다. 따라서 대중의 힘, 운동이 무엇을 지향하는가는 선험적으로 결정되어 있지 않다. 또 그것은 자연발생적으로 혁명을 지향해 가는 것도 아니다.

대중이 자발성을 통해 자연발생적으로 혁명을 지향해 나아간다면, 좌파의 정치는 대중의 정서와 실천을 따라가기만 하면 된다. 좌파의 정치는 단순하고 쉬운 것이며, 사실상 특별하게 필요하지도 않다. 그러나 자본주의 착취 질서는 착취의 직접적 효과로써 대중으로 하여금 이 착취와 억압에 저항하고 이 질서를 전복하도록 혁명적 정서를 고양시킬 뿐 아니라, 동시에 이 질서에 기반한 각종 지배 이데올로기를 통해 대중으로 하여금 자본주의를 승인하고 그것에 적응하도록 하는 효과를 창출한다. 그 때문에 대중의 요구와 자발성, 그리고 자연발생성은 언제나 지배 이데올로기에 의해 왜곡되며, 여기에 좌파와 그 이데올로기의 의식적이고 실천적인 개입이 필연적으로 요구되는 것이다. 대중의 정서, 의식, 행동의 구체적·역사적 양태는 언제나 자본주의의 이 두 개의 효과와 좌파 정치 개입의 잠정적 결과로 나타난다.

대중 운동과 좌파 정치의 결합은 따라서 쉬운 일이 아니고 모순적이기까지 하다. 좌파 정치는 자본주의의 변혁 또는 그 변혁으로 이어질 근본적인 구조 개혁을 지향하는 반면, 대중의 운동은 직접적 실천에서 비롯되는 낮은 수준의 요구들로 시작한다. 그 요구들은 대중운동의 발전에 따라 높아지는데, 운동과 요구 수준은 자연발생적으로 발전하는 게 아니라 좌파 정치와 결합 속에서 발전하게 된다. 여기서 모순은 이런 것이다. 좌파의 정치는 대중의 운동과 결합하지 않으면 힘을 가질 수 없으므로 대중과 함께 나아가지 않으면 안 된다. 그런데 대중의 운동은 직접적인 이해관계와 낮은 요구 수준에 입각해 있고, 또 많은 경우 그 이해관계와 요구 수준 또한 지배 이데올로기에 의해 왜곡되어 있다. 대중과 함께 낮은 수준의 요구 투쟁 속에서 어떻게 좌파는 대중으로 하여금 자신들의 계급적 이해관계를 올바로 인식하게 하고 보다 높은 수준의 요구로 나아가게 할 수 있을까? 그것도 대중 자체가 정치의 대상이 아닌 주체로 성장하도록 하면서 말이다.

탄핵 국면에서 좌파에게 요구되는 것은 말하자면 바로 이런 성격의 정치이다. 탄핵 국면이 조성한 민주 대 반민주의 구도가 대중의 진정한 이해관계를 왜곡하고 반민중적인 신자유주의 지배를 강화하는 결과를 가져올 것이라면, 좌파는 이를 대중적으로 폭로·선전하고 반신자유주의 전선을 강화하는 방향으로 이 국면에 개입해야 한다. 보수주의와 자유주의 간의 탄핵 대결에서 낡은 보수주의를 심판하는 문제가 의미 없는 것은 아니지만, 이미 신자유주의와의 대항 전선이 주요하게 설정된 정세에서 좌파가 이 전선을 포기할 만큼 의미 있는 것은 아니다. 대중과 함께 대중 속에서 탄핵 국면의 본질을 폭로하고, 자유주의자들에 대해 자립적인 대항 축을 강화하여 총선 국면으로 나아가기 위해서는 대중 조직들과 결합하는 것이 절대적으로 필요했는데, 그 대중 조직들이 떨어져 나갔던 것이다. 나는 아직도 대중 조직들이 떨어져 나가지 않았다면, '범국민행동'에 대항해서 좌파가 활동할 수 있는 자율적 공간이 적지 않았을 것이고, 탄핵 문제에 대한 대중의 태도도 지금처럼 일방적으로 자유주의자들에 대한 지지로 나타나지는 않았을 것이라고 생각한다.

탄핵 정국에서 민중연대의 대중 조직들이 '범국민행동'에 참여한 것을 그렇게 비판하는 이유가 바로 여기에 있다. 물론 대중 조직들도 탄핵에 대한 대중의 반대 정서를 따라 그런 정치적 결정을 했는지도 모르겠다. 또는 대중 조직 내의 실용주의적 경향이 관철된 결과라 할 수도 있다. 그러나 대중의 정서와 대중 조직 내에서의 주도권 다툼 자체가 대중 투쟁의 결과라는 점에서 좌파는 이 투쟁에서 실패했고, 실패의 결과는 신자유주의의 압도적인 물결로 나타나고 있다. 그리고 신자유주의 지배의 역사에서 이런 패배는 비단 이번만이 아니다. 그것이 한국 좌파의 무능력이고 실력 부족이다. 이 무능력은 단순하게 대중 조직을 장악하지 못했다는 점에서가 아니라, 기본적으로 대중과 대중 조직을 둘러싼 좌파 정치의 모순과 딜레마를 이해하지 못하는 데서 오는 무능력이다. 마르크스주의를 자처하는 3인의 교수가 단순하게 탄핵을 반대하고 자유주의 개혁 전선으로 넘어간 것도 이런 무능력의 표현이다.

탄핵 반대와 보수 정치 심판을 내건 시민단체들의 전투적인 활동과 무엇보다도 TV 방송 3사들의 대대적인 여론 몰이는 탄핵 문제에 대한 대중의 태도에 결정적이었다. 신자유주의 세력인 이들의 역할은 이번만도 아니어서 더 말할 것도 없다. 그래도 한 마디 한다면, 시민단체와 방송사들이 그렇게도 결정적인 힘으로 작용한 데에는 대중 조직들이 이들에게로 넘어감으로써 좌파가 무력화되었기 때문이었다. 그리고 그 결과 탄핵에 대한 대중의 압도적 반대와 자유주의 지지하에서 좌파의 무력함은 더욱 증폭되어 나타났다. 대중 조직들까지 시민단체들과 결합하고 이를 대대적으로 선전하는 방송사의 보도 앞에서 좌파가 어떤 활동으로 대중에게 다가갈 수 있겠는가?

혹자는 이렇게 말할지도 모른다. 민주노총 등이 '범국민행동'에 참여하지 않고 민중연대가 반신자유주의 민중운동의 관점에서 탄핵 국면에 개입했다 하더라도 탄핵 반대, 보수 정치 심판, 자유주의 지지라는 대중적 정서를 바꿀 수는 없었을 것이고, 그 경우 좌파 단체만이 고립되는 것이 아니라 대중 조직들까지 대중으로부터 고립되었을 것이라고. 앞서도 말한 바처럼 필자는 이런 가정에 동의하지 않는다. 그렇더라도 이런 가정은 좌파 정치와 대중의 운동에 관한 모순과 딜레마를 근본적으로 표현하고 있다. 만약 좌파 단체와 대중 조직들의 반신자유주의 대중 활동에도 불구하고 대중의 다수가 탄핵 문제에 대해 좌파와 관점을 달리하고 자유주의 지향의 태도를 표출한다면, 이런 상황에 좌파는 어떻게 대응해야 하는가? 민중 탄핵이 옳더라도 민중 탄핵을 정말 민중운동의 요구로서 제출할 수 있는가라는 〈한겨레〉 신기섭 기자의 제기도 사실 이런 문제라 할 수 있다.

탄핵 국면에 대한 가상적인 질문이지만, 이 질문이 내포하고 있는 문제는 거창하게 말하면 사회주의 건설의 문제에서, 또 보다 현실적으로 말한다면 한국 정치와 노동조합 정치에서 좌파가 직면하곤 하는 대중과의 모순을 지적하고 있다. 구조 조정을 둘러싼 투쟁에서, 또 노동조합의 민주화를 위한 투쟁에서 조합원 대중과 좌파 활동가 또는 노조 활동가들 간에는 적지 않게 이런 모순이 내재해 있다. 한국 노동조합의 절반이 어용 노조인 한국노총에 포섭되어 있는데, 그 어용 노조도 궁극적으로는 조합원 대중의 뜻이 관철된 것이다. 어용 노조에 대항하는 민주화 투쟁에서 조합원 대중은 단일하게 민주파의 지도를 수용하지 않곤 한다.

구조 조정을 둘러싼 투쟁에서도 문제는 단순히 실용파 지도부에 있는 것만은 아니다. 실용파 지도부를 선택하는 것은 조합원 대중이고, 이런 대중을 상대하는 좌파 활동가의 어려움을 좌파의 무능력이라고 질타할 수만은 없다. 대중은 투쟁적이고 혁명적인데, 지도부가 실용파라서 운동을 망친다는 주장은 좋게 말해도 모순적인 현실의 일면일 뿐이다. 지도부가 좌파이고 전투적인데 대중이 따라오지 않아 지도부가 고립되는 상황은 대우자동차 부평공장 투쟁에서 본 바처럼 현실적 상황이다. 이럴 때 좌파 지도부는 어떤 선택을 해야 하는가,

하는 문제가 위의 질문에 내포되어 있다.

또 신자유주의 방식으로 진행된 구조 조정에 대해 우리 국민의 의식은 어떤가? 각종 여론조사에서도 대다수의 국민은 구조 조정이 필요하다고 생각하고, 김대중 정부의 최대의 치적이 경제 구조 조정에 있다고 하지 않는가? 이 구조 조정에 저항하는 노동조합들은 여론에 의해 압박되는 실정이다. 그러면 노동조합은 국민의 요구에 따라 구조 조정을 수용해야 하는가? 한국 정치를 보면 더하다. 역대 선거에서 (극우)보수당과 자유당에 대다수의 표를 던져 왔고 지금도 민주노동당 대한 지지율은 5% 남짓한 척박한 현실, 무엇을 했는지 정치적 실적도 별로 없는 정동영이라는 인물과, 1년여의 집권 기간에도 지긋지긋하다고 비난받던 노무현 정권이 개혁의 기수인양 압도적인 지지를 몰아가는 현실, 사민당·공산당과 연대하는 서구의 녹색당−시민운동과 달리 자유주의자들과 연대하는 환경연합 등 한국의 시민운동, 이들도 이런 대중의 정서를 쫓고 있다.

이 대중의 어느 곳에서 혁명성을 읽을 수 있나? 이런 현실을 가져온 대중이 75%의 압도적인 탄핵 반대 여론을 가져온 그 대중과 다른 대중인가? 신자유주의 강화가 민주주의의 승리라고 탄핵 반대 대중을 따라가는 3인의 마르크스주의자는 왜 구조 조정의 문제에서는 국민 다수의 여론을 쫓아 노동자들로 하여금 구조 조정을 수용하라고 선동하지 않았는가? 전투적인 지도부를 따라가지 않는 조합원 대중을 보면서 왜 대우차 지도부에게는 대중을 따라 투쟁을 포기하라고 주장하지 않았는가?

차원을 달리하지만, 사회주의 혁명에서 권력을 장악한 레닌과 볼셰비키도 사회주의 건설 과정에서 근본적으로는 이런 성격의 현실, 대중과의 모순에 직면하곤 했다. 권력을 장악했기 때문에 레닌에게는 두 개의 선택이 가능했다. 어떤 때는 대중의 정치적 지향이 볼셰비키와 다르더라도 볼셰비키의 결정을 대중에게 강제하기도 했고, 어떤 때는 대중에 양보해서 우회로를 찾기도 했다. 어떤 선택이 옳았는가 하는 것은 여기서의 문제가 아니다. 혁명 후 선거를 통해 구성된 제헌의회를 해산한 것이 전자의 예라면, 내전 후의 신경제정책과 농민정책은 후자의 대표적인 예다. 사회주의 건설에서 소농경제가 지양되어야 하더라도, 당시 러시아 대중의 대다수를 차지하는 농민들이 농업 부문에 사회주의 도입을 반대하는 상황에서, 레닌은 소농경제를 인정하고 협동조합이라는 우회로를 찾고자 했다. 이는 분명 대중에 대한 양보였다. 그러나 레닌은 이 양보가 승리라고 선전하지 않았고, 그것이 사회주의 건설에서의 후퇴라는 것, 그러나 대중을 억압하고 그들과 적대해서는 사회주의 건설을 이룰 수 없다는 것, 그럼에도 사회주의로 가는 우회로를 만들어갈 것을 역설했다.

3인의 마르크스주의 교수들은 대중의 운동과 좌파 정치 간의 이런 모순 관계를 기본적으로 이해하지 못한다. 이들은 (그리고 남구현 교수는 특별하게) 구조 조정 투쟁에서 혁명적인 조합원 대중과 우파 지도부라는 단순한 대항 관계 설정을 통해, 어떤 때는 대중의 혁명성을 쫓아야 한다고 하고 어떤 때는 좌파 지도부만이 중요하다고 하면서, 대중 추수주의와 좌파 엘리트주의를 넘나들었다. 그렇게 보면 지금 탄핵 국면에서 민주주의와 혁명이라는 이름으로 대중의 정서를 쫓아가는 대중 추수주의는 이들에게 새로운 것도 아니다. 새로운 것이라면, 노동자들의 구조 조정 반대 투쟁은 한국 사회의 신자유주의 전환을 저지하는 진보적 성격의 투쟁이었던 데 반해, 대중의 지지를 받더라도 탄핵 반대 투쟁은 신자유주의 지배를 확고히 한다는 점에서 결코 진보적인 성격을 가질 수 없다는 데 있다. 이런 자유주의자들의 투쟁을 반혁명에 대항하는 민주주의 투쟁이라고 선전함으로써 좌파로서의 그들의 명성은 훼손되었고, 이것이 이들을 아는 사람들에게 이해할 수 없는 일로 다가왔던 것이다. 이들의 변신을 아직도 이해하는 사람이 있다면, 그는 자신의 이성을 의심해야 한다.

위의 질문에 이제 답을 한다면, 이렇다. 좌파 단체와 대중 조직들의 선전 활동과 대중 활동에도 불구하고 대중의 정서가 탄핵 반대로 나아간다면(나는 이런 가정에 동의하지 않는다고 했지만), 좌파가 대중과 적대해서 좌파의 관점을 강제할 수는 없을 것이다. 권력을 갖지 못한 한국의 좌파는 그렇게 할 수도 없다. 그러나 좌파가 대중을 따라 탄핵 반대 전선으로 간다 하더라도, 좌파는 이런 양보를 3인의 교수처럼 민주주의 투쟁이나 혁명적인 투쟁으로 각색해서는 안 된다. 좌파는 이것이 진정한 민주주의 투쟁에서의 후퇴임을 인정하고, 신자유주의를 비판, 폭로하여 대중과 함께 탄핵 국면을 돌파할 우회로를 찾아야 했다.

이렇게 좌파의 무능력은 좌파의 문제만이 아니라 보다 근본적으로 대중 자체의 문제와 결합돼 있다. 물론 대중의 운동과 좌파 정치의 모순을 이해하지 못하는 좌파의 고유한 무능력은 비판을 면키 어렵다. 그러나 한국 좌파가 대중과의 소통과 교류에서 부딪치는 일종의 벽 같은 현실을 대중의 혁명성이라는 상투적인 문구로 치장하려 해서는 안 된다. 좌파에 대한 환멸을 운운한다면, 대중에게 환멸을 느끼는 좌파도 있을 것이다. 좌파는커녕 대중 조직의 활동가조차이 현실을 감당하기 어려워할지 모른다. 이 상호작용이 한국의 좌파가, 그리고 한국의 대중이 살아가는 척박한 토양을 이루는 것이고, 이 현실은 주지하다시피 좌파에게 불리한 현재의 세계사뿐만 아니라 한국의 고유하고 특별한 역사, 계급투쟁의 정치경제적 · 이데올로기적 조건과 관련되어 있다.

3인의 교수들이 뒤집어씌우듯이 한국의 좌파가 이념적 순결성만 내세우고 민주주의 투쟁을 거부해서 대중으로부터 고립된 것은 결코 아니다. 한국에서 좌파는 노동자계급만의 요구를 제출하지도 않았고, 민주주의 투쟁에서 언제나 선봉에 섰다. 또 구조 조정 투쟁에서나 민주주의 투쟁에서 좌파가 높은 수준의 이념적 요구를 제출했던 것도 아니다. 행여 이런 비판을 받을 수 있는 특정 정파들을 제외한다면 말이다. 그런데 대중의 직접적인 이해를 담고 있는 낮은 수준의 요구조차 한국의 대중에게는 수용되기 어려웠고, 대중의 운동과 결합되기 어려웠다. 이는 좌파로서도 환멸이 아닌가?

이제 이 글을 정리하자. 마르크스주의 3인의 교수는 탄핵 국면을 맞아 테르미도르의 반동이니 반파시즘 통일전선이니 하는 정세에 어울리지 않은 정치학 지식을 늘어놓으면서, 신자유주의가 강화되는 현 정세를 공화국의 위기로 각색하고 신자유주의의 강화에 기여했다. 이들은 대중 추수주의와 좌파 엘리트주의를 넘나들면서, 극우 반동의 청산 문제가 그래도 날카로웠던 시기에는 진보 진영의 우파에 대한 비판적 지지조차 거부하고 사회파시즘론에 빠져 있다가, 그 문제가 어느 정도 해결된 현재의 신자유주의 시기에는 오히려 자유주의자들에 대한 비판적 지지를 선전하고 있다. 이는 3인의 정치학 전공자들의 빈곤한 정세 분석 능력을 적나라하게 보여주는 것이다. 이들은 또 대중의 운동과 좌파 정치의 모순을 이해하지 못하고, 좌파의 정치를 이론적·정치적으로 황폐화시켰는데, 당면한 투쟁에서 자유주의 개혁 전선으로 넘어간 것은 그 필연적인 귀결이었다.

---

* another0415.net, 2004년 3월 29일과 4월 2일에 두 부분으로 나누어서 발표된 글이다. 남구현·이해영·최형익의 "탄핵정국에 대한 올바른 정치적 접근과 '민중탄핵론' 비판"(another0415.net, 2004. 3. 23.)을 비판한 글이다.

** 남구현 교수는 2012년 대선에서는 노동자 후보 김소연을 지지했다. 유신 독재의 망령인가 아닌가라는 자유주의자들의 전면적인 선동하에 치러진 '문재인 대 박근혜'의 대선전에서 남 교수는 유신 독재의 복귀 우려에 개의치 않고 이번에는 좌파 후보의 지지로 돌아섰다. 물론 자기비판은 없었다. 지난 탄핵 정세에서 주장했던 자신의 목소리는 까맣게 잊은 것처럼 말이다. 10년 가까운 시간의 경과 속에서 남 교수의 좌충우돌, 널뛰기 전략의 오류는 이제 극명하게 드러난 셈이다.[후기, 2014. 5. 3.]

낙천 · 낙선 운동과
열린우리당의 커넥션

이런 제목으로 낙천 · 낙선 운동을 비판하면, 이 운동의 지지자들은 백이면 백 〈조선일보〉와 한나라당의 음모라고 흥분한다. 더구나 이런 비판이 좌파 진영에서 나온 것이라 하면, 이들은 흥분이 아니라 저주에 가깝게 분노한다. 좌파란 자들이 〈조선일보〉-한나라당과 똑같다느니, 이런 비판은 〈조선일보〉-한나라당을 도와주는 것이라느니, 조금이라도 민주주의를 생각한다면 〈조선일보〉-한나라당과 싸우라느니. 이런 비난과 분노에 나는 이제 상당히 익숙해졌다. 멀리는 민간정권의 출범 이래로, 가까이는 2000년 총선 이래로.

그때보다 더 강해진 시민운동이지만, 지금도 나는 이들의 비난과 분노 앞에서 물러설 생각이 전혀 없다. 왜냐하면 나는 '안티 조선'을 비판하지만, 어떤 경우도 〈조선일보〉-한나라당과 같은 적이 없었으며, 지금까지 내 자신의 역사 속에서 박정희-전두환-노태우로 이어지는 군사정권에 나름대로 저항해 왔기 때문이다. 군사정권에 대한 정치적 · 정신적 저항이 없었다면, 오늘의 나도 없었을 것이다.

한나라당과 〈조선일보〉도 낙천 · 낙선 운동과 열린우리당의 커넥션을 말하고 있다. 그렇다고 해서 내가 이런 말을 마다할 이유는 없다. 왜냐하면 이는 명백한 사실이기 때문이다. 〈조선일보〉-한나라당이 그렇게 말했다고 해서 사실을 은폐하고 왜곡하는 것이 민주주의의 진전을 가져오는 것은 아니다. 〈조선일보〉와 한나라당은 보수적 또는 극우적 관점에서 정파적 이해를 위해 이를 선전하지만, 좌파는 진보적 관점에서 민중의 이해를 위해 이를 비판한다. 그런데 어떤 목적에 관계없이 비판의 대상만 같으면 같은 부류로 취급하는 이들의 비난은 납득할 수 없다.

우리는 이라크 파병, 칠레와의 자유무역협정 체결, 신자유주의 구조 조정, 비정규직 확산, 민중 생활의 파탄. 이런 것들 때문에 노무현과 열린우리당을 비판한다. 그러나 〈조선일보〉−한나라당은 이 모든 것을 열린우리당과 함께 추구하면서도 그들의 기득권과 보수적 질서를 유지하고자 열린우리당과 투쟁한다. 민중의 이해를 대변하고 민주주의의 실제적인 진전을 위해 투쟁하는 좌파와 민중의 이익을 억압하고 민주주의의 진전을 가로막는 〈조선일보〉−한나라당은 똑같은 자들이다? 왜냐하면 똑같이 노무현과 열린우리당을 비판하므로? 이런 유치하고 단순한 문제 설정에서 활동하는 자, 이들이 바로 한국의 시민운동이고 '안티 조선' 운동이다.

낙천·낙선 운동과 열린우리당의 커넥션, 이는 우선 이데올로기 면에서 진실이다. 왜냐하면 이들은 자유주의와 신자유주의를 공유하므로! 이들은 자본주의의 자유주의적 질서를 기본 이념으로 추구한다. 이들은 민주주의를 이 질서의 틀 안으로 가두고, 이를 넘어가는 민주주의에 반대한다. 낙천·낙선 운동으로 상징되는 정치적 자유주의는 그에 상응하는 정치적 민주주의를 추구하지만, 이는 경제적 자유주의에 의해 제한되는 한에서 그럴 뿐이다. 그런데 경제적 자유주의는 경제의 민주화를 자산계급의 민주주주의로 간주하기 때문에, 경제적 민주주의도, 또 정치적 민주주의도 근본적으로 제한될 수밖에 없다.

그 대표적인 운동이 소액주주 운동이다. 소액주주 운동을 주도하는 참여연대는 이번에 낙천·낙선 운동을 주도하는 단체이기도 하다. 소액주주 운동은 경제의 민주화를 주주의 민주화, 자본가의 민주화로 한정하고, 민주주의를 요구하고 싶으면 먼저 주주, 자본가가 될 것을 요구한다. 자본이 없는 무산계급이

기업 경영에 참여하고 기업을 통제할 권리를 이들은 인정하지 않는다. 시민사회와 정치사회의 어떤 민주주의라 해도 기업에서의 이윤 원리와 자본가 지배를 침해해서는 안 되는 것이다.

물론 이들이 민주주의 투쟁을 하지 않는다고 필자가 비판하는 것은 아니다. 또 내가 민주주의 투쟁의 의의를 폄하하고 좌파의 순결한 원칙을 현실 정치에서 주장하기 때문에 이들을 비판하는 것도 아니다. 좌파도 현실에서는 민주주의 투쟁을 하는데, 이 민주주의는 자유주의적 민주주의에 갇힐 수 없기 때문이다. 이 지점이 바로 이들과 좌파를 가르는 시금석이다. 혹자는 이런 반론을 제기한다. 좌파가 지향하는 민주주의가 더 근본적이더라도 지금은 자유주의적 민주주의를 정착하는 문제가 중요하니까 지금 국면에서는 이들과 협력해야 한다고. 이번 탄핵 반대 운동에서처럼 말이다.

그런데 좌파는 탄핵 반대 운동도 비판했는데, 이런 반론도 비판한다. 왜냐하면 오늘날 민주주의의 발전이란 자유주의적 민주주의가 정착되고, 그 다음에는 민중적 민주주의로 계단을 밟아 진행되는 게 아니라 두 개의 과제가 중첩되어 진행되기 때문이다. 하나의 단계의 투쟁을 위해 다음 단계의 투쟁의 문제를 포기하는 관계가 아닌 것이다. 그렇더라도 시민운동이 이데올로기적으로 자유주의 운동을 넘어 민중운동으로 넘어갈 전망을 갖고만 있다면, 좌파도 이런 반론에 귀를 기울이고 협력할 여지가 있을지 모른다. 유감스럽게도 시민운동은 단호하게 이런 전망을 부정한다. 따라서 좌파도 그 여지를 단호하게 부정한다.

낙천·낙선 운동과 열린우리당의 커넥션, 이는 정치적 효과 면에서도 진실이다. 낙천·낙선 운동은 부정부패와 반인권, 철새 정치와 헌정 유린 등을 객관적으로 심판한다고 했지만, 그 효과는 보수 정치가에 대한 공격과 자유주의 정치가에 대한 지원으로, 더 구체적으로는 한나라─민주당에 대한 공격과 열린우리당의 지원으로 나타났다. 탄핵 국면을 배경으로 반인권자적 헌정 유린이라고 하면서 탄핵 소추안에 찬성한 한나라─민주당의 전체 의원을 낙선 대상으로 선정한 것은 그 대미를 장식한 것이었다. 이 커넥션은 그만큼 노골화된 셈이고,

낙천·낙선 운동의 동기도 충분히 의심받을 이유가 있게 된 것이다.

이라크의 정치 상황 악화로 한국군 파병 결정의 재고가 긴급하게 요청되는데도, 이들은 이 문제가 낙천·낙선 운동의 기준이 되어서는 안 된다고 말한다. 왜냐고? 이 기준을 들이대면 열린우리당 의원들도 낙선 대상이 되어야 하므로! 이는 너무도 명확한 계산이다. 그런데도 파병 결정 같은 것은 정책적 결정이므로 낙선 운동의 대상이 될 수 없다는 이들의 설명은 구차스럽기 짝이 없다. 그러면 탄핵 소추 결정은 정책적인 결정이 아닌가? 이를 정치적 결정이라고 변명한다면, 파병은 정치적 결정이 아닌가?

시민단체들은 자유주의 정당, 구체적으로 열린우리당의 정치 운동과 분업적 관계에서 자유주의 질서를 창출하고자 노력하고 또 이 질서를 변호한다. 시민의 대표 조직도 아니면서, 또 시민의 대중적 토대를 가진 것도 아니면서 각종 시민단체들이 시민의 이름으로 사회운동을 하는 것은 이들이 직접 정치 운동을 하는 것보다 훨씬 효과적일 것이다. 시민의 이름으로 사회운동을 함으로써 자신들이 추구하는 자유주의 질서를 시민들의 보편적인 요구로 포장할 수 있고, 정파적 이해관계에서 초월한 것처럼 열린우리당 지원을 선전할 수 있기 때문이다.

이것이 얼마나 간교한 정치적 행동인가, 감탄스럽다. 탄핵을 반대하는 '범국민행동'이 노사모와 열린우리당 등을 배제하고 국민의 행동인 것처럼 포장한 것도 이러한 간교함의 연장선이다. 그런데도 진보 운동을 한다면서 이를 근거로 '범국민행동'이 노무현과 열린우리당을 지지하는 운동이 아니라고 항변하는 논자들이 있다면, 이는 순수한 게 아니라 모자란 것이고, 그게 아니면 진보 진영에서 (신)자유주의에 경사되어 있는 자들의 교활한 술수일 것이다.

_ 2004. 4. 10.

미래구상,
뻔한 주판알 튕기기

시민운동의 정치적 준동에서 또 다시 선거의 바람이 느껴진다. 이번에는 이름하여 '창조한국미래구상'(이하 미래구상)이란다. 낙천·낙선 운동의 그렇고 그런 인물들이 이름을 바꾸어 새로운 정치 깃발을 올렸다. 시민운동의 독자적 정치 세력화를 추구한다면서 당장은 연말로 다가온 대선에서 반수구 진보개혁 세력을 포괄하는 단일한 국민 후보를 내겠다는 것이다. 시민운동이 본격적으로 정치 운동에 뛰어드는 이유는 기존의 정치권이 더 이상 대안이 아니기 때문이라고 한다. 대안이 못되는 정치권은 열린우리당과 민주노동당이다. 열린우리당은 양극화 심화와 한미FTA 협상 그리고 부동산 폭등에서 보는 바처럼 실정과 무능이 드러났고, 당의 재편을 둘러싼 이합집산이 권력만 쫓아가는 낡은 정치 형태라는 이유이다. 또 민주노동당은 NL과 PD의 정파 대립에만 몰두하고 대안 정당의 정체성과 국민적 지지를 확보하는 데 실패했다고 한다.

그러면 미래구상은 열린우리당과 민주노동당을 모두 배제하고 시민운동을 중심으로 대안 세력을 모색한다는 것인가? 이는 단언컨대 꿈같은 소리다. 이런 구상은 시민운동의 인물들이 자신들의 토대와 힘의 원천이 어디에 있는가도 인식하지 못하는 과대망상의 발로다. 한국의 시민운동에 시민들이 없다는 것, 기껏해야 수십 또는 수백 명의 인물이 신자유주의 언론 매체를 무대로 활동한다는 것, 언론에서 봉쇄하면 시민운동의 존재도 봉쇄된다는 것은 누구에게나 알려진 사실이다. 그럼에도 정치권과 언론으로부터 시민운동이 주목받는 이유, 이들이 힘을 행사하는 근거는 자유주의 정파, 무엇보다 지금의 열린우리당에 대한 지지와 반한나라당 행보 때문이다. 열린우리당은 마치 중립적인 시민사회로부터 지지를 받는 외관을 가질 수 있으므로 시민운동과 적지 않은 이해관계가 있다. 열린우리당과 경쟁하는 한나라당은 바로 이런 이유로 시민운동에 대립적이며, 이 운동에 크게 주목하지 않을 수 없다. 언론 매체들이 시민운동을 주목해서 보도하는 정치적 맥락도 이와 다를 게 없다. 따라서 시민운동이 독자적인 정치 세력화를 추구하는 순간, 시민운동의 정치적 입지는 없어지게 된다. 열린우리당과는 경쟁 관계에 들어서겠지만, 열린우리당의 경쟁 상대는 되지 않고, 시민운동은 아마도 정치적 소수파로 전락할 것이다. 한나라당은 이 즐거운 사태를 활용하는 수준에서나 시민운동을 거론할 것이고, 시민운동은 적어도 정치 문제에 관한 한 언론으로부터도 주목받지 않게될 것이다.

미래구상이 자신들의 이런 가련한 처지를 모르는가? 과대망상으로 구름 위에서 뛰고 있는 자가 아니라면, 분명 이런 구상을 하지는 않을 것이다. 이들의 진정한 구상은 다른 데 있다. 미래구상의 한 인물은 자신들을 범개혁 진보 진영의 노사모로 자처했다. 자신들의 입을 통해서도 공공연히 밝히는 바처럼, 이들은 이번 대선에서 다시 한 번 자유주의 정파가 승리하는 역전 드라마를 기획하고자 한다. 드라마의 기획은 이런 게 아닐까? 먼저 한나라당의 이명박과 박근혜 중 누군가 경선을 거부해 둘 다 본선에 나오는 상황을 계산한다. 그리고 열린우리당의 재편 과정을 따라가면서 국민 경선이라는 이름하에 자유주의 정파의 후보에 국민 후보라는 덧칠을 한다. 여기서 열린우리당의 후보와 미래구상의 국민 후보가 앞서든 뒤서든 아니면 양자가 모두 참여하는 한마당에서 단일하게 뽑히든, 그것은 중요한 게 아니다. 또 단일한 국민 후보가 기존 정치권이든 시민단체의 인물이든, 이것도 중요한 게 아니다. 이른바 반수구·개혁 진영의 단일한 국민 후보와 한나라당·수구 진영의 후보가 결전을 치른다는 것이 중요하다(이는 자유주의 진영과 보수 진영 간 1987년 선거 구도의 역전된 상황이고 한나라당으로서는 악몽 같은 1997년 선거와 유사한 구도다). 그리고 이 결전까지 자유주의 언론을 동원하여 낙천·낙선 운동 같은 '정치 소동'을 기획한다.

미래구상이 정말 이런 기획을 하고 있다면, 이는 자신들도 속이고 대중을 기만하는 작태라 하지 않을 수 없다. 미래구상이 독자적 정치 세력화를 선언하고 국민 후보를 선출하겠다는 이유는 기존 정치권이 대안일 수 없기 때문이라 하지 않았나? 그런데 이들은 대안일 수 없다는 열린우리당을 국민 경선에 끌어들이고, 이 당의 후보에게 국민 후보라는 외투를 입히려는 수작을 벌이는 것이다. 결국 무능하고 낡은 정치 형태라고 열린우리당을 비판한 것도 기만이란 말이다. 물론 10개월 앞을 예단하여 미래구상을 비판하기는 어려울지 모른다. 미래구상이 자신들의 독자 후보를 끝까지 밀고 갈지도 모르기 때문이다. 그러나 그럴 경우는 단 한 가지 상황뿐으로 생각된다. 즉 한나라당 대선 후보들이 경선에 승복해서 하나의 후보로 통일되고, 지금같이 압도적인 한나라당 대선 후보 지지도가 대선 국면까지 유지되는 경우, 다시 말해 열린우리당이나 자유주의 정파가 이번 대선에서 뒤집을 가능성이 무망할 경우, 그 때에는 미래구상이 자신들의 독자 후보를 끝까지 밀고 나갈지도 모른다. 어차피 패배하는 대선에서 자신들이 열린우리당과는 다른 독자 노선을 추구하는 정치 세력인 양 명분이라도 가장할 수 있을 테니까 말이다. 그렇다고 해도 이런 독자적 정치 세력화가 기만의 다른 방식이 아니고 무엇이겠는가?

미래구상이 열린우리당을 지원하기 위해 독자적인 정치 세력화라는 기만적인 우회로를 취해야하는 것은 이번 대선의 정치 지형이 변화했음을 말해 준다. 양극화와 빈곤의 심화, 성장 둔화와 고용 위기 그리고 부동산 폭등 등 신자유주의 정책이 가져온 민생 파탄으로 노무현 정권과 열린우리당 지지도가 바닥을 기는 상황에서 시민운동은 은밀하게든 노골적이든 노무현 당의 후보 지지를 표방하기는 어렵게 되었다. 독자적인 정치 세력화와 국민 경선이라는 구상은 이런 정치 지형에서 노무현 당(그것이 어떻게 재편되든)을 회생시키기 위한 현혹적인 기획이라 하지 않을 수 없다. 돌이켜 생각하면, 노무현을 지지하고 탄핵 반대를 선동하며, 노무현 당을 다수당으로 만들도록 대중을 선동한 시민운동은 사실 노무현 당의 민생 파탄을 비판할 처지가 아니다. 노무현 당과의 연대와 참여가 가져온 민생 파탄에 대해 시민운동은 정치적 책임을 지고 자기비판과 반성을 선행해야 한다. 그런데도 미래구상은 대중의 참상과 노무현 당의 몰락이 자신들과는 관계없는 일인 양 노무현 당을 점잖게 낡은 정치라고 비판하면서, 뒤로는 이 당을 회생시킬 책략을 꾸미고 있는 것이다. 그래도 이번에는 미래구상의 기획이 성공할 것으로 보이지 않는다. 이들의 기획은 더 이상 간교함이 아니라 뻔한 술책으로 여겨지기 때문이다. 그것이 지난 두 번의 총선과 한 번의 대선에서 대중이 시민운동의 정치 소동으로부터 배운 교훈일 것이다.

노무현 당과 시민운동이야 신자유주의 또는 자유주의 이념을 추구해 가는 세력이므로, 자신들의 목적을 위해 대중을 기만한 것도 이들에게는 훌륭한 작품일 수 있다. 탄핵 당시 공화국의 위기를 운운하며 대중을 선동하던 유시민은 지금 공화국의 장관으로서 연금 개악의 선봉에 서서 대중의 고혈을 쥐어짜겠다고 하지 않나? 시민운동도 노무현 정부에 참여해서 많은 단맛을 빼 갔기 때문에 괜찮은 거래였다. 그러나 이들에 놀아난 진보 진영의 문제는 정말 심각하다. 노무현 당의 몰락 속에서 민주노동당과 진보 진영은 그 대안으로 부각되지 못하고 오히려 동반 추락하는 반면, 그 반사이익은 한나라당이 독식하는 상황이다. 노무현 당을 지지한 대가로 비정규직법 개정과 노사 관계 개악, 한미FTA 협상 등 노무현한테 얻어맞으면서도 노무현 당과 진보 진영은 한통속이라고 도매금으로 불신 받고 있다. 이런 것이 비판적 지지의 값비싼 대가가 아닌가? 비판적 지지와 탄핵 반대에 대한 재평가와 자기비판이 필요한 것도 이 때문이다. 위기에 빠진 노무현 당을 구해준 민주노총과 민주노동당도, 이제는 한국진보연대로 탈바꿈한 민중연대도, 그리고 '다함께'도 이 질문을 회피해서는 안 된다. 다가오는 대선에서 몰락의 위기 앞에 선 노무현 당과 한나라당의 집권이라는, 탄핵 사태와 다름없는 이른바 위협 앞에서, 당신들은 다시 한 번 노무현 당의 회생을 위해 미래구상과 함께 나갈 작정인가? 아니라면, 이번에는 왜 아닌가?

_ 2007. 2. 1.

독일 보수주의를 뒤따라가는
한국 시민운동

사회적 시장경제는 독일의 국시라 할 수 있는 경제사상이자 경제정책이다. 우리에게는 좀 낯선 개념이지만, 이 사상과 제도는 제2차 세계대전 이후 서독 부흥 정책의 기조였을 뿐 아니라 오늘날 통일 독일 경제정책의 근간이기도 하다. 말 그대로 사회적 시장경제는 자유 시장경제 질서를 경쟁 정책과 복지 정책 등 국가 개입을 통해 유지한다는 것으로써, 한국에서는 종종 민주적 시장경제 또는 개혁적 자본주의로 소개되고, 한국 자본주의의 하나의 대안으로 모색되곤 했다.

그러나 사회적 시장경제는 실상은 완고한 긴축정책에 의한 물가 관리와 독점적 대자본의 시장 지배를 보장하는 것이며, 복지 정책이란 기본적으로 잔여 사항으로서의 지위밖에 갖지 못하고 있다. 쉽게 말해 사회적 시장경제는 독일 신자유주의의 경제정책을 제도화한 것으로, 경제사상사적으로도 W. 오이켄의 신자유주의 이론에 입각해 있고, 현실 정치상으로도 독일 보수당의 이데올로기적·정책적 기반을 이룬다. 독일은 유럽에서도 가장 보수적인 국가이고, 신자유주의 유럽 통합을 주도한 중심 국가다. 최근 유로 존의 위기 해법을 둘러싼 논란에서도 드러나듯이, 메르켈 총리의 신자유주의가 유럽재정안정기금 확대 같은 진보적 해법의 견고한 걸림돌이 되고 있다.

독일의 높은 복지 수준은 실제로는 사회적 시장경제보다는 사민주의 개입의 역사적 성과이며, 다른 한편에서는 독일 자본주의의 높은 경제적 토대에 근거한 것이다. 따라서 좌파적 전통과 경제적 토대가 취약한 한국으로 건너오면, 회수를 건너온 귤처럼 사회적 시장경제는 필경 탱자가 될 것이다. 이미 김대중 정부의 '민주주의와 시장경제', 이를 계승한 노무현 정부의 경제정책은 사회적 시장경제를 지향했던 것이다. 이진순, 강철규 교수 등이 이들 정권에서 사회적 시장경제를 대표한 인물들이었다. 뿐만 아니라 한국에서 사회적 시장경제는 뉴라이트 재단의 안병직 교수를 중심으로 대변되고 있는 실정이다.

그런데도 경실련, 참여연대, 여타 시민연구소 등 한국의 시민운동은 독일 보수주의, 즉 신자유주의의 이 사상과 정책을 재벌 개혁과 복지 확대를 위한 대안이라며 따라가고 있다. 유럽의 가장 보수적인 신자유주의 경제정책이 한국에서는 보수주의와 신자유주의에 대항하는 가장 진보적인 정책으로 둔갑한다. 이는 역사에 대한 무지이거나 아니면 역사를 희롱하고 대중을 기만하는 행태다.

정작 독일에서는 사회적 시장경제를 넘는 것이 진보적 경제정책의 핵심을 이룬다. 유럽의 견고한 보수주의 국가조차도 정치 지형은 한국과는 비교할 수 없이 진보적이다. 〈슈피겔〉지 인터넷 판 4월 1일 자의 한 여론조사 결과를 보면, 현재 독일의 정당 지지도는 보수당(기독교민주연합/기독교사회연합) 36%, 사민당 27%, 녹색당 13%, 해적당 9%, 좌파당 7%, 자유당 4%로 나와 있다.

이런 정치 지형에서 보수당의 교리인 사회적 시장경제가 헤게모니를 유지하는 이유는 사민당이 신자유주의로 접근해 왔기 때문이다. 독일 사민당은 국제사민주의에서 가장 보수적인 경향을 대변해 왔고, 강령적으로는 이미 오래전부터 사회적 시장경제를 받아들였다. 특히 1990년대 이래 사민당의 노선은 보수당의 신자유주의와 특별한 차이를 보이지 않는다. 그럼에도 보수당과 사민당의 신자유주의 헤게모니에 저항하는 진보 세력은 전체 시민의 30% 정도의 지지를 확보할 만큼 대항력을 갖추고 있다.

독일의 정치 지형을 한국에 투사해 보면, 한국 시민운동의 정치적 지향이 전혀 진보와는 거리가 멀고, 보수주의와 신자유주의에 경도되어 있음을 쉽게 읽을 수 있다. 독일보다 복지 수준도 훨씬 낮고 정치와 그 제도도 훨씬 후진적인 한국, 그래서 정치경제적 변화에 대한 요구도 더 급진적으로 제기되어야 할 한국에서 오히려 독일보다도 진보 운동이 퇴행적이라는 사실은 우리의 수치스런 자화상이다.

최근 시민운동 출신들의 현실정치 참여가 활발해지면서 시민운동의 정체성이 보다 분명히 드러나고 있다. 참여연대 출신의 박원순은 서울시장에 당선된 후 민주통합당에 가입했고, 이번 총선에서도 김기식(참여연대), 남윤인순(한국여연), 이학영(YMCA), 박원석(참여연대) 등 시민운동의 대표적인 인물들이 대놓고 민주통합당의 후보로 또는 신자유주의 국민참여당과 통합한 통합진보당 후보로 나섰다. 사실 그 이전에도 자유주의 정권의 권력에 시민운동 출신의 참여가 적지 않았다.

한국 시민운동의 신자유주의적 성격은 결국 자유주의 정당에의 가입으로 그 종착지를 찾게 된 것이다. 이로써 과거 이들이 총선연대 등 시민운동의 외관을 쓰고 선거에 개입한 것은 사실 민주당, 열린우리당 등 자유주의 또는 신자유주의 정파를 위한 은밀한 정치 운동이었다는 비판에도 할 말이 없게 되었다. 또한 이번 총선의 반MB 야권 연대의 핵심도 한국 사회의 진보적인 변화라기보다는 보수주의와 신자유주의의 두 개의 정파 간의 투쟁이라는 것, 이 선거 결과는 한국에서 또 한 번의 신자유주의 정권의 탄생을 예고한다는 것도 부정할 수 없게 되었다.

_ 2012. 4. 4.

통합진보당 막장 정치의
주연과 조연

비례대표 경선 부정 논란에서 촉발된 통합진보당 당내 분란은 중앙위원회 폭력 사태로까지 발전해 이제 검찰의 칼끝이 통합진보당을 향하고 있다. 압수 수색을 통해 당원 명부를 비롯한 당의 핵심 자료들이 담긴 서버가 검찰의 수중에 들어갔기 때문에 검찰 수사가 경선 부정과 폭력 사태를 넘어 어디까지 나아갈지 통합진보당으로서는 앞날을 가늠하기 어려운 상황이다. 이런 엄중한 사태 앞에서도 구당권파와 신당권파 간의 대립과 분쟁은 좀처럼 해결될 기미가 보이지 않는다. 그러나 검찰 수사에 대해서는 양자가 공동으로 항의하고 대처한다는 모양새를 갖추고 있다.

구당권파든 신당권파든 이런 검찰의 개입과 보수 언론의 종북 선동을 공안과 색깔론의 공세라고 격렬하게 반발하지만, 검찰과 언론을 탓하기에 앞서 통합진보당 스스로가 자초한 결과임을 알아야 한다. 새누리당이면 검찰이 수사하겠느냐 하는 반론을 제기할 문제도 아니다. 특히 구당권파는 종북 논란 때문에 자신들이 억울하게 핍박받는 것인 양 문제의 핵심을 호도하려고 한다. 검찰과 조중동의 색깔론을 거론하며, 역으로 이 종북 공세를 방패 삼아 경선 부정의 비난을 피해 가겠다는 속셈이다. 그러나 문제는 종북 논란이 아니라 비례대표 경선 부정이며, 이런 비리와 불법을 마다하지 않는 구당권파의 종파주의와 패권주의가 사안의 본질인 것이다.

이 현안 문제에 대해 이정희 전 공동대표, 이석기 · 김재연 비례대표 당선자 등 이제까지 구당권파가 보여준 행태는 진보 정치의 짧은 역사상 최악의 막장 정치다. 감히 진보당을 자처하면서 상식과 순리를 거부하고 온갖 궤변과 꼼수, 버티기로 일관하는 그 파렴치함에 아연실색하지 않을 수 없다. 문제는 이런 게 진보당 내부의 관행이었다는 점이다. 당권과 재정 장악을 위해서는 불법과 부정을 마다하지 않는다는 것, 불법과 부정이 드러나도 당권은 놓지 않겠다는 것, 진보 정치가 끝장나도 정파의 이해는 지킨다는 것, 당에 대한 헌신은 정파의 이익 때문이라는 것, 이런 게 구당권파에게는 관행이었고, 익숙한 사업 방식이었다. 그 때문에 언론의 집중적인 보도와 비판 앞에서도 이들은 움츠러들 줄 몰랐다.

따라서 통합진보당의 과제는 비례대표 의원 이석기 · 김재연 두 명의 사퇴와 출당만이 아니라 구당권파 자체를 당에서 정리하고 진보 정치를 혁신하는 데 있다. 문제는 누가 이 과제를 떠맡을 수 있는가 하는 것이다. 혁신비대위원회가 구성되어 활동하고 있지만, 비대위원장 강기갑은 구당권파와 함께 당권을 분점하고 책임졌던 인물이다. 구당권파의 과오에 대해 책임을 공유하면 했지 혁신을 담당할 처지가 아니다. 심상정, 노회찬 의원 등 진보신당 탈당파도 책임에서 자유롭지 않다. 이들은 이미 2008년 구 민주노동당 내의 패권주의와 종북주의를 비판하며 탈당, 진보신당을 결성했음에도 지난 총선에 앞서 진보신당을 탈당하고 민주노동당 구당권파, 국민참여당과 함께 현 통합진보당을 창당했다. 패권주의와의 재결합과 신자유주의의 포용은 이들의 기회주의적 태도에서 비롯된 것으로 보인다. 이들에게 있어 의회 의석의 확보는 진보 정치의 원칙과 혁신보다 더 중요했던 것이다. 요컨대 당내에서 패권주의가 지배할 수 있는 것은 이러한 기회주의가 협력하기 때문이다.

민주노총 지도부 또한 통합진보당 막장 정치의 배후 세력이 아닐 수 없다. 민주노총 지도부는 그 정파적 이해관계에 맞춰 민주노동당 출범 이래 이 당에 대한 배타적 지지를 끌어왔고, 특히 현 위원장 김영훈은 신자유주의 국민참여 당과 합당까지 이룬 현 통합진보당에 지난 총선에서 배타적 지지를 관철했다. 민주노총 지도부가 이제 와서 배타적 지지에 대한 조건부 철회를 내세우고 통합진보당의 혁신을 주문하는 태도는 현 지도부의 방침을 비판해 온 조합원들에게는 가증스럽게 보일 뿐이다. 민주노총 지도부, 이들은 혁신의 주체가 아니라 혁신의 대상이다.

그러면 통합진보당에 남는 건 유시민의 국민참여당 세력뿐이다. 비례대표 경선 비리 문제를 제기한 것도 이들이었다. 그러나 통합진보당 합당 때부터 논란의 중심이었던 국민참여당 세력은 사실 진보 정당의 이념과 맞지 않는 신자유주의 세력이다. 좌파 신자유주의든 독일 신자유주의든 이들은 신자유주의를 지향한다. 그런데도 이들이 지금 혁신 작업을 주도한다. 새로나기특별위원회 위원장 박원석은 참여연대 출신이고, 이번 총선에 비례대표 개방형 명부 영입 후보로 통합진보당에 첫 발을 내딛었을 뿐이다. 이런 인물들에 의해 통합진보당의 노선과 정체성이 새롭게 모색된다면, 아마도 통합진보당은 더욱 껍데기만 진보 정당으로 남을 것이다. 지금도 통합진보당은 사회주의 강령을 포기한 당 아닌가? 참여연대와 시민단체 출신들은 이미 민주통합당에 대거 들어가 있는데, 또 하나의 민주통합당이 존재할 이유가 없다.

따라서 통합진보당의 혁신은 딜레마에 빠져 있다. 혁신에 실패한다면, 구당권파의 패권주의가 다시 당을 지배할 것이다. 혁신에 성공한다면, 진보 정당으로서의 당의 정체성은 상실되지 않을까? 그렇다면 이 혁신이 분당으로 이어질지 여하도 별로 중요치 않다. 진보 정치는 통합진보당을 넘어 새롭게 재구성되지 않으면 안 된다.

_ 2012. 6. 7.

이정희 · 이석기 퇴출 여하가
진보 정치 미래의 시금석

언론 보도에 따르면 지난 10일 통합진보당 중앙위원회는 지난 대선에 대해 "핵심 지지층 결속과 잠재적 지지층 신뢰 회복이라는 선거 목표를 달성했다"며 "대선 투쟁을 통해 당과 이정희 전 후보가 정치적으로 부활했다"는 평가를 내놓았다. 15일 대선 평가 토론회에서도 동일한 맥락의 평가가 기조를 이루었다고 한다. 대선 패배는 노무현 유산이 드리워진 민주통합당 때문이라는 것이다. 아마도 통합진보당 외에 어느 누구도 이런 평가에 동감하지 않을 것이다. 무엇보다 민주통합당과의 연대와 단일 후보에 목매왔던 당이 대선 패배 후에 이런 평가를 한다는 게 납득되지 않는다. 그렇다면 민주통합당과의 연대가 잘못된 대선 전략이었고, 그 책임은 민주통합당이 아니라 통합진보당이 져야 하는 것이다. 사실 민주통합당은 통합진보당에 거리를 두었고 후보 단일화를 요구하지도 않았는데, 통합진보당 후보가 자진해서 단일 후보를 위해 사퇴하지 않았던가?

정말 가관인 것은 통합진보당과 이정희 전 후보가 대선을 통해 정치적으로 부활했다는 평가다. 대선 기간 내내 1% 남짓한 지지율로 대중으로부터 혹독한 평가를 받은 이정희 전 후보와 이 당이 어떻게 이런 바닥 지지율을 가지고 핵심 지지층을 결속하고 잠재적 지지층의 신뢰를 회복했다고 자랑할 수 있을까? 통합진보당 외에 누구나 알고 있는 것처럼, 1% 지지율은 작년 총선 이후 이 당의 비례대표 경선 부정을 둘러싼 정파 투쟁과 내분 그리고 분당으로 이어진 막장 정치에 대한 대중의 절대적 불신을 표현하는 것이다.

집중적으로 언론의 톱뉴스를 장식한 이 사건에 대해 당시 통합진보당의 당권파는 초지일관 경선 부정은 없다며 자신들에 대한 비판과 비난을 오로지 당권파에 대한 음모, 공안 당국의 표적 수사, 그리고 언론의 왜곡과 선동 탓으로 돌렸다. 부정 경선의 의혹을 받았던 이석기, 김재연 당선자의 사퇴 요구도 막무가내로 끝까지 거부했다. 주지하다시피 통합진보당의 비례대표 경선 부정 사건은 이미 대선 전에 검찰 수사가 일단락되었다. 검찰은 이 건으로 467명을 기소했고, 그 중 비례대표 후보자 3명을 포함해 20명을 구속 기소했다. 그럼에도 이 당은 아무 일도 없던 양 어떤 정치적 책임도 지지 않았고, 결국 이 사안을 그냥 뭉개버렸다. 이 당이 집단적인 곡해와 편견에 의해 지배되고 있는 석화된 당임을 유감없이 보여주었던 것이다. 명색이 진보 정당이라면서도 부르주아 정당만도 못한 이런 행태에 대해 대중의 혐오와 분노는 당연했고, 지난 대선은 대중의 이와 같은 정서 위에서 치러졌다. 오죽하면 한 표가 아쉬운 민주통합당조차 이 당과의 단일화를 기피했을까?

이정희 전 후보는 막장 정치의 공식적 중심에 있었고, 또한 작년 총선 때 관악을 경선 여론 조작 문제로 후보 사퇴 경력도 있어 대중에게는 부정과 비리, 독선과 패권의 상징이었다. 퇴출 대상인 이런 인물을 이 당의 대선 후보로 내세운 것은 대선 지지를 호소하는 게 아니라 대중의 정서와 싸우겠다는 것이나 다름없었다. 이 전 후보가 대선 기간 중 예리한 비판과 합당한 논박을 들이대었다 하더라도 대중에게는 오히려 반감과 역효과만 불러일으켰을 것이다. 대중에게 이 전 후보는 정작 자신에 가해지는 합당한 비판에 대해서는 독선과 권력으로 묵살하는 인물이었기 때문이다. 이런 인물이 준동할수록 진보 정치에 대한 불신과 혐오도 가중될 수밖에 없다.

대선이 끝난 후 이른바 진보개혁 진영은 사실 망연자실한 상태라 할 수 있다. 이명박 정권 5년의 실정과 참상이라는 유망한(?) 조건 속에서 치러진 선거에서, 그것도 야권 단일화를 하고도 패배한 충격 탓이다. 할 수 있는 카드를 다 썼는데도 실패했으니 새로운 좌표를 찾는 게 쉬울 리가 없다. 통합진보당과 진보정의당 그리고 두 명의 노동자 후보가 받은 참담한 성적표를 바라보는 진보 정치는 더더욱 그러하다. 이런 상황을 돌파하기 위해 진보 정치의 재구성, 이를 통한 진보 정치의 재활성화는 피할 수 없는 과제가 되었다. 진보 정치가 어떤 활로를 모색하든 현재를 짓누르는 과거의 오류에 대한 자기비판과 청산 없이 새로운 시작은 가능하지 않다. 또한 대중에게 통합진보당이 진보 정치의 대표자로서 각인되고 있는 현실에서 이 당의 문제를 정리하는 것 없이 새로운 미래가 열리지도 않는다. 이런 점에서 이정희, 이석기, 김재연의 퇴출은 진보 정치 미래의 시금석이고, 대중의 신뢰를 다시 회복하기 위한 최소한의 불가결한 조건이다. 이들의 퇴출 없이 진보 정치의 미래는 없을 것이다.

그럼에도 다음 달로 예정된 통합진보당 대표 선거에서 이정희 전 대표가 추대될 것이라는 암울한 소문이 나돌고 있다. 정말로 이정희 전 후보가 다시 대표 자리를 차지한다면, 그건 아마도 막장의 진수를 보여주는 것이다. 제도권 정당으로서 통합진보당은 사실 정치적 사망선고를 받은 거나 마찬가지 상태다. 다음 총선까지 3년 여 정도의 시한부 생명을 부지할 것으로 예상되는 이 당이 한국 진보 정치의 재건을 가로막는 질곡이 되어서는 안 된다.

_ 2013. 1. 30.

통합진보당 비판은
왜곡과 모함?

필자의 글 "이정희·이석기 퇴출 여하가 진보 정치 미래의 시금석"에 대한 김갑수 작가의 반론 "무슨 근거로 통합진보당을 모해하는가"를 요약하면, 통합진보당에 대한 필자의 비판은 사실에 근거하지 않은 악의적인 모함이며, 작년 비례대표 경선 부정은 모두 탈당파가 저지르고 당권파에 뒤집어씌운 것이어서 통합진보당은 책임질 게 없다는 것이다. 김 작가는 자신은 통합진보당 당원이 아닌 제3자라고 하지만, 이런 주장은 통합진보당의 입장을 그대로 대변하는 것으로 생각된다.

무엇이 사실 왜곡이고 모함인가?

통합진보당 중앙위원회의 대선 평가에 긍정적 부분과 부정적 부분이 있는데도 필자가 긍정적 부분만 가지고 문제를 삼아서 평가를 왜곡했다는 것은 그 자체로는 합당한 지적이다. 그러나 통합진보당의 이 평가는 균형 잡힌 평가라기보다는 긍정적 평가는 부각하고 부정적 평가는 빈말인 것이다. 대선 평가 토론회에서 행한 이상규 의원의 발언, "민주당 탓만 해서는 안 된다, 통합진보당 사태에 대한 진정한 성찰이 필요하다"는 자기비판적 발언도 마찬가지다. 왜냐하면

통합진보당 비대위는 이 대선 평가 위에서 이정희 전 후보를 차기 대표로 추대함으로써 긍정적 평가의 정치적 결론은 끌어냈지만, 부정적 평가의 결론은 없었던 것이다. 통합진보당 사태의 주역을 다시 대표로 추대하면서 도대체 무엇을 진정으로 성찰한다는 것인지 의문이 아닐 수 없다.

또한 야권 연대에 대한 자기비판적 평가도 마찬가지 아닌가? 대선 평가에서 통합진보당은 박근혜 독재 정권하에서 반독재 연합 정치의 중요성은 더욱 높아질 것이라며 야권 연대의 강화를 강조했는데, 이렇게 자기비판의 결론은 야권 연대의 폐기가 아니라 오히려 강화로 나타났다. 지난 대선 때 통합진보당의 야권 연대와 후보 단일화는 역대 어떤 선거에서도 보지 못했던 구차하고 치욕스런 것이었다. 그럼에도 김 작가는 민주통합당으로부터 후보 사퇴에 대한 열화와 같은 요청이 있었다고 주장한다. 주지하다시피 이정희 전 후보는 대선 후보를 사퇴하면서 공식적으로 문재인 후보를 지지한다는 말도 하지 못할 정도로 민주통합당에서 꺼려했던 인물이었다. 대선 얼마 전까지도 선거를 책임졌던 박지원 전 원내대표는 대선 후 언론 인터뷰에서 '이정희의 분탕질'이 민주통합당 패배의 한 요인이라고 서슴없이 지적했다. 이런 게 사실인데, 누가 사실관계를 왜곡한다고 주장하는지 모르겠다.

문제의 핵심은 통합진보당 비례대표 경선 부정에 대한 책임 논란에 있다. 이 사건은 검찰 수사에 의해 비례대표 경선에 총체적인 부정이 있었다는 것으로 확인되어 관련자들의 기소로 일단락되었다. 물론 법원에서 시시비비를 다룰 것이고, 실정법상의 판단은 더 기다려야 한다. 통합진보당은 검찰 수사와 기소를 정치 탄압이라고 주장하지만, 그러나 탈당파와의 책임 공방을 보면 비례대표 경선이 부정선거였음을 사실상 인정하고 있다. 다만 부정선거의 대부분은 탈당파가 저지른 것이고, 당권파는 검찰의 끼워 넣기 때문에 희생된 것이라며 당의 책임을 부정하고 있다. 이정희, 이석기, 김재연이 책임질 것이 없다는 것이다.

필자는 통합진보당의 이런 주장이 사실 왜곡이라고 생각하지만, 설령 이 주장을 그대로 받아들인다 해도 이들은 정치적 책임을 지고 물러나야 한다. 왜냐하면 비례대표 경선에서 광범위한 부정행위가 사실이었고, 그 행위가 설령 전적으로 탈당파들이 저지른 것이라 해도 당시에는 이들 모두 통합진보당 당원이었으므로 이 선거는 총체적 부정선거이며, 그 결과는 인정될 수 없기 때문이다. 탈당파들이 가해자와 피해자를 뒤바꾸려 했다면, 그 파렴치한 행태는 물론 용납할 수 없는 것이겠지만, 이 선거가 인정할 수 없는 부정선거라는 점에는 변함이 없고, 진보 정당을 표방한다면 당연히 그 정치적 책임을 져야만 한다.

탈당파만 부정선거를 했는지 당권파도 포함한 당의 전반적인 행태였는지 당밖에 있는 사람들로선 물론 알 수가 없지만, 어느 정도 판단할 수 있는 정황들은 있다. 무엇보다 작년 총선에서 이정희 전 대표의 연루 의혹이 제기된 관악을 경선 여론조사 조작 사건에서 그 행태가 분명히 드러났는데, 이 사건은 작년 말 이미 1심 법원이 선거운동 책임자들에게 실형을 선고한 상태다. 당 대표의 선거운동 책임자들이 여론조사 기관의 여론조사 진행 정보를 빼오고, 일반 전화 190여 대를 설치해 ARS 허위 응답을 통해 여론 조작을 도모한 이 사건을 김 작가는 보좌관의 '실수'라며 이정희의 혐의 없음이 밝혀졌다고 한다.

이런 건 실수라고 하는 게 아니라 '하던 수법'이라고 하는 게 맞다. 이런 행태가 관악을에서만 일어난 것도 아니다. 인천 지역에서도 신창현 통합진보당 경선 후보의 선거 책임자들이 야권 단일화 과정에서 똑같은 수법을 동원해 여론 조작을 도모했다. 새누리당 대표의 선거구에서 이런 작태가 벌어졌어도 당 대표와 무관한 실무자의 실수라는 주장에 김 작가가 공감할 지 정말 묻고 싶다. 이런 사건에 바로 이어서 비례대표 경선 부정 선거 사태가 터졌고, 당권파가 부정선거와 무관하다는 주장을 대중이 받아들이기는 어려울 것이다.

경선 부정 사태에 대한 대중의 비판과 요구는 소박한 것

대중에게 통합진보당의 비례대표 경선 부정 사태는 정치 평론가의 특별한 분석이 필요 없는 단순 명쾌한 문제다. 민주주의 절차라는 최소한의 민주주의도 훼손되었다는 것, 따라서 선거 결과를 인정할 수 없다는 것, 통합진보당은 합당한 책임을 져야 한다는 것이다. 그러나 통합진보당은 처음에는 부정선거가 없다고 부인했고, 부정선거가 확인된 후에는 탈당파가 했다면서 자신들은 책임질 게 없다고 했다. 그러면서 면피성 언사만 늘어놓았다. 이정희는 당내 사태에 책임을 통감한다고도 했고 책임도 지겠다고 했다. 그러나 그건 언제나 빈말이었고, 대선 후보로, 그리고 또다시 당 대표로 정치 일선에서 물러나지 않는다. 자신들에 대한 비판과 비난은 공안 검찰 탓이고, 조중동의 선동 탓으로 돌린다. 자신들의 과오는 실수라고 끌어안고, 똑같은 남의 잘못에 대해서는 가차 없이 공격한다. 진영 논리 속에 갇혀 오류를 정정할 능력을 상실한 통합진보당의 이런 행태가 대중의 눈에 어떻게 비치겠는가? 대중도 이런 정치를 비판할 정도로 정치의식이 높아진 상태다. 더군다나 진보 정당에서 기존 정치와 다를 바 없는 행태가 벌어지고 있고, 이 당에 대한 대중의 불신과 분노가 거셀 수밖에 없다.

신자유주의 야권 연대는 폐기해야 한다

통합진보당에 대한 대중의 비판에는 경선 부정선거 문제를 넘어가는 근본적인 문제들이 내재해 있다. 이는 김 작가가 조롱하는 것처럼 단순하게 진보인 체하는 인사들의 진보 비판의 문제가 아니다. 대중이 통합진보당과 진보 진영을 거부하는 문제이기 때문이다. 민주노동당 창당 후, 특히 2004년 총선 시의 높은 지지와 기대에 비교하면, 진보 진영의 지지는 날로 추락해 왔고, 지난 대선에서는 통합진보당 사태도 작용하여 바닥 상태로 떨어졌다. 필자의 생각으로는 이 지지도 저하의 근본 요인은 종북 논란과 함께 무엇보다도 신자유주의 야권 연대의 오류에 있다. 이는 곧 진보 정당으로서의 당 정체성의 훼손과 관련된 문제다. 김대중, 노무현 정권 이래 반보수 자유주의 연대는 진보 진영 주류의 주요한 운동 전략이었고, 두 정권에 대한 진보 진영 주류의 비판적 지지와 협력은 한국에서 신자유주의가 전면화되는 길을 열어 놓았다. 그리고 이 진보 진영 주류의 중심에 민주노동당과 오늘날의 통합진보당이 있다. 신자유주의 세력인 국민참여당과 합당으로 통합진보당이 탄생하면서 그 경향은 더욱 강화되었고, 당 강령의 개정과 함께 진보 정당의 정체성도 더욱 퇴색했다.

민주노동당과 통합진보당이 그렇게도 MB의 신자유주의 정책과의 투쟁을 부르짖었지만, 실상 한국의 신자유주의는 이렇게 두 개의 자유주의 정권과 이들에 협력한 민주노동당을 통해 확립되었다. 대중에게 진보 진영은 자유주의 정권과 크게 구별되지 않았고, 신자유주의 정책이 가져온 참상 위에서 진보 진영은 김대중, 노무현 정권의 실정 책임을 함께 떠안게 되었던 것이다. 이번 대선에서 야권 연대가 패배한 중요한 이유의 하나도 여기에 있었다. 진보 진영 내에서 진보 진영 주류의 이 연대 전략에 비판이 집중되는 것도 이 때문이다. 이 전략의 폐기 없이는 진보 정치가 신자유주의 비판의 동력을 회복할 수 없는데, 통합진보당은 온갖 수모 속에서도 이 전략을 계속 구걸하겠다고 한다. 새로운 진보 정치는 통합진보당을 넘어 이를 대체하는 속에서만 길이 열릴 것이다.

_ 2013. 2. 5.

반독재 연합 전선의 추억

여야 간 4.24 재보선의 승패를 결정지을 것으로 보이는 노원병의 선거 구도가 민주통합당의 무공천과 야권 후보의 난립 속에 안철수 후보와 새누리당 허준영 후보의 접전인 것으로 나타났다. 이에 따라 야권 연대와 후보 단일화가 다시금 정치적 주목을 받고, 당사자들로부터 그 가능성에 대해 조심스런 반응이 나오는 상황이다. 새삼스럽게 야권 연대가 조심스런 이유는 무엇보다 작년 대선에서 야권 연대가 패배한 후유증 탓일 것이다. 문재인과 안철수의 후보 단일화가 잡음과 앙금을 남긴데다, 통합진보당의 비례대표 경선 부정과 분당 사태로 야권 연대의 또 한 축이 대중으로부터 불신과 비난의 대상으로 전락해 버린 것이다.

　하지만 야권 연대의 어려운 상황은 안 후보 자신에 의해 조성되었다. 안 후보가 노원병 출마를 공식화하면서 야권 연대를 구태의연한 정치 공학으로 규정하고, 자신의 새정치와는 부합할 수 없는 것으로 선을 그었었는데, 뜻밖에도 새누리당 후보와 접전 상태로 몰리게 된 것이다. 안 후보는 야권 연대를 거부하고 새정치를 고수하다 선거에서 패배하면 정치적 생명이 끝날 수도 있고, 그렇다고 이제 야권 연대를 구걸하면 이른바 낡은 정치로 회귀하는 것이어서 자신이 정치에 나설 명분도 없어지게 된다. 안 후보가 이런 딜레마를 면하는 길은 다른 야권 후보자들이 안 후보를 위해 아름답게 사퇴하는 것뿐인데, 타협과 대가 없이 이들이 그냥 사퇴할지는 의문스럽기만 하다.

안철수의 새정치란 게 무언지, 무엇을 지향하는 것인지 모호하기만 하지만, 야권 연대와 후보 단일화가 이렇게 정치적 불신을 받게 된 데는 분명 이유가 있다. 무엇을 위한 야권 연대인지 그 정체성이 불명확하고, 후보 단일화는 다만 선거 승리를 위한 정치적 거래로 비쳐지기 때문이다. 더군다나 야권 연대의 합의를 구속력 있는 결정처럼 강제할 수 있는 제도적 장치가 결여되어 있기 때문에 선거가 끝나면 설령 승리했다 하더라도 그 합의는 빈말이 되기 일쑤다. 아무도 그에 대해 책임지지 않는다. 작년 총선과 대선시 민주통합당과의 야권 연대 합의도 대선이 끝난 후 무책임하게 용도 폐기된 것이 적지 않다. 문재인 후보가 승리했더라도 박근혜 대통령 못지않게 공약 수정 논란이 불거졌을 것이다. 이런 상황에서 진보 진영의 주류가 오로지 야권 연대에 목을 매고 선거 정치를 정치 공학적으로 접근하는 것은 근본적인 오류가 아닐 수 없다.

무엇보다도 통합진보당과 진보연대 등 진보 진영 주류는 한국에서 반독재 연합 전선이라는 운동 전략의 역사적 시효가 신자유주의적 전환과 함께 이미 끝났다는 사실을 인식하지 못하고 있다. 지금도 반독재 연합 전선의 관점에서 반MB, 반박근혜 야권 연대를 운운하는 것은 이 전략의 추억에 사로잡혀 현실의 변화를 따라가지 못하는 이론적 태만과 무능을 드러내는 것이다. 반독재 야권 연대든 비판적 지지든 이 전략은 부르주아 민주주의 질서를 형식적으로도 실질적으로도 부정한 유신과 군부독재 시기까지 유효했던 것으로, 적어도 김대중 정권의 등장과 함께 이 전략 과제는 해소되었다. 1997년 외환 위기하에서 신자유주의 집권 프로그램으로 당선된 김대중 전 대통령은 이른바 워싱턴 컨센서스의 충실한 집행자였고, 결국 이 정권에 대한 비판적 지지는 한국 사회의 신자유주의적 재편이라는 참극을 불러왔다. 그래도 이 정권 이래 10년의 자유주의 정권을 통해 완전하진 않지만 군부 지배의 유산을 청산했다는 의의를 부정할 수는 없다. 당연히 신자유주의하에서의 운동 전략은 더 이상 반독재 연합 전선이 아니라 신자유주의를 넘어가기 위한 반신자유주의 전선이 되어야 한다.

이전의 MB정권도, 지금의 박근혜 정권도 이전의 자유주의 정권과 마찬가지로 신자유주의 권력이며, 결코 부르주아 민주주의를 부정하는 독재 정권이라고 규정할 수는 없다. 두 개 정권 모두 이전의 김대중, 노무현 정권과 함께 동일한 헌법적 토대를 갖는 정권이어서 독재 정권이라는 규정은 사실 어불성설이다. 또한 현재의 정치 지형과 대중의 정치의식을 감안하면, 보수주의 정권하에서 유신 독재로 회귀할 위험이 존재한다고도 할 수 없다. 따라서 진보 진영에서 어떻게든 박근혜 정권을 유신 독재와 연관시키고자 동원하는 각종 언사들은 실제 관계를 왜곡하는 정치 선동일 따름이다. 나아가 이에 입각한 반독재 야권 연대 전략은 새누리당의 신자유주의를 민주통합당의 신자유주의로 교체하는 결과나 가져올 것이므로, 오히려 한국에서의 신자유주의의 지배를 고착시켜 줄 뿐이다.

물론 반독재 야권 연대를 폐기하고 반신자유주의 전선을 주장하면, 사실상 새누리당 정권을 지원하는 거나 마찬가지 아니냐는 반론과 우려도 있다. 진보를 가장한 반동이라는 것이다. 하지만 전략 문제는 정세를 판단하는 원칙의 문제이다. 여기서는 신자유주의 정세와 그 정치적 대항 관계에 대한 과학적 분석이 관건이다. 이런 원칙적 관점에서만 비로소 묻지마 야권 연대가 아니라 반신자유주의 동력의 강화 문제를 사고할 수 있다. 이러한 원칙적 관점에 입각한다면 경우에 따라 사안별 반새누리당 야권 연대도 굳이 반대할 생각은 없다.

_ 〈미디어오늘〉, 2013. 4. 7.

뉴라이트로부터 안철수까지,
사회적 시장경제가 뭐기에?

지난 19일 안철수의 싱크탱크 '정책네트워크 내일'의 창립 기념 심포지엄을 통해 드디어 안철수의 새정치가 모습을 드러냈다. '내일' 이사장인 최장집 교수에 의해 제시된 새정치의 이념적 좌표는 다원주의적 민주주의와 진보적 자유주의다. 언론 보도에 따르면 안 의원의 측근 송호창 의원은 이 진보적 자유주의가 독일 집권보수당인 기독교민주연합(CDU)의 정치적 지향과 유사하다고 했다. 최장집 교수도 발표문에서 독일의 사회적 시장경제가 자신도 참여했던 김대중 정부의 민주적 시장경제의 연장선상에 있다고 했고, 진보적 자유주의를 실현할 경제 모델로 보았다.

그간 안개에 싸여 있던 안철수의 이른바 새정치란 이렇게 풀어놓고 보니 새로운 것이 전혀 없는 셈이다. 안 의원이 자신의 이념을 위해 정치를 해 온 것이 아니라, 거꾸로 정치를 하겠다고 이념과 정책을 급조해야 하는 상황이었던 만큼 당연한 일이지도 모른다. 최 교수가 한국의 정치 상황에서 새로운 정치 상품으로 포장을 하고자 했어도, 다원주의와 자유주의 그리고 사회적 시장경제는 모두 정치학과 경제학의 오래된 서고에서 꺼낸 것이고, 정치경제적 실천에서 이미 역사적 평가를 거친 것이다.

현실 정치권에서 하나같이 새로운 게 없다는 반응이 나오는 것도 이런 맥락에서 보면 당연하다. 한국에서도 손학규 민주당 전 대표, 유시민, 이정우 교수 등 노무현 정부의 인물들이 모두 진보적 자유주의를 내걸었다는 것이다. 또 주지하다시피 김대중 정부와 노무현 정부는 사회적 시장경제를 차용한 민주적 시장경제를 내걸었었다. 아무래도 새정치로 다시 들고 나올 대상은 아닌 것이다.

더군다나 사회적 시장경제가 진보적 자유주의라는 주장은 정말 사실과 역사를 왜곡하는 것이다. 독일 CDU는 유럽의 대표적인 보수정당인데, 보수당의 자유주의가 진보적 자유주의일 수가 없다. 사회적 시장경제는 독일 신자유주의(질서자유주의)의 경제사상이자 경제정책으로서 보수적 자유주의를 표현한다. 최 교수의 주장과는 달리 경제사상적으로 진보적 자유주의란 케인스의 자유주의, 사회적 자유주의를 지칭하는 것이다.

최 교수는 진보적 자유주의의 '진보'의 의미가 신자유주의의 폐해와 상처를 정정하고 치유하는 것이라고 한다. 하지만 독일 신자유주의와 사회적 시장경제는 결코 이런 의미에서의 진보가 아니다. 1980년대 이래 독일에서 사민주의와 케인스주의의 역사적 성과를 해체시키고 신자유주의적 전환을 가져온 반동의 중심이 바로 CDU의 사회적 시장경제였기 때문이다. 또한 교조적인 신자유주의 긴축으로 유로 존의 현재 위기를 심화시키고 더블딥에 빠지게 한 것도, 신자유주의 구제금융으로 그리스 등 채무 위기 국가를 긴축과 침체 그리고 사회보장 해체로 몰아가는 것도, 유로존 헤게모니 국가인 독일과 그 집권당 CDU인 것이다. 결국 최 교수는 신자유주의의 폐해를 신자유주의로 극복하겠다는 것인데, 이것은 진보는커녕 새정치도 아니며, 다만 대중을 현혹하고 기만하는 행태가 아닐 수 없다.

사회적 시장경제는 이미 1990년대 초 김영삼 정부 때부터 수용되기 시작했다. 현재 뉴라이트의 중심 인물인 안병직 교수 그룹과, 이진순 전 KDI 원장 등 경실련 주변의 경제학자들이 선구적으로 사회적 시장경제를 한국 경제의 대안으로 제시했다. 민주적 시장경제를 집권 전략으로 제시한 김대중 정부에서는 사회적 시장경제가 정부의 공식적인 경제정책의 위상까지 가졌다고 할 수 있다. 이를 계승한 노무현 정부에서도 그렇고, 참여연대 등 시민단체에서 활동하는 경제학자들 대개가 알게 모르게 사회적 시장경제론에 입각해 있다. 뉴라이트로부터 민주당, 이른바 진보적 시민단체 그리고 안철수 진영까지 모두 똑같은 사회적 시장경제를 내세우면서 보수니 중도니 진보니 하면서 자신들의 정치색을 구분하고 있는 것이다.

이런 현상은 한국의 보수파와 중도파 그리고 이른바 진보파까지 경제정책의 뿌리가 동일하다는 것을 말해 준다. 물론 색채는 조금씩 다를 수 있지만, 근본이 다른 것은 아니다. 필자로서는 보수파 뉴라이트의 사회적 시장경제가 아마도 이론적으로도 정치적으로도 가장 일관된 것이라 생각한다. 사회적 시장경제는 원래 보수적 자유주의의 산물이었기 때문이다. 이 사회적 시장경제가 진보로 둔갑되어 이른바 진보 진영의 경제정책으로 자리 잡게 된 것은 실로 한국 진보 운동의 블랙 코미디라 하지 않을 수 없다.

한국의 진보 진영이 기대하는 독일의 높은 사회복지 수준은 사회적 시장경제가 가져다 준 것이 아니다. 그건 한편에서 사회주의와 사민주의 그리고 노동조합의 강력한 힘과, 다른 한편에서는 제국주의 국가 독일의 높은 생산력 때문이다. 생산력 수준이 독일에 못 미치는 한국에서 획기적으로 사회복지 수준을 높이고자 한다면, 사회적 시장경제를 버리고 사회주의와 사민주의 운동을 강화하지 않으면 안 된다. 그것이 진정한 이 시대 진보의 길이다.

_ 2013. 6. 30.

IV

경제민주화 논쟁에 대하여

헌법 제119조 2항 삭제 요구는 재벌들의 자폭 행위

지난달 초 전경련 산하 한국경제연구원의 한 토론회에서 헌법 제119조 2항의 삭제 여부가 다시 논란이 되었다. 새누리당과 민주통합당 할 것 없이 정치권은 한목소리로 이른바 경제민주화 조항인 이 조항의 삭제 요구를 비판했다. 헌법도 무시하는 재벌들의 시대착오적 발상이라며 경제민주화와 재벌 개혁의 의지도 분명히 했다. 개혁 성향의 경제학자들과 헌법학자들도 가세하면서 재벌들과 한국경제연구원은 수세에 몰린 느낌이다. 새삼 이 조항이 쟁점으로 제기된 것은 두말할 것도 없이 연말로 다가온 대선 때문이다. 여야 간에 대선 득표 전쟁이 시작되었고, 재벌의 탐욕과 독점력에 대한 규제 입법들이 경쟁적으로 제안되는 상황에서 재벌들은 이에 공세적으로 대응할 필요가 있었을 것이다. 그러나 대선 국면에서 이런 공세는 재벌들을 더욱 궁지로 내몰 뿐이다. 새누리당조차 이 국면에서는 재벌들의 우군이 될 수 없기 때문이다.

제119조 2항은 통상 경제민주화 조항으로 알려졌고, 또 정치적 논쟁에서도 그러한 관점에서 토론되고 있지만, 이 조항은 실은 경제민주화 문제를 훨씬 넘어서는 내용을 담고 있다. 이 조항은 경제의 성장과 안정 및 소득분배, 독점 규제 그리고 경제민주화를 규정하고 있어, 경제민주화만이 아니라 국가의 경제 개입을 포괄적으로 규정하고 있다. 이는 국가 개입 없이는 자본주의 시장경제

가 생존할 수 없는 현대 자본주의의 역사적 현실을 반영하는 것이며, 다름 아닌 (국가)독점자본주의 단계의 헌법적 표현이라 할 수 있다.

오늘날은 보수파가 그렇게 소리 높여 외쳐 대는 자유 시장경제란 현실에 존재하지 않고, 독과점의 지배와 국가 개입이 일반적이다. 자본주의 체제는 왜 이렇게 변했을까? 그건 이 체제의 모순으로 불가피하게 발생한 공황과 대위기 때문이며, 자본주의의 위기에서 국가가 자본주의를 구원하기 위해선 시장경제에 포괄적으로 개입하지 않으면 안 되었다. 1930년대 대공황 이래로, 가깝게는 2008년 금융 위기에서 본 바처럼 자본주의는 국가 개입에 의지하지 않고서는 이제 존립이 불가하다. 절정기를 지나 그만큼 노쇠해진 것이다.

따라서 단순히 경제민주화라는 문제로 이 조항의 삭제 여하를 논쟁해서는 안 되며, 이 조항의 삭제 여하가 한국 자본주의의 존립 여하와 관계된 것이라는 점을 인식할 필요가 있다. 따라서 어떤 경우에도 이 조항의 삭제를 용납해서는 안 된다. 물론 이 조항을 삭제하더라도 국가는 예컨대 제23조 2항(재산권 행사의 제한)이나 제37조 2항(자유와 권리의 제한) 같은 다른 조항들에 근거해 경제 과정에 개입할 수도 있다. 또한 우리 헌법 제9장 전체(제119조~127조)가 경제와 관련된 조문이며, 제119조 외의 각 조문에서 자연 자원 및 국토 개발과 이용, 농지 사용, 농어업과 중소기업 육성, 소비자 보호, 대외무역, 국영화, 과학기술 등과 관련한 국가 개입을 각각 개별적으로 규정하고 있다. 그러나 어느 조항도 제119조 2항처럼 경제의 성장과 안정을 위한 포괄적인 국가 개입을 규정하는 것은 아니며, 따라서 다른 조항들로 이 조항을 대체할 수는 없다.

그동안 한국의 고도성장은 국가의 경제 개입에 크게 의존했고, 국가의 개입과 지원은 재벌 성장의 원동력이었다. 이 헌법 조항이 녹하 경제민주화라는 쟁점으로 제기되는 이유는 경제 성장과 안정이라는 이름하의 국가 개입이 그동안 친재벌적 경제정책으로 경도되었기 때문이다. 특히 신자유주의하에서 소득 불평등과 양극화가 심화함에 따라 대중의 불만은 고조되었고, 따라서 이 조항에 입각해 소득분배와 독점 규제 그리고 경제민주화에 대한 요구가 분출할 수밖에 없었다. 그럼에도 국가의 지원으로 탐욕스럽게 자본을 축적한 재벌들이 경제민주화가 자유 시장경제의 질서에 반하는 것이라며 이 조항을 삭제하자는 것은 어불성설이 아닐 수 없다. 1997년 외환 위기에서도, 가깝게는 지난 금융 위기에서도 국가 개입과 공적 자금 투입을 통해서만 생존했던 재벌들이 가당치도 않게 이 조항의 위헌성을 제기하고 있는 것이다.

이 조항을 삭제하면 평시에도 위기 시에도 국가 개입은 제한되며, 그건 재벌들의 기대처럼 경제민주화를 막는 것만이 아니라 역설적이게도 재벌 체제 자체의 붕괴를 가져올 것이다. 국가 개입을 막고 재벌들이 살아남을 수는 없기 때문이다. 말하자면 이런 요구는 재벌들 스스로 무덤을 파는 자폭 행위가 아닐 수 없다. 재벌 체제의 붕괴야 대중이 쌍수를 들어 환영하겠지만, 문제는 재벌 체제 붕괴만이 아니라 한국 자본주의 자체의 와해로 이어질 것이라는 점이다. 따라서 이 조항의 삭제 요구는 실로 시대착오적인 것이다. 현대 자본주의에선 성장과 안정을 위한 국가 개입이 절대적으로 필요하기 때문이다. 이런 점에서 단지 독점 규제와 재벌 개혁을 위한 국가 개입만 주장하고 시장경제에의 개입은 관치 경제라며 비판하는 것은 진보 진영이 취할 올바른 태도가 아니다. 시민단체들에서 흔히 볼 수 있는 이런 관점은 국가의 전면적 개입을 불가피하게 하는 현대 자본주의의 역사적 발전에 합당한 대안이 아니다.

_ 2012. 7. 8.

전원책 원장의 무지와 억지

헌법 제119조 2항 삭제 문제가 논란이 된 이후 반재벌 여론이 후폭풍처럼 몰아쳤다. 급기야 발표를 담당했던 당사자 자신이 헌법 제119조 2항 삭제를 요구한 것은 아니라고 적극적으로 해명하는 상황까지 벌어졌다. 그럼에도 이번에는 전경련의 이념을 대변하는 자유경제원의 전원책 원장이 반발하고 나섰다. 경제민주화란 정치경제학적으로 연원도 알 수 없는 용어이고 이런 정체불명의 헌법 조항으로 정치권이 재벌 때리기에 나선다는 것이다. MBC 라디오 〈손석희의 시선집중〉에 출연해 그가 던진 말이다. 〈매일경제〉 등 보수 언론도 정치권에서 회자되는 경제민주화의 개념이나 정의가 혼란스럽다며 경제민주화에 대한 공세를 이어 갔다.

그러나 경제민주화와 경제민주주의는 노동자 운동과 사민주의의 오래된 이념이며, 오늘날 유럽의 많은 국가에서 일정하게 제도화되었고, 또한 정치경제학적으로도 명확한 개념과 이론 체계를 갖추고 있다. 독일에서는 이미 바이마르 공화국하에서 독일노동조합총동맹ADGB에 의해 경제민주주의의 요구가 제기되었고, 1928년 나프탈리F. Naphtali가 그 개념과 이론 그리고 요구를 체계적으로 제출했다. 전후에도 1949년 독일노동조합동맹DGB 기본강령에서, 그리고 1960년에는 그것에 입각한 독일금속노조 위원장 브레너O. Brenner에 의해 매크로 수준, 메조 수준 그리고 마이크로 수준의 3단계 경제민주주의의 구상이 제시되었다. 나아가 1970~80년대 이래 세계경제의 구조 위기를 배경으로 경제민주주의론은 경제 위기를 극복할 수 있는 대안으로 새롭게 주목받았다. 1980년대 말 독일 통일과 현실 사회주의의 붕괴, 그리고 독일 사민당의 우경화에 따라 사민당과 DGB 지도부에서는 경제민주주의 논의가 명백히 퇴조했지만, 노동조합 내에서는 아직도 경제민주주의의 전통이 뿌리 깊게 남아있다. 특히 양극화, 투기와 금융 위기 등 신자유주의의 폐해와 참상이 심화하면서 2000년대 이래 사민당 밖의 좌파들을 중심으로 경제민주주의는 신자유주의와 주주자본주의에 대항하는 유력한 대안으로 다시 집중 토론되고 있다.

경제민주주의는 근본적으로 자산 소유자에 의한 독재적·전일적 의사 결정이 지배하는 자본주의 시장경제에 대한 민주화를 표방한다. 자본주의하에서는 1인1표의 부르주아 민주주의가 확립된 정치 세계와 달리 경제 세계는 자산 소유자의 독재와 근로 대중의 종속이라는 경제적 불평등이 지배한다. 경제민주주의는 소유권 행사에 대한 사회적 제약을 통해 그 처분권을 제한할 뿐 아니라 근로 대중에게도 자산 소유에 입각하지 않은 결정권을 도입함으로써 불평등한 시장경제 질서를 민주화하고자 한다. 따라서 경제민주주의의 핵심은 소유권에 대한 문제 제기이며, 국가와 근로 대중에 의한 소유권 행사의 제약, 경제와 기업에서의 노자 공동 결정권에 있다. 물론 경제민주주의의 구상은 주요 산업과 금융기관의 사회화(혼합경제 지향), 국가의 경제 개입을 통한 완전고용과 사회보장, 국가의 계획과 경제 조절, 재벌의 통제와 규제, 국가 정책 기구 및 경제와 기업 심급에서의 공동 결정권 등에 걸쳐 있다. 이것이 역사 속에서 발전되어 온, 부정할 수 없는 경제민주주의의 개념과 내용이다.

경제민주화와 경제민주주의가 정체불명의 개념이며 포퓰리즘의 도구라는 주장은 이렇게 무지에 근거한 억지주장일 뿐이다. 자신의 관점에서 헌법 조항의 삭제를 주장할 수는 있겠지만, 역사 사실을 부정하는 무지를 논거로 논쟁할 수는 없다. 요즘과 같은 인터넷과 정보화 시대에는 조금만 검색해 보아도 이런 역사를 접할 수 있다. 그런데도 경제연구소 원장이라는 인물이 어디에서도 이런 개념은 찾아볼 수 없다고 강변하는 게 한심하기만 하다. 경제민주화와 헌법 논쟁에 대해 자유경제원은 앞으로 입을 다물어야 할 것이다.

경제민주주의의 역사에 대한 무지는 사실 전원책 원장이나 보수 언론만의 문제가 아니다. 이들이 문제 삼고 있는 진보·개혁 진영의 경제민주화 논쟁도 경제민주주의의 이론적 전통과 단절된, 매우 기형적인 구도로 진행되고 있다. 왜냐하면 원래 경제민주주의의 핵심은 소유권의 문제이며, 소유권에 입각하지 않더라도 소유권을 제한하고 통제하자는 이념인데, 한국에서는 소액주주 운동이나 순환 출자 금지 같은 자산 소유자 간의 민주주의(주주민주주의)와 신자유주의 재벌 개혁이 핵심 쟁점이기 때문이다. 또한 경제민주주의가 오늘날 독일에서는 사회적 시장경제와 주주자본주의에 대한 대안으로 그 확대가 논의되고 있는 반면, 한국에서는 어처구니없게도 사회적 시장경제와 주주자본주의가 경제민주화로 둔갑하고 있기 때문이다. 이런 걸 경제민주화 논쟁이라 할 수 있을까? 역사적 논의와 단절된 정체불명의 경제민주화가 논쟁의 주류를 이루는 건 아마도 우리의 이른바 경제민주화론자들도 경제민주주의의 역사에 대해 무지하기 때문으로 보인다. 이런 점에서 보수 언론과는 정반대의 의미에서지만 경제민주화의 개념과 정의가 극히 혼란스럽다고 할 수 있다. 목하 경제민주화 논쟁을 그 개념과 역사에 어울리게 진보적인 방향으로 시급히 전환해야 한다.

_ 2012. 8. 6.

복거일 씨,
경제민주화로 소설을 쓰나

한국 사회의 경제민주화 논쟁은 그 역사적 연원이나 전통과 무관하게 재벌 개혁 논쟁이란 기형적인 형태로 축약되어 전개되고 있다. 〈동아일보〉(2012년 7월 6일 자 "동아쟁론: 경제민주화")에서 최정표 교수와 복거일 씨 사이의 논쟁 또한 그런 재탕의 하나일 뿐이다. 전자가 1원1표의 주주민주주의 관점에서 재벌개혁을 경제민주화로 포장한다면, 후자는 아이러니하게도 동일한 자유 시장의 관점에서 재벌 지배 체제를 변호하고 있다. 전자는 정부 규제를 통해 자유 시장경제를 확립하자는 것이고, 후자는 자유 시장경제를 내버려 두면 재벌 지배는 없어진다면서 정부 규제를 반대한다. 복거일 씨가 경제민주화를 가당치도 않게 마르크스주의의 요구라고 이념 공세까지 퍼붓고 있지만, 실은 양자 모두 자유 시장경제 질서를 동일한 이념으로 삼고 있다. 다만 방법론이 다를 뿐이다. 이렇게 우리 사회에서 자유주의와 보수주의는 외견상으로만 피 튀기게 싸울 뿐이며, 이들이 지향하는 사회는 동일하게 자유주의 시장경제다. 이들은 모두 자유주의 시장경제의 전도사들이자 수호자들이다.

이와 같은 기형적인 경제민주화 논쟁은 경제민주주의의 진정한 핵심을 가려 놓고 경제민주주의의 진보를 가로막는다. 경실련과 참여연대·경제개혁연대의 경제민주화론도 전경련과 한국경제연구원의 자유 시장경제론도 이 점에서는 모두 한통속이다. 물론 이들이 의도적으로 경제민주화 논쟁을 왜곡하는 것으로 보이지는 않는다. 기본적으로 이들은 경제민주주의의 역사에 대해 무지하기 때문에 왜곡이니 기만이니 이런 말이 필요 없다. 다만 이들에게는 무지가 논거일 뿐이다. 그래도 복거일 씨의 주장은 정도가 지나치다. 경제민주주의가 원래 마르크스주의의 요구였고, 마르크스주의와 사회주의가 패배한 후 마르크스주의의 위장된 요구로서 재벌 개혁과 경제민주화가 제기되고 있다는 것이다. 무지가 하늘을 찌른다.

한국에서 경제민주화를 주장하는 세력들이 누군가? 경실련, 참여연대, 민주통합당, 그리고 심지어 새누리당까지 경제민주화를 주장한다. 그러면 이들이 재벌 개혁이란 요구로 위장한 마르크스주의자라는 말인가? 그렇다면 지금 한국에는 마르크스주의가 기승을 부리는 거고, 지난 10년 동안의 김대중·노무현 정권도 사회주의 정권이었다는 말이다. 복거일 씨는 지금도 보수에 대한 비판은 모두 마르크스주의라는 시대착오적 색안경을 걸치고 있거나, 아니면 본업에 충실하게 소설을 쓰고 있는 모양이다. 도대체 세계 어느 나라, 어떤 사람이 남한에서 마르크스주의·사회주의 정권이 집권했다고 생각할까? 세상의 웃음거리다.

복거일 씨의 주장과 달리 경제민주주의는 마르크스주의의 요구가 아니라 마르크스주의를 수정한 사민주의의 요구로 정식화되었다. 세계 사회주의 운동이 이미 공산주의자들과 사민주의자들로 분열된 시대에 사민주의 노동운동의 새로운 전략으로 제출된 것이 경제민주주의였다. 1928년 함부르크 대회에서 독일노동조합총동맹은 경제민주주의 요구를 결의했고, 이 대회에 나프탈리를 책임자로 하는 집단 저작 〈경제민수주의〉가 그 이론적 토대로 제시되었다. 이 집단 저작의 작업 방침은 힐퍼딩 등의 자문을 받고 확정되었다. 경제민주주의론은 독점자본주의 단계로의 자본주의의 발전을 배경으로 하여 조직자본주의론과 진화론적 개량주의에 입각해 구상되었다. 즉 독점과 카르텔의 발전, 그리고 국가 부문의 확대에 따라 당대의 사민주의자들은 독점과 국가 부문에 대한 통제와 확대를 통해 점진적으로 사회주의로 이행할 수 있다고 주장했던 것이다. 경제민주주의는 말하자면 자본주의로부터 사회주의로의 이행의 형태라는 것이다.

그러나 경제민주주의의 요구와 함께 사민주의는 독점자본의 국유화를 통한 사회주의로의 이행을 단지 먼 미래의 목표로 치워 놓았고, 독점자본과 국가의 통제 문제를 당면한 과제로 제기할 뿐이었다. 즉 사민주의 운동은 경제민주주의론과 함께 독점자본의 소유권을 더 이상 문제 삼지 않았고, 다만 소유권의 행사를 제한하고 통제하는 문제로 그 중심을 이동시켰던 것이다. 제2차 세계대전 종전 이래 사민주의가 점차 더욱 우경화되고 급기야 사회주의 강령을 폐기함으로써 오늘날 경제민주주의론은 더는 사회주의와 관련이 없다. 이렇게 경제민주주의의 핵심은 소유권이 없는 노동자계급이 자본 소유자의 독재적 결정권을 제한하고 통제하는 것이며, 나아가 국가에 대한 노동자계급의 개입과 통제를 확대하자는 것이다. 한국의 논쟁에서처럼 자유 시장경제와 주주민주주의를 확립하자는 것이 결코 아니다.

복거일 씨의 주장과 달리 당대의 마르크스주의자들은 경제민주화론을 부르주아 국가의 환상에 사로잡힌 개량주의라고 비판하며 이것과 투쟁했다. 마르크스주의자들은 자본주의 질서하에서 경제민주주의가 도대체 가능한지, 경제민주주의를 통해 정말 사회주의로 이행할 수 있는지, 또 경제민주주의를 통해 노동자계급의 상태가 실제로 개선될 수 있는지에 대해 논쟁했고, 부르주아 국가와의 단절과 사회주의로의 이행을 통하지 않고는 이 길이 불가능하다고 주장했던 것이다.

_ 2012. 9. 3.

'1원1표주의' 재벌 개혁은
퇴행적 경제민주화

한국 경제민주화 논쟁의 기본 축은 재벌 규제와 복지국가다. 주지하다시피 '재벌 개혁론 대 복지국가론'의 논쟁 구도가 형성되었다. 하지만 논쟁 과정을 통해 양자는 상당히 접근한 상태다. 재벌 개혁론이 복지국가를 배제하는 것도 아니고, 복지국가론이 재벌 규제를 반대하는 것도 아니다. 결국 재벌 개혁도 하고 복지국가도 확대하자는게 경제민주화 논쟁의 현재 결과다. 이렇게 정리하면 더 이상 문제되지 않을 것 같지만, 재벌 규제와 복지국가는 별개의 두 개 영역이 아니라 밀접하게 연관된 문제다. 어떻게 재벌 규제도 하고 복지국가도 할 수 있을까, 이 연관에 대한 올바른 이해가 경제민주화 구상의 핵심을 이룬다. 역으로 말하면 이는 기존의 경제민주화 논쟁에 대한 비판의 관점을 제공한다.

독과점의 지배와 국가 부문의 확대는 자본주의의 발전에 따른 일반적인 경향이고, 20세기 이래 역사적 현실이다. 이는 자본주의 시장경제 위기의 표현이자 동시에 위기에 대한 적응 형태다. 즉 사본수의 생산의 고도화에 따라 이윤율의 저하와 함께 위기가 심화했고, 사적 소유와 시장 경쟁을 통해 자본주의를 조절하는 것은 점점 불가능하게 되었다. 따라서 위기극복과 자본주의의 생존을 위해서는 시장을 독점적으로 조직하고 국가 개입을 확대하는 것이 불가피하게 되었다. 1870~90년대의 대불황, 1930년대의 대공황은 이와 같은 역사적 전환을 가져온 자본주의의 대위기였다. 사적 소유 대신에 사회적 또는 국가적 소유의 확대, 시장 경쟁 대신에 국가 계획과 규제의 강화, 요컨대 사회화가 이 전환의 주요 내용이었다. 이런 변화에 조응해서 노동자들도 비로소 대규모 노동조합을 조직할 수 있었고, 국가 개입의 확대를 복지국가의 요구와 결합시킬 수 있었다.

따라서 재벌 규제와 복지국가의 확대는 사회화의 일층의 진전을 통해 달성할 수 있는 것이지, 사적 소유의 원리와 시장 경쟁을 강화하는 방식으로는 결코 이룩할 수가 없다. 재벌의 지배 체제를 해체해서 19세기 자유경쟁 질서로 가져가고 1원1표주의 경제민주화를 실현하자는 신자유주의 재벌 개혁론은 (국가)독점자본주의의 역사적 변화와 현실을 보지 못하는 것이다. 그것은 역사의 발전을 뒤집어 놓자는 퇴행적인 경제민주화며, 실현될 수 없는 세계를 꿈꾸는 일종의 망상이다. 이 때문에 현실적으로는 이들도 감히 자유경쟁 질서를 주장하지 못한다. 실로 경실련, 참여연대, 경제개혁연대 등은 기업 지배 구조 개선이라는 정책 처방에서 재벌 지배 체제의 해체가 아니라 규제를 제시할 뿐이다. 재벌의 문어발식 계열 지배를 제한하고, 시장 경쟁을 강화하며, 지배주주 또는 실질적 경영자인 재벌 총수의 책임을 명확히 하자는 것이다.

이러한 방식의 재벌 규제는 분명 재벌의 권력을 제한하는 것이기는 하지만, 기본적으로 주주 지배의 원리와 시장 경쟁의 강화라는 시장 친화적 국가 개입의 수준을 넘어서지 못한다. 주주 원리와 시장 경쟁에 입각한 재벌 개혁은 기본적으로 자본주의의 사회화에 역행하는 방식의 재벌 규제며, 따라서 한편에서 신자유주의 재벌 개혁을, 다른 한편에서 복지국가를 주장하는 것은 모순적이다. 이는 말하자면 신자유주의와 케인스주의를 절충 또는 혼합하자는 주장과 다를 바 없다. 이런 모순을 인식하지 못하고 재벌 개혁도 하고 복지국가도 하자는 것, 이것이 우리의 경제민주화 논쟁의 결론이다. 그런데 신자유주의를 케인스주의로 포장하면, 과연 미래 한국의 복지와 경제민주화가 보장될까? 문제는 바로 여기에 있다.

신자유주의는 자본주의의 사회화라는 역사적 경향에 대한 반동적 경제정책이었고, 2008년 금융 위기는 케인스주의적 사회화(독점자본의 통제와 복지국가, 이른바 혼합경제)의 해체의 대가가 얼마나 막대한가를 보여주었다. 케인스주의가 인플레와 불황 그리고 재정 위기를 가져왔다고 신자유주의자들이 공격했지만, 신자유주의가 가져온 위기의 심화와 확산, 충격에 비교하면 케인스주의가 파산한 1970년대도 고성장과 건전 재정의 시기였다고 할 수 있다. 우리의 경제민주화론자들은 영미권 신자유주의든 독일권 신자유주의든 위기를 가져온 이 신자유주의를 추구하고 있다. 이들은 지난 위기로부터 어떤 교훈도 얻지 못했다고 할 수밖에 없다. 신자유주의 재벌 개혁을 통해 한국 경제의 성장과 복지를 도모할 수 있다고 주장하는 것은 위기의 원인과 결과, 앞뒤 관계를 뒤집어 말하는 것이다.

신자유주의와 금융 위기, 저성장과 대량 실업, 복지국가의 위기와 국가 채무 위기로 오늘날 선진 자본주의는 몰락의 기로에 서 있다. 이제 신자유주의와 복지국가의 결합으로 위기를 넘어 복지국가로 나아가기는 어렵다. 신자유주의는 말할 것도 없고, 케인스주의도 이제는 역사의 대안이 아니다. 사회화와 복지국가의 확장만이 진정으로 경제민주화와 위기 극복으로 가는 유일한 길이다.

_ 2012. 11. 8.

뒤죽박죽 장하준의
경제민주화론

한국의 경제민주화 논쟁은 좌우에 걸쳐 있다. 경제민주화론은 참여연대·경제개혁연대 등이 주도적으로 제기했고, 장하성·김상조 교수가 그 대표적 인물이다. 이들의 오른쪽 전선에서는 '경제민주화 대 자유 시장경제'가, 그리고 왼쪽 전선에서는 '경제민주화 대 복지국가'가 대립하고 있다.

　우파 전선의 논쟁 상대는 재벌과 재벌 연구소들이다. 이 전선이 현재 경제민주화 논쟁의 주요 전선이다. 양자는 여기서 첨예하게 다투는 것처럼 보이지만, 실상은 경제민주화론자와 재벌 모두 이상과 목표가 동일하다. 자유 시장경제를 실현하자는 것이다. 즉 이 전선은 자유주의 또는 신자유주의의 전선이다. 다만 방법은 상이하다. 재벌 쪽에서는 시장 경쟁에서 진화적인 방식으로 재벌을 지양할 수 있다고 주장하고, 경제민주화론자는 정부 규제를 통해 재벌 지배 구조를 개혁해야 한다고 주장한다. 그러나 소유 지분에 비례하는 기업 지배와 자유 경쟁 질서라는 자유주의의 이상은 자본주의의 지나간 역사에 속하는 것이다. 20세기 이래 독점자본주의 100년의 역사가 그것을 말해 준다. 시장 경쟁을 통해서도, 또 정부 규제를 통해서도 독점자본주의는 지양될 수 없고, 자유 시장경제는 결코 달성될 수 없다. 양자 모두 바꿀 수 없는 독과점의 현실을 자유 시장경제로 바꿀 수 있는 것처럼 왜곡한다는 점에서 이 논쟁은 기만적인 이데올로기 역할을 수행하고 있다.

좌파 전선에서는 장하준 교수 등이 복지국가의 관점에서 경제민주화론을 비판하고 있다. 이들은 신자유주의 재벌 개혁은 경제민주화가 아니라고 주장하고, 이른바 재벌 과세와 복지국가 실현을 경제민주화의 핵심으로 파악한다. 이를 위해서 재벌의 지배 구조와 경영권 장악을 용인할 수 있다며 이른바 재벌과의 대타협 또는 빅딜을 제기한다. 이는 말하자면 사민주의 전선이다. 1원1표주의를 표방하는 재벌 개혁론이 한국 자본주의를 주주자본주의로 재편하려는 신자유주의 기획이라는 이들의 비판은 정곡을 찌르는 것이다. 1원1표주의가 아니라 1인1표주의가 진정한 경제민주화라고 장하준 교수는 주장한다. 이것 또한 경제민주화의 핵심을 지적한 것이라 할 수 있다. 그러나 경제민주화를 위해 재벌 지배 구조와 복지국가의 빅딜을 주장하는 순간, 장 교수의 경제민주화론은 신자유주의 재벌 개혁론만도 못한 재벌 변호론의 구상으로 전락하고 만다.

재벌 지배 구조를 용인한다는 것은 재벌의 특권적인 1원50표주의를 문제 삼지 않겠다는 것이다. 이는 장 교수가 진정한 경제민주화라고 주장하는 1인1표주의를 무색하게 만드는 것일 뿐 아니라 자신이 비판하는 1원1표주의 경제민주화만도 못한 것이다. 장 교수는 단지 경제민주화론을 비판하기 위해서만 1인1표주의라는 민주적 원리를 들이댈 뿐이고, 복지국가 주장으로 넘어갈 때는 재벌의 1원50표주의를 용인하자고 한다. 그에 있어서는 경제민주화와 복지국가가 어떻게 연관되어 있는지 쾌도난마는커녕 뒤죽박죽으로 엉켜 있고, 따라서 경제민주화도 복지국가도 허공의 신기루를 좇는 꼴이 되고 만다.

장 교수는 자본주의하에서 1인1표주의 경제민주화가 어떻게 가능한지, 그 조건을 이해하지 못한다. 경제에서 1인1표수의가 확립되기 위해서는 주식회사 소유를 사회적 소유, 국가적 소유로 전환하는 것이 전제되어야 한다. 공동의 소유에서만 비로소 1인1표주의가 적용될 수 있기 때문이다. 장 교수처럼 재벌의 사회화를 요구하지 않으면서도 1인1표주의 경제민주화를 운운하는 것은 뜬구름 잡는 소리나 다를 바 없다. 나쁘게 말하면, 재벌과 화해하면서도 진보 교수로서의 명망을 유지하려는 기회주의적 방식인지도 모르겠다. 주식회사의 사적 소유를 전제한 위에서는 1인1표주의를 도입하거나 강제할 방도가 없다. 주식 지분에 관계없이 1인1표로 기업의 의사 결정을 강제한다면, 어느 자본가도 주식회사에 자본을 투자하지 않을 것이고, 주식회사 제도는 작동하지 않는다. 따라서 1인1표주의 경제민주화는 불가피하게 소유의 사회화와 결합되어 있다. 장 교수가 진정으로 1인1표주의 경제민주화를 추구한다면, 재벌과의 타협이 아니라 재벌과 은행의 사회화 요구부터 먼저 제기해야 한다.

재벌의 사회화를 관철할 수 있는 정치적 힘이 뒷받침되지 않는다면, 경제민주화는 1인1표주의의 이념이 아니라 현실적으로는 재벌에 대한 사회적 통제와 제한으로 나갈 수밖에 없다. 이는 재벌을 해체하는 것이 아니라 재벌을 통째로 규제하고 통제하는 것이다. 오늘날 재벌의 소유 구조를 해체하고 자유 경쟁 질서를 확립하는 것은 불가능한 일이기도 하고 또 위험한 길이기도 하다. 주식회사의 소유 집중과 독점적 시장 지배는 독점 이윤 획득의 필수적인 조건이긴 하지만, 다른 한편에서는 자본주의하 생산력 발전과 위기의 심화에 대한 자본의 불가피한 적응 형태이기 때문이다. 국가의 경제 개입이 불가피한 것도 같은 이유에서다. 장하준 교수가 신자유주의 경제민주화론자와 달리 독점자본주의의 현실을 인정하고 복지국가에서 경제민주화의 길을 찾고자 하는 것은 분명 그의 사상의 진보를 표현한다. 그러나 진정한 경제민주화는 재벌과의 경영권―복지국가의 빅딜이 아니라 재벌의 경영권도 통제하고 증세와 복지국가도 강제해야 한다. 좌파 전선은 좌파 전선답게 재설정되어야 한다.

_ 2012. 10. 13.

한국의 경제민주화,
정말 진보적인가

별반 차이가 없는 진보와 보수의 경제민주화

신자유주의와 재벌 지배 그리고 금융 위기와 양극화를 배경으로 경제민주화는 한국 사회 최대의 이슈가 되었다. 대선을 앞두고 박근혜, 문재인, 안철수 이른 바 빅3 후보가 경쟁적으로 경제민주화를 공약으로 내세우면서 경제민주화는 이제 거역할 수 없는 대세다. 논쟁은 경제민주화 이슈를 사회적으로 확산시키는 데 크게 기여했다. 빅3 후보의 경제민주화 공약은 사실 논쟁의 일정한 결과를 반영한 것이다. 뿐만 아니라 각 선거 캠프에는 김종인, 이정우, 장하성 등 논쟁의 당사자들이 경제정책의 좌장으로 참여해서 관련 공약을 만들고 있다. 그러나 재벌 개혁과 규제를 기조로 하는 세 후보의 경제민주화 공약을 들여다보면, 그 차이가 작고 기본 구상은 동일하다는 생각을 지울 수 없다. 총액 출자 제한 부활, 순환 출자 금지, 금산 분리 강화, 계열사 일감 몰아주기 근절, 골목 상권 보호 등으로 요약되는 경제민주화 공약만을 두고 본다면, 누가 대통령이 되든지 별반 다를 바 없을 것 같다. 진보파와 보수파의 경제민주화가 대동소이하다? 이는 그 자체로 무언가 분명 잘못되었고 수상하다는 느낌마저 든다.

보수파와 진보파의 경제민주화가 수렴하고 있다는 것은 한편에서 보수파와 진보파의 경제정책이 동일한 신자유주의 기반 위에 있다는 것을 표현한다. 다른 한편에서 그것은 경제민주화 논쟁이 주로 신자유주의 재벌 개혁을 둘러싸고 전개된 결과이기도 하다. 한국의 이른바 진보파에 신자유주의라는 비판이 과연 타당한가 하는 의문이 여전히 논란이지만, 이는 신자유주의를 영미권 신자유주의로 좁게 해석하는 데서 비롯된 것이다. 독일판 신자유주의인 사회적 시장경제를 신자유주의의 또 다른 유형으로 포착한다면, 진보파의 경제정책이 신자유주의에 입각해 있다는 것은 부정하기 어렵다. 따라서 한국에서의 보수─진보 간 경제민주화 논쟁은 본질적으로 영미형 신자유주의와 독일형 신자유주의, 즉 신자유주의의 두 개의 유형 간 논쟁이었고, 실제로는 논자에 따라 두 개의 유형이 혼재되어 전개됨으로써 전선이 명료하지 않은 측면도 있었다. 이런 점에서 한국의 경제민주화 논쟁은 결코 신자유주의를 넘어서는 진보적인 전망이 있다고 평가할 수 없다. 결국 새 대통령의 경제민주화는 특별히 기대할 만한 것이 아니라는 말이기도 하다.

한국 경제의 성격과 경제민주화 논쟁

경제민주주의는 20세기 이래 자본주의가 독점자본주의로 단계 이행을 하고 국가의 경제 개입이 점차 확대되는 역사적 변화 속에서 사민주의의 새로운 이행 전략으로 이미 1920년대에 제출되었다. 카르텔에 의한 생산과 시장의 조직 및 국가 부문의 확대라는 조직자본주의의 전망 위에서 사민주의는 사회주의 이행의 우회로를 경제민주주의에서 찾았다. 독점자본의 전면적 사회화 요구를 사실상 접었지만, 그 대신 독점자본과 국가에 대한 통제의 확대 속에서 사회주의로의 이행의 길이 열릴 것으로 전망했다. 독점 기업과 국가 부문에서 노동자들의 공동 결정, 주요 산업과 은행의 사회화, 국가 계획과 경제 조절 등이 경제민주주의의 핵심 요소였다. 이런 점에서 경제민주화의 본질은 독점과 국가로 조직되는 자본주의 경제에 대한 노동자들의 통제, 이른바 비소유권에 입각한 대자산계급 소유권의 통제에 있었다. 경제민주주의를 통한 사회주의 이행의 전망은 이후 사민주의의 우경화와도 결합해 오류로 드러났지만, 경제민주주의론이 자본주의의 역사적 경향과 독점적 발전 단계를 포착한 위에서 구상되었다는 점은 주목할 만하다. 즉 경제민주주의의 과제는 독점화로 발전하는 자본주의의 역사적 경향을 역전시켜 자유주의 시장경제를 복원하는 것에 있는 것이 아니라 독점화하는 경제를 노동자들이 통제하고 조절하는 것이라는 점이다. 그리고 이런 과제 설정은 자본주의 발전 단계와 그 성격에 대한 이론적 인식을 전제하는 것이다.

한국에서 경제민주화 논쟁도 한국 자본주의 발전 단계와 그 성격에 대한 이론적 토대 위에서 전개되지 않으면 경제민주화의 길을 올바로 찾을 수 없다. 그러나 한국의 경제민주화 논쟁은 앞서 말한 바처럼 신자유주의 경제학자들에 의해 주도되었다. 신자유주의 경제학을 비롯한 부르주아 경제학의 토대 위에서는 자본주의의 발전 단계와 그 성격을 논할 수 없다. 부르주아 경제학은 역사적인 자본주의가 아니라 초역사적인 시장경제를 관념적으로 상정하고 있어 자본주의의 발전 단계와 이행이란 문제 설정은 이 경제학과 전혀 어울리지 않기 때문이다. 한국의 경제민주화 논쟁을 확산시키는 데 촉매 역할을 했던 〈프레시안〉의 기획 '한국 경제 성격 논쟁'에서도 한국 경제의 발전 단계와 성격에 관한 논쟁은 부재했다. 타이틀이 무색하게도 '재벌 개혁론 대 복지국가론'으로 진행된 이 논쟁은 한국 경제 성격 논쟁이라기보다는 재벌 개혁 논쟁이었고, 이것이 경제민주화 논쟁으로 둔갑했다. 이 논쟁에 참여한 논자들에서도 경제민주주의의 역사적·이론사적 연관이나 이해를 읽을 수 없다. 그건 이들의 케인스주의 또는 제도주의 경제학도 자본주의 발전 단계와 이행을 논할 이론적 토대가 결여되어 있기 때문이다.

이러한 이론적 결함의 결과로 한국에서 경제민주화 논쟁은 시장주의 재벌 개혁을 중심으로 전개될 수밖에 없었다. 독점자본주의와 국가독점자본주의 단계에서 독점과 국가의 결탁을 통한 독점 이윤의 획득에 대한 대중의 통제와, 독점과 국가의 조직화에 입각한 계획과 조절의 확대와 통제라는 역사적인 경제민주주의론의 문제 제기와 달리 한국의 경제민주화는 주로 소유의 분산과 시장경쟁의 강화를 통한 재벌 지배 체제의 해체 또는 약화를 지향했다. 영미권 신자유주의든 독일권 신자유주의든 경제민주화의 핵심은 시장 경쟁을 통한 재벌의 해체 또는 규율 강화였고, 주주민주주의의 실현이었으며, 국가 개입이란 주주자본주의와 시장 경쟁 질서를 확립하기 위한 개입이었다. 그것은 시장을 통제하고 조직해서 이에 대한 노동자들의 통제를 강화한다는 경제민주주의론과는 정반대의 길이었다.

이론적 근거 없는 김상조의 한국 경제 발전 단계론

〈프레시안〉 재벌 개혁 논쟁의 한 축인 김상조는 보기 드물게도 한국 경제의 발전 단계론에 입각해서 경제민주화의 과제를 제기한다. 이런 점에서 그의 경제민주화론은 체계적이지만, 그 때문에 오히려 신자유주의적 경제민주화의 이론적 문제들을 다 드러내고 있다. 먼저 김상조(《종횡무진 한국경제》)는 자본주의 발전 단계에 대해 "중상주의 → 고전적 자유주의 → 포드주의 → 신자유주의"라는 도식을 제시하고, 한국에서는 압축적 성장을 통해 자유주의와 포드주의를 건너뛰어서 "중상주의로부터 신자유주의로" 단계 발전을 했다고 주장한다. 따라서 한국 경제의 문제는 "신자유주의의 과잉과 구자유주의의 결핍"이라고 하면서 이로부터 "신자유주의의 극복과 구자유주의의 확립"이라는 경제민주화의 과제를 끌어낸다. 신자유주의의 극복과 구자유주의의 확립이란 건 결국 정부 규제를 통한 시장 경쟁 질서의 확립을 말하는 것이다. 앞서 말한 바처럼 이런 방향의 경제민주화는 자본주의의 역사적 발전 경향에 역행하는 퇴행적인 경제민주화다. 김상조는 알다시피 전에는 케인스주의자였고, 지금은 제도주의 경제학을 추구하고 있으며, 신자유주의에 의해서도 적지 않게 오염된 경제학자다. 위와 같은 발전 단계는 케인스주의와도, 제도주의와도, 또 신자유주의와도 관련 없는 것이어서 무슨 근거로 이런 발전 단계를 제시하는지 알 수가 없다. 포드주의 단계란 조절 이론에서 말하는 역사 단계이고, 조절 이론에서도 자본주의 단계를 이렇게 구분하지는 않는다.

한국 경제의 발전 단계를 중상주의로부터 신자유주의로 건너뛰었다는 식으로 규정하는 것도 역사를 심각하게 왜곡하는 것이다. 이런 주장은 개발 독재의 한국 경제를 중상주의로 규정하는 것이어서 이 시기의 자본주의를 부정하는 것이다. 1997년 외환 위기 이전의 한국 경제는 자본주의하에서도 고도로 발전된 독점자본주의, 국가독점자본주의였음에도 말이다. 설령 중상주의에서 신자유주의로 단계를 건너뛰었다 하더라도, 이로부터 신자유주의의 극복과 구자유주의의 확립이라는 경제민주화의 과제가 나오지는 않는다. 신자유주의를 극복해서 어디로 가야 하느냐, 어디로 갈 수 있느냐, 신자유주의 다음의 발전 단계가 무엇이냐의 문제는 임의의 선택이 아니라 자본주의의 발전 법칙에 의해 기본적으로 규정된다. 경제정책은 자의적인 것이 아니라 자본주의 발전 단계에 의해 규정되는 것이고, 진보적인 경제정책, 진보적인 경제민주화도 이 경향과 단계에 조응해야만 실현될 수 있다. 자유주의 시장 경쟁 질서의 확립은 시대착오적 관념이며, 국가독점자본주의의 민주적 통제가 새로운 역사적 길이 될 수 있을 것이다.

장하준의 반쪽짜리 진보적 경제민주화

한국의 경제민주화 논쟁의 주류는 신자유주의 경제학에 입각해 있고, 이를 비판하는 논자들은 케인스주의나 제도주의 경제학에 의거하고 있지만, 이들도 대개 신자유주의를 일정하게 공유한다. 이에 반해 신자유주의에 대해 명확히 선을 긋고 신자유주의 비판에 주력하는 논자는 장하준 그룹뿐이다. 경제민주화 논쟁에서 이들의 기여는 무엇보다 재벌 지배 체제의 해체를 통한 시장주의 방식의 경제민주화를 역사 발전에 역행하는 것으로 파악하고, 재벌 지배 체제 하에서 국가를 통한 진보적인 경제민주화를 모색했다는 점이다. 그러나 이들 의 신자유주의 비판과 진보성의 한계도 명확하다. 신자유주의 비판의 핵심은 금융자본과 국제 투기 자본만이 아니라 본질적으로는 무절제한 독점 이윤을 추구하는 재벌에 대한 대중의 통제에 있다. 그러나 장하준은 양자를 분리해서 전자만을 신자유주의 세력으로 이해하고, 재벌을 신자유주의에 대항하는 타협 의 대상으로 삼는다.

장하준이 1원1표주의의 신자유주의 경제민주화를 비판하고 1인1표주의라 는 급진적인 경제민주화를 주장하면서도 재벌 지배 체제를 용인하자는 모순을 드러내는 것도 이런 이유 때문이다. 1인1표주의 경제민주화는 재벌과 대은행 의 사회화·국유화를 그 전제로 요구하므로 결코 재벌과 타협할 수 없다. 장하 준은 1인1표주의를 재벌의 사회화 요구와 연관시키지 않고, 보편적 복지와 시 민권에 연관 지어 재벌의 사회화 문제를 피해 나간다. 1인1표주의 시민권을 실 현할 수 있는 영역은 물론 국가 부문이고, 따라서 진정한 경제민주화는 국가를 통한 보편적 복지의 실현에 있다. 그러나 독점자본주의하에서 지배적인 부문 은 재벌이 지배하는 사적 부문이고 국가 부문은 어디까지나 부차적이다. 따라 서 1인1표주의 경제민주주의의 핵심은 복지국가라기보다는 재벌의 사회화에 있다. 재벌과 빅딜을 통해 재벌의 지배를 용인하면서 복지국가를 통해 경제민 주화를 실현할 수 있다는 장하준의 주장은 경제민주화의 핵심을 피해 가는 것 이고, 그의 복지국가론은 반쪽짜리 경제민주화밖에 되지 못한다.

오해를 피하기 위해 부연한다면, 장하준도 재벌의 국영화를 언급하긴 하지 만, 그 경우는 일종의 고육지책에 지나지 않고, 1인1표주의 경제민주화와 연관 한 것이 아니다. 예컨대 외국자본의 인수 합병을 막기 위해서는 차라리 재벌 기 업의 국영화가 낫다든가 또는 부정과 폐해가 많은 재벌에 대해서는 국영화를 해야 한다는 주장이다. 또한 은행의 국영화를 주장하는 경우에도 그 목적은 1 인1표주의 경제민주화의 실현이라기보다는 산업을 지배하는 재벌 체제를 국가의 산업정책에 따라 금융적으로 지원하기 위한 수단으로 인식할 뿐이다. 사회간접자본 같은 국가 기간산업의 국영화 주장도 같은 맥락이다.

_ 당인리대안정책발전소 주관, 고려대(2012. 11. 22)와 서울대(2013. 1. 23) 강연회 발표문

경제민주화로
공황과 금융 위기 극복하나

보수파는 경제민주화 논쟁에 대해 경제성장의 관점이 빠져 있다고 비판한다. 경제민주화도 경제성장의 토대 위에서만 가능하다는 주장이다. 좌파의 관점에서 보면, 경제민주화 논쟁에는 경제 위기에 대한 인식이 결여되어 있다. 그러나 경제성장과 위기는 따로 설명할 대상이 아니라 하나의 경제학 이론 체계에서 일관되게 설명해야 한다. 지난 금융 위기와 공황의 여파가 국가 채무 위기로 발전하고, 국가 채무 위기가 다시 긴축과 경기 불안정을 심화시키는 시기에 경제민주화 논쟁은 경제 위기의 극복과 경제성장의 회복 문제와 관련 없이 진행될 수는 없다. 이 점에서 한국의 경제민주화 논쟁은 근본적인 한계를 지니고 있다. 문제는 단순하게 논쟁에서 경제 위기 주제가 간과되었다기보다는 아예 경제 위기를 설명할 이론 자체가 부재하다는 것이다.

경제학을 전공하지 않은 사람들에게는 놀랍게 들리겠지만, 경제민주화의 경제학에는 금융 위기와 공황에 대한 내재적 설명이 없다. 따라서 위기 극복의 대안을 논하기도 어렵다. 한국경제연구원이든 경실련, 참여연대, 경제개혁연대든 어떤 경제학자도 자신의 이론 체계에서 내생적인 위기론과 공황론을 갖고 있지 않다. 이른바 경제민주화론자들이 흔히 재벌 지배 체제 때문에 금융 위기나 공황이 발생했다고 주장하지만, 이런 주장을 뒷받침하는 이론이 이들의 경제학 내에는 없다. 그런 주장은 오히려 자유주의 또는 신자유주의 경제학에서의 위기 설명 방식이며, 이들과 신자유주의 경제학 간의 연관성을 보여줄 뿐이다. 부르주아 경제학 내에서는 단지 케인스주의 경제학만이 경제 위기와 금융 위기를 이론적으로 설명할 수 있다. 물론 케인스주의 경제학이 과학적인 위기론을 제시한다고 할 수는 없다. 케인스주의 경제학도 부르주아 경제학의 일부로서 (신)자유주의 경제학과 이론적 토대를 공유하기 때문이다. 따라서 케인스주의 이론은 주기적으로 반복되는 과잉생산 공황을 결코 설명하지 못한다. 또한 1970년대 케인스주의의 파산을 가져온 현대 불황에 대해서도 케인스주의는 이론적 설명을 해 주지 못했다. 복지국가를 주장하는 장하준 그룹도 위기론의 문제에서는 마찬가지다. 이들은 신자유주의로 인해 금융 위기가 일어났고, 신자유주의하에서 현대 불황이 심화했다고 강조하지만, 이론적 설명을 주는 것은 아니다. 무엇보다 주기적 공황에 대한 이론도 부재하다.

요컨대 이러한 이론적 결함 때문에 경제민주화론자도, 복지국가론자도 경제민주화와 복지국가를 통해서 경제 위기를 극복할 수 있는 건지 올바른 답을 줄 수 없다. 또 어떤 방식의 경제민주화가 경제 회복의 길을 열어 주는지도 답할 수 없다. 자본주의하 경제 위기는 무엇보다 생산의 무정부성 및 생산과 소비의 대립적 발전에서 비롯되는 주기적 과잉생산 공황과 이윤율의 경향적 저하에서 비롯되는 장기 불황의 문제다. 반복되는 과잉생산 공황의 심화 위에서 장기 불황이 전개되며, 자본주의는 점점 이 공황과 장기 불황을 시장 경쟁 방식으로 극복하는 게 어렵게 되어 독점화와 국가 개입 같은 자본주의 경제의 조직화가 불가피해지는 것이다. 독점화와 국가 개입은 자본주의 생산의 거대한 진보와 위기의 심화에 대한 자본의 불가피한 대응이었고, 이것이 부정할 수 없는 자본주의의 역사적 경향이다. 뿐만 아니라 국가개입주의조차 자본주의의 위기적 경향을 모순 없이 극복하는 것은 아니었다. 케인스주의에서 보는 바와 같은 스태그플레이션과 재정 파탄, 신자유주의하에서의 금융 위기와 국가 채무 위기는 국가개입주의의 새로운 모순들을 보여주는 상징적인 현상들이다. 따라서 이윤율 저하가 관철되는 현재의 심화된 위기 조건에서는 단순히 케인스주의로의 복귀로는 위기 극복이 불가능하다. 사실 1930년대의 대공황도 뉴딜과 국가개입주의로 극복된 것이 아니었고, 전쟁과 군수 생산을 통해 비로소 대공황으로부터 탈출할 수 있었다. 케인스주의는 이윤율 조건이 회복된 전후 자본주의에서 비로소 작동할 수 있었고, 그것도 이윤율의 경향적 저하와 국가개입주의 자체의 모순에 의해 1970년대 결국 파산했다. 오늘날의 세계경제 위기는 케인스주의를 넘어가는 사회화 프로그램과 확장 정책을 통해서만 극복될 수 있다. 이윤율의 경향적 저하라는 경제적 조건에서는 사회화 프로그램을 통해서만 이윤율에 구애받지 않고 투자의 확대와 경제성장이 가능하기 때문이다.

이런 점에서 자본주의 위기의 원인을 자본주의 생산의 무정부성에서 찾고, 자본주의 조직화와 계획화 그리고 국가 부문의 확장을 추구하는 구사민주의의 경제민주주의론은 적어도 자본주의 위기를 완화하는 진보적인 경제민주화라 할 것이다. 반면 재벌 지배 체제를 해체하고 시장 경쟁 질서를 강화하려는 신자유주의 경제민주화는 오히려 무정부성과 불균형 그리고 위기를 심화시키고 경제 위기 극복의 독이 될 것이다. 경제 위기와 관련해서도 1원1표주의 재벌 개혁론의 퇴행적 성격은 더욱 부각될 뿐이다. 또한 복지국가를 통한 경제 위기의 극복도 재벌 경제의 사회화가 진전되지 않는 한 가능한 길이 아니며, 사회화의 진전없는 복지국가의 확대는 선진국에서의 케인스주의 파탄처럼 오히려 재정 위기와 채무 위기를 심화시킬지도 모른다.

_ 2012. 12. 5.

V

2008년
금융 위기와 신자유주의의 종말?

스태그플레이션과
신자유주의의 파산

국제 유가 및 원재료 가격의 급등과 물가 상승 그리고 긴축과 금리 인상으로 새로운 경제 침체의 우려가 전 세계적으로 확산하고 있다. 그렇지 않아도 이미 지난해부터 드러난 미국의 서브프라임 모기지 부실에 따른 주택 시장 폭락과 금융 위기 속에서 실물경제의 침체가 예상되던 상황에서, 전 세계적인 물가 충격은 이제 경제 침체를 현실화하고 스태그플레이션의 악몽을 다시 떠올리기에 부족함이 없는 듯하다.

한국도 상황은 마찬가지여서 이를 배경으로 한국은행과 기획재정부 간 정책 논쟁이 벌어졌다. 긴축과 물가 안정이냐, 수출과 성장이냐를 놓고 한국은행과 기획재정부 간의 논쟁은 시민단체 등 여론의 지지를 업은 한국은행의 승리로 일단락되었고, 강만수 기획재정부 장관은 정책 실패에 대한 혹독한 책임 공방 속에서 장관 경질만큼은 피해 갔다. 그러나 한국은행의 긴축과 물가 안정은 전형적인 신자유주의 정책인바, 한국은행 식 신자유주의 물가 정책이 스태그플레이션을 극복할 수 있을지는 의문이 아닐 수 없다. 물론 기획재정부 식 신자유주의 성장 정책도 스태그플레이션을 극복하지는 못한다.

스태그플레이션은 스태그네이션(경기 침체)과 인플레이션의 동반 현상을 지칭하는 합성어다. 주지하다시피 이 용어는 1970년대 중반 이래 케인스주의 확장 정책에도 경기 침체가 심화했던 역사(1974~75년 공황과 1980~82년 공황), 즉 케인스주의 파산을 배경으로 유행했다. 케인스주의는 확장 정책(개입주의)을 통해 인플레이션을 감수하더라도 완전고용을 달성할 수 있다는 이론에 입각해 있었고, 이 정책 처방은 제2차 세계대전 후 1970년대 초까지 나름대로 작동했으나, 1970년대 이래 나타난 구조 위기 속에서 파산했다.

스태그플레이션이라는 현상 이전에는 필립스 커브에 따르면, 물가와 실업은 역상관관계(상충적)여서 물가를 안정시키려면 실업 증가가 불가피하고, 반대로 실업을 감소시키려면 물가 등귀가 불가피하다. 물가 안정과 실업 감소(완전고용) 두 가지 목표를 동시에 달성할 수는 없지만, 한 가지 목표의 희생하에 다른 한 가지 목표는 달성 가능했다. 케인스주의는 물가 등귀를 감수하더라도 실업 감소를 추구했다. 그런데 1970년대 스태그플레이션으로 이제 두 가지 목표 모두 달성할 수 없게 되었고, 결국 케인스주의는 파산했다.

신자유주의자들은 긴축과 물가 안정 그리고 규제 철폐를 통해 스태그플레이션을 극복할 수 있다고 선전했다. 물가 안정과 완전고용 두 가지 목표를 모두 달성할 수 있다는 것이었다. 통화주의나 새고전파New Classical같은 신자유주의에 따르면, 국가 개입과 확장 정책으로는 실업을 줄일 수 없고 인플레이션만 심화시킬 뿐이다. 따라서 스태그플레이션은 케인스주의가 가져온 불가피한 결과가 된다. 확장 정책과 개입주의가 아니라 긴축과 규제 철폐를 통한 시장 규율의 강화만이 물가 안정과 완전고용을 가져온다는 것이다.

거의 30년에 이르는 신자유주의 정책의 결과를 보면, 이들의 이론과 정책은 케인스주의 못지않게 실패했음을 알 수 있다. 신자유주의 긴축정책의 결과, 선진 자본주의 경제는 1970년대 중반과 1980년대 초반의 스태그플레이션 상황에서 비롯된 두 자릿수 물가상승률을 진정시켰지만, 그 대가는 케인스주의 시대를 훨씬 능가하는 성장 둔화와 대량 실업의 구조화였다. 좋게 말해도 신자유주의는 물가 안정과 완전고용이라는 두 가지 상충적인 목표를 케인스주의와 상반된 방식으로 해결했을 뿐이었다. 즉 물가 등귀와 완전고용(케인스주의) 대신 물가 안정과 대량 실업을 가져왔을 뿐이었다. 이는 필연적인 결과였는데, 신자유주의 기획이란 원래부터 긴축을 통한 성장 둔화와 대량 실업 유도에 그 목적이 있었기 때문이다. 이를 통해 시장 규율을 강화하고자 했던 것이다.

그런데도 신자유주의 이론은 물가 안정과 완전고용을 주장하는데, 그것은 현실에 존재하는 대량 실업을 케인스주의처럼 비자발적 실업(유효수요 부족으로 일하고자 하지만 일자리가 없는 상태)이 아니라 구인·구직 과정에서의 정보 제한으로 발생한 일시적 실업으로 보기 때문이다. 조만간 일자리를 찾을 일시적 실업자이기 때문에 문제가 되는 실업(비자발적 실업)이 아니며, 따라서 완전고용을 주장해도 무방한 것이다. 구조화되는 현실의 대량 실업에도 신자유주의자들이 완전고용을 주장하는 것은 이런 이론적 논거 때문이다. 정상적인 사고를 하는 사람이라면 황당하게 들릴 이런 궤변을 신자유주의자들도 사실 대중에게 터놓고 말하지는 못한다. 시장에서 일자리를 뒤지다 보면 취업하게 되니까 당신들의 실업은 별로 문제가 아니라고 감히 어느 언론에 그렇게 말할 수 있겠는가? 그러나 이들은 강단에서 아카데미즘의 이름으로 학생들에게 그렇게 가르친다.

현재의 경기 사이클은 2001년 미국 공황으로부터 시작된 것으로 정확하게 언제 새로운 공황으로 종료할 것인가는 아직 예측하기 어렵다. 그러나 대량 실업이 구조화된 상황에서 새로운 물가 충격이 또 다른 공황으로 귀결된다면, 스태그플레이션의 재발은 누구도 부정하기 어렵다. 그리고 이는 명명백백하게 신자유주의의 파산을 의미한다. 1970년대 스태그플레이션으로 케인스주의가 파산했다면, 2000년대 말의 새로운 스태그플레이션은 신자유주의의 파산을 가져올 것이다. 그럼에도 중앙은행의 긴축정책으로 여기에 대처하는 것은 썩은 무기 자루를 드는 것과 같다. 이는 오히려 경제 침체와 실업을 더욱 심화시킬 것이다.

스태그플레이션은 제2차 세계대전 이후 현대 자본주의의 역사적 현상이고, 이는 자본주의가 국가독점자본주의 단계로 발전한 것과 관련되어 있다. 독점

가격의 지배와 국가 개입에 따른 경기순환의 변형, 특히 공황 시에 감가와 자본 파괴를 막기 위한 자금 지원과 유동성 투입으로 인플레이션은 만성화되었고, 그럼에도 주기적인 공황과 이윤율의 장기적 저하에 따른 침체 경향이라는 자본주의의 고유한 축적 모순은 심화되었는바, 이런 주기적 위기와 구조적 위기의 결합 위에서 스태그플레이션이 발생했던 것이다. 이는 신자유주의하에서도 예외는 아니어서 긴축을 주장하는 신자유주의 정부들조차 지난 공황 때마다 막대한 유동성을 투입하지 않을 수 없었다.

부르주아 경제학과 언론이 스태그플레이션을 과학적으로 설명하지 못하는 것은 두말할 것도 없지만, 이런 현상조차도 부정확하게 표현한다. 언론에서 스태그플레이션이란 두 자릿수의 과도한 물가 상승과 낮은 성장률의 동반 현상으로 설명되는데, 과학적으로 정의한다면 스태그플레이션은 (공황 시에도) 지속적인 물가 상승과 (공황 시의) 마이너스 성장률이 결합한 현상을 말한다. 따라서 이런 정의에 따르면, 스태그플레이션은 오늘날의 새로운 현상이 아니라 공황 때마다 나타난 전후 자본주의의 일반적 현상이며, 다만 1970년대 이래 구조 위기 속에서 그 현상이 보다 극적인 형태로 전개되었던 것이다.

따라서 스태그플레이션을 극복하기 위해서는 신자유주의를 폐기해야 하고, 또 그렇다고 케인스주의로 돌아가서도 안 되며, 근본적으로 국가독점자본주의를 넘어가지 않으면 안 된다. 국가독점자본주의 안에서 스태그플레이션을 극복하는 길은 존재하지 않는다. 왜냐하면 스태그플레이션이란 국가독점자본주의 모순들의 고유한 표현이기 때문이다. 국가독점자본주의 안에서 그래도 스태그플레이션을 완화하고자 한다면, 무엇보다 다음 두 가지 정책이 필수불가결하다. 첫째, 다가오는 새로운 공황 앞에서 확장 정책으로의 전환이 불가피하다. 둘째, 독점자본의 이윤과 가격을 강력하게 통제하고, 재정을 비롯한 국가 독점에 대한 대중 통제를 강화하며, 사유화를 저지하고 국유화와 공공 투자 등 사회화 프로그램을 적극적으로 동원해야 한다.

스태그플레이션을 완화시킬 이런 정책조차도 국가독점자본주의 내에서 독점과 국가 독점에 대항한 강력한 투쟁을 전제하는 것이다. 이런 투쟁 속에서 국가독점자본주의와 스태그플레이션을 근본적으로 극복하는 역사적 길이 열릴 것이다.

_ 2008. 7. 15.

신자유주의 금융 위기에 직면한 국가의 딜레마

—미국 정부는 시장의 위기를 극복할 수 있나

2007년 여름 서브프라임 모기지 부실에서 비롯된 미국의 금융 위기는 양파 껍질 벗듯 새로운 부실과 위기가 끝 모르게 전개되면서, 세계 금융시장을 충격으로 몰아가고 있다. 가히 1930년대 대공황을 능가하는 자본주의 최대의 위기라 하기에 부족함이 없다. 미국 5위 투자은행 베어스턴스의 매각, 미국 2위 모기지 업체 인디맥 파산, 패니메이와 프레디맥의 국영화, 4위 투자은행 리먼브러더스 파산, 3위 투자은행 메릴린치 매각, **AIG** 구제금융 등 올해 들어 금융 위기에 속절없이 쓰러진 대형 금융기관들만 거론해도 전율이 일 정도다. 대형 기관들의 위기가 드러날 때마다 금융시장은 폭락했고, 미국 정부는 그때마다 공적 자금 투입과 유동성 공급을 약속하면서 위기를 진정시키고자 안간힘을 썼다. 시장의 위기와 국가의 개입이 마치 힘겨루기를 하는 양상이며, 그때마다 증권시장은 폭락과 폭등의 널뛰기를 했다.

신자유주의 모국이자 최고 선도국에서 벌어지는 최악의 금융 위기로 시장의 자유와 규제 철폐가 자본주의 최고의 성장과 복지를 가져다준다는 신자유주의 경제학의 교리는 이제 극도의 불신 대상이 되었다. 반면 국가 개입을 철폐해야 한다고 목소리 높였던 신자유주의자들이 앞다투어 금융시장의 규제와 국가 개입의 불가피성을 설파하며, 공적 자금 투입을 정당화하고 있다. 금융시장의 자산계급들도 자신들이 보유한 금융자산의 가치 유지를 위해 정부의 개입 조처에 목을 매고, 보다 강력하고 전면적인 정부 지원책을 쌍수 들어 환영하는 상황이 되었다. 지난 30년간의 신자유주의적 규제 철폐와 금융화가 현재의 위기를 가져온 장본인이었으며, 신자유주의 교리는 대중을 눈멀게 한 사악한 신앙이었음이 백일하에 드러난 것이다.

파생 금융 상품에 입각한 주택 대출 채권의 증권화와 가공 자본의 운동은 자립화한다 하더라도 궁극적으로 주택 경기와 실물경제에 제약받는다. 따라서 증권화와 재증권화의 금융 혁신은 주택 시장의 침체와 실물경제의 위기 시 오히려 금융상의 연쇄 위기라는 부메랑으로 증폭되어 돌아올 수밖에 없다. 이는 금융자본 분석에서 마르크스주의 경제학의 기본명제에 속하는 것이며, 부르주아 경제학과 언론은 결코 이해하지 못한다. 규제 철폐라는 신자유주의 기치하에, 특히 파생 금융 상품 거래에 대한 금융 당국의 감독과 관리가 극히 미진한 상태에서, 투기와 탐욕으로 몰아간 이 금융 거래의 부실 규모가 도대체 얼마가 되는지 미국 정부는 가늠하지 못하는 실정이다. 지금까지 투입되거나 약속한 공적 자금과 유동성 공급의 규모는 다만 그 일부를 나타낼 뿐인데, 이것 또한 이미 상상을 초월하는 수준에 이르렀다.

올해 들어 미국 정부가 투입하기로 한 공적 자금만도 9천억 달러에 이른다. 즉 패니메이와 프레디맥에 2천억 달러 구제금융, JP모건체이스의 베어스턴스 인수에 300억 달러 지원, AIG에 850억 달러 구제금융, 은행과 투자은행에 2천 400억 달러 대출, 주택 압류 증가 방지를 위한 3천억 달러 지원, 심지어 MMF(머니마켓펀드) 보증을 위한 500억 달러 등등. 이와 같은 천문학적인 자금 투입에도 불구하고 미국 정부는 금융시장 안정에 실패했고, 급기야 모기지 관련 부실 채권 전부를 떠안겠다며 새로 7천억 달러 규모의 공적 자금 투입 법안을 의회에 요청하기에 이르렀다. 아울러 FRB를 비롯한 6대 선진국 중앙은행은 이들 국가의 금융시장에 달러 유동성을 1천억 달러나 증대시키기로 합의했다.

부시 미 대통령 말대로 그야말로 미국 역사상 "전례 없는 위기"에 대한 "전례 없는 대책"이 나온 것이다. 미 연방정부의 새해 예산 규모가 3조 달러임을 감안하면, 추가로 요청한 공적자금 7천억 달러는 예산의 1/4에 육박하는 규모인데, 대선을 두 달 앞둔 임기 말 대통령이 이런 중대한 사안에 대해 신속하고 과감한 결단을 내린 점에서, 현재 진행되는 금융 위기의 심각성을 다시 한 번 확인할 수 있다.

자본주의 위기에 직면한 국가의 개입은 1930년대 대공황 이래 국가독점자본주의가 성립한 이후 더 이상 새로운 현상이 아니다. 케인스주의 시대뿐 아니라 신자유주의 시대에도 국가의 개입과 위기관리는 국가독점자본주의를 구성하는 주요한 요소다. 주지하다시피 경제 위기의 근저에는 과잉자본의 문제가 있고, 금융 공황이든 실물 공황이든 공황은 이 과잉자본을 청산하는 기능을 담당한다. 공황을 통한 과잉자본 청산으로 비로소 새로운 축적의 조건이 형성된다. 주류 언론에서 말하는 자본주의의 자생적 회복력이란 이 폭력적 파괴를 통한 축적의 재개를 왜곡, 미화하는 것이다. 문제는 19세기 자유경쟁자본주의 단계와 달리 20세기의 독점자본주의 단계에서는 점점 더 위기 시에 과잉자본의 청산을 시장의 자발성에 맡기기 어렵게 되었다는 것이다. 국가의 개입과 위기관리가 불가피하게 요구되었고, 이로써 자본주의는 국가독점자본주의로 성장 전화했다.

현재의 금융 위기에서 보는 바처럼 거대 금융 기업의 부실과 파산은 과잉자본 청산의 시장 기제이지만, 시장의 청산 과정은 그 파급 효과가 너무도 위험해서 시장 기제에 맡겨 둘 수 없다. 왜냐하면 과잉자본 및 위기의 청산이 아니라 자본주의 자체의 청산이 될 가능성이 높아졌기 때문이다. 관념적인 부르주아 변론가들이 "도덕적 해이"라는 헛소리로 국가 개입을 반대하고 시장의 순결성을 찬양한다 하더라도, 진정한 자본주의 수호자들이 공적 자금을 들고 시장에 들어오는 것은 이런 위험을 막기 위함이다. JP모건체이스의 베어스턴스 인수에서처럼 사적 기업 간의 시장 거래조차 국가 지원이 필요한 것이다. 그러나 국가의 개입과 공적 자금의 투입도 위기를 진정으로 극복하는 길은 아니다. 국가

개입은 과잉자본의 청산을 지체시키고 위기를 지연시켜 그만큼 경제 회복의 동력을 약화시킨다.

또한 국가의 개입으로 과잉자본과 부실 자본이 저절로 청산되는 건 아니다. 과잉자본과 부실 자본은 청산되는 게 아니라 많은 부분 전가되는 것이며, 누군가 그 비용을 부담하지 않으면 안 된다. 공적 자금, 국민의 세금이 바로 그것이다. 사적 자본의 부실을 자본가계급, 즉 주주와 채권자 그리고 경영자의 손실로 전액 털어 내는 것이 아니라 공적 자금의 투입을 통해 납세자에게 그 손실을 전가하는 것, 이른바 손실의 사회화가 구제금융의 핵심을 이룬다. 한국이 지난 외환 위기 때 겪은 바처럼 공적 자금 투입을 통해 사기업과 금융기관을 공기업으로 전환하는 자본주의적 사회화는 자본 투자자들을 구원하고 손실을 사회화하는 기본 메커니즘이다. 이를 통해 대중에 불리한 방향으로 소득이 재분배되고, 그것이 실물 부문의 침체를 심화시킬 것임은 명백하다.

공적 자금을 무한정 사용할 수 있는 것도 아니다. 설령 채권 발행을 통해 공적 자금을 조달한다 하더라도 그것은 결국 국가 재정으로 부담할 수밖에 없다. 2007~2008 회계연도에 미국의 재정 적자는 기록적인 4천70억 달러로 추산되고, 내년 회계연도에는 4천380억 달러의 적자가 예상되고 있다. 이런 적자 규모에 비추어 볼 때, 이미 투입하기로 약속한 9천억 달러와 추가 요청한 7천억 달러(전자의 일정 부분이 후자에 의해 충당되겠지만)가 미국 재정에 얼마나 버거운 금액인가를 추측할 수 있다.

더욱이 공적 자금 투입이 이것으로 족한가에 대한 우려가 제기되는 가운데, 구제금융과 공적 자금 투입에도 불구하고 금융 위기가 본격적으로 실물경제로 파급되어 2001년 시작된 미국 경기 사이클은 조만간 주기적 공황으로 끝맺을 것으로 보인다. 전후 미국 자본주의 역사를 보면, 정부와 중앙은행의 시장 개입에도 주기적 공황을 예방한 적도, 또 주기적 공황을 피한 적도 없었기에 새로운 공황에 따른 추가적 재정 압박도 불가피한 것으로 보인다. 재정 적자의 심화 속에서 달러 가치의 하락 경향도 강화될 것이다. 헤게모니 통화의 지위도 그만큼 위협받게 된다.

한편 목하 진행되는 미국 국가독점자본주의 위기 속에서 국가독점자본주의론의 주요 명제들은 확연히 빛을 발하고 있다. 독점과 금융자본을 위한 국가 개입, 국가와 독점−금융자본의 결합, 공적 자금 투입과 손실의 사회화, 위기를 통해 진전되는 자본주의적 사회화 등 위기 시의 이러한 국가 개입의 현실, 특히 개별 기업과 금융기관에 대한 직접적 지원까지 분석하는 이론은 마르크스주의 이론 내에서도 국가독점자본주의론만이 독보적이다. 나아가 금융 위기의 결과 미국의 대표적인 투자은행들이 몰락하고, 골드만삭스와 모건스탠리까지 은행 지주회사로 전환하여 미국에서도 겸업 은행의 지배가 확립되고 있다. 때늦은 감이 있지만, 이로써 미국형 투자은행이라는 특수한 모델을 20세기 자본주의의 이념적 모델로 둔갑시켜 레닌의 금융자본론을 비판·폐기한 국내의 국가독점자본주의론 청산파도 더욱 설 땅을 잃게 되었다. 국가독점자본주의론 없이 현대 자본주의의 위기 분석은 과학적일 수 없다. 국가독점자본주의론에 입각하지 않고 미국 자본주의의 위기를 논하는 자가 있다면, 자신의 이론적 토대와 정체성이 무엇인지 다시 한 번 되돌아보아야 할 것이다.

_ 2008. 9. 23.

마르크스주의 위기론과
신자유주의 금융 위기

미국의 서브프라임 모기지 부실 사태에서 비롯된 금융 충격으로 국내외적으로 위기와 공황에 관한 우려의 목소리가 높아졌다. 8천500억 달러의 구제금융 법안이 미 상하원을 모두 통과했음에도 불구하고 금융시장이 과연 안정될 것인지, 금융시장의 위기가 실물경제의 위기로 발전하는 건 아닌지, 금융시장에서는 비관적인 전망이 우세한 실정이다. 그러나 당면한 위기와 공황을 논하기에 앞서 그것이 도대체 어떤 위기인지 분명히 할 필요가 있다. 마르크스주의 위기론에 입각한 여러 논자조차 위기의 원인과 성격을 혼란스럽게 말하기 때문이다.

마르크스의 주기적 과잉생산 공황

우선 마르크스가 말한 위기는 10년마다 찾아오는 주기적 과잉생산 위기(=주기적 과잉생산 공황) 또는 주기적 과잉 축적 위기를 지칭한다. 이미 《공산당선언》에서 마르크스는 이 위기가 주기적 과잉생산 위기라는 것, 세계적 규모에서 발생하는 위기라는 것, 그리고 근대적 생산력과 부르주아적 생산관계의 모순의 표현이라는 것임을 분명히 했고, 그런 점에서 체제적 위기의 관련을 포착했다.

즉 마르크스에게 주기적 과잉생산 위기는 자본주의의 기본 모순의 표현이며, 자본주의 체제의 위기와 이행을 표현하는 것이지만, 동시에 그것은 주기적으로 반복되는 위기였다. 마르크스는 전자의 관점에서 사회혁명은 새로운 위기의 결과로서만 일어날 수 있다고 믿었고, 이러한 공황관이 그로 하여금 정치경제학 비판과 공황 연구에 몰두하게 만든 주요 요인이었다. 그러나 마르크스도, 엥겔스도 만년에는 이러한 공황관과 혁명관을 반성하고 방기했던 것으로 보인다. 경제적 위기와 정치적 변혁은 그렇게 단선적인 관계가 아닌, 정치적 실천이 매개되어야 했기 때문이다. 마르크스와 엥겔스의 생전에 반복되는 주기적 위기는 이러한 반성의 현실적 토대였을 것이다.

위기를 이렇게 파악하면, 서브프라임 모기지 부실로 새로운 위기가 임박했다면, 이는 우선 새로운 주기적 과잉생산 위기가 임박했음을 의미한다. 현재의 경기순환은 미국에서 2001년 공황으로부터 시작했는데, 이 순환은 조만간 새로운 공황으로 끝을 맺을 것이다. 통상 10년 주기는 순환에 따라 다소 단축될 수도 있고 또는 늘어질 수도 있는 만큼 새로운 공황을 정확히 예측할 수는 없지만, 작년 4/4분기 이래 점차 악화되는 미국의 실물경제 지표를 감안하면, 금융충격이 실물경제의 위기로 끝날 것임은 점점 더 부정하기 어렵다.

장기적 위기 또는 구조적 위기

마르크스는 주기적 과잉생산 위기를 이미 자본주의 체제의 모순이나 위기의 표현으로 이해했지만, 이 모순이나 위기는 주기적 공황 자체를 통해 극복되고, 새로운 순환이 반복되는 것임을 분명히 했다. 그러나 순환의 반복은 단순한 반복이 아니라 더 높은 생산력 수준에서 모순의 전개를 의미하며, 이렇게 생산력과 생산관계의 모순 관계는 순환의 반복하에서 심화하는데, 그 모순의 심화는 다름 아닌 이윤율의 경향적 저하 법칙에 표현되어 있다. 자본주의 축적의 모든 동인이 이윤의 획득에 있는 한, 평균이윤율의 경향적 저하는 자본주의 체제의 위기를 표현하는 것이다.

이 위기는 주기적 과잉생산 위기와 달리 경향적·장기적 위기를 의미한다. 주기적 위기를 통해 위기를 극복해간다 하더라도, 이윤율의 경향적 저하로 자본주의는 장기적으로 성장이 둔화되고 그 체제가 불안정해진다. 생산의 무제한적 확대와 대중 소비의 제한, 즉 주기적 과잉생산의 모순에서 폭발하는 10년 주기의 위기와 달리, 이 위기는 생산력의 고도화, 유기적 구성의 고도화에 따른 잉여가치 생산의 상대적 저하에서 비롯된다. 여기서 상론할 수는 없지만, 김수행·정성진·윤소영 교수처럼 이윤율의 경향적 저하 법칙으로 직접 주기적 과잉생산 공황을 설명하려는 시도는 마르크스의 방법론을 잘못 이해한 것이다.

물론 이윤율의 경향적 저하는 반대로 작용하는 상쇄력의 동원을 동반한다. 따라서 평균이윤율은 단선적으로 하락하지 않고, 상쇄력의 여하에 따라 그 자체로 변동하는데, 그 변동이 바로 자본주의의 장기 성장과 장기 하강을 가져온다. 즉 이윤율의 경향적 저하가 관철되는 경우 자본주의는 장기 하강에 빠지고 구조적 위기에 직면하게 되며, 강력한 상쇄력이 작용하면 이윤율 조건을 개선해 자본주의 장기 성장을 이끌게 된다.

역사적으로 보면, 이렇게 이윤율의 경향적 저하가 관철되면서 3번의 구조적 위기가 발생했는데, 그 최근의 구조 위기가 다름 아닌 브레턴우즈 체제의 붕괴를 가져온 1970~80년대의 제3차 구조 위기다. 구조 위기 시에도 10년 주기의 경기순환이 반복·진행하지만, 구조 위기 시의 경기순환들은 대체로 호황의 상대적 약화와 공황의 상대적 심화로 특징지어진다. 따라서 성장의 둔화는 필연적인 귀결이다. 구조적 위기는 주기적 위기와 달리 상부구조를 포함해 자본주의 체제의 일정한 구조 재편을 요구하는 성격의 위기다.

신자유주의적 국가독점자본주의의 위기

1970년대 이래 현대 자본주의는 국가독점자본주의의 신자유주의적 재편을 통해 이 구조적 위기를 극복하고자 했다. 신자유주의적 재편의 핵심은 케인스주의의 해체 위에서 자유화·세계화·금융화·투기화·유연화를 실현하는 것이었다. 주지하다시피 이 전환과 재편은 케인스주의의 위기를 극복한 것이 아니라 오히려 성장의 둔화와 대량 실업을 고착·심화시키고 위기를 세계화시켰다. 서브프라임 모기지 사태에서 비롯된 금융 위기만이 아니라 1990년대 이래 파상적으로 전개된 국제 금융 위기와 외환 위기는 이러한 전환이 가져온 새로운 성격의 위기임을 인식하지 않으면 안 된다.

따라서 자본주의 현재의 위기는 제3차 구조 위기의 지속이라기보다는 신자유주의적 국가독점자본주의의 고유한 위기이며, 이는 제3차 구조 위기로부터 등장한 신자유주의적 국가독점자본주의가 이전의 구조 위기에서와 달리 새로운 장기 성장으로 전환하지 못하고 있다는 것을 보여준다. 이런 점에서 다가오는 새로운 위기란 신자유주의적 국가독점자본주의의 고유한 위기를 배경으로 전개되는 2001년 순환의 종료, 즉 새로운 주기적 과잉생산 공황을 말하는 것이다. 이 공황을 단순하게 마르크스의 주기적 과잉생산 공황으로만 이해하는 것은 신자유주의적 금융화와 증권화에 의해 특징지어지는 이 순환의 성격을 간과하는 것이다.

이처럼 마르크스주의 위기론은 월러스틴이나 아리기 같은 장기파동론자들의 위기론과 본질적으로 상이하다. 또한 현재의 경제 정세 판단도 마르크스주의 위기론과 장기파동론은 상반된다. 예컨대 월러스틴은 현대 자본주의가 대체로 1990년대 말 또는 2000년대 초 이래 새로운 장기 성장 국면으로 전환되며, 새로운 장기 하강은 2025~2050년에 전개될 것으로 전망하고 있다. 따라서 이들이 새로운 위기를 운운한다면, 그것은 기껏해야 소위기, 즉 주기적 위기의 도래일 뿐인데, 장기 성장 국면에서의 주기적 위기는 별로 중요한 의미가 있는 것이 아니기 때문에 이들의 경제학에 기반을 둔 윤소영 교수가 다가오는 새로운 위기에 심대한 의미를 부여한다면, 그건 앞뒤가 맞는 주장이 아니다. 근본적으로 윤 교수는 구조 위기와 주기적 위기의 관련성을 이해하지 못하고 양자를 혼동하고 있다.

국가 개입과 공적 자금 투입의 모순

신자유주의 금융 위기에 대해 국가가 공적 자금의 투입으로 개입하는 것은 일견 모순되지만, 신자유주의하에서도 국가 개입은 결코 철폐되지 않았음을 직시하면 하등 모순이 아니다. 국가는 여전히 총자본과 총독점자본의 기관이며 그 이윤을 보장하기 위해 위기에 개입한다. 문제는 오히려 공적 자금 투입의 모순적 효과에 있다. 시장의 위기는 과잉자본의 청산을 요구하는데, 오늘날 시장 기제를 통한 기업의 도산과 과잉자본 청산은 자본주의 자체를 청산할 위험이 크기 때문에 국가 개입과 공적 자금 투입이 불가피하지만, 이런 위기관리 방식은 과잉자본의 청산을 지연시켜 경제 회복과 새로운 성장을 어렵게 한다.

공적 자금을 동원하는 손실의 사회화, 국영화, 자본주의적 사회화는 이렇게 모순적이어서 결코 위기의 해결책이 되지 못한다. 진정한 해결책은 진보적 사회화뿐이며, 여기에는 부실기업의 대주주와 경영자·채권자·증권소유자 등 자본가계급에 최대한 부실 책임을 묻는 것이 전제되어야 한다. 이는 한편에서 과잉자본 청산에 기여하고 다른 한편에서 공적 자금 투입을 최소화시킬 것이다. 궁극적으로 진보적 사회화는 국가독점자본주의를 넘어가며, 사회화된 기업에서 시장 경쟁과 이윤 추구를 지양함으로써 자본주의 위기의 근원을 없애 나갈 것이다.

_ 2008. 10. 10.

신용평가사의 긴축 뒷북,
피멍드는 유로 존

지난 2011년 8월 5일 S&P가 미국 신용 등급을 AAA로부터 AA+로 강등한 이래 등급 강등 쓰나미가 금융시장을 덮치고 있다. 3대 신용평가사(S&P·무디스·피치)는 9월부터 슬로베니아, 이탈리아, 스페인, 벨기에, 헝가리, 포르투갈 등의 등급을 잇달아 강등했다. 급기야 11월 28일 무디스는 내년 EU 회원국들에 대한 전면적 등급 강등을 시사했고, 유로 존 붕괴까지 거론했다. 등급 강등의 주요 근거는 국가 재정과 국가 채무의 위기이며, 미국의 더블 딥 우려와 유로 존 위기가 여기에 중첩되어 금융시장은 예민하게 요동쳤다.

현재의 국가 채무 위기는 2008년 금융 위기 시 막대한 공적 자금 투입으로 금융자본을 구제하려던 신자유주의적 위기 극복책이 가져온 불가피한 결과다. 금융 부실이 국가 재정으로 전가되었고, 국채를 보유한 은행의 위기로 다시 금융 부실이 가중되는 형국이다. 신용평가사는 이런 신자유주의 위기 극복책이 가져온 자본주의 재앙에 대해 사전에 예방 조처를 한 적이 없다. 대규모 구제금융으로 국가 재정이 크게 악화되는 2009년에도 신용평가사는 그리스 등 위기 국가들에 대해 여전히 높은 등급을 부여했고, 부실 전가 방식의 위기 극복책에 경고하는 등급 결정을 내린 적도 없었다. 그러기는커녕 신용평가사는 이전 위기들에서처럼 이번에도 뒷북만 쳤을 뿐이었다. 경기순환적으로는 실물경제가 이미 공황과 불황 국면에서 탈출한 2010년이 돼서야 갑작스럽게 신용 등급을 강등하기 시작했다. 이는 단순한 뒷북이 아니라 새롭게 위기를 심화시키고 경제 회복을 위협하는 불길한 북소리였다. 특히 위기관리 메커니즘이 결여된 상태에서 신용 등급 강등이 무더기로 집중된 유로 존 국가들에겐 더욱 그러했다.

예컨대 무디스는 2010년 6월에나 그리스 신용 등급을 한 번에 A3(우량 등급)에서 Ba1(투기 등급)로 4단계 강등했고, 그 후 올해 7월까지 Ca(디폴트 직전 등급)로 계속 강등했다. 국채 가격의 폭락과 국채 차환의 어려움에 몰린 그리스는 IMF와 EU의 구제금융에 매달릴 수밖에 없었고, 구제금융의 대가는 살인적인 긴축과 대대적인 공공 부문 정리였다. S&P가 미국의 신용 등급을 강등한 것도 의회에서 법정 국가 채무 한도를 2조2천억 달러 증액하기로 합의한 바로 직후였다. 한도 증액과 함께 합의한 10년간 1조 달러와 추가 1조2천억 달러의 재정 지출 감축으로는 채무 위기를 극복하기엔 미흡하다는 것이 등급 강등의 이유였다. 여기서도 신용평가사가 요구한 것은 강력한 신자유주의 긴축이었다.

긴축은 성장의 침체와 고용의 감소 그리고 재정 수입 감소를 가져오기 때문에 설령 긴축으로 재정 수지가 균형 또는 흑자가 된다 하더라도, 그것은 성장과 고용을 희생한 성과일 수밖에 없다. 긴축은 또한 공공 부문과 사회보장의 해체를 요구하는 것이어서 대중의 생계 위협은 추가로 가중되게 마련이다. 따라서 국가 채무의 위기는 긴축과 침체가 아니라 자산 소득 증세와 재정지출 확대 그리고 성장의 회복과 고용 증대의 방향에서 모색되어야 한다. 물론 근본적으로는 금융자본의 손실 부담하에 국가 채무의 탕감이 실행되어야 한다. 신용평가사는 이런 진보적인 위기 극복책을 반대한다. S&P는 이미 지난 7월 초 그리스 국채의 20% 탕감과 유럽재정안정기금(EFSF)을 통한 그리스 국채 교환이라는 유로 존의 해법조차도 '제한적 디폴트'에 해당한다며 등급 강등을 운운했다.

신용평가사가 긴축을 고집하는 근본적인 이유는 재정 건전화를 통해 민간 채권단, 즉 금융자본이 보유한 국채의 안전한 상환을 확보하겠다는 데 있다. 긴축이 대중의 희생과 성장 침체를 가져올 것이라는 우려는 전혀 신용평가사의 관심사가 아니다. 채무 위기에서 긴축은 금융자본엔 사활적인 문제가 되었기 때문이다. 그러나 긴축이 강제될수록 경제 침체는 심화할 수밖에 없다. 이런 점에서 현재 위기는 상당 정도 신용평가사에 의해 증폭되고 있다.

채무 위기를 보더라도 그러하다. 2009년, 2010년 유로 존의 재정 적자가 급증하긴 했지만, 유로 존의 국가 채무가 그렇게 위험한 수준이라고는 할 수 없다. 이탈리아의 GDP 대비 국가 채무 비율 120%(2010년)는 유로 출범 이전의 비율보다도 오히려 낮은 수준이고, 스페인의 60%(2010)도 마스트리흐트 기준을 유지하는 수준이다. 경상수지 또한 스페인에서는 금융 위기 전보다 현저하게 개선되었고, 이탈리아도 사소하게 나빠졌을 뿐이었다. 그럼에도 이들 국가가 새삼스럽게 PIGS라 불리며 강력한 긴축을 강요받는 것은 채무 위기에 편승한 신용평가사들의 등급 강등과 국제 투기자본의 공격에 기인한 바가 크다. 지난 3분기 미국 GDP 성장률 2.0%(수정치)에서 보는 바와 같이 8월 이래 더블 딥 공포는 사실 더블 딥 전도사들의 과장이 많이 작용했다. 그러나 신용평가사들의 요구에 끌려서 긴축이 강력하게 실행되면, 정말 더블 딥이 올지도 모른다. 유로 존에 더블 딥이 온다면, 그건 신용평가사의 신자유주의 때문일 것이다. 신용평가사는 오로지 자신의 이윤을 추구하고, 금융자본의 이해를 대변하며, 신용 평가의 심각한 오류에 대해 어떤 책임도 지지 않는다. 이런 탐욕스런 사적 기업의 손아귀에 자본주의의 장래가 좌지우지되어서는 안 된다.

_ 2011. 12. 5.

정말 더블 딥, 세계 대공황, 자본주의 종말인가

지난 2007년 말 시작된 금융 위기가 2012년으로 5년째 접어든다. 물론 전미경제연구소의 공식 발표에 따르면 미국의 순환적 공황과 불황은 2009년 6월로 종료되었다. 그럼에도 계속 더블 딥 논란은 끊이지 않았다. 크루그먼, 루비니, 장하준 교수처럼 경기 회복과 주가 상승은 경기 부양에 따른 일시적 거품이라는 이유에서였다. 이들은 2년 넘게 계속 더블 딥 타령이다. 특히 2011년 8월 초 미국 신용 등급 강등과 국가 채무 위기의 부각 그리고 유로 존 위기와 함께 더블 딥이 기정사실로 되면서 금융시장은 공포와 충격에 휩싸였다.

그러나 지난 해 3/4분기 미국의 실질 성장률은 1.8%로 일종의 서프라이즈였다. 금융시장의 공포 속에서도 실물경제가 성장했고, 그 성장이 채무 위기로 재정 확대가 불가능했고 또 양적 통화 팽창도 부재한 상태에서 이뤄졌기 때문이다. 2011년 4/4분기 성장률은 이보다 더 높아질 것으로 추정하고 있다. 결국 금융시장의 공포는 과잉 반응이었고, 경기 부양에 따른 거품이라는 주장도 설득력을 갖기 어렵게 되었다.

그럼에도 유로 존 위기가 지속되고, 채무 위기 국가에 강도 높은 긴축이 강제되는 상황이어서 더블 딥 논란은 끝나지 않을 것으로 보인다. 지난 금융 위기 이래, 특히 좌파 진영의 김수행, 정성진 교수 등에서 보는 바처럼 이 위기가 더블 딥을 넘어 세계 대공황과 파국으로 귀결될 거라는 기대(?)와 전망이 많이 제기되었다. 이 위기를 1930년대 세계 대공황과 비교하면서 80년만의 대위기라 하지만, 이 위기는 세계 대공황과 다르며, 또 세계 대공황으로 치닫지도 않을 것이다.

미국 실질 GDP 성장률은 1930년 −8.6%, 1931년 −6.5%, 1932년 −13.1%, 1933년 −1.3%이었고, 반면 2008년은 −0.3%, 2009년 −3.5%, 2010년에는 +3%였다. 1930~33년 최고 실업률은 25%, 이번 2009년엔 10.2%였다. 주식 시장에서 다우지수는 1929년 9월~1932년 7월 사이 89% 하락한 반면, 2007년 10월~2009년 3월에는 54% 하락했고, 그 후 2011년 8월의 금융 쇼크에도 불구하고 그해 말까지 89%만큼 빠르게 회복되었다. 그 밖에도 1929~32년간 46% 하락한 공업 생산, 50~70% 폭락을 기록한 농축산물 가격 등 세계 대공황의 통계는 오늘날 상상할 수 없을 만큼 끔찍한 것이다.

위기의 결과 또한 크게 상이했다. 세계 대공황은 파시즘과 뉴딜 형태로 국가 개입주의를 가져왔고, 제2차 세계대전을 야기했으며, 전후 케인스주의 형태의 국가독점자본주의와 그 국제적 협력 체제인 브레턴우즈 체제를 성립시켰다. 그러나 지난 금융 위기는 신자유주의의 결과이자 신자유주의의 위기였지만, 신자유주의 재편 이상의 구조 변화를 가져오지 못하고 있다. 위기에도 불구하고 신자유주의 형태의 국가독점자본주의가 계속될 전망이다.

따라서 향후 설령 더블 딥이 온다 하더라도 그것은 세계 대공황으로 간다거나 자본주의의 심대한 변화를 가져오거나 하는 것은 아니다. 그럼에도 더블 딥과 세계 대공황이 아니라 심지어 내후년에는 자본주의 체제가 아예 종말을 고할 거라는 사교 교주 같은 주장도 있다. 윤소영 교수는 마르크스주의 경제과학에 의거해 수리적으로 이 붕괴를 논증했다고 강변하나 마르크스주의는 이런 종말론과는 하등 관계없는 사상·이론이다.

그간의 더블 딥 논란은 실제 이상으로 과장되었다. 미국 자본주의 역사에서 더블 딥은 제2차 세계대전 종전 직후의 특별한 공황을 제외하면, 1980~82년 공황이 유일한 사례다. 이 더블 딥은 당시 레이건 정부의 초고금리 통화 긴축의 결과였고, 1930년대 대공황의 격심한 마이너스 성장도 사실 금본위제 고수를 위한 통화 긴축에 의해 영향받은 것이었다. 따라서 긴축정책, 특히 유로 존의 재정 긴축이 현재 산업 순환의 리듬을 방해하지 않는 한, 더블 딥은 오지 않을 것이며, 이런 점에서 신자유주의 긴축을 저지하는 게 현재 좌파 정책논쟁의 핵심을 이룬다.

대공황과의 이런 비교에도 지난 금융 위기는 실은 대공황에 버금가는 심대한 위기였다. 그런데도 위기 지표들이 미약한 데에는 몇 가지 요인이 있다. 무엇보다 세계 대공황 시기와 달리 국가개입주의가 제도화되었고 미국 헤게모니 하 국제 공조가 어떻게든 작동한다. 이런 기구가 무정부적 방식으로 금융 위기가 파급·전파되는 것을 차단하고, 확장 정책을 통해 과잉생산 공황을 완화했다. 또 고율 관세와 블록 경제로 세계시장이 크게 축소되었던 것과 달리 이번에는 보호주의의 강화에도 기본적으로 자유무역의 기조가 유지된 것도 주요한 요인이다. 세계 모든 국가가 공황에 휩쓸렸던 것과 달리 이번에는 중국, 인도 등 거대 신흥 시장이 여전히 고성장을 기록해 위기의 완충적인 역할도 수행했다.

그러나 국가개입주의가 결코 위기의 진정한 해결책일 수는 없다. 인플레이션과 스태그플레이션으로 표현되는 국가 개입의 모순은 이제 국가 채무 위기로 나타나 국가개입주의 자체가 근본적 위기에 봉착한 것이다. 자본주의를 지탱해 주는 이 지팡이 자체가 무너질 수 있다는 것에서 지난 금융 위기의 심대함을 엿볼 수 있다. 자본주의는 이제 국가독점자본주의의 심화된 위기하에서만 전개될 것이다. 새로운 산업 순환이 경기 회복 국면으로 들어섰다 하더라도 이 순환은 취약하고 불안정할 것이며, 장차 새로운 공황은 구조적 위기를 한층 심화시킬 것이다.

_ 2012. 1. 2.

유로 존의 재앙은
신자유주의 통합 탓

그리스 정부와 민간 채권단의 채무 조정 협상 타결이 임박한 것으로 알려졌다. 그리스 국채 중 민간 채권단 보유 부분(60%)에 대한 손실 상각 비율은 70%에 이를 것으로 보이며, 이를 통해 그리스의 국가 채무는 전체 3천500억 유로 중 1천억 유로만큼 줄어들 것으로 추정된다. 70% 정도의 헤어컷 비율 수용이 구제 금융 공여의 조건이었기 때문에 현재 긴축의 정도와 이행을 둘러싼 논란이 크긴 하지만, 그리스에 대한 IMF와 EU의 제2차 구제금융도 타결될 것으로 전망된다. 유로 존 위기의 진원지였던 그리스 채무 위기는 이로써 일단 진정되는 분위기다. 이에 따라 그리스 국가 채무는 2011년 GDP 대비 160%에서 2020년 120%로 줄어들 것으로 기대된다.

이 해결 방식은 민간 채권단의 손실 분담(이는 곧 그리스 국가 채무 탕감), 그리스에 대한 구제금융 제공, 각국 정부에 의한 채권 은행들의 자본 확충 지원, 그리고 그리스 정부의 긴축을 구성 요소로 안다. 국가 채무 위기가 해결하기 어려운 자본주의의 근본적 위기라 생각했던 사람들에게는 이 같은 간단한 처리 방식으로 그리스 정부의 재정이 건전화된다는 게 일종의 마법처럼 보일지 모른다. 그러나 실은 신자유주의하에서 일어난 외채 위기와 금융 위기의 해법은 디폴트든 아니든 언제나 이런 방식이었다. 설령 채무 협상이 결렬되어 그리스가 디폴트로 몰린다 하더라도 사후 처리 방식은 이런 해법 외에는 없다.

이런 해결책은 우선 마스트리흐트 조약과 유럽통화동맹의 교조적인 신자유주의로부터 이탈한 것이다. 마스트리흐트 조약은 시장과 통화 통합으로 역내의 모든 불균형이 시장의 자유 경쟁을 통해 정정되고 최적 균형을 달성할 수 있다는 신자유주의 교리에 입각한 것이었다. 이 조약은 불균형과 위기에 대한 개입 메커니즘을 갖추지 못했을 뿐 아니라, 심지어 위기 시에 회원국에 대한 구제금융을 금지하는 조항까지 갖고 있었다. 시장 통합과 통화 통합은 오로지 신자유주의 긴축과 자유화에 의해서만 추동되었는데, 이른바 통화 동맹에 가입하기 위한 마스트리흐트 4개 수렴 기준과 '안정 및 성장 협약'이 바로 그러하다.

그러나 자본주의 경제의 현실 위기 속에서 신자유주의 경제학의 교조는 터무니없는 사변에 지나지 않는다는 게 분명해졌고, 이 위기에 개입하기 위해서는 이 원칙과 규정부터 깨지 않을 수 없었다. 현실적으로 재정 적자 GDP 대비 3%, 국가 채무 GDP 대비 60%라는 마스트리흐트 기준도 지켜질 수 없었다. 그에 따라 2010년 5월 한시적인 기구인 유럽재정안정기금(EFSF) 설립이 결정되었고, 또 그리스에 대한 1천100억 유로의 제1차 구제금융도 합의되었다. 유로 존 위기가 심화함에 따라 2011년 7월에는 항구적인 유럽안정기구(ESM)의 설립이 조인되었고, 그리스에 대한 1천90억 유로의 제2차 구제금융도 결정되었다.

그렇다고 유로 존의 이런 변화가 신자유주의와의 단절은 결코 아니다. 위기 해결책은 기본적으로 신자유주의적 구상에 입각한 것이기 때문이다. 우선 그리스의 디폴트 위험에 노출된 사적 금융자본의 채권을 일정 부분 구원해 주는 것, 헤어컷에 따른 채권 은행 부실에 대해 각국 정부가 결국에는 공적 자금을 지원한다는 것, 이는 대중의 조세 부담으로 전가된다는 것, 즉 손실의 사회화가 이루어진다는 것, 그리스에 대한 구제금융은 혹독한 긴축과 임금 삭감 그리고 공공 부문 정리에 연계되어 있다는 것, 이 모든 것이 신자유주의 프로그램으로서의 성격을 말해 준다. 나아가 새로 합의된 신재정 협약은 '안정 및 성장 협약'의 기준을 더욱 강제하는 것이어서 유로 존의 신자유주의는 더 강화될 전망이다.

지난 금융 위기의 진원지가 미국임에도 오히려 유로 존이 글로벌 채무 위기의 폭풍의 눈으로 부상한 것은 통화 동맹 건설상의 시스템 오류 때문이다. 신자유주의 통합으로 설계된 경제 통화 동맹은 통합과 자유화에 의해 국가 간, 자본 간 경쟁 심화와 불균형의 증대, 위기의 심화를 불가피하게 동반할 수밖에 없는데도, 여기에 개입해 불균형과 위기를 완화시키기 위한 재정 개입과 재정적 통합은 거부되었다. 또한 재정 적자는 마스트리흐트 기준에 따라 GDP 대비 3%로 강제되는 상황이다. 이와 같은 엄격한 긴축정책으로 채무 위기 국가들은 경제 침체에도 확장은커녕 오히려 긴축을 강요받고, 그 때문에 경제는 더욱 침체되는 악순환에 놓여 있는 것이다. 다른 한편 이것은 통화 동맹 내에서 독일 헤게모니가 관철된 결과이기도 하다. 국민국가의 보호 수단이 결여된 통합된 시장에서 강한 자본의 관철을 실현하는 것, 즉 재정 개입을 통한 경쟁 왜곡과 인위적인 경쟁력 제고를 저지하는 것, 그것이 독일의 이해관계에 부합하는 것이었다.

이 통화 동맹은 이렇게 구성상의 오류와 독일 헤게모니에 입각해 있었고, 따라서 유로 존의 위기는 신자유주의 통합 원칙을 폐기하고 이 오류를 정정하지 않으면 근본적으로 해결할 수 없다. 아마도 ESM 기금의 확대, 유로본드의 발행, ECB의 중앙은행으로서의 역할 강화, 재정 및 노동·사회정책의 통합 진전 등이 이 위기를 진보적 방향에서 해결하고 유로 존 국가들의 연대를 강화하는 시급한 것이 될 것이다.

이런 점에서 그리스 채무 위기에 대한 유로 존의 이번 해결책은 진정한 해결책이 아니라 미봉책이고, 더욱이 위기의 원인인 신자유주의 통합을 강화하는 것이어서 향후 위기를 새롭게 심화시킬 것이다. 신재정 협약하에서 위기의 유로 존 국가들에 재정 적자 비율 3%와 국가채무 비율 60%가 강제된다 하더라도, 이를 유지하기란 아마도 가능하지 않을 것이다. 그리스를 비롯해 살인적인 긴축이 강제된다면, 성장 침체 또는 둔화로 인해 오히려 재정 적자와 국가 채무가 더 증가하는 결과를 가져올 것이다.

_ 2012. 2. 8.

세계 금융 위기로
다시 읽는 마르크스

위기론이 없는 부르주아 주류 경제학

2008년 위기가 1930년대 세계 대공황 이후 최대의 위기라고 하지만, 사실 금융 위기와 공황은 새로운 현상이 아니다. 자본주의 세계에서 공황은 1825년 영국 공황 이래 7~11년 주기로 예외 없이 반복 발생했다. 그럼에도 공황은 일어날 때마다 언제나 사람들에게 새로운 충격이었고 이해하기 어려운 수수께끼였다. 놀랍게도 그건 경제학자들에게도 마찬가지다. 고전학파 경제학에도, 현대 경제학에도 주기적으로 반복해서 나타나는 공황에 대한 이론적 설명은 없다. 경제학자들이 언론 매체 등에서 현실의 위기에 대해 이런저런 발언을 하고 있지만, 강단에서는 자본주의 시장경제에 위기란 존재하지 않는다고 가르친다. 자본주의 시스템에 내재하는 위기란 없다는 것이다. 즉 이들에 있어 위기는 이 시스템 외부의 충격 때문에 발생한다.

멩거Carl Menger, 발라Léon Walras와 함께 현대 경제학 창시자의 한 사람인 제본스William S. Jevons는 1884년 태양의 흑점 활동 주기로 주기적 공황을 설명하고자 했다. 태양의 흑점 활동이 지구의 농업 생산에 영향을 미쳐 공업의 위기를 가져온다는 것이다. 지금 보면 일종의 난센스 같은 주장이 지도적인 한 주류 경제학자의 공황론이었다. 오늘날도 사정은 다르지 않다. 오일쇼크나 전쟁 또는 정부 정책의 오류 등이 주류 경제학에서 설명하는 개별 공황의 원인이다. 예컨대 1974~75년의 공황은 통상적으로 제4차 중동전쟁과 오일쇼크로 인해 일어났다고 한다. 통화주의자들은 1930년대 대공황의 원인을 통화정책의 오류에서 찾는다. 또한 몽페를랑협회에 결집한 신자유주의자들은 지금도 지난 금융 위기가 정부 규제 때문이라고 강변한다.

그러나 자본주의 시스템의 외부에서 공황의 원인을 찾는 이론들은 왜 공황이 10년 주기로 반복해서 일어나는가를 설명할 수 없다. 외부의 충격 요인들이 10년마다 필연적으로 반복할 이유는 없기 때문이다. 부르주아 경제학에서 경제 불황을 내생적으로 설명할 수 있는 유일한 이론은 케인스주의 경제학이다. 시장경제의 최적 균형과 완전고용 그리고 후생 극대화를 주장하는 신고전파 Neo Classical와 새고전파New Classical 정통의 경제학과 달리, 케인스주의 경제학은 유효수요의 부족으로 인한 불균형과 불완전고용을 상정한다. 하지만 케인스주의 경제학도 경제 불황이 왜 주기적으로 반복하는가, 호황과 불황이 왜 반복하는가를 설명하지는 못한다. 또한 유효수요의 부족은 소비 심리나 투자 심리 등 심리적 요인으로 설명한다. 케인스주의 경제학이 주기적 공황과 불황에 대한 과학적 이론이라고 할 수 없는 이유다. 주지하다시피 케인스주의 경제학은 스태그플레이션으로 특징지어지는 1970~80년대의 현대 불황을 배경으로 이론적 설명력을 상실했다.

정치경제학 비판과 《자본》의 공황론

금융 위기와 경제공황을 설명할 수 있는 과학적인 이론은 단연 마르크스의 '정치경제학 비판'이다. 충격적인 금융 위기로 국제적으로 《자본》에 대한 관심이 높아진 것도 이 때문이다. 마르크스는 역사와 사회에 대한 유물론적 관점을 확립한 이후 특히 1850년대 이래 경제학 연구에 집중했다. 부르주아 사회의 비판적 해부를 위한 마르크스의 경제학 체계는 전체 6부(I.자본, II.토지 소유, III.임노동, IV.국가, V.외국 무역, VI.세계시장과 공황)로 구성된 정치경제학 비판 플랜으로 나타났다. 마르크스는 처음에 어렵지 않게 이 6부작 저작을 완성할 수 있을 거라고 생각했지만, 실제로는 제I부 자본조차 끝낼 수 없었다. 다만 제I부 자본의 핵심적 부분이 《자본》 전3권(및《잉여가치 학설사》)으로 간행되었고, 그것도 마르크스 자신의 손으로 간행된 것은《자본》 제1권(1867년)뿐이었다. 제2권과 3권은 마르크스가 남긴 방대한 초고들로 엥겔스가 편집한 것이었다. 《잉여가치 학설사》 또한《자본》 초고의 일부였다. 마르크스 전공자 외에는 별로 알려지지 않았지만, 이렇게《자본》은 완결된 저작이 아니라 정치경제학 비판 체계 일정 단계에서의 중간 성과라 할 수 있다.

물론《자본》은 이 체계의 토대이자 중추에 해당한다. 《자본》은 부르주아 사회의 내적 편성과 운동 법칙을 '이념적 평균'이라는 추상 수준에서 분석한다. 원래 마르크스의 계획에 따르면 이로부터 더욱 상향해서 세계시장에서의 구체적인 자본주의와 공황 분석으로까지 나아갈 예정이었다. 다시 말해《자본》에선 현실의 경기순환과 세계시장 공황을 분석할 정도로 나아간 것은 아니었고, 정치경제학 비판의 체계와 마찬가지로 마르크스의 공황론도 미완으로 남아있다. 마르크스 사후 그의 공황론을 둘러싸고 여러 세대를 거쳐 논쟁이 반복된 것은 근본적으로 이 때문이다. 그러나 정치경제학 비판 플랜의 방법에 주목하면서 《자본》과《잉여가치 학설사》를 보면 마르크스 공황론의 기본 구성을 끌어낼 수 있다.

마르크스는 우선 공황을 자본주의 생산의 모순들이 폭발한 것이라 하여 기본적으로 자본주의의 내재적 요인들로 공황을 설명한다. 자본주의 생산은 상품 생산, 그것도 노동력의 상품화에 기초한 상품 생산이며, 노동력의 착취를 통한 잉여가치 생산을 목적으로 한다. 따라서 자본주의 생산은 한편에서 상품 생산에 기인하는 무정부성의 모순과 다른 한편에서 노동자의 소비 제한과 무제한적 축적의 모순을 피할 수 없다. 이 모순들로 자본 축적 과정에서 생산 부문

간 불비례와 생산과 소비의 불균형이 불가피하게 발생하고, 과잉생산 공황이 발발한다. 마르크스의 공황론은 종종 과소소비론으로 오해되곤 하지만, 양자는 근본적으로 다른 것이다. 과소소비론은 노동자의 소비 제한으로 노동자와 자본가 외 '제3자'의 수요가 없는 한 자본 축적이 원천적으로 불가능하다고 주장한다.

반면 마르크스에 있어서는 노동자의 소비 제한에도 불구하고, 고정자본 투자를 중심으로 하는 무제한적 생산 확장이 스스로 수요를 확대하면서 내생적으로 호황 국면이 전개된다. 하지만 고정자본 투자는 궁극적으로 소비재 생산을 위한 것이며, 호황기의 이런 모순적인 축적 때문에 결국 과잉생산 공황이 불가피하게 된다. 다시 말해 자본주의 공황은 다름 아닌 호황의 필연적인 결과로서 일어난다. 가격 기구는 호황기의 이런 불균형의 발전을 정정하지 못하고, 오히려 증폭시키는 역할을 하며, 폭력적인 공황을 통해 비로소 불균형이 정정된다. 따라서 공황은 그 자체로 자본주의 생산의 종말을 가져오는 것도 아니다. 공황은 기업 도산과 대량 실업을 통해 과잉생산과 과잉자본을 청산하고 이윤율 조건을 개선함으로써 자본 축적의 조건을 새롭게 창출한다. 공황은 공황을 통해 극복되며, 자본주의는 다시 경기 회복과 호황 그리고 공황의 산업 순환을 반복한다. 이렇게 마르크스는 자본주의하 공황의 필연성뿐만 아니라 호황과 주기적 순환의 필연성도 규명한다. 나아가 마르크스는 호황 국면에서 투자와 생산의 확대에 자본가들 간 상업신용뿐 아니라 은행신용과 주식거래소가 불가피하게 결합하여 금융 버블이 형성되며, 이 때문에 과잉생산 공황은 언제나 주식시장의 붕괴와 금융 공황을 동반한다는 것도 밝히고 있다.

위기의 심화와 사회화

마르크스에 따르면 공황은 단순히 반복되는 것이 아니라 반복 속에서 점차 심화한다. 보다 높은 생산수준에서 축적이 진행되어 공황의 규모도 커지기 때문이다. 또한 생산력의 발전과 함께 이윤율의 경향적 저하 법칙도 작용한다. 마르크스는 정치경제학에서도, 역사적 관점에서도 이 법칙을 가장 중요한 법칙이라고 했다. 자본주의가 영원히 발전할 수 없는 이유도 여기에 있다. 모순적으로 보이지만, 자본주의하에서 생산력 발전은 이윤에 의해 지배되는 자본 관계와 충돌하기 때문에 이윤율 저하를 가져온다. 즉 생산력 발전과 함께 생산과정에서 잉여가치의 원천인 노동력이 점차 축출되고 생산수단은 거대화된다. 마르크스에 의하면 노동력과 생산수단의 결합 비율은 자본의 기술적 구성, 그 가치표현은 자본의 (유기적) 구성이라고 한다. 생산력 발전에 따라 자본의 유기적 구성이 고도화하면, 투자되는 총자본 대비 잉여가치(이윤)의 비율인 평균이윤율은 경향적으로 하락하지 않을 수 없다. 이윤율은 자본주의 체제의 존립 조건이기 때문에, 이윤율의 경향적 저하는 단순하게 주기적 공황의 문제가 아니라 자본주의 체제 자체의 위기를 가져온다. 이렇게 되면 자본주의는 장기 침체에 빠지고, 체제의 존립이 위태롭게 된다. 아울러 기술 진보와 이윤율 저하는 노동자들에게 실업과 과잉인구라는 재앙을 가져오고, 노동자들의 저항과 계급투쟁을 격화시킨다.

이렇게 마르크스에 따르면 자본주의하에서 주기적 공황과 이윤율의 경향적 저하 그리고 체제 위기는 자본주의 외부의 원인이 아니라 자본 자체의 논리와 모순으로부터 발전하는 것이다. 따라서 위기의 궁극적인 극복을 위해서는 근본적으로 자본주의의 지양과 사회화(Vergesellschaftung, Socialization)가 필요하다. 자본주의의 역사적 과정을 보면, 생산력의 고도화와 위기의 심화에 대응하여 자본주의는 실로 자신의 고유한 특징을 일정하게 지양해서 소유의 사회화와 사회적 조절을 확대·강화해 왔다. 독점과 주식자본 그리고 국가 부문의 확대가 다름 아닌 자본주의하에서 사회화의 진전을 표현하는 것이다. 20세기 이래 현대 자본주의는 독점과 국가를 통한 시장의 조직과 조절 없이는 존립할 수가 없게 되었다. 부르주아 경제학에서 상정하는 자유 경쟁 질서는 현실에서 이미 존재하지 않는다. 특히 1930년대 대공황을 계기로 국가개입주의가 제도화되었고, 국가에 의한 공황의 구제와 관리가 자본주의 생존의 절대적 조건이 되었다. 2008년 금융 위기에서도 본 바처럼, 자본주의의 위기는 국가의 대규모 공적 자금 투입과 유동성 공급 그리고 대은행과 독점기업의 국영화라는 자본주의적 사회화를 통해서만 관리될 수 있다. 또한 지난 위기는 역으로 케인스주의라는 사회화 형태를 해체한 신자유주의가 어떻게 자본주의적 사회화의 역사 과정에 역행하는 것이고, 그 대가가 얼마나 막대한가도 극명하게 보여준다. 자본주의 위기에 대한 마르크스의 과학적 분석으로부터 우리가 지혜를 얻고자 한다면, 자본주의에 대한 규제와 사회화를 현대 자본주의의 불가결한 조건으로 수용하는 것이다. 사회화의 진전을 통해서만 자본주의에 내재하는 위기 경향을 완화할 수 있기 때문이다. 케인스주의의 역사적 파산을 성찰하면, 오늘날 사회화는 케인스주의를 넘어서는 보다 진보적인 형태가 요구된다 하겠다.

_ 2012년 겨울

탐욕과 음모로 구성된 EBS 〈다큐프라임〉의 자본주의 비판

EBS 〈다큐프라임〉 "자본주의" 5부작은 자본주의와 금융 위기에 대한 비판적 이해를 도모하고자 작년 가을에 방송된 프로그램이다. 세계 석학들과 인터뷰를 바탕으로 일반의 상식을 뒤집는 충격적인 자본주의 비판과 고발로 언론들로부터 상당히 호평을 받았다. 시청자들뿐 아니라 방송 후에도 인터넷을 통해 많은 사람이 이 프로그램에 충격과 감명을 받은 것으로 보인다. 하지만 그중에서도 특히 1부 '돈은 빚이다'는 다큐 프로그램이라고 하기에는 너무 음모론에 입각해 있어 문제가 심각하다. 인플레이션도, 금융 위기도, 경제 호황과 침체도, 또 미 FRB까지도 금융자본의 탐욕적인 음모로 설명한다. 《화폐 전쟁》의 쑹홍빙의 관점을 그대로 가져왔다. 하지만 음모론으로 자본주의 비판을 대신할 수는 없다. 자본주의 체제의 모순적이고 위기적인 작동 방식을 과학적으로 이해하는 게 요구되기 때문이다. 이 프로그램으로 감명을 받았던 많은 사람에게는 또 한 번의 충격일지 모르지만, 지금이라도 교정이 필요하다.

우선 세계의 경제학 석학들이 등장하는데도 이들은 자본주의가 무엇인가에 대한 정의조차 제대로 내리지 못하고 있다. 그게 오히려 당연한 것처럼 자랑스럽게(!) 떠벌인다. 자본주의가 무엇인지, 오늘날의 이른바 금융자본주의는 과거의 자본주의와 어떻게 다른지, 그 역사에 대해 무지하다 보니 자본주의는 곧 금융 지배이고 금융 사기라는 논리 비약이 일어난다. 그래서 화폐는 단순히 빚이고 빚을 갚기 위해서는 또 빚을 내야 하는 신용 창조의 악순환 속에서 인플레이션이 일어나고 사회적 약자가 파산한다는 1부의 기본명제가 나온다. 그러나 과거 금본위 제도하에서도 태환지폐가 발행되고 은행의 예금 창조가 이루어졌지만, 거기서는 초순환적 인플레이션이 발생하지 않았다. 초순환적 인플레이션은 관리통화 제도하에서의 현상이고, 따라서 이 현상의 원인은 은행의 신용 창조에 있는 것이 아니라 중앙은행의 본원통화량 남발 때문이다. 통화량 남발, 즉 인플레이션은 국가에 의한 공황의 구제와 관리에서 비롯된 현대 자본주의의 불가피한 현상이다.

이 신용 창조의 악순환에는 금융자본의 탐욕, 즉 신용공여를 통한 이자 수입의 추구가 도사리고 있다고 한다. 그런데 악순환이 불가피한 근본적인 이유는 따로 있다. 대출이자를 상환하기 위한 화폐의 부족으로 대출의 증대와 신용 창조의 확대라는 악순환이 불가피하다는 것이다. 이 주장은 정말 난센스다. 왜냐하면 화폐가 부족하면 화폐가 귀해져서 화폐의 가격이 등귀함으로써(다시 말해 상품의 가격들은 하락함으로써) 이른바 디플레이션의 방식을 통해 이 문제가 해결되기 때문이다. 금본위 제도하에서는 이 경우 금화의 새로운 제조와 유통에의 투입이나 퇴장화폐의 재투입이 일어나서 디플레이션 문제가 해결된다. 또는 관리통화 제도하에서라면 중앙은행이 필요한 통화량을 공급함으로써 디플레이션 없이 문제가 해결될 수도 있다. 그러니까 이자를 갚기 위한 신용 창조의 악순환이 일어날 필연성은 없는 것이다.

신용 창조의 악순환 속에서 마지막 대출자가 수탈을 당하고 파산한다는 것도 이해할 수 없는 주장이다. 대출자들이 파산하고 은행도 위기에 처하고 뱅크런도 벌어지는 사태는 신용 창조 메커니즘 자체가 아니라 주기적 과잉생산 공황의 폭발 속에서만 설명할 수 있는 것이다. 호황 과정에서 산업의 과잉생산 진전과 신용 제도가 어떻게 연관되어 있는가를 분석할 때에만 비로소 공황기 신용의 붕괴를 설명할 수 있는데, EBS의 세계 석학들은 이 메커니즘을 전혀 인식하지 못하고 있다.

EBS는 또 미국 FRB가 민간은행이라고 말한다. 그럼으로써 탐욕적인 금융 자본이 중앙은행을 이용해서 신용 창조의 토대인 통화를 남발해서 대출 증대와 이자 수입을 추구한다는 것이다. 그러나 미국 연방준비제도는 정부 기관과 민간의 혼합 형태라 하더라도 기본적으로 정부의 공적 기관에 속한다. 우선 12개 연방준비은행을 감독하고 통화정책을 책임지는 연방준비제도 이사회Board of Governors는 대통령에 의해 지명되고 상원의 인준을 받는 연방 기관이다. 또한 형식상 주식회사 형태를 취하는 12개 연방준비은행도 실제로는 사적 민간은행들과 달리 주주 구성이나 소유권 행사 그리고 배당 이윤 등에서 엄격한 법적 제약을 받고 있다. 연방준비은행이 민간은행이라기보다 실은 연방 기관인 연방준비제도 이사회와 월가의 대형 은행 간의 인적 결합과 교류가 연방준비은행으로 하여금 금융자본의 이익을 대변하게 만든다.

마지막으로, 신용 창조의 악순환을 통한 인플레이션이 왜 디플레이션과 장기 침체로 전환되는지에 대한 설명도 결여되어 있다. 음모론과 마찬가지로 근거 없는 콘드라티에프 파동론이 뒤섞여 있다. 장기 성장이 꼭 인플레이션을 동반하는 것도 아니다. 19세기의 장기 성장은 인플레이션을 동반하지 않았고, 스태그플레이션에서 보는 바처럼 오늘날의 장기 침체는 디플레이션이 아니라 인플레이션을 동반하고 있다.

_ 2013. 5. 4.

케인스와 하이에크를 넘어
제3의 길이 있나?

—EBS 〈다큐프라임〉 "자본주의" 제5부의 문제들

2008년 금융 위기 이후 5년 넘도록 위기의 원인과 대안에 관한 논쟁이 끝나지 않고 있다. 위기의 발발과 함께 위기의 주범으로 몰려 위축되었던 신자유주의자들은 그 원인이 오히려 국가 개입에 있었다며 반발하고 있다. 전방위 국가 개입에 의지해 겨우 파국적 위기를 모면한 것을 생각하면 적반하장이 아닐 수 없지만, 신자유주의는 여전히 완고하다는 느낌이다.

EBS 〈다큐프라임〉 "자본주의" 제5부 '국가는 무엇을 해야 하는가'도 이런 논쟁 상황을 반영하는 것이다. 제5부는 케인스 대 하이에크, 국가 대 시장의 논쟁을 다루고 양자의 대립을 넘어가는 대안을 모색하고 있다. 하지만 "자본주의" 제5부는 이런 논쟁 구도를 일시일비의 관점에서 다루고 있어 시청자들에게 비판적 이해를 제공한다기보다는 혼란만 가중시킨 게 아닌가 한다. 대립적인 양자의 주장을 소개하는 것은 필요하겠지만, 시시비비를 가려 대안을 모색하는 데는 크게 부족했다.

우선 케인스와 하이에크의 대립을 '국가 대 시장'의 문제로 환원하기는 어렵다. 케인스의 측면에서 보면, 국가개입주의는 결코 시장을 대체하는 게 아니고 시장을 완성하기 위한 것이기 때문이다. 사무엘슨 같은 케인스주의 주류파의 신고전파Neo Classical 종합이 다름 아닌 그런 세계를 상정한다. 반면 하이에크의 관점에서 보면, 국가와 시장은 상용할 수 없는 관계다. 어떤 국가 개입도 자유 시장을 그만큼 마비시키고 결국은 국가 개입을 증대시켜 전체주의로 귀결된다는 것이다. 하지만 국가 개입이 배제된 자유 시장이란 이데올로기일 뿐이고, 오늘날의 자본주의 현실에서는 존재하지 않는 세계다. 하이에크를 평생의 정치적 신조로 견지해 왔다는 영국의 대처도, 또 미국의 레이건도 그 집권 시기에 국가개입주의를 결코 배제할 수 없었다. 결국 현실의 경제정책이란 관점에서 보면 양자의 대립, 즉 케인스주의와 신자유주의의 대립은 '국가 대 시장'의 문제라기보다는 국가개입주의의 변종으로 파악해야 한다.

하이에크의 대표작 《노예의 길》은 대공황과 파시즘 그리고 세계대전이라는 자본주의 역사상 최악의 결과를 가져왔던 시기를 배경으로 간행되었다. 홉스봄에 따르면, 자유 시장경제의 귀결로서 대공황, 뉴딜과 파시즘 그리고 세계전쟁 간에는 필연적인 인과관계가 성립한다. 하지만 하이에크는 나치즘이든 뉴딜이든 국가개입주의로의 발전이 자유 시장경제의 파국의 결과라는 점을 인식할 수 없었다. 국가개입주의를 부정하고 자유 시장경제를 주장한 것은 완전한 시대착오가 아닐 수 없고, 하이에크의 이론은 절대적으로 오류라고 평가할 수밖에 없다. 하이에크가 독일 나치즘과 소련 스탈린주의를 주요 타겟으로 해서 국가개입주의를 비판했지만, 소련 사회주의가 몰락했다고 해서 하이에크의 이론이 옳은 것은 결코 아니다. 소련 사회주의의 몰락을 설명하고 예견했던 다양한 좌파 이론도 얼마든지 존재한다.

하이에크와 달리 케인스는 이 시기 자본주의의 역사적 변화, 즉 독과점의 지배와 그에 따른 자본주의 경제의 불안정성, 나아가 국가개입주의의 불가피성을 인식했고, 전후 국가개입주의의 제도화는 케인스의 이론적 통찰력을 보여주는 것이라 할 수 있다. 하지만 부르주아 경제학자로서 케인스는 국가개입주의가 가져오는 자본주의의 새로운 모순들을 파악할 수는 없었고, 1970년대 이래 스태그플레이션의 전개와 함께 이론적 유효성을 상실했다. 이렇게 보면, 케인스의 이론은 절반만 맞았다고 할 수 있다.

따라서 케인스와 하이에크 사이의 이른바 100년 논쟁은 양자 사이의, 또는 양자를 넘어가는 제3의 길을 찾는 것이 아니라 하이에크를 폐기하고 '케인스 플러스 알파'를 추구하는 것이 되어야 한다. 케인스가 실패한 나머지 절반의 문제 해답을 구하는 것, 이것이 케인스에 추가되어야 할 알파인 것이다. 반면 "자본주의" 제5부에서는 양자 사이의 대안으로 '국민이 주인이 되는 복지자본주의'를 제시하고 있는데, 이게 국가와 시장의 대립을 넘어서는 대안이라고 할 수는 없다. 복지자본주의는 국가개입주의의 확대를 통해서만 달성될 수 있기 때문이다. 또한 복지자본주의 또는 따뜻한 자본주의가 도대체 어떤 길인지도 명확하지 않다. 이 길이 북유럽 사민주의를 염두에 둔 거라면, 이 대안은 케인스와 하이에크 사이의 논쟁에서 찾을 문제가 아니다.

　역사적으로 보면, 제3의 길은 케인스와 하이에크 사이가 아니라 마르크스의 공산주의와 자유방임적 자본주의 사이의 중간 길을 가리킨다. 여기에는 보수적인 관점인 독일의 사회적 시장경제, 중도적 관점인 케인스주의, 그리고 진보적 관점의 사민주의를 거론할 수 있다. 물론 여기서 말하는 사민주의는 신자유주의 진영으로 투항한 현대 사민주의(사민주의와 신자유주의 사이의 이른바 '제3의 길')가 아니라 사회화 강령에 입각한 고전적 사민주의다. '케인스 플러스'의 알파는 고전적 사민주의 또는 사회주의의 어딘가에서 찾아야 할 것이다.

_ 2013. 5. 28.

경제 위기설이 난무하는 이유

지난여름부터 금융시장을 압박하던 9월 위기설이 별일 없이 지나가는 모양이다. 9월 위기설은 매달 850억 달러 규모인 미 FRB의 3차 양적 완화 축소 우려와 16조7천억 달러인 미국 국가 부채 한도 상향 협상의 난항, 여기에 일부 아시아 신흥국의 금융 위기 위험과 시리아 내전에의 미국 개입 우려 등이 어우러져 촉발된 것이었다. 이미 6월에는 올해 말 양적 완화를 축소하고 내년 중 종료한다는 버냉키 FRB 의장의 언급으로 세계 금융시장은 한바탕 요동을 친 상태였고, 그런 만큼 9월 위기설은 무겁게 다가왔을지 모른다. 하지만 9월 들어 미국과 유럽 그리고 중국 모두 경기 지표가 양호하게 나온 데다 18일에는 FRB에서 예상과 달리 양적 완화 유지를 결정하면서 9월 위기설은 허공으로 사라지는 분위기다.

경제 위기설은 비단 이번만이 아니다. 2008년 금융 위기 이후 경제 위기설은 기회가 되는 대로 불거져 나왔다. 2012년 하반기부터는 10년간 1조2천억 달러를 자동 삭감하는 미국의 시퀘스터 시행으로 인해 더블 딥이 일어날 수 있다는 공포감이 금융시장을 강타했고, 2011년 8월에는 S&P의 미국 신용 등급 강등과 국가 채무 위기, 유로 존 위기 그리고 더블 딥 우려로 금융시장이 폭락했다. 2008~2009년의 공황으로부터 막 벗어나기 시작한 2010년부터는 국가 채무 위기가 부각되었고, 특히 유로 존 위기가 첨예하게 전개되면서 그리스의 유로 존 탈퇴와 유로 존 붕괴 시나리오가 금융시장을 공포로 몰아갔다.

경제 위기설은 특히 루비니, 크루그먼 등 비관론자들에 의해 상습적으로 유포되었다. 루비니는 2010년 이래의 경기회복을 금융 버블의 효과라고 폄하하며 줄기차게 버블 붕괴와 더블 딥을 주장했고, 2010년부터 그리스의 유로 존 탈퇴와 이탈리아 금융 위기 등을 거론하며 유로 존 붕괴를 단언했다. 뿐만 아니라 그는 미국의 채무 위기, 유로 존 위기, 더블 딥, 중국의 경착륙 그리고 신흥 시장의 위험 등이 함께 일어나서 2013년에 세계경제는 '퍼펙트 스톰'이 휘몰아친다며 2011년부터 공포감을 조성했다.

지금 시점에서 보면, 루비니의 전망과 주장은 모두 '뻥'이라는 것이 명백해졌다. 미국 경제는 2010년 이래 완만하지만 분명하게 회복 국면을 이어가고 있다. 이 회복은 단순하게 금융 버블의 효과가 아니다. 특히 올해 3월부터 시퀘스터가 시행되었음에도 연방 정부의 예산삭감 효과보다는 민간경제의 회복력이 더 강해졌음을 볼 수 있다. 유로 존은 사실상 2011년 4/4분기 이래 미약한 더블 딥에 빠졌었지만, 올 2/4분기 약간의 플러스 성장률을 기록함으로써 18개월 만에 불황에서 다시 탈출했다. 유로 존의 더블 딥은 긴축과 구제금융 제한을 강제하는 유럽통화동맹의 완고한 신자유주의 탓이었다. 유로 존의 위기는 작년 9월 유럽중앙은행의 전면적 통화 거래(유통시장에서의 무제한적 국채 매입 프로그램) 선언으로 상당 정도 완화되었고, 유로 존 해체는 더 이상 언급되지 않고 있다. 중국의 경착륙도 말할 수 없는 상태이고, 결국 올해에 퍼펙트 스톰이 강타할 가능성은 거의 없다.

경제 위기설이 난무하는 이유는 2008년 금융 위기의 여파가 아직도 지속되기 때문이다. 전대미문의 금융 위기는 손실의 사회화에 의해 국가 채무 위기로 발전했고, 채무 위기와 금융 위기의 상호작용하에서 금융시장은 물론이거니와 실물경제의 회복도 여전히 불안정한 모습을 보이고 있다. 게다가 이 위태로운 안정조차도 FRB와 유럽중앙은행의 초저금리와 막대한 유동성 공급을 통해 지탱되고 있는 실정이다. 그러다 보니 경기 지표의 부정적인 작은 변동이나 금융시장의 근거 없는 전망으로도, 또는 버냉키의 말 한마디로도 경제 위기설이 생겨날 만큼 금융시장은 비관론에 의해 지배되었던 것이다.

하지만 이 심각한 구조 위기하에서도 세계경제는 어김없이 공황과 불황, 경기회복, 번영 그리고 공황이라는 경기순환의 리듬을 갖고 전개되고 있다. 경기순환의 법칙적인 축적 리듬은 자본주의 200년 역사에서 실증적으로 확인된 것이고, 마르크스 경제학을 통해 이론적으로 해명된 것이다. 금융시장은 궁극적으로 경기순환의 이 리듬에 조응해서 변동하게 된다. 세계 금융시장의 기본 지표인 다우지수는 공황 국면인 2009년 3월 13일 6,547의 최저점으로부터 올해 9월 20일 15,677의 역대 최고점으로 등귀했다. 물론 여기에는 연방 정부와 FRB의 막대한 지원이 한몫했겠지만, 그 실물적 토대에는 미국 경제의 회복 국면으로의 전환이 있다. 이 4년 6개월간 금융시장에서 위기설이 충격을 가할 때마다 다우지수는 폭락했지만, 추세적으로는 계속 상승했다. 즉 금융시장의 충격과 교란은 단기간에 조정받고 다시 산업 순환의 리듬을 따라 주가지수는 상승했다. FRB의 출구 전략이 논의되는 배경도 다름 아닌 이 경기회복에 있다. 이렇게 보면, 경제 위기설이 난무했던 것도 경기순환의 법칙성을 이론적으로 이해할 수 없는 부르주아 경제학의 무능과 공포 때문이라 할 것이다. 루비니든 크루그먼이든 이 점에서는 마찬가지다.

_ 2013. 9. 25.

미국 셧다운과 디폴트의
숨겨진 쟁점

데드라인 날짜인 2013년 10월 17일에 오바마가 가까스로 2014년도 연방 예산과 부채 한도 증액에 관한 합의안에 서명함으로써 미국은 일단 우려했던 디폴트를 피할 수 있었다. 이로써 10월 1일부터 시작된 미국 정부의 셧다운이 종료됐지만, 합의안은 일시적인 미봉책이었다. 즉 내년 1월 15일까지의 잠정 예산안과 2월 7일까지의 긴급 조처를 통한 부채 한도 증액이었던 것이다. 위기와 정쟁은 다만 3개월 뒤로 이월되었다. 게다가 재정 적자 감축을 위해 초당적 위원회를 구성해 사회보장 예산의 조정을 끌어내야 할 상황이다. 합의가 안 된다면 세계경제는 내년 초부터 부채 논란과 위기가 재연될지 모른다. 하지만 미봉책임에도 불구하고 오히려 2년 전 부채 한도 증액 타협 때와 같은 금융시장의 쇼크는 없었다. 그건 무엇보다 세계경제의 경기회복 국면이 그때보다 더 강해졌기 때문일 것이다. 내년 초 위기 상황이 재연된다 하더라도 이번보다 더 나빠지진 않을 것이다.

정부 셧다운과 디폴트도 불사하겠다는 식의 민주·공화 양당 간 대립은 표면상 올해 10월부터 시행된 건강보험개혁법(PPACA) 예산 때문이었다. 공화당에서는 이른바 오바마 케어를 폐기하지 않는 한 내년 예산도, 부채 한도 증액도 할 수 없다는 것이었다. 전체 국민의 95%를 포괄한다는 오바마 케어에는 미 의

회예산국에 따르면 2013년부터 10년간 총 1조7천600억 달러의 지출을 요구한다. 한도에 다다른 국가 부채를 감안하면 이는 쉽게 감당할 수 있는 것이 아니다. 또한 내년으로 다가온 의회 선거와 맞물려 오바마 케어는 양당 모두 사활을 건 정치 쟁점이 되었다고도 한다. 그러나 셧다운과 디폴트에는 오바마 케어와 정쟁을 넘어서는 보다 깊은 쟁점이 내재해 있다. 다름 아닌 긴축 예산과 부채 한도의 압박 그리고 공공 부문 구조 조정이라는 신자유주의 쟁점이다.

부채 한도 증액 문제가 또 다시 제기된 이유는 무엇보다 지난 경제 위기와 금융 위기 시에 금융자본과 독점자본을 구원하기 위한 막대한 재정지출과 구제금융, 즉 손실의 사회화 때문이다. 또한 2000년대 이래 중동 지역에서의 전쟁 수행을 위한 대규모 비용 지출도 국가 부채 증대의 주요 요인이었다. 전임 부시 정부와 현 오바마 정부의 구제금융 규모는 1조4천500억 달러, 중동에서의 전쟁 수행을 위한 비용은 7천400억 달러, 합해서 2조2천억 달러에 이른다. 2001년 6조 달러가 안 되는 국가 채무로 시작한 부시 정부는 2009년 10조 달러의 채무를 오바마 정부에 넘겼고, 오바마 정부에서 국가 채무는 2013년 16조7천억 달러, 즉 채무 한도까지 증대했다. 그에 따라 GDP 대비 국가 부채는 2001년 55% 수준에서 2012년 100%를 넘긴 상태다. 오바마 케어를 둘러싸고 죽기 살기로 싸우는 두 정파가 다름 아닌 미국 채무 위기를 가져온 장본인이었던 것이다.

미국 정부가 디폴트 위기에 몰렸다지만, 세계적인 우려와 달리 이 위기는 국가 부채 한도의 증액을 통해 간단하게 해결할 수 있는 문제다. 실로 미국은 1930년대 말 부채 한도가 처음으로 제정된 이후 반복되는 한도 증액을 통해 현재 16조7천억 달러까지 증대시킨 상태다. 이번이라고 해서 증액을 못할 이유가 없다. 이를 통해 오바마 케어 예산도 확보할 수 있다. 설령 GDP 대비 부채 비율이 높아 문제라 하더라도 증세를 통해 그 비율을 낮출 수도 있다. 그런데도 월가의 금융자본과 그 정치적·이데올로기적 대변자들은 이런 해결책을 거부한다. 증세는 금융자본의 이해에 반하는 것이고, 국가 채무의 악화는 채무 상환의 위험을 높이게 된다. 그 때문에 이들은 긴축과 건전 재정 그리고 채무 한도 압박을 통해 안전한 채권 회수를 도모하는 것이고, 나아가 긴축으로도 메울 수 없는 재정 적자와 국가 채무는 공공 부문의 매각을 통해 벌충해야 한다는 것이다. 물론 매각되는 공공 부문을 매입할 수 있는 민간자본은 금융자본과 독점자본으로부터 나올 것이고, 이는 공공 부문의 사유화로 귀결된다.

금융자본은 막대한 구제금융으로 회생하고 나서는 재정 적자와 채무 증대를 빌미로 삼아 이번에는 대중을 위한 복지 재정과 채무 증대의 중단 및 재정 긴축의 강화를 요구하고, 국가로부터 받은 구제금융 자금으로 위기에 빠진 국가 부문을 사유화한다. 초스도프스키도 주목한 바와 같이 금융자본의 이런 이해관계가 셧다운과 디폴트를 둘러싼 정쟁의 이면에서 정쟁을 규정하고 또 정쟁을 통해 관철되는 것이다. 그러나 금융자본이 실제로 미국의 디폴트까지 불사하면서 그 이해관계를 정치적으로 관철할 수는 없을 것이다. 정말 디폴트가 일어난다면 채권 회수가 어려워지고 손실 처리가 불가피하므로, 금융시장의 파국과 함께 미국 정부의 최대 채권자로서 금융자본이 직접적인 타격을 받게 되기 때문이다. 이런 점에서 부채 한도 증액은 사실 금융자본의 이해관계와도 맞닿아 있다. 내년에도 양당 간 힘겨루기는 있어도 미국이 디폴트로 가는 상황은 일어나지 않을 것이다.

_ 2013. 10. 23.

강신준 – 김성구 《자본》 논쟁

이 부록은 〈경향신문〉의 《자본》 해설 연재인 '오늘 《자본》을 읽다'를 둘러싸고 〈미디어오늘〉에서 강신준 교수와 저자 사이에 벌어진 논쟁과, 관련된 추가 글 하나를 담고 있다. 강 교수의 글을 포함해서 논쟁 글의 순서는 다음과 같다.

1. 김성구, "강신준 교수의 이상한 자본론 강의(《자본》 역자에 의한 《자본》 곡해①), 2013. 7. 28.
2. 강신준, "〈경향신문〉 연재 '오늘 자본을 읽다'에 대한 김성구 교수의 비판에 대한 답글", 2013. 7. 31.
3. 김성구, "강신준 교수의 반론에 대한 재반론", 2013. 8. 4.
4. 강신준, "김성구 교수의 비판에 대한 두 번째 답글", 2013. 8. 13.
5. 김성구, "쟁점은 수정주의 · 교조주의가 아니라 《자본》 곡해 여부다", 2013. 8. 19.
6. 강신준, "김성구 교수와의 논쟁을 끝내면서", 2013. 8. 27.
7. 김성구, "자본론 논쟁의 결말", 2013. 8. 31.
8. 김성구, "강신준 교수의 이상한 자본론 강의"(《자본》 역자에 의한 《자본》 곡해②), 2013. 8. 21.(오프라인 판)

*추가: 김성구, 강신준 교수의 '진짜 마르크스주의' 스캔들, 2014. 2. 19.

1. 강신준 교수의 이상한 자본론 강의

─《자본》역자에 의한《자본》곡해 ❶

'오늘《자본》을 읽다'는 〈경향신문〉에서《자본》의 역자 강신준 교수가 작년 8월부터 올해 3월까지 7개월에 걸쳐 일반 독자들에게 마르크스의《자본》을 해설한 연재물이다. 〈경향신문〉은 언론 사상 초유의 시리즈라며 신문 연재가《자본》독해의 길라잡이가 되기를 기대했다. 마르크스는 노동자계급이《자본》에 접근할 수 있기를 기대했고, 또《자본》제1권의 첫 부분, 즉 상품 분석에 관한 부분을 제외하면 결코 어렵지 않다고 했지만,《자본》은 일반 노동자나 독자가 읽기에는 여간 난해한 책이 아니다. 그래서 독학보다는 정말 길라잡이가 필요한 책이다.

강 교수도 연재의 프롤로그에서《자본》을 읽어가는 자신의 안내판을 제시했는데, 이 안내판은 수정주의적 관점에 입각해 있어 길라잡이로는 심각한 문제가 있다. 연재의 시작과 함께 전태일연구소의 박찬식, 박승호 두 박사가 〈참세상〉에 강도 높은 비판 글을 기고했는가 하면, 인터넷에서는 일반 독자들까지 강 교수의《자본》왜곡에 대해 분개하는 글들이 떠돌았다. 이들은 왜곡을 넘어 날조라고 비판했고 피가 거꾸로 솟는다고 했다. 혹자는 신문 연재라는 대중적 성격의 글에 학술 논문의 잣대로 비판하는 건 어울리는 형식이 아니라고 반박하기도 했다. 하지만 문제는 대중적인 글이냐 학술 논문이냐가 아니라 그것에 담긴 강 교수의 관점이다. 대중적인 글이라도 문제의 관점은 얼마든지 논쟁할 수 있다.

강 교수는《자본》의 안내판으로 1848년 혁명의 동력과 실패 이유에 대한 마르크스의 성찰을 이해하는 게 관건이라고 한다. 혁명의 동력은 자본 관계의 지배에 의한 노동자의 착취와 빈곤에 있었고, 혁명의 실패 원인은 자본주의가 아직 성숙하게 발전하지 않았다는 것이다. 따라서 자본주의가 더 발전(!)하도록 자본주의를 개혁(!)하는 것이 혁명의 목표라는 반성 위에서 마르크스가 《자본》을 집필하게 되었다는 것이다.

강 교수에 의하면 자본주의는 봉건제가 더욱 성숙해진 체제고, 봉건제는 자본주의에 의해 타파되는 것이 아니라 자본주의의 토대다. 마찬가지로 자본주의는 사회주의에 의해 타파되는 게 아니라 사회주의의 토대다. 그래서 자본주의의 변혁 과제는 자본주의를 타도하는 게 아니라 보다 성숙하게 만드는 것이된다. 마르크스의 혁명적인 유물사관을 이렇게 수정주의로 채색해 놓고서는 이게 마르크스의 역사 발전의 변증법이고 유물론이라고 강 교수는 강변한다. 에필로그에서 북유럽의 사민주의 체제를 마르크스의 이상 세계(자유의 나라)에 가장 접근한 현실 세계로 치켜세우는 것도 이런 관점의 연장선에 있다.

이 괴상한 역사 발전의 변증법이 《자본》의 서술 방식에 토대가 되어 있다는데, 이런 점에서 강 교수의 《자본》 해석이 역사도 왜곡하고 《자본》도 곡해하는건 피할 수 없는 일이다. 무엇보다도 자본주의 착취를 가져온 게 상품 교환에 있다는 주장이다. 자본주의 이전의 봉건사회는 생산과 소비가 일치되는 자급자족경제라서 생산한 만큼 소비할 수 있는 '개미와 베짱이'의 세계였는데, 자본주의에서는 교환이 지배하면서 그게 뒤집어졌다는 것이다. 교환으로 생산과 소비가 분리되어 노동하는 생산자는 빈곤해지고 놀고먹는 자본가는 부유해졌다고. 여기에는 이중 삼중의 왜곡이 있다.

봉건제는 노동을 많이 하는 사람이 소비를 풍요롭게 하기는커녕 생산자인 농노에 대한 영주의 착취에 기반을 둔 사회였다. 또 강 교수의 주장과는 달리 교환이 일어나는 영역에서 오히려 노동에 따른 성과가 관철될 수 있다. 개미와 베짱이의 세계는 봉건제가 아니라 상품 교환 사회며, 상품 교환 자체는 착취의 원천이 아니다. 문제는 상품 교환경제가 아니라 노동력의 상품화에 기반을 둔 자본주의적 상품 교환경제고, 여기서는 자본에 의한 노동력의 착취에 의해 노동하는 인민의 빈곤은 불가피해진다. 강 교수도 후에 잉여가치를 설명하면서 상품 교환 자체가 아니라 생산과정에서 착취가 일어난다고 하면서도 연재 곳곳에서 이런 잘못된 주장을 반복한다.

강 교수의 수정주의적 관점이 《자본》 연재 전체에 깔려 있기는 하지만, 이 문제를 차치하면, 그의 해설은 나름대로 《자본》의 내용을 가능한 한 알기 쉽게 전달하고자 했다. 뿐만 아니라 수정주의자답지 않게 오늘날의 현실에 비추어도 《자본》의 법칙들이 유효함을 주장했다. 베른슈타인 같은 대표적인 수정주의자들이 19세기 말이래 자본주의의 역사적 변화를 배경으로 유물론과 변증법으로부터 《자본》의 경제법칙들 그리고 사회주의로의 이행 경로에 이르기까지 마르크스 이론에 오류가 있다면서 그 이론적 수정을 시도했다면, 강 교수는 유물론과 변증법 그리고 사회주의로의 이행 경로를 수정주의로 각색하면서도 이게 수정이 아니라 원래 마르크스의 이론이 그러한 것이라고 곡해하는 것이다. 그러면 《자본》의 법칙들이 유효하다고 주장한들 여기에 무슨 의의를 둘 수 있을까.(계속)

_ 김성구, 2013. 7. 28.

2. 경향신문 연재 '오늘 자본을 읽다'에 대한
   김성구 교수의 비판에 대한 답글

나는 작년 8월부터 올해 3월까지 7개월간 〈경향신문〉에 '오늘, 《자본》을 읽다'라는 제목으로 마르크스의 《자본》을 소개하는 글을 연재했다. 일반 대중에게 《자본》에 대한 부당한 선입견을 조금이라도 바로잡고 이 책 속에 담긴 고전적 교훈들을 우리 사회에 널리 전했으면 하는 바람 때문이었다. 그런데 연재가 처음 시작되자 내 글을 비판하는 글들이 여럿 인터넷에 올라왔다. 신문에 올리는 글은 본래 지면의 제약에다 대중성을 띠어야 하기 때문에 엄밀한 글이 되기 어렵다. 따라서 엄밀한 잣대로 보면 오해의 소지가 많은 법이고, 이들 비판의 글들에 일일이 대응하는 것은 무의미한 일인데다 시간적으로도 너무 소모적인 것이어서 일체 무시하고 대응을 하지 않았다. 또한 《자본》은 큰 저작이어서 아직 그 내용이 거의 소개되지도 않은 연재의 앞부분만으로 의견을 주고받는 것은 적절치 못하다는 판단도 작용했다. 연재가 본격적으로 진행되면서 이들 비판은 자취를 감추었다.

그런데 연재가 모두 끝나고 몇 달이 지난 7월 28일 김성구 교수께서 새삼 내 글에 대한 비판을 〈미디어오늘〉에 올렸다. 실명을 밝힌 데다 앞서 내가 대응하지 않았던 비판의 글들까지 다시 거명하고 있어서 아무래도 답변 형식의 글을 올리지 않을 수 없게 되었다. 학술 논문이나 저서도 아니고 신문에 쓴 대중적인 글을 두고 설왕설래하는 것이 개인적으로는 못내 내키지 않지만 〈경향신문〉의 연재를 읽어주신 독자들과 그동안 내가 〈프레시안〉과 〈경향신문〉에서 했던 《자본》 강의를 수강해 주신 분들에 대한 예의로라도 답변의 글을 미루어서는 안 되겠다는 판단을 하게 되었다. 이들 비판의 글들 때문에 내 연재나 강의의 내용이 이 분들에게 혼란을 불러일으킬 수 있기 때문이다. 이 글은 엄밀하게 말해서 논쟁적인 글이기보다는 대중적 이해를 염두에 두고 내 글을 비판한 글에 대한 답변의 형식으로 이해되었으면 한다.

그리고 한 가지 밝혀둘 점은 김 교수의 글 제목이 "경향신문의 이상한 자본론 강의"라고 되었는데 혹여 〈경향신문〉과 내 글 사이에 무슨 관련이 있는 듯한 오해가 생기지 않았으면 한다. 경향신문은 단지 내 연재를 게재해 주었을 뿐 내가 쓴 글의 내용은 당연히 모두 나만의 책임이다.

김 교수의 글은 아마 앞으로 이어질 모양이다. 우선 7월 24일에 올라온 첫 번째 글("《자본》 역자에 의한 《자본》 곡해①")에서 당장 답변해야 할 사항들만 정리해 보고자 한다. 이 글에서 인용되는 마르크스의 문장들에는 모두 내가 번역한 도서출판 길의 《자본》의 권수와 쪽수를 표기했다.

(1) 변증법적 유물론의 해석

첫 번째 문제는 변증법적 유물론의 해석이다. 나는 《자본》 서문의 글을 인용해 사회의 발전 법칙이 유기체의 성숙 과정과 비슷하다고 얘기했다. 이 말은 사회의 경제구조를 이루는 생산양식도 출생과 성숙, 쇠퇴와 소멸의 과정을 밟아 간다는 의미이다. 즉 자본주의는 봉건제 내부에서 출생해 봉건제와 함께 성숙해 가다 봉건제가 쇠퇴의 길로 접어들 때 봉건제를 넘어서고 결국 봉건제의 소멸과 함께 그의 뒤를 잇는다는 것을 의미한다. 자본주의가 다음 생산양식으로 이행하는 것도 마찬가지이다. 자본주의 내부에서 다음 생산양식의 맹아들(주로 사회화로 요약되는)이 출생하여 자본주의와 함께 성숙해 가다 자본주의의 성숙이 한계에 부딪치면서 쇠퇴의 길로 접어들면 새로운 생산양식이 자본주의를 넘어서기 시작하고 결국 자본주의가 쇠퇴의 끝에서 소멸하면 이행이 완료되는 것이다. 이때 생산양식의 성숙의 척도는 마르크스가 역사 발전의 핵심 동력으로 지목한 생산력이다. 김 교수는 이런 나의 얘기를 다음과 같이 정리하고 있다.

강 교수에 의하면 자본주의는 봉건제가 더욱 성숙해진 체제고, 봉건제는 자본주의에 의해 타파되는 것이 아니라 자본주의의 토대. 마찬가지로 자본주의는 사회주의에 의해 타파되는 게 아니라 사회주의의 토대. 그래서 자본주의의 변혁 과제는 자본주의를 타도하는 게 아니라 보다 성숙하게 만드는 것이 된다.

김 교수의 비판은 내가 변혁 과제를 자본주의의 "타도"가 아니라 "성숙"이라고 했다는 점에 있는 것으로 보인다. 사실 이 마지막 구절은 이 부분에서 한 것이 아니고 2주 뒤에 연재된 다른 글에서 한 얘기지만 내가 한 얘기는 맞으므로 맥락은 좀 다르지만 그대로 김 교수의 얘기를 토대로 얘기해 보기로 한다. 나는 여기에서 이 성숙의 개념을 다음과 같이 설명하고 있다.

자본주의 개혁은 자본주의를 없애는 것이 아니라 자본주의를 그대로 존속시키면서 그 위에 건설된다는 말입니다.(참고: 나는 "변혁"과 "개혁"을 별로 심각하게 구분하여 사용하지 않는다.)

김 교수가 만일 "타도"를 "성숙"과 구별되는 개념으로 이해했다면 그는 여기에서 자본주의 이후 사회가 자본주의 "위"에 세워진다는 것에 반대한 것으로 보인다. 그런데 내가 여기에서 이런 해석을 한 이유는 마르크스의 다음 구절에 근거한 것이다. 긍정과 부정이 동시에 포함되는 변증법의 이중성을 표현한 부분인데 나는 이 구절을 해당 부분에서 그대로 인용했다.

변증법은 현존하는 것들에 대한 긍정적인 이해 속에 그것의 부정과 그것의 필연적인 몰락에 대한 이해… (1권, 61쪽)

현존하는 것들에 대한 "긍정적인 이해"를 토대로 그것을 넘어서는 "부정"을 모색하는 것, 그것이 바로 변혁의 과제로 내가 얘기했던 성숙의 의미인 것이다 (변증법의 기초개념인 지양Aufheben의 의미를 상기해 보았으면 한다. 그것은 단순히 현존의 것을 제거하는 것이 아니라 그것을 잡아서 새로운 단계로 끌어올리는 것을 의미한다). 그래서 그것은 자본주의를 넘어서는 것이긴 하지만 그것을 없애는 것이 아니라 그 "위"에 건설된다는 것을 강조한 의미인 것이다. 김 교수는 여기에서 자신이 생각하는 변혁의 과제가 내가 말한 것과 어떻게 다른지를 명시적으로 제시하지 않고 있는데, 문맥으로 볼 때 그는 변증법에서 "부정"만을 변혁의 과제로 이해하고 "현존하는 것들에 대한 긍정적인 이해"가 이 부정의 전제가 된다는 것을 배제하고 있는 것이 아닌가 의심이 간다. 만일 그렇다면 김 교수는 자신의 이런 변증법에 대한 이해가 어디에 근거한 것인지를 적극적으로 설명하고 내 견해와 비교해 볼 필요가 있을 것으로 생각된다. 나로서는 그런 마르크스 변증법의 개념을 지금까지 한 번도 접해 본 적이 없기 때문이다.

그런데 현실에서는 막상 변혁의 과제를 "부정"으로만 간주하고 "긍정의 이해"로는 간주하지 않는 사람들이 적지 않다. 김 교수의 이런 견해가 유난히 새로운 것은 아니라는 것이다. 지금까지 마르크스를 읽고 해석한 사람들 가운데 김 교수와 같은 생각을 하는 사람이 적지 않다는 것을 나도 알기 때문이다. 무엇보다도 변증법의 입체적인 개념이 쉽게 이해되기 어렵기 때문이다. 그래서 내가 여기에서 마르크스의 원문들을 들이대면서 아무리 내 해석이 옳다고 주장한다 하더라도 그것은 별로 의미가 없을 것으로 생각된다. 카이사르의 말대로 사람은 대개 자신이 보고 싶은 것만을 보는 경향이 있기 때문이다. 그래서 독자들을 위해서는 김 교수의 생각과 내 생각이 어디가 다른지를 밝히는 것이 오히려 변증법의 이해에 도움이 되지 않을까 싶다. 하지만 김 교수는 자신의 생각을 정확히 밝히지 않고 있기 때문에 우선은 내 생각을 조금 더 자세히 설명해 두는 수밖에 없어 보인다.

내가 변혁 과제를 성숙으로 보는 관점은 무엇보다도 자본주의의 역사적 정당성 때문이다. 자본주의는 생산력에서 봉건제를 압도했기 때문에 봉건제를 대체했는데 자본주의의 생산력은 봉건적 생산력을 발전시킨 것이었다.("상대적 잉여가치의 생산" 참고) 자본주의는 봉건제의 개별 생산력을 사회적 생산력으로 발전시켰고 협업과 분업, 선대제, 매뉴팩처, 공장제 등의 경로를 밟아 나갔다. 그렇다면 자본주의 이후의 생산력은 어떻게 될까? 당연히 자본주의가 이룩해 놓은 생산력보다 높아야만 한다. 즉 자본주의 생산력을 없애는 것이 아니라 그 것을 토대로 그 위에 새로운 생산력이 만들어진다는 것이다. 마르크스는 이와 관련해 다음과 같이 말하고 있다. 자본주의의 생산력이 한계에 부딪쳐야만 새 로운 생산양식이 출현하고 자본주의 생산력은 새로운 생산양식의 토대가 된다 는 것이다.

> 사회적 노동생산력의 발전은 자본의 역사적 과제이며 그것의 역사적 정당성이다. 바로
> 이를 통해서 자본은 무의식중에 더욱 고도의 생산 형태를 위한 물적 조건을 창출한다.
> … 자본주의적 생산양식이 … 생산력의 발전을 저지하게 된다면 자신의 역사적인 소명
> 에 불성실한 것이 된다. 따라서 여기에서 다시 자본주의적 생산양식이 점차 노쇠해져서
> 쇠퇴해 가리라는 것이 그대로 입증된다.(제3권, 342·346쪽)

마르크스의 변증법을 이렇게 이해하면 현실 사회주의권의 몰락과 중국의 자본주의로의 회귀가 바로 생산력의 전제가 마련되지 않았기 때문에, 다시 말 해서 생산력이 충분히 성숙하지 않았기 때문이라는 것을 이해할 수 있다. 이것 은 또한 1848년 혁명을 다룬《프랑스의 계급투쟁》에서 마르크스가 부르주아 개혁 진술이라고 불렀던 것과《프랑스 내전》서문에서 엥겔스가 "지금까지 기 만의 수단이던 것이 해방의 수단으로 변화"(부르주아의 전술적 수단이 프롤레타리 아의 유효한 전술적 수단이 된다는 의미이다)한다라고 했던 말을 설명해 주는 것이 기도 하다. 자본주의가 아직 충분히 성숙하지 않았을 경우 사회주의 분파는 부 르주아를 도와 자본주의의 성숙을 촉진하는 것이 역사적 과제라고 했던 말이

바로 그것이다. 《자본》에도 이와 비슷한 맥락의 구절은 자세히 찾아보면 상당히 많이 있다.

그리고 한 가지 덧붙이자면 사실 내가 변증법의 "긍정적 이해" 부분을 강조하는 숨은 까닭은 "부정"에만 매몰되어 많은 비용을 지불하고도 실질적으로 거의 아무런 성과도 얻지 못하고 있는 우리 노동운동의 현실(민주노총의 해마다 수차례 반복되는 총파업, 신경영 전략에 대한 대응 실패, 노동법 개정 투쟁의 헛발길 등)을 의식한 것이다. 마르크스의 과학적 교훈을 전혀 배우지 못한 우리 노동운동의 전술적 실패를 지적하고 마르크스의 교훈에 입각한 대안을 제시하기 위한 것이다. 예를 들어 나는 임금체계에 있어서 우리나라에서 처음으로 "동일노동 동일임금"의 직무급 임금체계를 주장한 적이 있는데 이 임금 원리는 바로 애덤 스미스의 임금 이론이기도 하다. "긍적적 이해"가 "부정" 못지않게 얼마나 중요한 것인지를 전술적으로 해석한 것이다.

(2) 수정주의 문제

김 교수가 변증법을 단순히 "부정"의 의미로만 이해하고 "긍정적 이해"를 배제하고 있는 듯한 의심을 보다 뚜렷하게 만드는 것은 내 견해를 마치 판정하듯이 규정하고 있는 다음 구절이다.

> 마르크스의 혁명적인 유물사관을 이렇게 수정주의로 채색해 놓고서는 이게 마르크스의 역사 발전의 변증법이고 유물론이라고 강 교수는 강변한다.

김 교수는 나의 해석을 "수정주의"로 규정하고 있는데 이 부분은 참으로 이해하기 어렵다. 김 교수가 수정주의라는 용어를 어떻게 이해하고 있는지가 의심스럽기 때문이다. 마르크스주의 내부에서는 노선 논쟁을 둘러싸고 수정주의란 용어와 개량주의라는 용어가 함께 존재한다(참고로 다른 하나는 교조주의라고 부르고 이들 셋을 보통 노선 논쟁의 분파들로 분류한다). 이들 용어는 마르크스주의 운동의 과학적 구조와 관련이 있다. 즉 마르크스주의는 운동의 최종 목표를 가지고 있고 그 목표에 도달하기 위한 과정적인 수단을 함께 갖추고 있다. 전자를 전략적 목표, 후자를 전술적 수단이라고 부르고 마르크스주의 조직은 대개 전자를 1부 강령, 후자를 2부 강령에 담고 있다.

개량주의란 전술적 수단에 있어서 대립적 전술을 거부하고 타협적 전술을 주장할 경우 붙여지는 이름이다. 반면 수정주의는 운동의 전략적 목표를 포기했을 때 지칭하는 용어이다(강신준, "정파 문제의 역사적 경험과 민주 노조 운동의 발전 전략", 〈산업노동연구〉, 2009, 15권 1호 참고). 베른슈타인이 수정주의 논쟁의 핵심을 이루는 그의 저서《사회주의의 전제와 사민당의 과제》(강신준 옮김, 한길사)에서 "목표는 중요하지 않다"라고 한 데서 유래된 것이다. 김 교수는 나의 글 가운데 어디에서 내가 전략적 목표를 포기했다는 근거를 본 것일까? 나는 "타인을 위한 노동시간"으로부터 해방되는 것이 노동 해방의 참뜻이며 이것이 자본주의 변혁의 목표라는 점을 연재의 곳곳에서 수없이 강조하고 있다.

혹시 김 교수가 수정주의를 마르크스의 이론을 수정한 것에 대해서 붙인 것이라고 임의로 이해하고 이 말을 사용했다면 그것은 참으로 어처구니없는 일이다. 나는 연재에서 모든 내 얘기를 마르크스의 글에 근거해서 해석을 하고 있을 뿐이고(그래서 모든 해석에는 마르크스의 본문이 인용되어 있다) 그 해석이 마르크스의 진의에 맞는지의 여부는 오로지 마르크스 자신만이 판단할 수 있을 것이다. 김 교수가 그것을 달리 해석한다면 그것은 김 교수와 나 사이 해석의 차이일 뿐 김 교수의 해석이 마르크스의 진의라는 것은 무엇으로 정당화할 수 있겠는가? 수정주의가 애초 실천적인 운동 노선의 차이에서 비롯된 것은 바로 그 때문이다. 그것은 마르크스의 진의를 판가름하기 위한 것이 아니고(무덤 속으로 들어가 물어볼 수 없지 않은가?) 운동의 실천을 위해 서로 길을 달리한 데서 비롯된 것일 뿐이다.

그래서 참으로 이상한 생각이 든다. 수정주의라는 "딱지"를 붙이는 것이 혹시 김 교수의 의도라면 김 교수의 글이 정말 논쟁을 위한 것인지 그 진정성에 의심이 든다. 김 교수가 글의 서두에서 밝혔듯이 진정으로 논쟁을 하고자 원한다면 김 교수에게 적어도 다음의 두 가지가 필요하다고 나는 생각한다.

하나는 나의 변증법적 유물론의 설명에 대한 자의적인 해석 대신 김 교수가 생각하는 변증법적 유물론의 설명을 제시하는 일이다. 그리고 또 다른 하나는 김 교수가 그렇게 변증법적 유물론을 해석하는 이유가 실천적 전술에 있어서 어떤 의미가 있는지를 보여주는 일이다. 방금 위에서도 얘기했듯이 마르크스를 해석하는 문제는 마르크스의 진의를 파악하는 것에 있는 것이 아니라(그것은 무엇보다도 현실적으로 불가능한 일이다) 전적으로 현재의 실천과 관련된 문제이기 때문이다. 사실 내가 유기체적 발전 과정을 강조하면서 변증법을 설명하는 것도 모두 연재의 뒷부분 곳곳에서 실천적 전술을 그 방향에 맞추어 제시하려했기 때문이다(대형 유통 업체의 횡포 문제, 한진중공업, 쌍용자동차 사태에서 결여된 전술적 요소, 임금체계, 산별노조 등등). 김 교수께서 이런 방향으로 논쟁을 제기한다면 그것은 우리 운동의 실천적 전술에 보다 폭넓은 시야를 제공해 주는 결과가 되어 그야말로 생산적인 논쟁이 될 것으로 생각된다.

(3) 봉건제에 대한 이해

다음은 내가 혁명의 발발 원인으로 지목한 "개미와 베짱이의 우화"에 대한 비판이다. 대답해야 할 부분은 두 가지인 것 같다. 하나는 개미와 베짱이의 우화가 역전되는 것이 자본주의 경제구조의 특징인 생산과 소비의 분리와 교환의 개입에 있다는 얘기에 대한 오해이다. 김 교수는 이렇게 말하고 있다.

> … 자본주의 착취를 가져온 게 상품 교환에 있다는 주장이다. … 상품 교환 자체는 착취의 원천이 아니다. 문제는 상품 교환경제가 아니라 노동력의 상품화에 기반을 둔 자본주의적 상품 교환경제고, 여기서는 자본에 의한 노동력의 착취에 의해 노동하는 인민의 빈

곤은 불가피해진다.

김 교수의 이 글은 사실 오해라기보다는 의도적인 왜곡에 가깝다. 왜냐하면 내가 말하는 교환은 노동력 상품의 교환이며, 실제 우화가 역전되는 비밀은 교환 그 자체가 아니라 노동력의 교환과 매개된 배후의 생산과정이라는 것도 제법 긴 설명으로 이어지고 있기 때문이다. 이어지는 연재를 조금만 읽어 보면 알 수 있는 일인데 굳이 뒷부분을 읽지 않고 앞부분의 특정 구절을 본래의 내용에서 왜곡하고 있는 것이다.

답변이 필요한 또 한 가지는 개미와 베짱이의 우화가 봉건제가 아니라 오히려 상품 교환 사회에서 성립한다는 주장이다. 그 부분을 인용해 보면 다음과 같다.

봉건제는 노동을 많이 하는 사람이 소비를 풍요롭게 하기는커녕 생산자인 농노에 대한 영주의 착취에 기반을 둔 사회였다. 또 강 교수의 주장과는 달리 교환이 일어나는 영역에서 오히려 노동에 따른 성과가 관철될 수 있다. 개미와 베짱이의 세계는 봉건제가 아니라 상품 교환 사회며, …

이 부분은 종종 《자본》 강의에서도 나오는 질문이라서 조금 설명이 필요할 것 같다. 이런 오해는 봉건제에 대한 이해의 부족에서 비롯된 것으로 보인다. 우선 먼저 필요한 상식은 자본주의 이전에는 자급자족적 경제체제였고 자본주의는 교환경제체제라는 사실이다. 자급자족이라는 의미는 말 그대로 생산과 소비, 그리고 생산자와 소비사가 일치하는 구소를 가리킨다. 이런 구조에서 노동량이 많아서 생산이 증가하면 소비가 늘어나는 것은 너무도 당연한 일이 아닌가? 개미와 베짱이의 우화가 성립하는 것은 당연한 일이다. 김 교수가 이 부분을 이해하지 못한다면 그것은 나로서도 참으로 이해가 가지 않는다. 이것은 자본주의적 착취 구조처럼 복잡한 내용이 아니기 때문이다.

아마 김 교수의 혼동과 일반 수강자들의 의문은 이런 구조에도 불구하고 현실에서 농노가 가난하다는 사실일 것이다. 김 교수의 얘기처럼 영주의 농노에 대한 수탈 때문이다. 여기에서는 다음 사실들에 유념할 필요가 있다. 우선 중세에는 사적 소유가 인정되지 않았고 공동체 소유만 있었다. 주택과 토지가 모두 공동 소유였던 것이다. 로마가 망한 이후 외적의 침입이 일상화되면서 안전을 보장받을 수 없었던 농민들이 안전을 위해 영주라는 직업군인을 중심으로 고립된 경제단위를 이루었던 것이다. 따라서 봉건제에서 생산과 소비의 단위는 공동체이고 생산이 잘된 공동체는 잘살고 생산이 잘못된 공동체는 가난했던 것이다. 개미와 베짱이는 개별 농노나 영주가 아니라 바로 이 공동체를 가리키는 말인 것이다.

다음으로 이해해야 할 점은 장원이라고 불렀던 이들 공동체 내부에서 영주의 수탈 문제이다. 대개 봉건제 초기에는 이런 수탈이 별로 없었던 것으로 알려져 있다. 교역의 안전 문제 때문에 상업이 거의 이루어지지 않았고 영주는 필수적인 자급적 소비 외에 추가적인 소비를 할 수 없었기 때문이다. 대개 고전 장원이라고 부르는 이 시기에 영주의 생활수준은 매우 낮았고 수탈도 별로 없었다. 무엇보다 수탈할 필요가 없었던 것이다. 하지만 순수 장원이라고 부르는 봉건제 후기로 접어들면서 교역이 안전해지자 점차 상업이 발달했고 그것이 영주의 사치재에 대한 소비 수요를 높여서 수탈을 강화시켰다. 이 교환이 바로 자본주의의 성장과 자급자족 체계에 기반을 둔 봉건제의 쇠퇴를 가져왔다. 봉건제 내부에서 자본주의가 성숙해 간다는 바로 그 얘기인 것이다. 즉 영주의 수탈이 시작된다는 것은 이미 봉건제의 쇠퇴와 자본주의의 성장을 의미하는 것이었다. 초기 봉건제에서는 개미와 베짱이의 우화가 공동체 단위에서 그대로 실현되고 있었던 것이다.

또 한 가지 지적할 점은 영주의 수탈이 경제구조에 의한 것이 아니었다는 점이다. 그것은 경제와는 무관한 것으로서 대개 "경제외적 강제"라고 부르는 봉건적 권리, 즉 영주권에 의한 것이었다. 경제구조와 무관한 요인, 예를 들어 가

뭄이나 홍수와 같은 자연재해로 인해 가난이 발생한 것을 경제구조의 탓으로 설명해서는 안 되는 것과 마찬가지이다. 말하자면 개미와 베짱이의 우화는 경제외적인 수탈 때문에 왜곡되긴 했지만 경제구조 그 자체는 이 우화가 통용되는 구조였던 것이다. 실제로 봉건제 말기에는 농업 생산력 증가에 의해 개별 농가에서 잉여가 축적되면서 부농이 출현하기도 했다. 영국의 요먼Yeomanry이라고 부르는 부농 계층이 대표적인 부류이다. 개미와 베짱이의 우화가 봉건제에 해당하지 않는다는 김 교수의 주장은 아무래도 봉건제에 대한 이해가 부족한 때문이 아니었나 싶다.

김 교수의 비판은 다행히도(!) 이 정도에서 끝나 있다. 내용이 많지 않은 덕분에 나는 답변에 비교적 긴 설명을 담을 수 있었다. 글의 모양새로 보아 김 교수의 글은 계속 이어질 모양이다. 다음 글에서는 내 글에 대한 자의적인 왜곡이나 아무런 근거 없이 '수정주의' 같은 딱지를 붙이는 일이 없이 김 교수 자신의 고유한 마르크스 해석과 그것이 갖는 실천적 의미가 담겼으면 한다. 그것이 진정으로 생산적인 논쟁이 아닐까 싶다.

후기 삼아 덧붙인다면 김 교수가 실명을 언급한 박찬식과 박승호 두 박사의 글에 대해서는 나도 읽어 보긴 했으나 여기에서 따로 언급하지 않았다. 글이 너무 길어지는 탓도 있고 연재가 시작될 무렵의 글들로 김 교수의 글과 비슷하게 자의적으로 내 글을 왜곡시켜 비판한 내용이 많아 연재의 뒷부분과 여기 이 글을 통해서 상당 부분 답변이 되었을 것으로 생각되기 때문이다. 사실 이들 두 사람의 글은 김 교수의 글과 상당 부분 중복되고 있기도 하다. 이들의 글에는 의도적인 왜곡 외에도 사실을 잘못 이해하거나 지식의 부족을 드러낸 내용들도 많았다. 예를 들어 박찬식 박사의 글은 내가 설명한 유물론을 기계적 유물론으로 멋대로 해석했다. 유물론과 기계적 유물론을 구별하지 못한 것인데 그 결과 그는 사실상 마르크스(!)를 기계적 유물론자로 몰아세우고 있다. 아마 아직 공부가 미숙한 분일지 몰라 결론에 지나치게 조급해하지 말 것을 충고로 말씀드리고 싶다.

김 교수께서 인용한 바에 따르면 익명의 비판들에는 내 글이 날조라는 둥, 내 글을 읽고 피가 거꾸로 솟는다는 둥의 표현을 한 글도 있는 모양이다. 나는 노동 현장에서 이런 감정적인 표현을 사용하는 사람들을 많이 보았다. 개가 격렬하게 짖는 것이 두려움 때문이듯이 이런 표현들은 대개 자신의 무능과 두려움을 고백하는 것인 경우가 대부분이다. 자신들이 보지 못한 마르크스의 다른 면을 얘기하는 글일 뿐인데 그것이 그렇게 두려운 일일지 궁금한 일이다. 현장의 경험에 따르면 이런 사람들일수록 변절의 유혹에 잘 넘어가는 사람들이다. 뿌리가 깊지 않은 나무가 잘 흔들리고 넘어지기 쉽기 때문이다.

나는 은퇴가 멀지 않은 사람이고 이런 분들과 권력이나 돈 등과 같은 어떤 이해관계도 다투는 사람이 아니다. 자신과 다른 생각과 실천에 동의할 수 없으면 자신의 생각과 실천에 충실하면 그뿐이 아닐까? 우리나라에는 마르크스 엥겔스 저작의 문헌적 정본인 MEGA(Marx Engels Gesamtausgabe를 줄인 말)가 아직 한 권도 번역되지 않았고 마르크스의 과학적 유산에 눈을 돌리는 사람이 이미 한 줌도 남지 않았다는 것을 이 분들이 좀 알았으면 한다. 나는 그 한 줌 속에 들어가는 사람으로 지금 많은 어려움 속에서 진행되고 있는 MEGA의 한국어판을 출판하는 데 대부분의 시간을 쏟아붓고 있다. 내 글에 관심을 가진 분들이 진정으로 마르크스를 생각하는 분들이라면 그 분들도 이 한 줌 속에 포함되는 분들일 것이다. 고작 한 줌의 무리에 속한 사람들끼리 무엇 때문에 서로를 두려워해야 하는지 곰곰이 생각해 보았으면 한다. 그리고 그 한 줌의 무리 바깥을 한 번 쳐다보기를 권한다. 지금 내가 무엇을 해야 하는지를 거기에서 찾을 수 있었으면 하기 때문이다.

_ 강신준, 2013. 7. 31.

3. 강신준 교수의 반론에 대한 재반론

내 글("강신준 교수의 이상한 자본론 강의 – 《자본》 역자에 의한 《자본》 곡해①")에 대한 강신준 교수의 반론("〈경향신문〉 연재 '오늘 자본을 읽다'에 대한 김성구 교수의 비판에 대한 답글")은 생각치도 않았던 것이지만, 반론과 재반론을 통해 강 교수의 《자본》 연재에 담긴 이론적 쟁점들을 보다 명확하게 이해할 수 있다면, 이는 강 교수에게나 나에게나 또는 독자들에게도 바람직한 일이 아닐 수 없다. 그렇지 않아도 짧은 칼럼 두 번으로 7개월에 걸친 연재 글을 검토하기에는 너무 벅차다는 생각이었는데, 이 글을 통해 내 지난 글과 다음 글을 보충하는 기회로 삼고 싶다. 강 교수가 지적한 세 가지 문제를 따라가면서 보도록 하자.

(1) 변증법적 유물론의 해석에 대하여

강 교수는 나를 비롯해서 비판자들이 변증법을 긍정속의 부정, 존속과 폐지로 파악하지 않고 변증법에서 부정과 폐지만을 본다고 비판한다. 그래서 자본주의로부터 다음 사회로의 이행도 자본주의의 폐절로만 이해하고 자본주의의 존속의 측면을 부정한다는 것이다. 강 교수에 따르면 이런 방식의 변증법의 이해는 심각한 정치적 오류로 이어진다. 즉 자본주의의 성숙한 발전 없이 사회주의로의 이행을 시도하고 결국 사회주의의 실패와 몰락을 가져온다는 것이다.

　강 교수의 이런 반론은 자신에 대한 비판을 잘못 이해한 것이다. 내가 변증법을 부정과 폐지로만 보는 것이 아니라 강 교수가 변증법에서 긍정과 존속이라는 측면만을 부각시키기 때문에 강 교수에 대한 비판이 제기된 것이다. 자본주의로부터 사회주의로의 이행은 물론 자본주의 생산력 발전에 토대를 두고 자본주의하에서도 발전하는 사회화의 형태들, 즉 독점과 주식회사 그리고 국가 독점에 근거한다. 마르크스와 엥겔스가 주목했던 이행의 형태들이다. 그 때문에 이런 형태들이 충분히 발전하지 못한 단계에서 사회주의로의 이행은 정치경제적 난관에 부딪칠 수밖에 없다. 사회주의는 이렇게 자본주의의 사회화 토대 위에서 건설되지만, 그러나 자본주의 형태를 그대로 존속시키는 게 아니라 그 폐절과 사회주의적 형태로의 전화 위에서 건설된다. 자본주의하 독점과 국가 개입을 근저에서 규정하는 자본 관계, 소유관계, 계급 관계의 폐절 말이다. 강 교수는 에필로그에서 자본주의 이후 사회가 소유의 사회화와 개인적 소유의 결합 위에 입각해 있다고 하지만, 변증법과 유물론을 말하는 어디서도 자본주의적 생산관계와 소유관계의 폐지를 말하고 있지 않다. 긍정과 존속, 성숙만이 강조되어 있다.

변증법에 대한 강 교수의 편향된 관점은 그 자신의 이상한 용어사용법과 맞물려서 더욱 논란을 부추겼는데, 그의 이번 반론 글을 통해서 문제의 소지가 어디에 있었는지 보다 명확해졌다.

현존하는 것들에 대한 "긍정적인 이해"를 토대로 그것을 넘어서는 "부정"을 모색하는 것, 그것이 바로 변혁의 과제로 내가 얘기했던 성숙의 의미인 것이다.

여기서 강 교수의 말은 마르크스의 변증법을 자신은 '성숙'의 의미로 쓴다는 것이다. 그리고 성숙이 '변혁'의 과제라고 한다.

나는 여기에서 이 성숙의 개념을 다음과 같이 설명하고 있다.

자본주의 개혁은 자본주의를 없애는 것이 아니라 자본주의를 그대로 존속시키면서 그 위에 건설된다는 말입니다.(참고: 나는 "변혁"과 "개혁"을 별로 심각하게 구분하여 사용하지 않는다.)

다시 말하면 변증법은 '성숙'의 의미고 '성숙'은 '변혁'인데, 변혁이나 개혁은 같은 말이라는 것이다. 친절하게도(!) 강 교수는 참고하라면서 자신은 변혁과 개혁이란 개념을 별로 구별해서 사용하지 않는다고 말하고 있다. 《자본》 연재에서의 강 교수에 대한 근본적인 의문이 해결되는 지점이다. 나도 그렇고 다른 비판자들도 강 교수가 이런 괴상한 변증법을 왜 마르크스의 변증법이라고 주장하는지 이해가 되지 않았는데, 그 비밀은 강 교수의 해괴망측한 용어법에 있었던 것이다. 다른 사람들이 강 교수에 대해 마르크스를 날조했다라고 비판한 것, 그에 대해 강 교수가 비판자들의 '무능과 두려움'의 표현이라고 허풍스럽게 반박한 것은 이 용어법에서 비롯된 것이다. 즉 마르크스가 변혁과 혁명이라고 말한 것을 강 교수는 개혁이라고 바꿔 말하면서 변혁과 개혁은 같은 말이라고 한 것, 이것이었다. 강 교수의 뜻을 헤아려서 다시 쓰면 위의 문장은 이렇게 써야 할 것이다: "자본주의 변혁은 자본주의를 없애는 것이 아니라 자본주의를 그대로 존속시키면서 그 위에 [새로운 사회가] 건설된다는 말입니다." 이렇게 써도 이 문장은 잘못된 것이다. 변혁은 자본주의를 그대로 존속시키는 것이 아니기 때문이다.

김 교수가 만일 "타도"를 "성숙"과 구별되는 개념으로 이해했다면, 그는 여기에서 자본주의 이후 사회가 자본주의 "위"에 세워진다는 것에 반대한 것으로 보인다.

나는 물론 타도와 성숙을 구별되는 개념으로 이해한다. 타도와 성숙, 또 변혁과 개혁이라는 상반된 개념들을 같은 개념으로 이해하는 사람은 강 교수밖에 없을 것이다. 타도·변혁은 자본주의를 전복하는 것, 성숙·개혁은 자본주의를 고쳐서 더욱 발전시키는 것인데, 이게 같은 말이라고 하면서 당치 않게도 비판자들에 대해 당신의 변증법의 정체를 밝혀 달라고 강 교수는 주문한다.

변증법에 대한 이 잘못된 이해 위에서 《자본》 연재의 안내판을 제시한 것이었고, 따라서 이 안내판은 《자본》의 이론적·역사적 의의를 완전히 왜곡하는 것이다. 1848년 혁명의 실패에 대한 성찰로부터 마르크스가 자본주의 타도가 아니라 개혁을 혁명의 과제로 설정하고 이에 입각해《자본》을 집필했다는 강신준 교수의 주장은 문헌적 사실과도 크게 어긋난다.

우선 1849~50년에 쓴 글들로 간행된《프랑스에서의 계급투쟁 1848~1850》에서 마르크스는 유물론적 관점으로부터 1848년 혁명의 경과와 실패에 대해 그 누구도 따라갈 수 없는 탁월한 분석을 보여주었다. 그에 따르면 이 혁명은 강 교수의 주장과는 반대로 자본주의하에서 개혁이 어떻게 가능하지 않고 필연적으로 프롤레타리아 혁명으로 발전하지 않을 수 없는가를 보여준 것이었다. 또한 1848년 혁명의 정치경제적 토대는 1847년의 공황이었고, 경기회복과 함께 혁명도 실패했으며, 다음 공황에서 혁명은 다시 불붙게 될 거라고 마르크스는 전망했다.

이런 관점은《자본》의 집필 기간에도 변하지 않았다. 마르크스는《자본》의 집필을 서두르면서《자본》의 제1초고라는 1857~58년 초고(《그룬트리세》)를 썼는데, 마르크스를 급하게 만든 것은 1857년 공황에 의해 혁명의 불길이 다시 타오를 것에 대비해서 노동자계급에게 이론적 무기를 제공해야 한다는 생각 때문이었다. 파리 코뮌을 분석한 1871년《프랑스에서의 내전》에서도 마르크스는 자본주의의 개량은커녕 부르주아 국가에 대한 혁명적 관점과 프롤레타리아 독재 및 계급 철폐의 필연성을 이론적으로 더욱 발전시켰다. 이 시점은 1867년《자본》제1권이 이미 간행되었고, 제2권을 준비하는 시기였으며, 엥겔스가 편집한 제3권의 토대가 된 1864~65년 초고(제3초고)도 이미 작성된 상태였다. 결국 마르크스는 현행《자본》전3권의 집필 동안 혁명적 관점을 바꾼 적이 없었고, 따라서 자본주의 개혁을 위해 마르크스가《자본》을 집필했다는 강 교수의 주장은 문헌적 근거가 없는 소설일 뿐이다.

공황과 혁명 그리고 자본주의 붕괴에 관한 붕괴론적 관점은 마르크스와 엥겔스의 말년에 일정하게 변화한다. 붕괴론적 관점의 공황론은 산업 순환으로서의 공황론으로 변화하고, 공황-혁명-붕괴의 단선적인 관점도 지양된다.

1886년 《자본》 제1권 영어판의 엥겔스 서문, 특히 1895년 《프랑스에서의 계급투쟁》에 대한 엥겔스의 서론에서 그는 공황과 혁명에 관한 1948년 혁명 당시의 관점이 자본주의 발전의 역사 속에서 낡은 것이 되어 버렸다고 하고, 자본주의의 당시의 미성숙이 혁명 실패의 근저에 있는 요인임을 지적한다. 또한 자본주의 발전과 군사기술의 성장에 따른 시가전의 어려움과 보통선거권 제도의 괄목할 만한 성과에도 주목한다. 엥겔스의 이런 서술들은 후에 수정주의자들과 개량주의자들의 마르크스 이론 수정의 근거가 되었지만, 엥겔스의 서술을 왜곡하면서만 그렇게 할 수 있었다. 엥겔스는 같은 글에서 그러면서도 궁극적으로는 시가전도, 혁명도 불가피할 것이라고 분명히 말하고 있기 때문이다. 결국 《자본》 집필 기간만이 아니라 그 이후 마르크스와 엥겔스의 마지막 시간까지도 강 교수의 주장은 어디에도 발붙일 데가 없는 것이다.

(2) 수정주의 문제에 대하여

강 교수는 《자본》 연재에서 자신이 마르크스의 이론을 수정한 일이 없고, 또 소유의 사회화와 노동 해방이라는 변혁의 목표를 밝히고 있는데도 자신을 수정주의라고 비판하는 것을 참으로 이해할 수가 없다고 했다. 하지만 변증법에 대한 강 교수의 잘못된 이해는 이미 수정주의자들의 주장과 다를 바 없는 면모를 보여준다. 강 교수가 말하는 자본주의의 변혁이란 게 자본주의를 없애는 것이 아니라 자본주의를 그대로 존속하는 것이라면, 사회주의란 자본주의의 성숙과 개혁을 통해 달성된다는 것을 의미한다. 자본주의의 사회화 형태들, 즉 국가 부문과 독점을 사회주의적 요소로 파악하고 이들 형태의 확장을 통해, 그리고 의회를 통한 국가권력의 장악을 통해 사회주의로 평화롭게 이행할 수 있다고 주장한 게 사민주의자들의 수정주의적 입장이었다. 강 교수의 주장이 이들의 입장과 무엇이 다른지, 강 교수에 대해 수정주의라는 딱지를 붙이는 게 왜 문제가 되는지 나는 알 수가 없다.

나는 강 교수가 마르크스의 이론을 수정했다고 말한 적이 없다. 마르크스의 이론을 수정하지 않고서도 마르크스의 이론을 수정주의적으로 각색하고 채색했다고 말했을 뿐이다. 즉,

베른슈타인 같은 대표적인 수정주의자들이 19세기 말 이래 자본주의의 역사적 변화를 배경으로 유물론과 변증법으로부터 《자본》의 경제법칙들 그리고 사회주의로의 이행 경로에 이르기까지 마르크스 이론에 오류가 있다면서 그 이론적 수정을 시도했다면, 강 교수는 유물론과 변증법 그리고 사회주의로의 이행 경로를 수정주의로 각색하면서도 이게 수정이 아니라 원래 마르크스의 이론이 그러한 것이라고 곡해하는 것이다.

마르크스의 이론을 수정하지 않고서도 마르크스의 이론을 수정주의자들의 주장과 같은 것으로 만드는 것은 강 교수의 놀라운 능력인데, 이는 앞서 말한 바처럼 마르크스의 변증법과 유물론을 곡해하면서나 가능했던 것이다.

(3) 봉건제에 대한 이해에 대하여

'개미와 베짱이의 우화', 자본주의에서 우화의 역전 그리고 그 원인은 상품 교환에 있다는 주장은 《자본》 연재 곳곳에서 나온다. 프롤로그에서도 그랬고, 《자본》 제1권 첫 부분 상품에 대한 해설도 "'**개미와 베짱이'의 운명을 바꾼 교환, 그 가치의 양적 단위는 노동**"이라는 제목으로 시작되며 아래에서 다시 다음처럼 말하고 있다.

마르크스는 이들의 운명을 바꾼 것이 생산과 소비가 교환으로 분리된 때문이라고 얘기했습니다('서문' 해설 참고). 그런데 교환이 생산과 소비를 분리시켰다는 사실은 단지 개미와 베짱이의 운명이 역전될 '가능성'을 보여줄 뿐입니다. 이 가능성이 어떻게 해서 실현되는 것인지를 우리는 이제부터 보게 될 것입니다.

나는 이런 주장은 봉건제도, 상품 교환경제도, 자본주의 상품경제도 왜곡하는 것이라 비판했다. 봉건제는 개미와 베짱이의 우화가 실현되는 세계가 아니고, 상품 교환에 의해 개미와 베짱이의 운명이 역전될 가능성도, 현실성도 없다는 것, 오히려 그 반대라는 것, 그리고 자본주의하에서 운명의 역전은 노동력의 상품화와 생산과정에서의 잉여가치의 착취에 있다고 했다. 이에 대해 강 교수는 다음처럼 반박했다.

김 교수는 이렇게 말하고 있다.

… 자본주의 착취를 가져온 게 상품 교환에 있다는 주장이다 … 상품 교환 자체는 착취의 원천이 아니다. 문제는 상품 교환경제가 아니라 노동력의 상품화에 기반을 둔 자본주의적 상품교환경제고, 여기서는 자본에 의한 노동력의 착취에 의해 노동하는 인민의 빈곤은 불가피해진다.

김 교수의 이 글은 사실 오해라기보다는 의도적인 왜곡에 가깝다. 왜냐하면 내가 말하는 교환은 노동력 상품의 교환이며, 실제 우화가 역전되는 비밀은 교환 그 자체가 아니라 노동력의 교환과 매개된 배후의 생산과정이라는 것도 제법 긴 설명으로 이어지고 있기 때문이다. 이어지는 연재를 조금만 읽어 보면 알 수 있는 일인데 굳이 뒷부분을 읽지 않고 앞부분의 특정 구절을 본래의 내용에서 왜곡하고 있는 것이다.

왜곡을 하고 있는 것은 강 교수 자신이다. 내 원문에서는 윗글에 이어 바로 강 교수의 혼란이 지적되어 있다. 다시 옮기면,

… 자본주의 착취를 가져온 게 상품 교환에 있다는 주장이다 … 상품 교환 자체는 착취의 원천이 아니다. 문제는 상품 교환경제가 아니라 노동력의 상품화에 기반을 둔 자본주의적 상품 교환경제고, 여기서는 자본에 의한 노동력의 착취에 의해 노동하는 인민의 빈곤은 불가피해진다. **강 교수도 후에 잉여가치를 설명하면서 상품 교환 자체에서 착취가**

일어나는 건 아니라고 하면서도 연재 곳곳에서 이런 잘못된 주장을 반복한다.

강 교수는 내가 지적한 바로 그 문제를 인용에서 삭제해 놓고서는 내가 연재의 뒷부분을 읽지 않고 앞부분의 내용을 왜곡한다고 나한테 왜곡의 책임을 뒤집어씌운다. 이렇게 뒤집어씌우면 자신의 오류를 감출 수 있을까?

《자본》 강의의 초두부터 이렇게 우화의 역전이 상품 교환에 있다고 하면서 강 교수는 그게 실은 노동력 상품의 교환과 생산과정에 있다는 걸 말한 건데, 이걸 다른 사람들이 오해한다고 반발한다. 자신은 상품 교환이라고 말하면서 다른 사람이 이걸 노동력 상품과 생산과정의 뜻으로 받아들이지 못한다는 강 교수의 푸념을 도대체 누가 이해할 수 있을까?

여기서도 강 교수는 경제학 개념 사용에 문제가 있다. 상품 교환과 노동력 상품의 교환, 교환 과정과 생산과정이란 개념의 구별은 마르크스의 잉여가치론에서 결정적으로 중요한 의미를 갖는데, 강 교수는 자신의 이상한 용어 사용법에서 양자를 굳이 구별하지 않더라도 그때그때 독자들이 알아서 이해하라는 말이다. 강 교수에 대해 날조라는 비판이 나오는 건 앞서와 마찬가지로 강 교수에 대한 다른 사람들의 의도적인 왜곡 때문이 아니라 강 교수 자신의 자의적이고 잘못된 개념 사용에 그 책임이 있다.

강 교수는 어이없게도 봉건제를 착취 체제가 아니라 자신이 일한 만큼 소비하는 사회주의 공동체(?)로 그리고 있다. 봉건제 자체가 착취 체제인 게 아니라 상품화폐경제의 발전에 따라 착취가 강화되었을 뿐이라고 한다. 이는 역사적 과정을 반대로 설명하는 것이다. 《자본》 역자에게 《자본》 제3권 제47장의 봉건지대의 변화에 대한 마르크스의 설명을 참조시켜야 하는 상황이다. 나아가 강 교수는 봉건제하의 착취는 경제구조가 아니라 경제외적 강제 때문이라고 한다.

또 한 가지 지적할 점은 영주의 수탈이 경제구조에 의한 것이 아니었다는 점이다. 그것은 경제와는 무관한 것으로서 대개 "경제외적 강제"라고 부르는 봉건적 권리, 즉 영주권에 의한 것이었다 … 말하자면 개미와 베짱이의 우화는 경제외적인 수탈 때문에 왜곡되긴 했지만 경제구조 그 자체는 이 우화가 통용되는 구조였던 것이다.

봉건제는 봉토와 영주권(경제외적 강제) 그리고 농노 착취를 토대로 구성된 생산양식인데, 강 교수는 봉건제를 구성하는 요소인 이 경제외적 강제를 이 경제구조와 무관한, 경제구조를 왜곡하는 외적 요인으로 간주하고 있다. 그런데 봉건제가 개미와 베짱이의 세계라는 강 교수 주장의 핵심은 봉건제의 장원 제도가 수탈 체제냐 아니냐에 있는 게 아니라 실은 장원과 장원의 관계를 놓고 말한 것이다.

따라서 봉건제에서 생산과 소비의 단위는 공동체이고 생산이 잘된 공동체는 잘살고 생산이 잘못된 공동체는 가난했던 것이다. 개미와 베짱이는 개별 농노나 영주가 아니라 바로 이 공동체를 가리키는 말인 것이다.

강 교수는 자본주의하 노동자와 자본가 계급 간 착취의 문제로 개미와 베짱이의 우화를 제시해 놓고, 이제 봉건제에 대해서는 영주와 농노의 착취 관계가 아니라 공동체와 공동체, 즉 장원과 장원의 관계로 바꿔치기하는 것이다. 그래서 봉건제의 장원은 개미와 베짱이의 세계다(!). 강 교수의 논리를 따라간다면, 당연히 자본주의 사회도 개미와 베짱이의 세계. 운명의 역전은 없다(!). 왜냐하면 부의 생산이 더 많은 기업은 부의 생산이 적은 기업보다 더 많은 걸 소비하기 때문이다. 또 부의 생산이 더 많은 국가는 부의 생산이 적은 국가보다 더 많은 걸 소비하기 때문이다. 세계시장에서의 상품 교환도 생산 없이는 있을 수 없는 것이고, 또 강 교수의 말처럼 교환은 등가교환이므로 세계시장을 상정해도 자본주의는 개미와 베짱이의 세계가 된다(정확하게 말하면 상황은 물론 달라진다. 독점자본이 지배한 이래 자본주의는 국내시장에서도 세계시장에서도 독점가격의 지배 때문에 등가교환의 원리, 즉 가치법칙은 왜곡되고 수정된다. 여기서는 이런 문제를 다루는 자리가 아니다).

이상의 비판에도 불구하고 나는 《자본》 역자로서 강 교수의 노고를 정말 존중한다. 《자본》 세 권의 분량도 분량이거니와 마르크스 특유의 어려운 독일어 문체 그리고 《자본》에 담긴 경제학의 이론사를 넘는 방대한 문헌, 그리고 우리나라에서 독일어판 《자본》 번역의 이론적 의의를 생각한다면, 누구도 강 교수의 노고와 기여를 부정할 수 없을 것이다. 하지만 위에서 본 바와 같은 강 교수의 《자본》 곡해는 원저자 칼 마르크스에 대해서는 물론이거니와 강 교수 자신의 노고에 대해서도 결코 주장할 합당한 대가가 아니다.

_ 김성구, 2013. 8. 4.

4. 김성구 교수의 비판에 대한 두 번째 답글

김 교수께서는 원래 두 꼭지의 글을 계획했던 모양이다. 그런데 첫 번째 글이 나오고 두 번째 글을 올리기 전에 내가 답글을 내는 바람에 아마 두 번째 글은 잠시 중단되고 우선 내 답글에 대한 반론을 쓰게 된 모양이다. 이제 첫 번째 글에서 문제가 된 사항들에 대해 두 사람이 각자의 얘기를 한 셈이므로 이쯤에서 중간 정리를 한 번 해야 하지 않을까 싶다. 무엇보다도 김 교수의 두 번째 글이 이어져야 할 것이고 지금까지의 얘기로 이미 우리 두 사람 사이의 견해 차이는 분명하게 드러난 것 같기 때문이다. 그래서 이제는 견해 차이 그 자체보다는 그 차이의 내용에 대한 것으로 얘기가 옮겨져야 우리의 얘기가 무언가 건질 것이 남는 생산적인 것으로 되리라 본다. 이미 드러난 차이를 계속 반복하는 것은 독자들에게 지루한 일일 것이고 그것은 애초 신문 연재를 통해서 마르크스에 대한 관심을 확대하고자 했던 내 본래의 의도를 벗어나는 것이기도 하다.

(1) 지금까지 논의의 중간 정리

우선 그 동안의 글에서 드러난 두 사람의 차이를 확인해 보기로 한다. 내가 썼던 답글에 대해 김 교수가 반론을 제기했고 거기에서는 크게 세 가지 문제가 다루어졌다.

첫 번째는 변증법적 유물론의 해석 문제이다. 나는 마르크스의 글을 근거로 변증법적 발전이 유기체의 성숙과 비슷한 것이라고 하면서 "긍정적 이해"와 "부정"이 착종하는 이중적 의미로 설명했고 김 교수도 이 부분에 대해서는 동의를 표했다. 따라서 독자들께서는 변증법의 이런 이중적 개념에 대해서는 두 사람 사이에 논란이 없다는 것을 이해했으면 한다.

김 교수와 나 사이의 차이점은 이들 두 측면 가운데 어떤 면을 강조하느냐에 있는 것 같다. 김 교수는 반론에서 자신이 "부정"을 강조하는 입장에 서 있다는 것을 충분히 보여준 것 같다. 하지만 그는 막상 변증법에 대한 자신의 견해를 설명하면서 "긍정적 이해"와 이 "부정"이 서로 어떤 관련을 갖는지는 거의 설명하지 않고 있다. 그래서 그의 글에서는 사실상 "긍정적 이해"의 의미는 사라지고 "부정" 일변도의 입장이 드러나고 있다. 이를 위해 김 교수는 마르크스의 혁명사 3부작을 예로 들면서 마르크스가 "부정"의 관점에 줄곧 서 있었다는 "문헌적 근거"를 대기도 했고 내가 변혁과 개혁이라는 용어를 혼용하면서 "긍정적 이해"의 빌미를 들이밀려고 하는 것에 대해 "해괴한 용어법"이라고도 주장했다. 김 교수가 왜 이런 입장을 취하게 되었는지는 두 번째 문제와 직접 관련이 있어 보인다.

둘째, 김 교수는 이런 차이가 결국 그가 나에게 붙이려고 했던 "수정주의" 딱지와 관련된 것임을 곧이어 밝히고 있다. 단지 그는 내가 곧바로 수정주의인 것이 아니라 마르크스에 대해 수정주의적 색채를 입히려 했다고 한 발 물러섰는데(같은 말을 이처럼 다르게 표현한 까닭은 내가 지난번에 정의한 수정주의 개념 때문인 것 같다) 이것은 자칫 "언어의 유희"로 빠질 가능성이 있으므로 더 이상 거론하지 않기로 한다. 어쨌든 그는 내가 수정주의의 입장에 서 있다는 것을 재삼 확인하고 싶어 한다.

이들 두 가지 문제는 결국 김 교수와 나 사이의 관점의 차이를 분명하게 보여준다. 나는 이 차이가 어디에서 비롯된 것이며 그것이 어떤 의미를 갖는지를 얘기할 것이다. 나는 그것을 김 교수의 글에 대한 직접적 반론보다는 독자들을 위한 설명으로 대신하고자 한다.

세 번째, 봉건제에 대한 이해는 지난번의 설명에도 불구하고 얘기가 평행선을 달리고 있다. 김 교수는 줄곧 수탈이 본격화되는 후기 봉건제만을 얘기하고 무엇보다 개미가 가난하다는 사실에 집착하고 있다. 그런데 내가 개미와 베짱이의 우화를 예로 든 것은 가난 그 자체가 아니라 가난의 원인에 대한 것이다. 봉건제의 가난과 자본주의의 가난은 그 원인이 다르기 때문이다. 전자의 원인은 경제구조 외부의 문제들(자연재해나 영주의 경제외적 강제)이지만 후자는 경제구조 내부(교환 구조를 이용한 노동력의 수탈)에 그 원인이 있다. 따라서 그 해법도 전자는 경제구조를 개혁할 필요가 없이 기우제를 지내거나 영주를 처단하면 해결되는 문제이지만 후자의 경우에는 자본가를 처단하거나 기업을 해체한다고 해결할 수 있는 것이 아니다(구 소련과 크메르 루주의 사례를 참고할 수 있겠다). 경제구조 그 자체를 개혁해야 하는 것이다.

또한 김 교수의 설명에서는 착취 관계가 성립하지 않던 초기 봉건제의 구조와 경제구조 내부의 요인에 의한 설명이 빠져 있다. 그리고 무엇보다 봉건제 후기 농민들 가운데 부농으로 성장한 사람들을 설명할 방법이 없고(이들 부농은 영주권이 약화된 조건에서 생산력의 진보에 따른 농가 내부 잉여의 증가 때문이었다. 개미와 베짱이의 우화가 현실에서 실현되었던 것이다), 개미와 베짱이의 우화가 자본주의 이전에 만들어져 민간에 널리 유포되어 있던 이유도 설명할 방법이 없다(이 우화는 지배자들이 지배를 정당화하기 위해 현실을 왜곡시켜 지어낸 신화 같은 것이 아니다. 당시에는 그것이 누가 보더라도 진실이었기 때문이다). 하지만 어쨌든 이 문제는 이 정도에서 덮었으면 한다. 애초 얘기의 핵심이 아니라 설명을 위해 끌어댄 비유일 뿐이고 더 이상 계속되면 독자들에게 지루한 얘기가 될 가능성이 많아 보이기 때문이다.

한편, 이 부분에서 또 한 가지 문제가 제기되었는데 그것은 내가 교환관계를 얘기하면서 생산관계를 함께 얘기하지 않았다는 것이다. 내가 자본주의의 모순을 먼저 교환이라고 설명한 다음, 실은 이 교환의 배후에 숨겨진 생산관계가 모순의 본질이라는 내용을 "나중에(!)" 설명했기 때문에 앞부분의 설명만을 본 사람들을 헷갈리게 만들었다는 것이다. 그런데 그것은 《자본》의 설명 방식을 그대로 따른 것뿐이다. 가치를 설명하는 곳에서 마르크스는 교환만을 설명한다. 그런 다음 그 교환의 수수께끼(교환을 통해서 가치가 늘어나는)를 제기한 다음 수수께끼를 푸는 과정에서 비로소 교환의 배후에 생산관계가 숨겨져 있다는 것을 밝히는 것이다.

마르크스가 아직 설명하지도 않은 것을 내가 미리 앞질러 설명해야 한다는 것인데 그것은 1층에서 2층으로, 그런 다음 다시 3층으로 순차적으로 올라가는 방식으로 이루어져 있는 마르크스의 서술 방식을 이해하지 못한 것이다. 또한 마르크스는 3층도 중요하다고 생각했지만, 그 3층으로 올라가는 1층과 2층의 과정을 더욱 중요시했는데(그래서 "자본주의의 지양!"이라는 극히 단순한 결론을 위해 《자본》은 무려 3천 쪽의 분량으로 이루어져 있는 것이다. 그 결론을 얻어내는 과정이 중요했기 때문이다), 왜냐하면 그것 없이는 3층을 만들 수 없기 때문이다. 바로 "긍정적 이해"와 관련된 부분이다. 이런 중간 과정을 생략해 버리고 결론에만 조바심을 내면 그것은 사실상 3층을 입으로만 되뇔 뿐 실제로는 건설하지 않겠다는 것을 의미한다. 2층이 저절로 만들어지지 않기 때문이다.

내가 노동조합 강의에서 많이 들었던 것처럼 "요컨대 결론만 얘기하소!"라는 것인데 그것은 아무것도 하지 말자는 얘기나 마찬가지이다. 마르크스는 《자본》의 프랑스어판 서문에서 결론에 조바심 내는 이런 태도를 우려했는데 어쩌면 김 교수와 나 사이의 차이점이 이 부분과도 밀접한 관련이 있지 않을까 싶기도 하다. 김 교수가 앞서 거명했던 나에 대한 비판의 글들이 모두 이처럼 결론에 조바심을 내는 글들이었기 때문이다. "한국말은 끝까지 들어봐야 한다"라는 우스개가 있지만 이것은 마르크스의 경우 특히 그러하다. 3천 쪽이 넘는 막대한 분량의 책을 특정 부분만 읽고서는 곧바로 결론을 추출하는 일이 있어서는 안 될 것이기 때문이다.

이제 오늘 얘기의 본론으로 들어가기로 한다. 그것은 김 교수와 나 사이의 차이에 대한 얘기이다. 그 차이는 김 교수가 이미 구분했듯이 "수정주의"라는 딱지와 관련된 것이다.

(2) 딱지의 종류와 기원에 대하여

독자들께서 김 교수와 나의 차이에 대해서 당장 궁금해 할 일은 아마도 "수정주의"라는 딱지일 것이다. 도대체 이것이 무엇이냐는 것이다. 먼저 알아둘 점은 딱지의 기능이다. 공포 영화를 보면 강시에게 부적을 붙이고 뱀파이어에게 십자가를 들이밀어서 무력화시키는 장면이 나오는데 딱지의 기능은 바로 그런 것이다. 상대의 입을 틀어막는 봉인과 같은 것이다. 그래서 딱지는 사실 더 이상 말을 나누지 않겠다는 뜻을 가지고 있고(요즘 유행하는 말로 "닥치고!") 따라서 다양한 의견을 모아서 이들 간의 합의점을 찾아내어 최대한 많은 사람의 참여를 끌어내려는 민주적인 운동과 정면으로 배치되는 기능을 갖는다.

우리 보수 진영은 자신들과 정치적 견해를 달리하는 사람들에게 습관적으로 "종북"이나 "좌파"라는 딱지를 남발하곤 하는데, 이것은 스스로 자신들이 반민주세력이라는 것을 만방에 알리고 있는 것이다.

그런데 마르크스주의 진영 내에도 이런 딱지 붙이기가 언제부터인가 유행하기 시작했다. 이미 보수 진영의 예에서 짐작할 수 있듯이 그것은 마르크스주의 진영에서 민주주의가 사라졌을 때 시작된 것이다. 바로 구소련의 볼셰비키 독재 체제 때부터였다. 김 교수께서는 이들 딱지의 차이를 잘 모르는 것 같은데 독자들의 이해를 돕기 위해 이들 딱지에 대한 설명을 좀 드리고자 한다. 김 교수가 사용한 딱지는 수정주의, 개량주의, 사민주의의 세 가지이다.

우선 이들 딱지는 각기 용도가 서로 다르다. 그래서 그 개념을 정확하게 이해힐 필요가 있다. 지난번 글에서도 언급했듯이 마르크스는 사회를 변혁시키기 위해 변혁의 목표(자본주의 생산관계의 변혁)를 제시했고 그 목표에 도달하기 위한 수단(대립적 전술과 협조적 전술)을 함께 제시했다. 김 교수께서 언급한《프랑스혁명사 3부작》(세 개의 조그만 팸플릿인데《프랑스에서의 계급투쟁》,《루이 보나파르트의 브뤼메르 18일》,《프랑스 내전》이 바로 그것이다)에 이들의 얘기가 주로 담겨 있다. 수정주의란 변혁의 "목표"를 논의할 때 내가 생각한 목표와 다를 때 상대편에게 붙이는 딱지이다. 반면 개량주의는 "수단"이 서로 다를 때 상대에게 붙이는 딱지이다. 사민주의는 이들 두 가지와는 전혀 다른 의미의 딱지이다. 사민주의는 구소련의 볼셰비키가 자신들과 다른 의견을 가진 마르크스주의자들에게 붙인 딱지이다. 즉 세 가지가 각기 용도가 다른 것이다. 김 교수는 이들 세 가지 딱지를 한꺼번에 나에게 붙이고자 했는데 아마도 이들 딱지의 용도를 정확히 구분하지 않아서 그런 실수(?)를 저지른 것이 아닐까 싶다.

수정주의 딱지를 붙이려면 내 글에서 내가 목표를 포기했다는 증거를 함께 제시했어야 하는데 김 교수는 내 글 속에 그런 증거가 없다는 것을 이미 알았을 것이다. 개량주의라는 딱지를 붙이려면 내 글에서 전술적 수단의 내용을 찾아서 반대 의견을 제시했어야 한다. 이를 위해서는 특정 현실의 국면에서 내가 제시한 어떤 정책적 수단이 문제가 되는지를 얘기해야 하는데 그것은 이번 연재의 경우 해당 사항도 아니고 지면도 부족해서 내가 언급한 내용이 별로 없다. 물론 과거 내가 썼던 논문들에는 많이 들어 있는데 김 교수께서 그런 글들을 본 것 같지는 않다. 실제로 개량주의라는 딱지의 근거는 김 교수의 글 어디에도 제시되어 있지 않다. 따라서 이들 두 딱지는 별다른 근거도 없이 김 교수가 자의적으로 붙인 것이다. 설마 우리 보수 진영에서 딱지놀이를 배운 것은 아닐 것이므로 김 교수의 실수는 아무래도 마지막 딱지와 관련이 있을 것 같다.

마지막의 사민주의라는 딱지는 김 교수가 볼셰비키의 관점을 가졌다는 것을 전제로 해서만 가능한 일인데 명시적으로 표현하지는 않았지만 김 교수에게서 그런 그림자가 언뜻 보이기는 한다. 이들 볼셰비키가 바로 마르크스주의 진영 내에서 딱지놀이를 벌인 원조들이기도 하다. 그런데 이런 관점은 구소련이 왜 망했는지에 대한 설명과 그럼에도 불구하고 볼셰비키의 관점이 옳았다는 주장을 전제로 하는 것인데 이것은 나에게 딱지를 붙이기 전에 먼저 김 교수 자신이 방어적인 변론을 해야 할 부분일 것 같다. 혹시 다음 글에서 이 부분의 얘기를 좀 전개한다면 독자들에게(나도 포함하여) 많은 도움이 되지 않을까 싶다.

수정주의와 개량주의 딱지는 김 교수와 나 사이의 차이와 관련하여 좀 더 애기할 부분이 있어서 뒤에서 따로 설명하기로 하고 여기에서는 사민주의 딱지에 대해서만 독자들의 이해를 돕기 위해 약간의 설명을 덧붙이고자 한다.

볼셰비키는 왜 사민주의 딱지를 사용하게 되었을까? 민주주의를 두려워했기 때문이다. 그래서 우리 보수 진영과 볼셰비키는 사실 겉모습은 다르지만 혈관 속에는 같은 피가 흐르는 친족지간이기도 하다. 볼셰비키가 민주주의를 두려워하게 된 이유는 1917년 러시아의 특수한 상황과 관련되어 있다. 10월의 쿠데타를 통해 권력을 장악한 다음 실시된 제헌의회 선거에서 볼셰비키는 25%밖에 지지를 얻지 못하고 볼셰비키의 정적인 사회혁명당이 57%의 지지를 획득했던 것이다. 선거 결과에 따른다면 볼셰비키는 권력을 사회혁명당에 내어주어야 했다. 하지만 볼셰비키는 1918년 1월 6일 개원한지 하루 만에 의회를 해산시키고 독재의 길로 접어들었다. 당연히 독재를 정당화할 필요가 있었고 그래서 만들어 낸 개념이 "프롤레타리아 독재"라는 개념이고 그때부터 마르크스는 엉뚱하게도 공산 독재의 상징이 되고 말았다.

여기에서 사민주의 딱지와 관련해 독자들의 이해를 돕기 위해 한 가지 역사적 진실을 알려 두고자 한다. 마르크스가 살아 있을 당시 마르크스를 따르던 노동운동가들은 모두가 사회민주주의자임을 표방했다. 자신들이 지향하는 운동의 목표가 사회화이면서 동시에 민주주의를 확대하는 것이기 때문이었다.

1869년에 만들어진 최초의 마르크스주의 조직이었던 독일의 아이제나허 분파의 명칭이 사회민주노동당이었고 이후 마르크스를 따르던 조직은 모두 이 명칭을 뒤따랐다. 사실 원래 자본주의의 대안으로 출발한 사회주의는 "경제적으로" 자본가가 독재를 행사하는 자본주의를 민주화하는 것을 의미하고, 이것은 부르주아들이 봉건 세력의 독재를 깨뜨리고 "정치적으로" 달성한 민주주의를 마저 완성한다는 의미를 가지고 있었다(그래서 프랑스혁명의 정당성은 곧 사회주의혁명의 정당성이기도 했고 내가 "긍정적 이해"를 강조한 것도 모두 이런 의미에서이다). 오늘날 유럽의 주요 나라들의 노동자 정당의 명칭이 사민당인 까닭은 그것들이 모두 마르크스에게서 출발했다는 흔적을 알려주는 것이다.

볼셰비키 자신이 속해 있던 정치조직의 명칭도 러시아사회민주노동당이었다. 하지만 민주주의를 포기하면서 이제 사민주의와 자신을 구분해야 했던 볼셰비키는 공산주의라는 용어를 마르크스에게서 찾아내어 그것을 공식적인 명칭으로 사용했다. 그리하여 마르크스주의는 사회민주주의에서 공산주의로, 민주주의에서 독재로 변질되었던 것이다. 당시 마르크스 진영의 최고 이론가로 손꼽히던 카우츠키는 그것을 다음과 같이 증언하고 있다.

> … 1917년 11월 혁명 이후 러시아 노동자 평의회에서 좌파 사회혁명주의자들과 함께 다수파를 이루게 된 볼셰비키는 제헌의회의 해산 후 지금까지 한 계급의 투쟁 조직이었던 소비에트로부터 국가 조직을 만들어 냈다. 그들은 러시아 국민들이 3월 혁명에서 쟁취했던 민주주의를 폐기했다. 그럼으로써 볼셰비키는 스스로를 사회민주주의자Sozialdemokrat라고 부르는 것을 중단했다. 그들은 자신들을 공산주의자Kommunist라고 부르고 있다. …《프롤레타리아 독재》중에서

볼셰비키의 이런 변절은 당연히 마르크스주의 진영 내에서 문제가 되었고 이것은 논쟁으로 발전했는데 그것이 "프롤레타리아 독재 논쟁"이다(여기에 대한 자세한 내막은 다음 주에 출판될 《프롤레타리아 독재》(카를 카우츠키, 지만지)를 참고할 수 있고 논쟁에 대한 나의 해설을 참고하려면 한길사에서 출판된 《프롤레타리아 독재》를 참고할 수 있다). 김 교수가 사민주의 딱지의 근거로 제시했던 문헌적 근거인 《프랑스혁명사 3부작》은 바로 이 논쟁에서 핵심 저작을 이루었던 것들이다. 김 교수의 마르크스 해석이 이들 저작에서 일관성을 찾는 것은 바로 이 때문이다. 이 문제는 깊이 다루면 상당히 많은 분량을 필요로 하기 때문에 위의 책을 참고하도록 소개하는 선에서 이만 그칠까 한다.

어쨌든 이 논쟁을 거치면서 볼셰비키는 자신들의 정당성에 두려움을 느끼고 자신들을 비판하는 모든 정치적 견해에 딱지를 붙일 필요를 느꼈다. 가장 핵심적인 문제인 민주주의 문제가 특히 그러했고 사민주의 딱지는 그렇게 등장

하게 된 것이다. 볼셰비키의 소련이 붕괴한 것은 그들의 두려움이 결국 현실로 되었다는 것을 말하고 그들이 만든 딱지가 불행히도 효력이 없었다는 것을 알려준다. 그래서 그들이 마비시키려 했던 "사민주의자 강시 마르크스"는 결국 도로 살아날 수밖에 없었던 것이다.

따라서 김 교수가 만일 나에 대한 사민주의 딱지의 정당성을 계속 주장하려면 그는 우선 그 딱지의 원조인 볼셰비키와 자신의 관계를 정확하게 밝혀야 할 것이고 자신이 민주주의가 아니라 독재를 지지한다는 것을 밝혀야만 할 것이다. 또한 그런 볼셰비키가 왜 붕괴했는지, 그리고 이미 붕괴를 통해서 스스로의 정당성을 상실한 그것을 되살리는 것이 오늘 우리에게 어떤 의미가 있는지를 모두 설명해야 할 것이다. 그럴 경우 김 교수는 아마 상당히 긴 글을 써야 하지 않을까 싶다.

(3) 생산적 논쟁을 위한 제안

마지막으로 얘기할 점은 김 교수와의 얘기를 생산적인 것으로 끝내기 위한 나의 제안이다. 지난 글에서도 말했지만 김 교수와 나의 차이점은 마르크스를 어떻게 "해석하느냐"의 차이점이다. 마르크스의 진의 여부는 무덤 속으로 들어갈 방법을 찾을 수 없어서 알 길이 없기 때문이다. 그런데 이런 차이점은 당연히 각자의 관점을 반영하는 것이다. 이제 확인된 바와 같이 그 차이는 변증법의 이중적 측면에서 내가 "긍정적 이해"를 강조하는 반면 김 교수는 "부정"을 강조하는 점에 있다. 이 차이를 통해 생산적인 결과를 얻어내기 위한 제안을 이제 나는 드리고자 한다.

먼저 독자들의 이해를 돕기 위해 나는 이들 관점의 차이와 관련된 역사적 사례를 하나 소개하고자 한다. "긍정적 이해"와 "부정"이라는 관점의 차이는 사실 김 교수와 내가 처음이 아니다. 이미 오래 전에 이들 차이는 마르크스주의 진영 내에서 문제가 되었고 지금도 여전히 항상 문제가 될 수 있는 소지를 안고 있다.

왜냐하면 이 문제는 원래 산 위에서 보편적인 진리를 구명하다 나온 문제가 아니라 산 아래에서 당장의 실천과 관련되어 발생했던 문제이기 때문이다. 이 문제의 원조는 김 교수의 딱지에서 등장했던 수정주의와 개량주의의 문제이다.

이들 문제는 볼셰비키가 본격적으로 등장하기 전에 이미 나타났고 볼셰비키가 문제로 삼았던 본래의 마르크스주의인 사회민주주의 진영 내부에서 진행되었기 때문에 딱지 문제와는 전혀 별개의 문제이다. 이들 문제를 둘러싼 논쟁의 내용은 복잡하고 일반 독자들에게는 지루한 것이기 때문에 여기에서 다루지 않는다(이에 대한 자세한 내용은《사회주의의 전제와 사민당의 과제》, 에두아르트 베른슈타인, 한길사를 참고할 수 있다. 이 책의 앞부분에는 나의 해설이 실려 있다).

단지 논쟁의 배경은 내가 제안하려는 내용과 관련된 것이기 때문에 간단한 설명이 필요하다. 가장 중요한 점은 이 논쟁이 마르크스를 "올바로 해석하는" 문제를 대상으로 하는 것이 아니었다는 사실이다. 논쟁에는 당대 최고의 마르크주의자들이 개입했고 처음부터 "정답"을 찾기 위한 학술적 관심이 아니라 사민당이 당면했던 "실천적 진로"를 둘러싸고 이루어졌다. 개량주의와 수정주의는 서로 이어진 하나의 논쟁이다. 발단은 독일 사민당이 합법화된 데에서 시작되었다(독일 사민당은 1878년~1890년까지 공개 활동이 금지된 불법 조직이었다). 합법화로 인해 당장 공개적인 실천(의회에 진출하는 정당은 당장 실천할 수 있는 선거 공약을 내걸어야 하기 때문이다)이 필요하게 되었고 이를 둘러싸고 의견이 대립되었는데 그것이 처음에는 전술적 수단의 차이를 둘러싼 개량주의 논쟁에서 시작하여 결국 운동의 목표를 둘러싼 수정주의로까지 발전한 것이다.

이들 논쟁의 배경을 이해하는 것은 별로 어렵지 않다. 산 위에서 보면 산 아래 문제의 본질이 선명하게 드러나고 해법도 분명해 보인다. 하지만 그 해법을 가지고 산 아래로 내려가 막상 실천을 하려 들면 산 위에서는 보이지 않던 사소한 장애물도 많이 보이고 똑같아 보이던 문제도 곳곳에서 차이가 드러나는 것을 보게 된다. 노동조직이 합법적 지위를 얻지 못하고 있는 조건에서는 실천의 문제가 제기되지 않는다. 산 아래로 내려가는 것이 차단되어 있기 때문이다. 그래서 이런 경우 논의는 현실과 거리가 먼 산 위에서 이루어지고 여기에는 마르크스 해석의 차이가 발생하지 않는다. 산 위로 오르는 모든 길은 정상에서 만나기 때문이다. 자본주의의 모든 모순이 자본주의적 생산관계로 집약되는 것이 바로 그것이다.

그러나 합법적 지위를 얻으면 노동조직은 산 아래로 내려가서 노동 대중을 상대로 공개적인 실천을 하게 된다. 그런데 산 정상은 하나이지만 산 아래로 내려가는 길은 무수히 많은 갈림길로 나누어진다. 당연히 산 아래의 실천에서는 다양한 차이들이 드러날 수밖에 없다. 극히 단순해 보이는 "계급적 단결"만 하더라도 당장 대기업, 중소기업, 생산직, 사무직, 징규직, 비정규직 등의 이해가 모두 차이나고 이들 이해를 합치는 것은 매우 어렵고 복잡하다. 최근 보듯이 비정규직 투쟁이 어려운 이유도 바로 여기에 있다.

마르크스의 해석을 둘러싼 관점의 차이는 원래 이렇게 시작된 것이다. 그것은 장학퀴즈에서 정답을 맞히는 게임이 아니라 변혁의 실천을 위한 치열한 고민들의 차이가 만들어 낸 것이다. 실제로 마르크스주의 진영 내에서 있었던 모든 노선 논쟁은 "정답"을 찾기 위한 것이 아니라 실천적 진로를 둘러싼 것이었다. 그래서 김 교수와 나 사이의 관점의 차이도 실천적 수단의 문제와 관련지어야만 올바로 이해될 수 있다. 즉 현재의 실천과 관련하여 왜 "긍정적 이해"를 강조하고 왜 "부정"을 강조하는지의 차이를 드러내는 것이 중요한 것이다. 나는 김 교수와의 논의가 이런 방향으로 발전해 나가기를 희망하고 그것을 위해 내 얘기를 먼저 해 드리고자 한다. 나는 왜 "긍정적 이해"를 강조하는 해석을 하게 되었는가?

나는 1994년부터 노동운동과 실천적 고민을 함께 나누었고 우리 노동운동이 활동가들의 많은 헌신과 희생에도 불구하고 막상 별다른 성과를 내지 못하는 것을 안타까워했다. 그동안 나는 꾸준히 그 원인을 찾아보았고 결국 한 가지 조그만 결론을 얻을 수 있었다. 우리 노동운동은 "전술적 지도"를 가지고 있지 않다는 것이었다. 그리고 그것은 마르크스의 과학적 유산을 계승하지 못한 데에 일차적인 원인이 있고, 유산의 계승을 가로막는 것이 바로 변혁을 "단순한 부정"으로만 간주하는 내부의 경향 때문이라고 생각했다. 이갑용 전 민주노총 위원장의 자서전 제목이 《길은 복잡하지 않다》(제목이 마침 적당해서 인용한 것일 뿐 이 위원장을 폄훼하려는 의도는 전혀 아니니 오해가 없었으면 한다)였는데 실제로 노동 현장에 이런 경향이 만연해 있다는 것을 수없이 확인할 수 있었다.

우리 노동운동이 "단순한 부정"에 매몰되어 전술적 성과를 얻지 못한 사례는 너무도 많다. 신경영전략, 노동법 개정, 비정규노동, 노사정위원회, 주간 연속 2교대제 등의 문제에서 우리 노동운동은 열심히 "반대"를 했지만 실질적인 전술적 성과를 거의 내지 못했다. 물론 "단순한 부정"과 "반대"가 중요하지 않은 것은 아니다. 1987년 이전의 억압적 노동관계를 돌파하는 데에는 이런 "단순한 부정"이 중요한 동력이 되었기 때문이다. 하지만 1990년대 중반 이후 노동운동이 합법화되고 자본의 전술이 극히 다양하게 계속 변화하고 있는 상황에서 초기의 이런 "단순한 부정"이라는 전술만으로는 변혁은커녕 현상 유지도 어렵게 된 것이 우리 노동운동의 현주소이다.

그래서 나는 우리 노동운동이 사물의 변화를 보다 입체적으로 이해하고, 사물의 이중적 측면을 적극 활용하는 전술을 갖출 필요가 있다고 생각했다. "단순한 부정"과 "긍정적 이해"가 함께 결합된 입체적인 전술적 지도가 필요하다고 생각했던 것이다. 나는 그동안 이런 생각을 담아 각종 노동 현안들에 대한 실천적 대안을 꾸준히 제시해 왔고 그 대안 속에 "긍정적 이해"의 중요성을 담고자 노력해 왔다(이와 관련된 내 글은 학회지나 인터넷상에 모두 공개되어 있다). 마르크스의 해석에서 "긍정적 이해"를 강조하는 내 입장은 이런 실천적 필요에서 비롯된 것이다.

그래서 이제 나는 김 교수에게 제안을 드리고자 한다. 김 교수께서 "긍정적 이해"보다는 "부정"을 강조하는 그런 해석이 어떤 실천적 전술로 활용될 수 있는지를 구체적인 사례를 통해 얘기해 주었으면 하는 것이다. 그것은 마르크스를 "부정"의 의미로 해석하는 것이 지금 어떤 "쓸모"가 있는지를 독자들에게 알려주고 따라서 김 교수의 주장에 정당성을 부여해 주리라 생각한다. 나는 노동운동사를 연구하면서 노동운동의 전술적 지도에는 "긍정적 이해"와 "부정"이 모두 필요하다는 생각을 하고 있다. 그것이 노동운동의 지평을 확장하고 끊임없이 변화하는 국면에 대응하는 다양한 전술을 제공해 줄 수 있기 때문이다. 전술적 지도에는 하나의 전술이 통하지 않을 때 사용할 수 있는 Plan-B의 전술도 있어야 하지 않는가?

내가 지금까지 제시해 왔던 실천적 전술들은 주로 우리 노동운동의 "긍정적 이해"의 부족을 보완하는 방향으로 이루어져 왔다. 이제 "부정"을 강조하는 방향의 새로운 실천적 전술들이 제시된다면 우리 노동운동의 전술적 지평이 한층 넓어지고 그것이 김 교수께서 시작한 이번 논쟁의 생산적 성과로 남으리라고 나는 믿는다. 참고로 독자들을 위해 내가 그동안 제시해 왔던 실천적 전술을 알려드린다면 임금체계, 월급제, 산업별 노동조합의 교섭 정책, 주간 연속 2교대제, 정파 분열 문제 등을 들 수 있다. 모두 우리 민주 노조 운동의 현안이 되었던 것들이며 이 가운데 일부는 우리 노동운동의 실천에 "극히 미미하게나마" 도움이 되었던 것들도 있었다. 독자들과 우리 노동운동을 위해 김 교수께서 풍부하고 적극적인 실천적 대안을 개진해 주실 것을 기대하면서 이 글을 마친다.

_ 강신준, 2013. 8. 13.

5. 쟁점은 수정주의 · 교조주의가 아니라 《자본》 곡해 여부다

강신준 교수는 두 번째 답글("김성구 교수의 비판에 대한 두 번째 답글")에서 내가 재반론을 통해 비판한 《자본》 곡해의 문제들에 대한 명확한 답변을 회피하거나 자신의 주장을 반복하면서 쟁점을 수정주의 · 교조주의 문제로 이동시켰고, 엉뚱하게도 생산적 논쟁을 제안한다며 실천 영역의 문제를 제기했다. 더구나 〈경향신문〉(2013. 8. 6)에서 이 논쟁을 기사화하면서 "수정주의 · 교조주의 논쟁 재현"이라는 제목을 붙여 쟁점의 왜곡을 부추겼는데, 이는 물론 담당 기자와의 인터뷰를 통해 강 교수의 입장이 반영된 것이었다. 〈경향신문〉이니까 《자본》 해설자로서의 강 교수의 특권이었다고 생각하고 넘어가자.

하지만 강 교수와의 논쟁의 핵심은 수정주의 · 교조주의 문제가 아니라 강 교수에 의한 《자본》 곡해의 문제였다. 마르크스가 강 교수의 주장처럼 자본주의 변혁이 아니라 개혁을 위해 《자본》을 집필했는가, 변혁과 개혁이 같은 개념인가, 또 봉건제가 착취 체제인가, 마르크스가 봉건제를 착취 체제로 보았는가 하는 문제가 수정주의나 교조주의의 문제와 무슨 상관이 있는가? 이는 다만 사실관계의 확인 문제, 즉 왜곡과 날조 여하의 문제일 뿐이다. 내가 수정주의를 거론했던 것은 이들 문제에 대한 강 교수의 주장이 수정주의자들의 입장과 다를 바 없다는 것을 지적하는 수준이었지 강 교수의 수정주의를 쟁점으로 삼은 것은 아니었다. 따라서 쟁점의 왜곡과 이동은 논쟁에 대한 강 교수의 이해 부족을 보여주는 것이거나 아니면 쟁점을 피해가고자 하는 강 교수의 꼼수라고 판단할 수밖에 없다.

강 교수는 《자본》 곡해와 관련된 해결되지 않은 쟁점들을 그대로 두면서 새로 수정주의 쟁점을 또 제기했는데, 여기서도 강 교수는 마르크스 이론의 왜곡과 날조를 유감없이 드러내었다. 강 교수가 입을 열 때마다, 글을 쓸 때마다 왜곡과 날조가 끊이지 않는다. 이 상습적인 날조를 어떻게 이해해야 하는 건지 강 교수의 머릿속에 들어갈 수 없는 사람들로서는 정말 알 수 없는 노릇이다. 원래의 쟁점은 아니었지만, 지난 글에서 강 교수가 새로 제기한 쟁점들, 수정주의 문제와 실천 문제도 아래에서 검토해 보도록 한다.

(1) 지금까지 논의의 중간 정리에 대하여

강 교수는 내 재반론 글에서 변증법의 긍정적 이해와 부정이 어떻게 관련되어 있는지 설명되어 있지 않다고 말한다. 나는 그 글에서 자본주의하에서의 사회화의 발전과, 자본주의적 사회화의 사회주의적 사회화로의 전화에 대해 이미 설명을 했는데도 말이다. 강 교수의 이해가 부족하면 할 수 없는 것이다. 또 다시 설명할 수는 없다. 내가 강 교수의 이해력을 이유 없이 폄하하는 것은 아니다. 강 교수는 '수정주의' 딱지 문제를 거론하면서 지금까지 우리 두 사람 사이에 무슨 말이 오고갔는지조차도 제대로 파악하지 못하고 있다. 내가 처음 글에서 강 교수의 수정주의를 지적하면서 쓴 문장은 이러했다.

베른슈타인 같은 대표적인 수정주의자들이 19세기 말이래 자본주의의 역사적 변화를 배경으로 유물론과 변증법으로부터 《자본》의 경제법칙들 그리고 사회주의로의 이행경로에 이르기까지 마르크스 이론에 오류가 있다면서 그 이론적 수정을 시도했다면, 강 교수는 유물론과 변증법 그리고 사회주의로의 이행경로를 수정주의로 각색하면서도 이게 수정이 아니라 원래 마르크스의 이론이 그러한 것이라고 곡해하는 것이다.

즉 강 교수는 마르크스의 이론을 수정하지는 않았지만, 원래의 마르크스의 이론이 수정주의자들의 견해와 같은 것처럼 그렇게 강 교수가 마르크스의 이론을 해석·각색했다는 말이다. 그런데 이에 대한 답변 글에서 강 교수는 자신은 마르크스의 이론을 수정한 일이 없고 변혁의 목표를 밝히고 있는데도 수정주의라고 비판하는 것을 참으로 이해할 수가 없다고 했다. 그래서 나는 이에 대한 재반론 글에서 강 교수가 마르크스의 이론을 수정했다고 내가 말한 적이 없고, 강 교수가 마르크스의 이론을 수정하지 않고서도 마르크스의 이론을 수정주의적으로 각색했다고 하면서 위의 문장을 인용해 주었다. 그런데 이번 글에서 강 교수는 어이없게도 이렇게 쓰고 있다.

> 내가 곧바로 수정주의인 것이 아니라 마르크스에 대해 수정주의적 색채를 입히려 했다고 한 발 물러섰는데(같은 말을 이렇게 다르게 표현한 까닭은 내가 지난번에 정의한 수정주의 개념 때문인 것 같다)

이게 무슨 말인가? 두 번씩이나 내가 이미 설명했음에도 불구하고 이해하지 못하고 하는 말이 이렇다. 자신이 마르크스의 이론을 수정하지 않았음을 내가 이제 인정(?)하고 한 발 물러선(?) 게 강 교수가 나한테 가르쳐 준(?) 수정주의 개념 때문이라고. 이 정도면 강 교수의 이해력은 중학교 수준의 학생만도 못한 것이다. 내가 또 한 번 해명을 해야 하나?

강 교수는 논쟁을 중간 정리한다면서 내가 제기한《자본》곡해 비판에 대해서는 답변을 하지 않고 이건 수정주의 문제와 관련된 것이라며 쟁점을 회피하고자 했다. 앞서 말한 바처럼 마르크스의《자본》집필 동기가 변혁을 위한 것이었는지 개혁을 위한 것이었는지, 또 변혁과 개혁이 같은 개념인지, 이 문제는 수정주의와 상관없이 그 자체로 답변해야 한다. 나는 마르크스의 문헌을 근거로 해서 마르크스가 자본주의의 개혁을 위해《자본》을 집필한 것이 아님을 밝혔는데, 그럼에도 강 교수가 나의 비판을 반박하고 여전히 자신의 주장을 고집하려면, 마르크스의 어떤 문헌에 자신이 근거하고 있는지를 제시해야 하지 않겠는가?

봉건제의 문제에 대해서도 강 교수는 자신의 잘못된 주장을 반복하면서 이 문제는 부차적인 문제여서 더 이상 논의하지 말자고 한다. 이 문제가 제기된 것은 개미와 베짱이의 우화 때문인데, 강 교수의《자본》해설에서 이 우화는 단순히 비유를 위해 삽입된 게 아니라 안내판 못지않은 하나의 설명축 역할을 하고 있어 부차적 문제로 접고 갈 문제가 아니다. 강 교수는 내가 봉건제의 후기 형태만을 문제로 삼으면서 봉건제가 착취 사회라고 주장한다는데, 이것도 잘못 이해한 것이다. 문제는 봉건제의 전형적인 형태가 착취에 기반을 둔 생산양식이라는 점이다. 마르크스는《자본》제3권 제47장에서 봉건제의 전형적 형태에서의 지대, 즉 노동지대가 경제외적 강제(영주권)에 의한 착취라는 것, 이 부역 노동이 부불잉여노동 전체를 나타낸다는 것을 분명히 하고, 나아가 상품화폐경제의 발전에 따라 경제외적 강제가 약화되고 지대 형태도 변화한다고 말한다. 이 역사 과정에서 소토지 농민 소유의 경작이 발전했고, 예컨대 영국의 부농 계층(요먼)이 성장할 수 있었다는 것이다.

강 교수는 마르크스와 정반대로 이 과정을 설명하고 있다. 봉건제는 원래 착취가 (별로) 없는 경제구조인데, 상품화폐경제의 발전에 따라 영주의 사치재 욕구의 증대 때문에 착취가 강화되었다는 것이다. 영주의 착취가 강화되는데 어떻게 부농 계층이 성장할 수 있었을까? 그러면서도 지난 글에서 강 교수는 화폐경제의 발전에 따라 영주권이 약화되었다고도 한다. 상품화폐경제의 발전에 따라 영주의 착취가 강화되었다고도 하고, 또 약화되었다고도 하고 완전 횡설수설을 하고 있다. 명색이《자본》해설자로서 깅 교수가《자본》을 강의하면서《자본》에 나와 있는 봉건제에 대한 마르크스의 설명을 완전히 뒤집고자 한다면, 해설의 안내판에서 이를 밝히고 마르크스가 틀렸다고 말하고 그 논거를 밝혀야 하는데, 여기서도 강 교수는 마르크스의 설명이 자신의 설명(마르크스의 설명을 뒤집은 것인데)과 똑같은 것이라고 강변하는 것이다. 또 왜곡이고 날조다.

상품 교환에 의해 개미와 베짱이의 운명이 뒤집혔다, 즉 착취가 발생했다는 주장은 강 교수 스스로도 그런 게 아니고 착취는 교환 과정의 배후에서, 생산과정에서 일어난다고 확인하는 만큼 명백하게 잘못된 것인데도, 강 교수는 이 주장을 정정할 생각이 없다. 그러기는커녕 그게 교환 과정을 먼저 설명하고 다음에 생산과정을 설명하는 《자본》의 서술 방식을 따른 것이라면서 내가 《자본》의 서술 방식을 이해하지 못하기 때문에 이런 비판을 한다는 것이다. 여기서도 이런 주장이 마르크스에 근거한 것이라면서 《자본》을 왜곡하고 있다. 한 마디만 첨가한다면, 마르크스는 교환 과정을 먼저 설명하면서도 그 서술 수준 어디에서도 상품 교환에 의해, 즉 생산과 소비의 분리에 의해 착취가 발생한다고 말한 적이 없다. 마르크스의 서술 방식을 따라갔다는 인물이 없는 말을, 그것도 잘못된 말을 마르크스의 말이라며 마음대로 집어넣어도 되는가?

(2) 딱지의 종류와 기원?

강 교수가 자신에 향해진 내 비판을 수정주의 딱지 붙이기의 문제로 몰고서 쟁점을 피해가고자 하기 때문에, 수정주의 논의는 이제 불가피하다. 강 교수에 따르면 수정주의와 개량주의 그리고 사민주의는 서로 별개의 쟁점이고 각각 고유한 쟁점을 갖고 있다고 하는데, 마르크스주의 운동의 역사를 보면 이 세 개의 쟁점은 서로 긴밀하게 연관되어 있고 사실상 같은 쟁점이다. 수정주의, 개량주의, 사민주의는 하나의 동일한 정치적 조류인 것이다. 강 교수는 볼셰비키가 다른 마르크스주의자에게 붙인 딱지가 사민주의라고 한다. 상대를 입막음하기 위해 사민주의라는 딱지를 붙이고 좌파 논쟁, 개혁 논쟁을 억압한나는 것이다. 그러면 상대를 사민주의라고 비판하는 자는 강 교수에 따르면 볼셰비키가 되고 나도 볼셰비키가 아니냐며 의심의 눈초리를 보내고 있다. 사민주의 쟁점을 빙자해서 볼셰비키라는 딱지로 딱지 붙이기 놀음을 하고 있는 것은 강 교수 자신이 아닌가?

먼저 마르크스주의와 사민주의 그리고 볼셰비키에 대한 강 교수의 이해 방식을 보자. 강 교수에 따르면 마르크스주의는 원래 사민주의고 사민주의는 (사회화와 함께) 민주주의를 추구하는데 반해, 공산주의(=볼셰비키)는 마르크스주의(=사민주의)를 왜곡한 것이고 전체주의와 독재를 기반으로 한다. 이런 이해방식은 중등학교의 반공 교육 수준을 넘지 못하는 것이다. 차이가 있다면, 우리의 반공 교육은 마르크스까지 싸잡아서 폭력 사상으로 몰아가는 반면, 강 교수는 마르크스가 통상 알려진 것과는 다르게 민주주의의 신봉자라며 반공 교육의 대상으로부터 면해주고자 한다는 것뿐이다. 이런 유치한 이해 방식이 마르크스와 마르크스주의 역사에 대한 왜곡과 날조에 입각한 것임은 두 말할 것도 없다. 민주주의냐 독재냐, 이를 가늠하는 결정적인 개념은 강 교수에 따르면 프롤레타리아 독재다. 이 개념의 기원을 강 교수는 이렇게 말한다.

> … 하지만 볼셰비키는 1918년 1월 6일 개원한지 하루 만에 의회를 해산시키고 독재의 길로 접어들었다. 당연히 독재를 정당화할 필요가 있었고 그래서 만들어 낸 개념이 "프롤레타리아 독재"라는 개념이고 그때부터 마르크스는 엉뚱하게도 공산 독재의 상징이 되고 말았다.

프롤레타리아 독재가 혁명 후 러시아에서 볼셰비키가 제헌의회를 해산한 후 독재를 정당화하기 위해 만들어 낸 개념이라고 한다. 정말 어이가 없다. 이건 강 교수가 논쟁을 하자는 게 아니라 논쟁의 먹잇감이 되겠다고 자청하며 달려드는 거나 다를 바 없는 것이다. 주지하다시피 프롤레타리아 독재는 마르크스의 국가론의 핵심적 부분이고 자본주의로부터 공산주의로의 이행기의 국가 형태를 말한다. 마르크스는 1848년《공산당 선언》에서도 혁명적 독재의 과제를 선언했고, 특히 프랑스혁명에 관한 3부작 저작들에서 이 개념을 구체적으로 발전시켰으며, 1875년《고타 강령 비판》에서 다음처럼 명시적으로 서술하고 있다.

자본주의와 공산주의 사이에는 전자로부터 후자로 넘어가는 혁명적 전환의 시기가 놓여 있다. 또한 정치적 이행기가 그것에 조응하는데, 이행기의 국가는 프롤레타리아트의 혁명적 독재 외에 다른 어떤 것일 수 없다(K. Marx, 《Kritik des Gothaer Programms》, MEW Bd. 19, p. 28, 1875).

프롤레타리아 독재를 둘러싼 카우츠키와 레닌의 논쟁에서 레닌은 이 개념에 대한 마르크스의 서술과 카우츠키의 해석은 하늘과 땅 만큼의 거리가 있다고 조롱한 바 있는데, 카우츠키의 이 저작을 번역해서 곧 간행한다고 선전하는 강 교수는 이 개념의 기원과 관련해 카우츠키조차도 왜곡하는 기량을 보여주고 있다. 그러면 마르크스와 강 교수 사이의 간격은 지구로부터 은하계 저쪽 끝쯤까지 되지 않을까?

강 교수의 마르크스에 대한 날조는 계속된다. 그에 따르면 마르크스 생존 당시 마르크스를 따르던 노동운동가들은 모두 사민주의임을 표방했다는 것이다. 즉 사민주의가 원조 마르크스주의고 공산주의는 러시아 혁명 이후 마르크스주의를 훼손한, 마르크스주의의 왜곡된 명칭이란 것이다. 그러나 강 교수의 주장과 달리 마르크스는 사민주의라는 명칭에 비판적이었다. 마르크스는 《루이 보나파르트의 브뤼메르 18일》에서 1848년 6월의 노동자 봉기 진압 후에 새로 형성된 소부르주아적 정파인 신산악파를 사민주의라는 딱지를 붙여서 비판했고, 또한 라쌀레파의 사민주 노동운동과도 논쟁했다. 독일에서 사민주의의 원조는 마르크스주의가 아니라 라쌀레파였던 것이다. 다만 1875년 라쌀레당과 아이제나하당의 통합 그리고 통합당에서의 마르크스주의 원칙의 관철이라는 현실(그럼에도 고타 강령 자체는 라쌀레주의에 의해 강하게 각인된 것이었다) 속에서 마르크스와 엥겔스는 마지못해 사민주의라는 명칭을 받아들이게 된다. 1894년 엥겔스의 생생한 말을 들어보도록 하자.

이 모든 글(1871~75년 사이 〈인민 국가〉에 발표된 논문들)에서, 특히 마지막 글에서 내가 항상 나 자신을 사민주의자가 아니라 공산주의자로 명명하고 있음을 사람들은 인지할 것이다. 이는 당시 여러 국가들에서 사회를 통한 전체 생산수단의 인수를 결코 자신의 깃발에 써놓지 않던 사람들이 스스로를 사민주의자라고 명명했기 때문이었다. … 독일에서는 라쌀레 추종자들이 스스로를 사민주의자라고 불렀다. … 따라서 마르크스와 나로서는 우리의 특별한 관점을 특징짓기 위해 그런 분명치 못한 표현을 결코 선택할 수 없었다. 오늘날은 상황이 다르다. 그 경제 강령(1891년 에어푸르트 강령)이 단지 일반적으로 사회주의적일 뿐 아니라 직접적으로 공산주의적이고, 또 국가 전체의 극복, 따라서 또한 민주주의의 극복이 그 정치적 최종 목표인 당에 이 용어(사민주의)가 어울리지 않는다 하더라도 이 용어는 그만 좋다고 하자. 당은 발전하고 있는데, 명칭은 그대로 남아 있다(F. Engels, "Vorwort zur Broschüre "Internationales aus dem 'Volksstaat'(1871-75)"", MEW Bd. 22, p. 417-418.).

사민주의 및 공산주의 용어 사용에 관한 강 교수의 날조를 이것보다 더 명명백백하게 말해 주는 것이 있을까? 독일 사민당은 19세기 말 수정주의 논쟁 이래 수정주의와 개량주의가 강화되었고, 제1차 세계대전 때는 사회쇼비니즘으로 사회주의의 배반을 공식화했다. 사민당은 이념적으로, 이론적으로, 또 정치적으로 퇴보했고, 이런 당에 사민주의라는 용어가 다시 어울리게 된 역설적인 상황에 이른 것이다. 마르크스와 엥겔스가 자신들에게 사민주의란 딱지 붙이기를 거부하던 것과 똑같은 상황이 되었다. 이런 상태에서 레닌이 자신들을 더이상 사민주의자로 부르지 않고 공산주의자로 명명하자고 한 것은 마르크스주의를 훼손하는 것이 아니라 사민주의로부터 마르크스주의의 원칙을 지키기위한 것이었다. 레닌은 1917년《우리 혁명에서의 프롤레타리아트의 과제》(LW, Bd. 24)에서 바로 마르크스와 엥겔스의 이런 서술에 근거해서 명칭 변경을 제안한 것인데, 마르크스와 엥겔스가 원래 명명하고자 했던 공산주의자 명칭을 다시 끌어낸 것이 무슨 마르크스주의의 훼손인가?

독일 사민당의 수정주의와 개량주의는 사실 수정주의 논쟁 이전부터, 즉 마르크스와 엥겔스의 생존 때에도 기회가 되는 대로 불거져 나온 문제였다. 라쌀레주의에서 비롯되는 독일 노동운동의 개량주의 전통을 생각하면 얼마든 이해할 수 있는 문제다. 강 교수의 주장과는 달리 마르크스 및 엥겔스와 사민당의 지도부 간에는 마르크스주의 원칙과 강령 그리고 실천 문제와 관련해서 긴장과 충돌이 일어날 수밖에 없었다. 앞서 언급한 고타 강령 초안에 대한 마르크스의 비판도 그런 맥락에서 제기된 것이었다. 1875년 마르크스의 이 글은 1891년 엥겔스에 의해 처음 발표되었는데, 그것도 사민당 지도부의 반대를 무릅쓰고 그랬던 것이고, 사민당의 이론적 권위자인 엥겔스조차 당 지도부를 고려해 문장을 순화하지 않을 수 없었다고 한다. 이런 경우가 비단 《고타 강령 비판》만의 문제가 아니었다. 엥겔스 사후 이 경향은 강화되었고, 자본주의의 역사적 변화와 함께 수정주의 논쟁으로 발전했으며, 제2차세계대전 종전 후에는 개량주의 노선이 가속화되었다. 급기야 1959년 고데스베르크 강령을 통해 독일 사민당은 최종적으로 마르크스주의의 흔적을 완전하게 지워 버렸다. 독점자본이 지배하는 자본주의 시장경제를 지향하면서도 사민당은 사회주의라는 수사를 버리지 않는데, 이게 마르크스주의와 사회주의에 대한 기만임은 두말할 것도 없다. 한심하게도 이런 사민주의를 강 교수는 마르크스주의의 전형이라고 강변하는 것이다.

(3) 생산적 논쟁을 위한 제안?

강 교수는 이론적 쟁점들을 피해가면서 실천의 영역으로 가면 자신의 주장이 맞는다는 것을 알게 될 것이라고 누차 강조한다. 말하자면 실천 영역은 강 교수에게 수정주의를 승인하는 특권 영역인 것처럼 보인다. 이를 비판하는 좌파 논자들에게 강 교수는 단순한 부정의 전술은 안 된다고 단호하게 말하면서 당신의 전술이 무엇인지, 그게 현실에서 어떻게 타당한지 밝혀보라고 요구한다. 실천의 영역으로 오면 강 교수에게 무슨 뾰족한 수가 생기나? 강 교수에 따르면 높은 추상 수준(이른바 하늘)에서는 이론적 차이가 없고 다 같은 마르크스주의자인데 실천 영역(땅)에서 구체적인 전술을 놓고 대립하게 된다고 한다. 그러나 이것도 강 교수가 잘못 이해하는 것이다. 이론은 현실을 추상화한 것이고, 현실의 쟁점은 이론적 추상에 반영될 수밖에 없다. 사민주의자와 공산주의자가 추상적 이론 수준에서 동일한 마르크스주의 이론을 공유하는 것은 아니다. 이론적 수준에서도, 정치적 수준에서도, 실천적 영역에서도 양자 간에는 화해할 수 없는 대립이 존재한다.

강 교수가 단순한 부정과 긍정적 이해가 결합된 입체적(?) 전술이라며 자부심을 갖고 제출하는 과제를 보면, 임금체계, 월급제, 산별노조의 교섭 정책, 주간 연속 2교대제 등이다. 이 투쟁 과제들은 모두 개혁 투쟁에 속하는 것들이고 그 자체로는 자본주의의 변혁과는 관계없는 것이다. 자신을 비판하는 논자들에게 강 교수는 부정의 전술로는 안 된다며 긍정적 이해가 결여되었다고 반박하면서 정작 강 교수 자신에게 부정의 전술은 완전하게 결여되어 있다. 결국 앞서 이론적 논쟁에서 제기되었던 문제가 실천 영역에서도 그대로 재현될 뿐이다. 이론 영역에서 강 교수는 변증법에서 부정의 측면을 제거하고 자본주의의 변혁은 곧 자본주의의 개혁이라는 궤변을 늘어놓았는데, 이제 실천 영역에서 그는 똑같이 부정의 전술을 전면 부정하고 긍정적 이해의 전술만을 강요하고 있다. 이론 영역에서나 실천 영역에서나 강 교수는 일관된 수정주의자, 사민주의자인데, 수정주의·사민주의라는 비판에 그렇게 예민하게 반발하는 이유를 정말 모르겠다.

그러면 실천 영역에서의 내 전술은 뭐냐며 정체를 밝히라고 강 교수는 몰아세우는데, 이런 문제까지 논의할 지면도, 시간도 나에게는 없다. 그렇게 궁금하다면 기왕에 발간된 내 책이나 발표된 글들을 참조하면 될 것이다. 그래도 〈미디어오늘〉과 이 논쟁의 독자들을 위해서 굳이 글 하나는 밝혀두고 싶다. 내가 단병호 위원장 시기 민주노총의 '노동운동발전전략위원회'(2000년)에 참가해서 작업했던 결과물인데, 거기서 개혁과 변혁의 변증법을 현대 자본주의와 한국 사회에서 어떻게 적용하고 있는지 들여다볼 수 있을 것이다(김성구, "한국에

서 사회화와 이행의 경제전략", 김성구 편,《사회화와 공공부문의 정치경제학》, 문화과
학사, 2003에 수록).

지금까지의 논쟁을 끝내기 위해서는 비판에 대한 답변을 회피하고 있는 강
교수에 대해 다시 한 번 답변을 요구하는 것이 필요하다. 또 새롭게 제기된 문제
들에 대해서도 답변이 필요하다. 답변을 피할 수 없게 내가 제기한 비판과 질문
을 다음처럼 정리해 놓도록 한다. 강 교수의 이해력 수준을 감안하여 초등학생
(!)도 이해할 수 있게 정리한 것이다. 단답형으로 대답할 수 있는 질문들이다. 이
질문들에 답변하지 않겠다면, 강 교수가 더 이상의 반론 글도 쓰지 않았으면 좋
겠다.

① 마르크스가 자본주의의 '개혁'을 위해 《자본》을 발간했다고 주장하는데, 이를
   뒷받침하는 마르크스의 문헌은 무엇인가?
② 개혁과 변혁이 같은 말인가?
③ 《자본》 제3권 제47장에서 마르크스가 봉건제를 착취 사회로 설명한 것이 틀린
   것인가?
④ 프롤레타리아 독재 개념을 만든 것이 마르크스가 아니라 레닌과 볼셰비키인가?
⑤ 공산주의가 아니라 사민주의가 원조 마르크스주의라는 주장을 뒷받침하는
   마르크스의 문헌은 무엇인가?

_ 김성구, 2013. 8. 19.

6. 김성구 교수와의 논쟁을 끝내면서

이제 김 교수가 나의 '오늘 《자본》을 읽다' 연재에 대해 "수정주의적"이라는 비판을 제기하면서 시작된 이 글을 마무리해야 할 때가 된 것이 아닐까 싶다. 지난번 글에서 나는 독자들을 위해 보다 생산적 논쟁을 위한 내용을 제안했으나 김교수께서 거부의 의사를 밝혀 왔기 때문이다. 사실 김 교수와의 글은 이제 밑천이 거의 드러난 막바지에 다다른 것 같다. 독자들을 위해 우리 두 사람의 글에서 얻을 수 있는 것이 무엇인지 정리해 보고자 한다.

(1) 김 교수의 질문에 대하여

김 교수는 친절하게(!) 글의 말미에 자신이 묻고 싶은 사항을 요약해 두었다. 우선 이들 질문에 대한 답글을 드리고자 한다. 독자들을 위하여 김 교수의 질문을 답변의 내용에 맞추어 나누어 보았다. 질문은 모두 5가지이다.

① 마르크스가 자본주의의 개혁을 위해 《자본》을 발간했다고 주장하는데, 이를 뒷받침하는 마르크스의 문헌은 무엇인가?

② 개혁과 변혁이 같은 말인가?

아무래도 김 교수는 변혁과 개혁이라는 용어에 신경이 집중되는 모양이다. 사실 내가 이들 용어를 의식적으로 구별하지 않는 이유는 용어와 관련된 선입견(혹은 예단)을 피하기 위해서이다. 볼셰비키 이후 노선 논쟁과 관련된 용어들이 "딱지붙이기"에 사용되면서 그것이 사람들에게 마르크스의 얘기를 곧바로 이해하는 것을 가로막는다는 것을 알고 있기 때문이다. 마르크스가 《자본》에서 사회주의라는 용어를 한 번도 사용하지 않고 김 교수가 인용하고 있는 엥겔스의 1895년 글에서 엥겔스가 사민주의 단어에 거부감을 표현한 것(이 부분에 대한 자세한 답변은 뒤에서 말하겠다)도 바로 이런 문제와 관련이 있다.

어쨌든 용어의 문제는 뒤에서 다시 얘기하기로 하고 김 교수의 질문의 핵심을 추측해 본다면 내가 말하는 "긍정적 이해"와 김 교수가 말하는 "부정"은 자본주의와 자본주의 이후의 사회가 연속되느냐 단절되느냐의 문제일 것으로 이해된다. 김 교수는 앞서의 글에서 이 문제를 이렇게 정리하고 있다.

> 강 교수는 에필로그에서 자본주의 이후 사회가 소유의 사회화와 개인적 소유의 결합 위에 입각해 있다고 하지만, 변증법과 유물론을 말하는 어디서도 자본주의적 생산관계와 소유관계의 폐지를 말하고 있지 않다. 긍정과 존속, 성숙만이 강조되어 있다. (김성구, "강신준 교수의 반론에 대한 재반론", 〈미디어오늘〉, 2013. 8. 4.)

그런데 김 교수는 내 글을 제대로 읽어 보지 않은 모양이다. 정말 내가 그렇게 부정의 측면은 얘기하지도 않고 긍정적 이해만을 강조했는가? 나는 자본주의의 연속과 단절의 두 측면을 동시에 이해하는 것이 변증법의 사고방식이라는 점을 내 글의 곳곳에서 얘기하고 있다. 몇 군데만 인용해 드리겠다. 먼저 긍정적 이해와 관련된 구절이다(김 교수의 질문에 따르자면 개혁에 대한 문헌적 근거가 될 것이다).

> 감독과 지휘의 노동은 … 모든 결합적 생산방식에서는 반드시 수행되어야 하는 생산적 노동이다(《자본》 3권, 503 · 504쪽).

자본주의 이후 사회에서도 경영자의 기능은 그대로 남는다는 것이다. 볼셰비키와 크메르 루주가 이들 경영자를 "타도"해 버림으로써 빚어진 폐해는 오늘날 잘 알려져 있다. 자본주의 이후 사회는 자본주의가 이룩한 것을 없애는 것이 아니라 그 위에 건설된다는 것이 마르크스의 명제였던 것이다. 그래서 마르크스는 이런 얘기도 하고 있다.

> 이 부정(자본주의의 부정을 가리킨다—강신준)은 자본주의의 획득물[즉 협업과 토지 공유 및 노동 자체에 의해 생산되는 생산수단의 공유]을 … 기초로 하는 개인적 소유를 만들어 낸다(《자본》 1권, 1022쪽).

그러나 물론 자본주의가 이룩한 모든 것이 "그대로" 남는 것은 아니다. 그것들은 "부정"을 거쳐 질적으로 변화된 형태로 남는 것이다. 변증법적 지양의 의미가 바로 그것이다. 나는 내 연재 곳곳에서 그것들을 얘기하고 있다(김 교수의 질문에 따르자면 변혁에 대한 내 얘기이다).

> 자본주의를 극복한다는 것은 바로 이 자본의 사회적 관계를 극복한다는 의미입니다. … 따라서 이 관계는 노동자가 스스로 이 관계를 끝내야만 하는 것입니다. … 노동자가 타인을 위한 노동을 멈추는 것, 그것이 바로 자본주의의 미래를 여는 것입니다. 그래서 노동운동이 자신의 이런 과제를 인식하고 직접 주도하지 않는 한 노동의 해방은 물론 자본주의의 미래도 없습니다(연재(18) '본원적 축적').

> 이것은 우리들에게 《자본》의 이정표에 해당하는 물음, 즉 사회변혁의 목표가 무엇인지에 대한 물음을 상기시킵니다. 그것은 궁극적으로 노동자의 여가 시간을 타인을 위한 노동시간으로 바꾼 생산관계에 있습니다(연재(29) 삼위일체정식).

나는 이처럼 사회변혁의 목표가 사회적 관계, 즉 생산관계의 변혁에 있다는 것을 분명히 밝히는 것은 물론 그 변혁의 구체적인 방법과 내용에 대해서도 노동운동의 주체적 실천과 관련해 밝히고 있다. 그런데 김 교수는 내가 이런 부정에 대해서는 아무런 얘기도 하지 않는 것처럼 얘기한다. 애초 나는 두 번째 연재에서 내 얘기의 길잡이가 혁명의 동력과 혁명의 실패 원인이라는 점을 밝혔는데 그 혁명이 자본주의의 부정이 아니면 무엇으로 이해되어야 하는 것일까? 《자본》이 자본주의를 넘어서는 대안을 얘기하는 책이란 것은 누구나 이미 아는 얘기가 아닌가? 그런데 《자본》을 얘기하는 사람이 자본주의의 "부정"을 아예 생각하지 않는다는 생각을 김 교수는 어떻게 하게 된 것일까? 지난 글에서도 여러 번 지적했듯이 "자신이 보고 싶은 것만을 보려는" 사람에게는 다른 사람의 얘기가 눈에 들어오지 않기 때문이다. 그것은 결론에만 조바심을 내는 성향 때문이고 내가 우리 노동운동에서 발견한 전술적 문제점이 바로 이것이며 그런 맥락에서 나는 《자본》의 해설에서 "긍정적 이해" 부분을 독자들이 놓치지 않도록 강조하고 있는 것이다. 자본주의를 극복하기 위해서는 자본주의의 긍정적 측면을 올바로 보아야만 그것을 뛰어넘을 "부정적 대안"이 만들어지기 때문이다.

김 교수의 세 번째 질문은 다음과 같다.

③ 《자본》 제3권 제47장에서 마르크스가 봉건제를 착취 사회로 설명한 것이 틀린 것인가?

김 교수는 《자본》의 이 부분에서 여전히 "자신이 보고 싶은 부분만"을 본 것 같다. 첫 번째 답글에서 이미 설명했지만 독자들의 이해를 돕기 위해 바로 제3권 47장에 있는 부분으로 답을 드리고자 한다. 봉건제는 자급자족 체계가 거의 완벽하게 작동하던 초기 봉건제에서 교환이 점차 확대되는 후기 봉건제로 발전한다. 전자에는 지대가 노동지대였고 이 시기는 경제적 분석이 별로 필요 없는 "투명한 생산관계"가 지배적이었다. 그래서 마르크스는 "여기에서는 잉여가치와 타인의 불불노동과의 일치가 전혀 분석될 필요가 없다"(제3권, 1056쪽)고 말한다. 가난의 원인에 대한 경제구조의 분석이 무의미하다는 것이다.

봉건제가 후기로 접어들면 교환이 점차 확대되면서 영주는 자신의 몫을 늘리기 위해 노동지대를 생산물지대로 바꾸고(직영지와 농민 보유지의 생산성 격차 때문이었다) 한걸음 더 나아가 화폐지대로 바꾸는데 여기에서는 다음과 같은 상태가 나타나게 된다.

이런 지대 형태에서는 잉여노동을 나타내는 생산물지대가 농민 가족의 초과 노동 전체를 꼭 탈취한다고는 할 수 없다. 오히려 생산자에게는 초과 노동 시간 중에서 그 생산물을 자신에게 귀속시킬 수 있는 노동시간을 벌 수 있는 여지가 노동지대의 경우에 비해 더 많아진다(3권, 1061쪽). … 이런 농민들은 약간의 자산을 모아서 스스로 미래의 자본가로 전화할 수 있는 가능성이 점차 늘어났다(제3권, 1065쪽).

이것이 봉건제 후기 부농의 발생 과정에 대한 마르크스 자신의 서술이다. 이것은 개미와 베짱이의 우화가 공동체 단위에서 작동하던 것이 드디어 개인적 단위로 작동하기 시작한 것을 알려준다. 이들 부농의 등장을 농부 자신들의 노동 이외에 다른 무슨 요인으로 설명할 수 있겠는가? 자급적 구조하에서 자신의 생산물을 자신이 직접 취득하는 상태가 아니면 이것을 설명할 방법이 어디에 있겠는가? 마르크스는 다른 곳에서도 이런 자급적 생산구조를 "개인의 자기 노동에 기초한 분산적인 사적 소유"(제1권, 1022쪽)(화폐지대 단계가 되면 농민은 자가 잉여를 영주에게 지불하고 해방 농노가 되고 토지에 대한 사적 소유자가 된다), 혹은 "열심히 자력으로 일해서 얻고 벌어들인 소유권 … 부르주아 소유권에 선행했던 소시민적, 소농민적 소유권"(《공산당 선언》 Ⅱ. 프롤레타리아와 공산주의자들)이라고 설명하고 있다. 모두 자신의 노동과 생산물의 소유가 일치하는 자급적 생산구조, 즉 개미와 베짱이의 우화가 통용되는 구조를 가리키는 말이다. 똑같은 곳에서 김 교수에게 이것이 왜 보이지 않는지 참으로 안타깝다.

김 교수의 마지막 두 질문은 이제부터 내가 따로 답해야 할 문제와 관련되어 있다. 그것은 김 교수께서 사용한 딱지에 대한 나의 두 번째 답글과 관련된 것인데 그 질문들은 다음과 같다.

④ 프롤레타리아 독재 개념을 만든 것이 마르크스가 아니라 레닌과 볼셰비키인가?

⑤ 공산주의가 아니라 사민주의가 원조 마르크스주의라는 주장을 뒷받침하는 마르크스의 문헌은 무엇인가?

(2) 사민주의 딱지의 문제에 대하여

나는 두 번째 답글에서 개량주의, 수정주의, 사민주의 딱지들에 대한 역사적 사실을 설명하고 이들이 제각기 구분된다고 분명하게 설명했다. 그런데 김 교수는 이들 역사적 사실에 대하여 아무런 추가적인 설명도 없이 '무조건(?) 수정주의, 개량주의, 사민주의는 하나의 동일한 정치적 조류인 것이다'라고 선언하고 있다. 내가 분명히 이들 노선 논쟁의 역사적 근거를 설명했음에도 불구하고 김 교수는 왜 이것들을 동일한 조류라고 부르는 것일까? 그것은 아마도 김 교수가 이것들을 노선 논쟁의 실체가 아니라 단순한 딱지로 이해했기 때문으로 보인다. 볼셰비키가 이들 딱지를 구분 없이 마구 사용했기 때문이다. 나는 이들 딱지가 사민주의 딱지를 기점으로 사용되었고 그 딱지는 민주주의 문제를 둘러싼 논쟁에서 볼셰비키에 의해 시작된 것이라는 점을 지적했다. 따라서 이들 문제는 결국 사민주의 딱지의 문제로 귀결된다.

이런 나의 지적에 대하여 김 교수께서는 1895년 엥겔스의 글을 인용하면서 마르크스와 엥겔스가 이미 사민주의와는 선을 긋고 있었다고 주장하고 있다. 독자들의 이해를 돕기 위해 김 교수가 인용한 글을 조금씩 나누어 보도록 하자. 그가 인용한 엥겔스 글의 첫 구절은 이렇게 되어 있다.

이 모든 글(1871~75년 사이 〈인민 국가〉에 발표된 논문들)에서, 특히 마지막 글에서 내가 항상 나 자신을 사민주의자가 아니라 공산주의자로 명명하고 있음을 사람들은 인지할 것이다.

김 교수는 아마 이 구절을 보고 엥겔스가 사민주의에 비판적이었다고 생각한 모양이다. 그런데 바로 그 다음 구절은 이렇게 되어 있다.

이는 당시 여러 국가들에서 <u>사회를 통한 전체 생산수단의 인수를 결코 자신의 깃발에 써 놓지 않던 사람들</u>이 스스로를 사민주의자라고 명명했기 때문이었다. ··· 독일에서는 라쌀레 추종자들이 스스로를 사민주의자라고 불렀다. ··· 따라서 마르크스와 나로서는 <u>우리의 특별한 관점을 특징짓기 위해</u> 그런 분명치 못한 표현을 결코 선택할 수 없었다.

인용구에서 밑줄은 내가 그은 것이다. 이것은 엥겔스가 자신이 사민주의자가 아니라고 한 "이유"를 설명한 것이다. 지난 글에서 나는 김 교수가 결론에만 조바심을 내면서 자신이 보고 싶은 것만을 보는 경향을 우려하여 "한국말은 끝까지 들어보아야 한다"는 우스갯말을 충고로 드렸는데 김 교수는 한국말뿐만 아니라 엥겔스의 말도 "끝까지 들어보아야 한다"라는 교훈을 독자들에게 보여주기 위해 몸소 이런 수고를 하신 모양이다.

이 글에서 분명히 알 수 있는 것은 엥겔스는 단순히 사민주의를 부정한 것이 아니라 "생산수단의 사회화에 반대하는" 사람들이 사민주의라는 깃발을 사용하는 것에 반대한 것이다. 하지만 김 교수는 이 글에서 "내용"은 보지 않고 자신이 보고 싶던 "딱지"만 보고 엥겔스가 사민주의 딱지에 찬성한 것이라고 생각한 것이다(딱지는 볼셰비키가 만들어낸 것이기 때문에 처음부터 엥겔스와는 무관하다). 김 교수가 지난번 내 글을 조금이라도 주의를 기울여서 읽어 보았으면 이런 착각은 하지 않을 수 있었다. 김 교수의 착각을 일깨워 드리기 위해 지난번 내 글을 다시 한 번 상기시켜 드린다.

> 1869년에 만들어진 최초의 마르크스주의 조직이었던 독일의 아이제나허 분파의 명칭이 사회민주노동당이었고 이후 마르크스를 따르던 조직은 모두 이 명칭을 뒤따랐다. … 볼셰비키 자신이 속해 있던 정치조직의 명칭도 러시아사회민주노동당이었다(강신준의 두 번째 답글).

당장 내가 쓴 글과 엥겔스의 글 사이에 이상한 점이 보이지 않는가? 1869년에 창립한 독일의 아이제나허 분파는 마르크스를 추종하는 조직으로 마르크스와 엥겔스가 설립 과정에 깊숙하게 개입했던 조직이다. 그런데 이 조직의 공식 명칭이 Sozialdemokratische Arbeiterpartei(SDAP, 사회민주노동당)였다. 김 교수는 사민당의 명칭이 1875년 고타 대회의 명칭을 마르크스와 엥겔스가 "마지못해 받아들였다"고 주장하지만 이것은 사실을 잘못 알고 있는 것이다. 1869년 조직은 라살레 분파가 주도권을 쥐고 있던 노동조직(ADAV, 전국독일노동자연맹)으로부터 마르크스를 따르기 위해 분리된 조직이라서 그들이 그 명칭을 "마지못해" 받아들일 이유가 전혀 없었다. 이후 제2인터내셔널에서도 드러나듯이 당시 마르크스주의를 표방하는 노동자 조직은 거의 대부분이 사민당의 명칭을 사용하고 있다. 그리고 무엇보다도 볼셰비키 자신이 만든 조직의 이름도 러시아 사회민주노동당이다. 볼셰비키는 1898년에 이 정당을 창당하는데 그것은 김 교수가 인용한 1895년 엥겔스의 글 이후이다. 그러니 참으로 이상하지 않은가? 엥겔스까지 그렇게 반대하는 사민주의라는 딱지를 이들은 왜 처음부터 자신들의 이마에 붙였던 것일까?

1869년 이후 유럽 각국의 노동운동 지도자들은 런던의 마르크스 · 엥겔스와 끊임없는 교류를 했다. 그런데 이들 모두가 사회민주당이라는 이름을 사용했다. 만일 김 교수가 생각한 것처럼 엥겔스가 정말 사민주의 자체를 반대했다면 엥겔스는 참으로 이상한 사람이 아닌가? 최초로 자신들이 직접 개입한 조직의 이름을 사민당으로 용인하고 이후 자신들의 자문을 받는 모든 조직들의 이름을 사민당으로 용인한 까닭은 도대체 무엇이란 말인가?

이 문제를 이해하기 위한 단서는 지난번 내가 소개한 노선 논쟁의 배경에 있다. 노동운동이 합법화되고 양적으로 팽창하면서 발생한 문제인 것이다. 위에서 언급한 아이제나허 분파는 1875년 고타에서 자신들이 원래 떨어져 나왔던 라살레 분파(이 분파는 위의 ADAV 명칭에서 보듯이 원래 사민주의라는 명칭을 사용하지 않았다)와 다시 통합하여 독일사민당을 설립했다. 당연히 마르크스와 엥겔스를 충분히 이해하지 못한 사람들도 사민당의 깃발 아래로 들어왔다. 라쌀레 자신도 마르크스를 함부로 인용하다가 마르크스가 자신을 오용하지 말라고 주의를 주었을 정도이니 말이다. 마르크스가 "나는 마르크주의자가 아니다"라고 했던 얘기와 《자본》 안에 사회주의라는 단어가 한 번도 나오지 않는 까닭도 모두 엥겔스가 경계했던 바 "자신들의 특별한 관점"을 이해하지 못하는 사람들이 용어에 현혹되는 일이 없도록 하기 위한 것이었다. 모두 마르크스가 대중화되면서 발생한 문제이며 대중화를 위해서는 어느 정도 불가피한 일이기도 했다. 그래서 사실 엥겔스의 이 글은 사민주의 딱지를 옹호하는 글이 아니라 오히려 그런 딱지를 함부로 쓰지 말라는 경고의 의미를 담고 있는 것이다. 생산의 사회화라는 "사민주의의 내용"은 모른 채로 함부로 "사민주의"라는 명칭을 쓰지 말라는 뜻인 것이다.

김 교수는 자신의 결론에만 조바심을 내면서 엥겔스의 글을 "끝까지" 읽어보지 않은 채 거두절미해버렸던 것이다. 김 교수의 착각을 일깨워 드리기 위해 조금 더 부연 설명을 드리면 김 교수가 비판의 대상으로 삼고 있는 독일 사민당은 1959년에야 "생산의 사회화" 구절을 자신의 강령에서 제외시킨다. 그 이전까지는 이 구절을 강령에서 지키고 있었던 것이다. 즉 독일 사민당은 엥겔스가 비판하던 사민주의자들과는 상관이 없었던 것이다. 이런 사정은 스웨덴이나 여타의 다른 사민당의 경우에도 그대로 적용된다. 볼셰비키와 대립과 냉전이 격화되기 전 이들 사민당은 모두 생산수단의 사회화를 강령으로 내세우고 있었고 따라서 엥겔스가 비판하던 사민주의와는 무관한 사민당들이었다. 엥겔스가 위의 글에서 문제로 삼은 것이 사민주의가 아니라 "생산의 사회화"라는 사민주의의 "내용"이었던 것을 알 수 있는 것이다. 이것을 사민주의 딱지로 둔갑시킨 것은 물론 볼셰비키들이었고 김 교수는 이들을 그대로 답습한 것으로 보인다.

지난 글에서도 말했지만 사민주의라는 딱지는 마르크스와 엥겔스가 살던 시기에는 없던 것이며 볼셰비키가 나중에 만들어 낸 것일 뿐이다. 그래서 김 교수가 정작 처음부터 의문을 가졌어야 할 부분은 내가 위에서 지적했듯이 도대체 볼셰비키는 나중에 자신들이 그렇게 반대한 사민주의라는 이름을 왜 처음부터 자신들의 이마에 스스로 붙였을까 하는 점이다. 결국 김 교수는 한국말뿐만 아니라 "엥겔스의 글도(사실은 마르크스의 글과 마르크스에 대한 나의 해석도 포함시키고 싶다) 끝까지 읽어 보아야 한다"는 교훈을 반면교사를 통해 몸소 남겨 주었다.

한편 4번의 질문은 아직 답이 이루어지지 않았다. 김 교수는 이렇게 말한다.

이건 강 교수가 논쟁을 하자는 게 아니라 논쟁의 먹잇감이 되겠다고 자청하며 달려드는 거나 다를 바 없는 것이다. 주지하다시피 프롤레타리아 독재는 마르크스의 국가론의 핵심적 부분이고 자본주의로부터 공산주의로의 이행기의 국가 형태를 말한다. 마르크스는 1848년 《공산당 선언》에서도 혁명적 독재의 과제를 선언했고, 특히 프랑스혁명에 관한 3부작 저작에서 이 개념을 구체적으로 발전시켰으며, 1875년 《고타 강령 비판》에서 다음처럼 명시적으로 서술하고 있다.

그런데 김 교수께서는 별로 길지도 않은 《공산당 선언》에서 다음 구절은 제대로 읽어 보지 않은 모양이다.

우리는 앞에서 노동자 혁명의 첫걸음은 프롤레타리아계급을 지배계급으로 승격시키고 <u>민주주의를 쟁취하는 것</u>임을 이미 보았다. … 모든 생산이 연합된 개인들의 수중에 집중된다면 … 프롤레타리아계급은 … 한 계급으로서 가지는 <u>자신의 고유한 지배권도 폐지</u>할 것이다(박영호 역, 《공산당 선언 새로 읽기》, 지만지, 2012, 172 · 174쪽).

인용구에서 밑줄은 내가 그은 것이다. 민주적인 선거에 의해 구성된 제헌의회를 해산한 볼셰비키의 독재가 마르크스의 이 구절과 어떻게 조화될 수 있을지 나는 궁금하기만 하다. 물론 깊이 논의하면 매우 복잡해지긴 하겠지만 여기에서 문제가 되는 민주주의와 독재는 쉽게 구분할 수 있는 것이 아닐까? 민주적인 선거를 했는데(더구나 볼셰비키 스스로가 주도한 선거였다), 선거 결과를 무시했다면 그것을 독재라는 말 이외에 무엇으로 부를 수 있겠는가? 그리고 이 둘을 어떻게 같은 것이라고 부를 수 있겠는가? 마르크스가 생각한 프롤레타리아 독재는

"개인의 독재가 아니라 계급의 독재를 표현한 것으로 … 통치 형태가 아니라 프롤레타리아가 정치권력을 잡았을 때 어디서나 반드시 거쳐야만 하는 상태를 가리킨다."(카를 카우츠키 저·강신준 역,《프롤레타리아 독재》, 한길사, 2006, 56쪽, 밑줄-강신준)

라고 카우츠키는 볼셰비키들에게 얘기해 주고 있다. 물론 사람은 보고 싶은 것만 보는 경향이 있으므로 김 교수가 같은 구절을 다르게 이해하는 것은 충분히 가능한 일이다. 단지 주의해야 할 점은 그것이 사물의 전부가 아니라는 것을 미리 인식하는 일이다. 결론에 조바심을 내면서 마르크스나 엥겔스의 글 가운데 "자신이 보고 싶은 것"을 발견했다고 해서 곧바로 결론을 이끌어낼 것이 아니라 전체 그림을 보면서 맥락을 차분히 이해하는 것이 마르크스가 노동계급에 간절하게 기대했던 과학적 태도가 아닐까 싶다.

이상으로 김 교수께서 친절하게 요약해서 정리한 질문들에는 모두 답변을 한 것 같다. 혹시 독자들께서 조금 부족하다고 느끼는 부분도 있겠지만 지나치게 지면을 키울 수 없어 필요한 핵심 부분만을 얘기한 것이니 이해를 구한다.

(3) 생산적 논쟁을 위한 제안과 관련하여

나는 두 번째 답글에서 김 교수에게 두 가지 제안을 드렸다. 하나는 딱지에 대한 김 교수의 취향을 변호하려면 그 딱지의 원조인 볼셰비키와 김 교수의 관련을 밝혀 주는 것이 필요하지 않겠느냐는 것이었다. 그런데 김 교수는 여기에 대해 매우 애매한 답변을 하고 있다. 김 교수는 먼저 이렇게 말하고 있다.

> 그러면 상대를 사민주의라고 비판하는 자는 강 교수에 따르면 볼셰비키가 되고 나도 볼셰비키가 아니냐며 의심의 눈초리를 보내고 있다. 사민주의 쟁점을 빙자해서 볼셰비키라는 딱지로 딱지 붙이기 놀음을 하고 있는 것은 강 교수 자신이 아닌가?

내가 "의심"의 눈초리를 보내고 있다고 느꼈다면 김 교수는 볼셰비키의 주장에 동조하지 않는다는 것일까? 그런데 프롤레타리아 독재 개념을 논의하면서 김 교수가 문헌적 근거로 엥겔스를 인용하고 프롤레타리아 독재를 둘러싼 카우츠키와 레닌의 논쟁에서 레닌의 견해를 옹호하는 입장에 서 있는 것을 보면 다시 그가 볼셰비키의 주장에 동조하고 있는 듯한 느낌을 받는다. 하지만 김 교수는 어디에서도 볼셰비키, 혹은 레닌에 대한 입장을 명시적으로 밝히지 않고 있다. 프롤레타리아 독재 논쟁은 볼셰비키와 카우츠키 사이에서 벌어진 것이고 이 논쟁에서 나는 카우츠키의 견해를 지지하고 있다. 그래서 여기에 대해 비판을 하려면 당연히 김 교수는 일찍이 그 논쟁의 반대편에 섰던 볼셰비키의 입장과 자신이 어떤 관계에 있는지를 밝히는 것이 맞지 않을까? 스스로 볼셰비키에는 동조하지 않으면서 막상은 볼셰비키의 주장을 그대로 따르고 있는 것은 자신의 정체성을 숨기는 떳떳하지 못한 일이 아닐까?

그런데 혹시 다음 기회에라도 마음이 바뀌어 볼셰비키와의 관계를 밝힐 생각이라면 논쟁의 핵심 쟁점이 민주주의 문제라는 점을 잊지 말도록 상기시켜 드리고자 한다. 볼셰비키에 동조한다면 민주주의를 반대하고 독재를 지지한다는 것을 밝혀야 한다는 말이다. 그것이 바로 이 논쟁에서 일관되었던 볼셰비키의 입장이었기 때문이다. 참고로 한 가지 덧붙인다면 볼셰비키가 의회를 해산했을 때 당시 마르크스주의 진영의 모든 정파의 대표들은 볼셰비키가 마르크스를 배반했다는 점을 적시했다. 우파의 베른슈타인, 중앙파의 카우츠키, 좌파의 로자 룩셈부르크가 바로 그들이다. 당시의 마르크스주의 진영에서는 독재를 마르크스의 길이라고 생각한 사람은 아무도 없었던 것이다.

이 문제 외에 나는 논쟁의 생산적 성과를 위해, 그리고 김 교수 자신의 정당성을 강화해 주기 위해 김 교수께서 "부정"을 강조하는 입장에서 현재 유효한 실천적 수단을 좀 소개해달라고 제안했다. 이를 위해 나는 내가 "긍정적 이해"를 강조하는 배경을 먼저 설명해 주었다. 이에 대한 김 교수의 답변은 다음과 같다.

> 강 교수가 단순한 부정과 긍정적 이해가 결합된 입체적(?) 전술이라며 자부심을 갖고 제출하는 과제를 보면, 임금체계, 월급제, 산별노조의 교섭 정책, 주간 연속 2교대제 등이다. 이 투쟁 과제들은 모두 개혁 투쟁에 속하는 것이고 그 자체로는 자본주의의 변혁과는 관계없는 것이다. … 그러면 실천 영역에서의 내 전술은 뭐냐며 정체를 밝히라고 강 교수는 몰아세우는데, 이런 문제까지 논의할 지면도, 시간도 나에게는 없다.

밑줄은 내가 그은 것인데 그는 사실상 답변을 거부한 셈으로 이해된다. 그런데 이 글속에서 그는 현장의 실천적 과제에 대한 자신의 견해를 솔직하게 밝혀주고 있다. 내가 말한 실천적 과제들이 "모두 개혁 투쟁에 속하는 것"이고 "변혁과는 관계없는 것들"이라는 것이다. 이 말은 변혁에 치중하는 김 교수께서는 이런 과제들에 관심이 없다는 말로 들린다. 마르크스 해석에 대한 김 교수와 나의 견해 차이는 여기에서 분명하게 드러난 듯하다. 김 교수에게서 나오는 다른 관점에서 새로운 실천적 전술을 기대한 나의 희망은 아마도 성과가 없을 것 같다. 따라서 김 교수와 주고받는 글에서 생산적 성과가 나왔으면 하는 기대도 무망해진 것 같다.

그래서 독자들을 위해 김 교수와 나의 견해 차이가 갖는 의미를 설명해 드리는 것으로 이 글을 마칠까 한다. 원래 학술적 관점에서 《자본》 공부를 시작했고 그것이 빌미가 되어 우리나라에서 최초의 《자본》 번역에 개입하게 되었던 내가 어찌하여 김 교수로부터 근거 없는 딱지의 비판까지 받는 처지가 되었을까? 모든 것은 위에서 언급한 임금체계에서 시작되었다. 1990년대 초 우리 노동현장에는 신경영전략이 도입되었고 그것은 임금체계를 이용한 것이었다. 개별 노동자에게 평가를 통해서 별도의 임금을 더 얹어 주는 자본의 전략이었다(대우조선의 경우 호봉을 한 개 더 부여하는 방식이었다). 평가는 노동자들 사이의 경쟁을 부추겨 노동자들의 단결을 와해시킬 목적이었는데, 문제는 노동자들도 다른 노동자들보다 자신이 더 많은 임금을 받고 싶어 하는 성향을 가지고 있었다는 것이다.

많은 민주 노조들이 속절없이 와해되었다. 조합원들이 직접 파업을 결의하고도 평가를 빌미로 한 관리자들의 회유 전화에 파업에 참가하는 노동자가 하나도 없는 사태가 발생했다(대우조선의 사례). 포항제철 노조가 설립된 후 곧바로 해체되었고 골리앗 파업으로 우리나라 민주 노조 운동을 견인했던 현대중공업 노조가 민주노총에서 탈퇴했으며 다른 많은 사업장들에서도 노조 집행부가 크게 위축되는 결과가 나타났다. 어떤 대응이 필요했을까? 새로운 임금체계 반대 투쟁을 해야 했을까? 그러나 노동자들이 오히려 이 임금체계를 더 선호했다. 따라서 실질적인 방법은 자본가의 전술을 역이용하여 평가에 의한 임금 차별을 받아들이되 평가를 교섭의 의제로 삼는 일이었다. 개별적 이해를 집단적 이해로 뒤집는 것으로 소위 "임금체계 협약"을 체결하자는 것이었다. 실제로 독일의 금속노조는 이 전략을 이용하여 노동조합의 교섭력을 성공적으로 방어할 수 있었다. 하지만 이 전술에는 입체적인 인식이 필요하다. 자본이 자신의 이해를 관철하려는 전술 속에서 노동자의 이해를 관철시키는 방법을 찾는 것이기 때문이다. 《공산당 선언》의 다음 구절이 절실하게 떠오른 상황이었다. "부르주아 계급 스스로가 … 자신과 맞서 싸울 무기를 프롤레타리아 계급에게 넘겨준 것이다."(《공산당 선언》앞의 책, 153쪽)

그렇게 해서 만들어진 것이 "동일노동 동일임금" 원칙에 토대를 둔 임금체계였고 그것은 동시에 계급 단결의 범위를 확장하여 산별노조와 산별 교섭을 위한 토대로도 활용할 수 있는 것이었다. 이 임금체계는 금속연맹에서 적극적인 호응을 받긴 했으나 그것이 만들어진 1997년 말 발발한 IMF 경제 위기로 인한 대량 실업 문제로 불행히도 사실상 묻혀 버리고 말았다. 참고로 "동일노동 동일임금" 원칙은 고전파가 주장한 임금 원리이지만 마르크스가 《자본》에서 "생활 수단의 몫이 각자의 노동시간에 의해서만 결정된다고 가정해보자"(제1권, 142쪽)라고 하면서 자본주의 이후 사회의 임금 형태로 지목한 것이기도 하다 ("긍정적 이해"의 사례에 해당한다).

그런데 만일 이것이 개혁적 과제이고 변혁과는 거리가 먼 것이라서 여기에 아무런 대응도 하지 않으면 어떻게 될까? 우리 민주 노조 진영은 와해되거나 무력화되고 말 것이다. 그리고 그것은 실제로 상당 정도 그렇게 되었다. 혹시 반대 투쟁은 효과가 없었을까? 그것은 아무 것도 하지 않는 것을 의미한다. 기업별 노조 체계에서 자본가의 의지를 뛰어넘을 노동조합은 하나도 없고 그것은 우리 노동조합들의 경험이 말해주고 있다. 그런데 노동 조직이 이처럼 와해되고 나면 김 교수께서 꿈꾸는 변혁은 도대체 "누가" 하는 것일까?

자본주의의 모순과 본질은 산 위에 올라야만 정확히 보인다. 《자본》은 바로 그 작업의 결과물이다. 그런데 마르크스는 단지 산 위에서 그 본질을 인식하기 위해서만 이 작업을 수행했을까? 변혁을 산 위에서 "구상"하는 것은 가능하겠지만 막상 그것을 "실현"하기 위해서는 "산 아래"로 내려오지 않으면 안 된다. 그런데 산 위에서 단순해 보이는 본질은 실천의 현장에서는 무수히 많은 변수들과 차이들을 만나게 된다. 《자본》이 3천 쪽이 넘는 방대한 분량으로 된 것은 바로 이런 다양한 실천적 과제들을 최대한 담기 위한 것이었다고 나는 그것을 위의 임금체계에 실제로 적용한 것이다. 노동계급은 연대의 의식도 가지고 있지만 위의 예에서 보았듯이 개별화의 성향도 함께 가지고 있다. 그래서 입체적인 전술이 필요한 것이고 내가 고민한 문제들은 모두 거기에 연루된 것이다.

이들 산 아래의 과제들을 개혁의 과제로 치부하고 "나 몰라라"하는 것은 김 교수의 개인적인 취향이고 또한 자유일 것이다. 하지만 한 가지만 생각해 보았으면 한다. 마르크스는 산 아래의 현실을 바꾸기 위해 산 위에 올라간 것이지 산 위에 앉아 변혁의 그림을 그리기 위해《자본》을 쓰지는 않았으리라는 것이다. 그것이 마르크스를 읽는 나의 관점이기도 하다.

마지막으로 연구를 업으로 하는 학자로서 한 마디 충고를 드려야 할 말이 있다. 김 교수는 나에게 수없이 반복해서 내가 마르크스를 "날조"했다고 말하고 있다. 그의 글을 몇 구절 옮겨보면 다음과 같다.

강 교수는 마르크스 이론의 왜곡과 날조를 유감없이 드러내었다. … 강 교수가 입을 열 때마다, 글을 쓸 때마다 왜곡과 날조가 끊이지 않는다. 이 상습적인 날조를 어떻게 이해해야 하는 건지 … 강 교수의 이해력은 중학교 수준의 학생만도 못한 것이다 … 강 교수의 마르크스에 대한 날조는 계속된다. … 이론 영역에서나 실천 영역에서나 강 교수는 일관된 수정주의자인데….

날조란 "사실이 아닌 것을 사실인 것처럼 꾸민 것"을 가리킨다. 요컨대 거짓말인 것이다. 그런데 마르크스의 "사실"은 마르크스 자신만이 판단할 수 있을 것이다. 하지만 우리는 오늘날 마르크스를 직접 만날 길이 없다. 우리는 그를 글로만 만나고 따라서 그의 글을 "해석"할 수 있을 뿐이다. 사람은 자신이 보고 싶은 것을 보는 경향이 있어서 이런 해석은 사람마다 다를 수밖에 없고 실제로 마르크스의 해석은 하늘의 별 만큼이나 다양하고 많다. 마르크스를 둘러싼 김 교수와 나의 해석 차이는 두 사람 사이의 차이일 뿐 마르크스 자신과는 아무런 관련이 없다. 김 교수가 자신이 보고 싶은 것을 보는 것은 당연한 그의 권리이지만 내가 보고 싶은 것을 김 교수가 "날조"라고 하는 것은 김 교수가 금도를 넘어서는 일이다. 그것은 전적으로 나의 권리 영역이기 때문이다. 자신이 보고 싶어 하는 것을 보지 않는다고 상대를 "날조"로 몰아세울 권리를 김 교수는 어디에서 얻은 것일까? 다시 한 번 확인하지만 그것은 오로지 마르크스 자신만이 할 수 있는 것이다. 김 교수가 마르크스 자신은 아니지 않는가?

자신과 다른 해석에 대해서는 자신과의 견해 차이를 밝히는 것으로 충분할 것이다. 그리고 자신의 견해가 갖는 정당성을 충분히 소명하면 될 일이다. 민주적이고 자유로운 토론에서는 "차이"가 중요하고 그 차이의 "정당성"이 중요할 뿐이다. 그런데 김 교수는 이미 이런 정당성을 소명할 기회를 스스로 거부했다. 그렇다면 그것으로 모든 것이 충분한 상태가 된 것이 아닐까? 상대와의 차이를 밝히기 보다는 근거 없는 딱지로 자신의 견해를 강변하려는 김 교수의 태도는 과거 민주주의가 무시되던 야만의 사회나 시절에서 보던 것들이다. 우리는 바로 《자본》이 금서였던 시절을 통해서 이미 그런 경험을 겪었지 않은가?

(4) 글을 마치면서

김 교수가 처음 비판의 글을 올렸을 때 사실 나는 답글을 통해서 독자들에게 전하고 싶은 메시지가 따로 하나 있었다. 김 교수께서 내 제안을 거부하는 바람에 이제 글을 마쳐야 할 때가 되었으므로 독자들에게 그 메시지를 전해 드리고자 한다. 마르크스와 관련하여 독자들과 수강생들에게서 내가 가장 많이 받은 질문은 두 개의 마르크스에 대한 혼란이다. 하나는 소련의 붕괴로 역사의 뒤안길로 퇴장한 마르크스이고 다른 하나는 2008년 공황으로 다시 무덤에서 걸어 나온 마르크스이다. 이들 두 마르크스를 어떻게 이해해야 하느냐는 것이다. 사실 마르크스의 해석과 관련해 지금 당면한 가장 큰 문제가 이것이기도 하다. 이 문제의 열쇠는 소련의 볼셰비키와 마르크스와의 관련에 있다. 만일 양자를 같은 것으로 이해하면 후자의 마르크스는 곧 퇴장할 운명이 틀림없다. 볼셰비키가 걸어간 길이 실패했듯이 말이다. 하지만 내가 줄곧 얘기하고 있듯이 볼셰비키의 길이 마르크스의 길이 아니라고 이해한다면 후자의 마르크스는 21세기 공황의 막다른 골목에 처한 자본주의의 대안을 논의하는 디딤돌이 될 것이다. 나는 지금 바로 이 후자의 견해를 주장하는 것이고 이를 위해 볼셰비키와 마르크스의 차이점을 이해하는 데 도움이 될《프롤레타리아 독재》를 대중에게 소개한 것이다.

결국 내 견해는 지난 세기 동안 마르크스주의를 독점해 오던 볼셰비키의 마르크스주의(마르크스 레닌주의로 부른다)에서 볼셰비키의 잔재를 털어 내고 온전한 마르크스를 복원함으로써 자본주의를 극복할 21세기의 대안적 마르크스주의를 만들어 내자는 것이다. 특히 우리나라는 그동안 볼셰비키에 의해 오염된 마르크스주의의 지배를 받아왔다. 소련의 붕괴 이후 민주 노조 진영에서 노동 운동의 목표에 대한 논의가 급격히 자취를 감추어 버린 것은 이 점과 깊은 관련이 있다. 볼셰비키는 지난 70여 년 동안 자신이 내세운 마르크스의 이상과 그렇지 못한 자신의 현실 사이에서 많은 고민을 했고(민주주의와 생산력이 핵심 문제였다), 이 고민을 은폐하기 위해 자신의 정당성을 강변하는 경향을 보였다. 그래서 이들이 마르크스의 글을 임의로 발췌, 왜곡, 편향된 주석 등의 방법으로 오염시켜 온 것은 주지의 사실이다.

스탈린 치하에서 만들어진 마르크스 엥겔스 전집Marx Engels Werke(MEW)가 대표적인 것이며 이를 바로잡기 위한 것이 Marx Engels Gesamtausgbe (MEGA) 작업이다. MEGA는 문헌적 정본 작업으로 볼셰비키에 의한 오염을 털어 내고 마르크스를 본래의 모습으로 복원하는 작업으로 평가를 받고 있다. 내가 지난 2010년부터 어려운 조건을 감수하며 MEGA 한국어판 작업을 진행하고 있는 까닭도 바로 여기에 있다. 사실 나 자신도 그동안 이 오염에서 자유롭지 못했고 내가 우리나라에 처음 소개한《자본》도 바로 문제의 MEW판이다. MEGA는 우리나라에서 한 권도 소개된 적이 없고 이는 우리나라에서 볼셰비키의 오염 문제가 아직 본격적으로 논의된 적이 없다는 뜻이기도 하다.

볼셰비키는 자신의 정당성을 현실로 보여줄 수 없었기 때문에 자신들의 고민을 지적하는 견해들에 대하여 사민주의, 개량주의, 수정주의라는 딱지를 남발함으로써 정당성을 확보하려는 경향을 보여 왔는데 김 교수는 흡사 이들의 태도를 그대로 닮아 있다. 하지만 볼셰비키의 정당성은 결국 딱지가 아니라 그들의 현실에 의해 직접 폐기되지 않았던가? 그것이 역사의 심판이라는 것이다.

나는 "퇴장한 마르크스"가 아니라 "돌아온 마르크스"에 주목하고 여기에서 미래의 대안을 찾아내기 위해 노력하는 것이 지금 우리가 마르크스를 논의하는 의미가 되어야 한다고 생각한다. 그래서 나는 두 가지가 필요하다고 생각한다. 하나는 마르크스주의에서 볼셰비키의 잔재를 털어 내고 "돌아온 마르크스"를 찾아 나가는 일이고 다른 하나는 그것이 현재의 실천을 고민하는 것에서 출발해야 한다는 것이다. 지금 내가 하고 있는 모든 일이 바로 그런 것들이다. 이 것이 내 입장이고 현재로써는 김 교수와 나는 이 두 가지 점에서 소통의 여지를 가지고 있는 것 같지 않다. 그런 점에서 김 교수와의 얘기는 이제 이쯤에서 마무리 지어야 할 것으로 보인다. 마무리를 하느라 글이 많이 길어졌다. 지루한 글을 끝까지 읽어 주신 독자들에게 감사드리고 그동안 소중한 지면을 여러 차례나 할애해 준 〈미디어오늘〉에도 깊은 감사를 드린다.

_ 강신준, 2013. 8. 27.

7. 자본론 논쟁의 결말

지난 글에서 논쟁을 끝내기 위해 내가 강신준 교수에게 제기한 5개 질문은 이러했다.

① 마르크스가 자본주의의 '개혁'을 위해 《자본》을 발간했다고 주장하는데, 이를 뒷받침하는 마르크스의 문헌은 무엇인가?
② 개혁과 변혁이 같은 말인가?
③ 《자본》 제3권 제47장에서 마르크스가 봉건제를 착취 사회로 설명한 것이 틀린 것인가?
④ 프롤레타리아 독재 개념을 만든 것이 마르크스가 아니라 레닌과 볼셰비키인가?
⑤ 공산주의가 아니라 사민주의가 원조 마르크스주의라는 주장을 뒷받침하는 마르크스의 문헌은 무엇인가?

강 교수는 이 논쟁의 마지막 글("김성구 교수와의 논쟁을 끝내면서")에서 많은 지면을 사용해 답변한다면서도 정작 위의 질문에 답한 것은 없다. 질문들을 둘씩 묶어서 답변한다는 방식으로 질문에 대한 직접적인 답을 피해 갔던 것이다. 강 교수가 답변을 못하는 것은 이 답변이 강 교수 자신의 왜곡과 날조를 인정하는 게 되기 때문이다. 강 교수는 답을 못했지만, 논쟁을 따라온 분별 있는 독자라면 이미 답을 알고 있을 것이다. 답은 정말 간단하다.

① 마르크스가 자본주의의 '개혁'을 위해 《자본》을 발간했다고 주장하는데, 이를 뒷받침하는 마르크스의 문헌은 무엇인가? <u>문헌 확인 못함 또는 없음.</u>

② 개혁과 변혁이 같은 말인가? <u>다른 말임.</u>

③ 《자본》 제3권 제47장에서 마르크스가 봉건제를 착취 사회로 설명한 것이 틀린 것인가? <u>마르크스의 설명이 맞음.</u>

④ 프롤레타리아 독재 개념을 만든 것이 마르크스가 아니라 레닌과 볼셰비키인가? <u>아님. 마르크스의 개념임.</u>

⑤ 공산주의가 아니라 사민주의가 원조 마르크스주의라는 주장을 뒷받침하는 마르크스의 문헌은 무엇인가? <u>문헌 확인 못함 또는 없음.</u>

합리적이고 현명한 독자라면 이런 답이 의미하는 바도 분명할 것이다.

① 마르크스의 문헌적 근거도 없이 강 교수가 자의적으로 마르크스의 《자본》 집필 동기가 자본주의를 개혁하기 위한 것이라고 주장했다는 것, 이는 사실관계의 왜곡이자 날조라는 것.

② 강 교수에 있어서는 경제학 개념만이 아니라 국어 개념 자체가 문제라는 것, 강 교수 마음대로 마르크스의 변혁을 개혁으로 바꿔 놓고 이게 마르크스의 혁명 사상이라고 날조했다는 것.

③ 강 교수가 봉건제를 착취가 없는 사회로 왜곡·미화했다는 것, 《자본》의 억지가 《자본》 외의 다른 저작들은 말할 것도 없고 《자본》의 내용조차도 제대로 파악하지 못한다는 것, 따라서 강 교수의 《사본》 해설에 나타난 '개미와 베짱이의 우화', '운명의 역전'은 《자본》에 대한 완전히 잘못된 안내판이라는 것.

④ 프롤레타리아 독재 개념을 레닌이 만들었다는 강 교수의 주장은 한 마디로 어이없는 날조라는 것.

⑤ 노동운동사가 전공이라는 강 교수가 공산주의, 사민주의라는 기본 개념

의 역사조차도 파악하지 못하고 수정주의·교조주의 딱지놀음이나 하고 있다는 것.

장문의 답변을 했다고 생각하는 강 교수로서는 위와 같은 평가가 매우 부당하다고 느낄 것이다. 강 교수의 답변도 좀 존중해가면서 왜 이런 평가가 불가피한지 살펴보도록 하자.

(1) 문헌적 근거에 대한 강 교수의 유일한 말이다:

먼저 긍정적 이해와 관련된 구절이다(김 교수의 질문에 따르자면 개혁에 대한 문헌적 근거가 될 것이다). "감독과 지휘의 노동은 … 모든 결합적 생산방식에서는 반드시 수행되어야 하는 생산적 노동이다."(《자본》 3권, 503·504쪽)

《자본》의 이 문구가 어떻게 마르크스가 자본주의의 개혁을 위해 《자본》을 집필했다는 주장의 문헌적 근거가 되는가? 그렇다고 납득할 사람이 강 교수 말고 또 있을까 의문스럽다.

(2) 강 교수는 개혁과 변혁이란 용어의 구별을 의식적으로 피한다고 한다.

사실 내가 이들 용어를 의식적으로 구별하지 않는 이유는 용어와 관련된 선입견(혹은 예단)을 피하기 위해서이다. 볼셰비키 이후 노선 논쟁과 관련된 용어들이 "딱지붙이기"에 사용되면서 그것이 사람들에게 마르크스의 얘기를 곧바로 이해하는 것을 가로막는다는 것을 알고 있기 때문이다.

두 용어를 구별 않고 섞어 쓰는 게 마르크스의 얘기를 곧바로 이해하는데 도움이 된다고? 그렇기는커녕 두 용어를 구별 않고 섞어 쓰면, 그게 바로 마르크스를 왜곡하고 날조하는 직행 코스가 된다.

(3) 강 교수는 노동지대에 대한 《자본》의 서술을 인용하면서도 그게 무슨 말인지 이해를 하지 못한다. 강 교수의 말이다:

봉건제는 자급자족 체계가 거의 완벽하게 작동하던 초기 봉건제에서 교환이 점차 확대되는 후기 봉건제로 발전한다. 전자에는 지대가 노동지대였고 이 시기는 경제적 분석이 별로 필요 없는 "투명한 생산관계"가 지배적이었다. 그래서 마르크스는 "여기에서는 잉여가치와 타인의 불불노동과의 일치가 전혀 분석될 필요가 없다"(제3권, 1056쪽)고 말한다. 가난의 원인에 대한 경제구조의 분석이 무의미하다는 것이다.

이해를 돕기 위해 직접 마르크스의 말을 들어 보면,

가장 단순한 시초의 지대 형태인 노동지대에 관한 한 다음과 같은 것만은 분명하다. 즉 지대가 잉여가치의 시초 형태이고 잉여가치와 일치한다는 것이다. 그리고 잉여가치가 타인의 불불노동과 일치한다는 것은 분석을 필요로 하지 않는다. 왜냐하면 이 일치는 눈에 보이는 분명한 형태로 나타나기 때문인데, 직접적 생산자가 자기 자신을 위해 행하는 노동은 그가 영주를 위해 행하는 노동과 시간적으로도 공간적으로도 분리되어 있고, 후자의 노동은 제3자를 위한 강제 노동이라는 강인한 형태로 직접적으로 나타나기 때문이다. (김수행 역, 《자본론》Ⅲ(하), 제1 개역판, 비봉출판사, 2004, 961~962쪽.)

마르크스는 노동지대가 잉여가치 전체이고 타인의 불불노동, 즉 노동력 착취라는 것을 명시하면서, 이에 대한 특별한 분석이 필요 없는 이유는 누구 눈에도 영주를 위한 직접적 생산자, 즉 농노의 노동이 영주를 위한 강세 노동이라는 점이 직접적으로 드러나기 때문이라고 한다. 이렇게 《자본》 제3권에서는 봉건제의 전형적 형태에서 노동지대를 통한 영주의 농노 착취가 의문의 여지없이 서술되어 있다. 명색이 《자본》 역자인 강 교수는 이 문장을 이렇게 해석하고 있다. 노동지대에서는 잉여가치가 타인의 불불노동과 일치한다는 것을 분석할 필요가 없는데, 왜냐하면 가난의 원인에 대한 경제구조의 분석이 무의미하기 때문이라고, 즉 봉건제는 착취가 없는 자급자족경제이기 때문이라고. 강 교수는 이게 말이 되는 소리라고 생각하는 모양이다. 내가 강 교수의 이해력을 문제 삼는 것은 이렇게 정말 합당한 이유가 있는 것이다.

(4) 강 교수는 《공산당 선언》으로부터 프롤레타리아의 혁명적 독재에 관한 구절을 인용하면서 이렇게 말한다.
민주적인 선거에 의해 구성된 제헌의회를 해산한 볼셰비키의 독재가 마르크스의 이 구절과 어떻게 조화될 수 있을지 나는 궁금하기만 하다.

이전 글에서는 프롤레타리아 독재 개념을 레닌이 만든 거라고 하더니만, 이제는 레닌의 개념과 마르크스의 개념이 어떻게 같은 거냐고 반문하고 있다. 이전에 말한 것을 잘못이라고 정정하는 것 없이, 언제 그런 말을 했느냐는 어투다. 내가 단순 명확한 형태로 이 개념을 만든 게 누구냐고 답을 요구했는데도 말이다. 좋게 해석한다면, 강 교수는 이전 글에서 레닌이 마르크스의 프롤레타리아 개념을 차용해서 왜곡했다는 취지로 쓴 모양이다. 그런데 개념의 차용과 왜곡이라는 취지를 개념을 만들었다는 식으로 쓰는 사람이 강 교수 말고 누가 또 있겠는가? 더군다나 대학교수가 말이다.

(5) 사민주의가 원래 마르크스주의라는 자신의 주장에 문헌적 근거를 제시하는 것 없이 강 교수는 이를 반박하고 있는 엥겔스의 서술에서 딱지가 아니라 내용을 보아야 한다고 말한다. 엥겔스가 사민주의 딱지를 반대한 게 아니라 생산수단의 사회화라는 내용을 갖지 않고 사민주의 딱지를 사용하는 것에 반대했다는 것이다. 하지만 이런 반론이 사민주의가 원래 마르크스주의라는 주장의 근거가 될 수는 없다. 마르크스와 엥겔스는 1860년대에 그리고 1870년대 중반까지도 이른바 사민주의자는 마르크스주의적 내용을 갖고 있지 않다고 명백하게 비판하기 때문이다. 게다가 강 교수는 엥겔스로부터의 이 인용문을 거론하면서 내가 엥겔스의 말을 끝까지 읽지 않고 보고 싶은 것만 보려 한다고 비판

까지 덧붙인다. 내가 읽고서 가져온 인용문을 가지고 말이다. 글을 제대로 안 읽어 봤다든지 또는 말은 끝까지 들어 봐야 한다는 이런 식의 비난은 이제까지의 강 교수의 글들 곳곳에서 나타나는데, 모두가 자신이 이해하지 못한 것을 남한테 뒤집어씌울 때 쓰는 상투적인 말이라는 것을 독자들도 이제는 이해할 것이다. 강 교수의 다음의 말도 엥겔스의 말을 끝까지 읽고서도 그게 무슨 말인지 몰라서 하는 말이다.

이후 제2인터내셔널에서도 드러나듯이 당시 마르크스주의를 표방하는 노동자 조직은 거의 대부분이 사민당의 명칭을 사용하고 있다. 그리고 무엇보다도 볼셰비키 자신이 만든 조직의 이름도 러시아 사회민주노동당이다. 볼셰비키는 1898년에 이 정당을 창당하는데 그것은 김 교수가 인용한 1895년 엥겔스의 글 이후이다. 그러니 참으로 이상하지 않은가? 엥겔스까지 그렇게 반대하는 사민주의라는 딱지를 이들은 왜 처음부터 자신들의 이마에 붙였던 것일까?

엥겔스로부터의 짧은 인용문이 강 교수에게는 그렇게도 이해할 수 없는 것인가? 다시 옮겨 놓고 보자. 엥겔스의 이 글은 1894년에 쓴 것이다.

이 모든 글(1871~75년 사이 〈인민 국가〉에 발표된 논문들)에서, 특히 마지막 글에서 내가 항상 나 자신을 사민주의자가 아니라 공산주의자로 명명하고 있음을 사람들은 인지할 것이다. 이는 당시 여러 국가들에서 사회를 통한 전체 생산수단의 인수를 결코 자신의 깃발에 써 놓지 않던 사람들이 스스로를 사민주의자라고 명명했기 때문이었다. … 독일에서는 라쌀레 추종자들이 스스로를 사민주의자라고 불렀다. … 따라서 마르크스와 나로서는 우리의 특별한 관점을 특징짓기 위해 그런 분명치 못한 표현을 결코 선택할 수 없었다.

마르크스와 엥겔스는 1870년대 중반까지도 사민주의라는 명칭에 반대했다는 것이다. 그건 이 명칭이 마르크스주의의 원칙을 담고 있지 않기 때문이라고.

오늘날은 상황이 다르다. 그 경제 강령(1891년 에어푸르트 강령)이 단지 일반적으로 사회주의적일 뿐 아니라 직접적으로 공산주의적이고, 또 국가 전체의 극복, 따라서 또한 민주주의의 극복이 그 정치적 최종 목표인 당에 이 용어(사민주의)가 어울리지 않는다 하더라도 이 용어는 그만 좋다고 하자. 당은 발전하고 있는데, 명칭은 그대로 남아 있다.

여전히 명칭에 문제가 있긴 하지만 이제는 이 명칭을 더 이상 문제 삼지 말자고 엥겔스는 말한다. 이 명칭에도 불구하고 이제는 사민당이 마르크스주의의 내용을 담고 있기 때문이라고. 당이 마르크스주의의 내용을 담은 것은 1875년 라쌀레당과 아이제나하당의 통합과 그 하에서 마르크스주의의 원칙이 관철되면서부터다. 마르크스와 엥겔스가 그 시점 이래, 보다 명확하게는 1891년 에어푸르트 강령 이래 당의 명칭을 받아들이게 되었음을 1894년 시점의 엥겔스 말을 통해 볼 수 있는 것이다. 그에 따라 각국에서 그리고 제2인터내셔널과 함께 사민당의 당명은 보편화되고 확산되었으며, 러시아에서도 마르크스주의자들이 사민당(사회민주노동당)을 창당했던 것이다. 이렇게 명확한 내용을 이해하지 못하고 강 교수는 반문한다.

"볼셰비키는 1898년에 이 정당을 창당하는데 그것은 김 교수가 인용한 1895년 엥겔스의 글 이후이다. 그러니 참으로 이상하지 않은가? 엥겔스까지 그렇게 반대하는 사민주의라는 딱지를 이들은 왜 처음부터 자신들의 이마에 붙였던 것일까?"

1895년 이후 시점은, 아니 그것보다 더 앞선 시점부터 엥겔스는 이 명칭을 문제 삼지 않았다고 스스로 밝히고 있는데도 말이다. 여기서도 강 교수의 이해력 부족이 문제의 근원이다.

이상 강 교수와의 논쟁은 다시 말하거니와 마르크스의 이론에 대한 해석의 문제, 해석의 차이에 관한 것이 결코 아니다. 문제는 사실관계의 여하, 왜곡과 날조의 문제이기 때문이다. 강 교수는 마르크스가 무덤에 있고 우리는 마르크스가 아니니까 마르크스의 이론에 대해 이런 저런 해석의 차이가 있더라도 마르크스 이외에는 누구도 사실 여하를 확인할 수 없다면서 함부로 날조라는 비판을 해서는 안 된다고 충고한다. 그러나 위의 5개 질문 어떤 것도 마르크스에 대한 해석의 문제가 아니라 마르크스와 엥겔스의 문헌을 통해서 사실 여하를 확인할 수 있는 것이다. 그리고 사실관계의 확인을 통해 강 교수의 주장은 모두 마르크스에 대한 왜곡이고 날조라는 것도 밝혀졌던 것이다. 내가 강 교수에 대해 '날조'라는 비판을 하는 게 강 교수에게는 학자 간 논쟁의 금도를 넘는 거라고 생각하는 모양이지만, 나는 날조라는 말을 사전적 의미로만 사용했을 뿐이다. 강 교수의 인격을 폄하하거나 문제 삼는 건 전혀 내 의도가 아니다. 날조의 사전적 의미는 '사실이 아닌 것을 사실인 것처럼 거짓으로 꾸민다'는 것이다. 강 교수가 마르크스를 왜곡하고, 마르크스가 말하지 않은 것을 말한 것처럼, 또 말한 것을 말하지 않은 것처럼 주장하는데, 여기에 대해 날조라는 말 외에 어떤 말이 더 정확하겠는가? 강 교수는 통상적인 용어 사용과는 전혀 맞지 않는 자신의 이상한 용어 사용법에 대한 비판은 그냥 묵살하면서, 오히려 다른 사람의 정확한 용어 사용법을 문제 삼고 나서는 것이다. 내가 강 교수의 이해력이 중학교 수준이라고 말한 것도 똑 같은 맥락이다. 이건 논쟁의 품위를 훼손하는 것도 아니고, 강 교수의 인격을 모독하기 위한 것도 아니며, 다만 문제가 되었던 문장에 대한 강 교수의 이해력이 객관적으로 그 수준이라는 것을 지적했던 것뿐이다. 혹시라도 오해가 있었다면, 강 교수에게도 독자들에게도 이해를 구하고 싶다.

　강 교수가 제기한 그 밖의 문제들, 예컨대 실천적인 전술 문제라든지 볼셰비키와 현실 사회주의의 문제 등은 이 논쟁의 원래 주제에서 벗어나는 것들이고, 다분히 주 쟁점을 왜곡하고 희석시킬 우려가 있어 나도 그냥 묵살했다. 다만 앞의 문제와 관련해서는 내 글 하나를 참조시켰을 뿐이다. 강 교수는 내가 볼셰비키의 관점과 어떤 관계냐, 내 이론적 · 정치적 정체가 뭐냐, 현실 사회주의의 실패에 대해 어떻게 평가하느냐, 이런 걸 자꾸 추궁하는데 이런 건 위의 질문들에 답변하는 것과 아무 상관없는 것들이다. 강 교수는 정작 위의 질문들에는 답하는 것 없이 상관없는 문제들을 들고 나왔을 뿐이다.

강 교수가 학자로서, 교수로서《자본》을 어떻게 자의적으로 해석, 왜곡하면서 어떤 책을 쓰든 논문을 쓰든 사실 난 별로 관심이 없다. 어차피 연구자 세계, 그것도 마르크스주의 연구자의 세계는 범위가 제한되어 있고, 또 연구자들 사이에서는 어쨌든 전문적인 연구를 토대로 강 교수의 주장에 대해 나름대로 평가할 수 있는 수준을 갖추고 있기 때문이다. 하지만 신문을 통한 대중적인 강의라면 사정이 다르다. 〈경향신문〉 같은 중앙 일간지에서의《자본》연재는 일반 독자를 대상으로 하는 것이기 때문에,《자본》의 왜곡과 날조는 정화되지 않고 그대로 대중적으로 확산되기 마련이다. 이는 마르크스에 대한 대중적 관심을 높이거나 토론을 활성화하기는커녕 마르크스에 대한 대중적 이해를 가로막고 왜곡하는 독소로 작용할 것이다. 내가 강 교수의《자본》해설을 문제 삼고 나온 것은 이런 이유 때문이다. 물론 이 논쟁에서 〈경향신문〉 자체는 문제가 아니다. 〈경향신문〉으로서는 지면만 제공한 것이기 때문이다. 해설의 책임은 강 교수가 지는 것이다. 이 점은 나도 분명히 하고 싶고, 그래서 "〈경향신문〉의 이상한 자본론 강의"라는 제목으로 쓴 '바심 마당'의 원래 글 제목도 온라인 판에서는 "강신준 교수의 이상한 자본론 강의"로 변경해 달라고 〈미디어오늘〉에 요청했던 것이다.

논쟁을 끝내면서 마지막으로 한마디만 덧붙인다면, 강 교수의《자본》연재를 따라간 〈경향신문〉 독자들, 그리고 강 교수의 강의를 받았던 노동조합 조합원들에게는 미안한 말이지만, 강 교수로부터 받은 강의는 많은 부분 토해 내는게 더 좋다. 그래야《자본》과 마르크스주의에 대한 통상적인 상식이라도 지킬 수 있을 것이다.

_ 김성구, 2013. 8. 31.

8. 강신준 교수의 이상한 자본론 강의

– 《자본》 역자에 의한 《자본》 곡해 ❷

《자본》 해설의 곳곳에서 강 교수의 설명에 대해 논쟁할 여지는 많지만, 신문 연재라는 성격을 감안해서 세세한 논란은 접어두고, 여기서는 그대로 넘어가기에는 너무 중요한 두 가지 문제만 지적하고자 한다. 이들 문제는 내가 강 교수에 대한 두 번의 반론 글에서 비판했던 《자본》의 곡해나 수정주의 문제라기보다는 《자본》 해석의 차이나 오독에서 비롯되는 것이다. 《자본》 해석을 둘러싸고는 마르크스주의자들 간에도 서로 다른 견해들이 충돌한다.

첫 번째 문제는 자본주의에서 가치와 잉여가치의 실현 문제다. 강 교수는 3회에 걸친 《자본》 제2권 해설('자본의 순환과 회전 그리고 사회적 총자본의 재생산과 유통')에서 자본주의하 잉여가치의 실현이 원천적으로 불가능하다고 했는데, 이건 《자본》을 잘못 해석한 것이다. 잉여가치 실현과 공황에 관한 강 교수의 설명은 모두 잘못되었다. 강 교수에 따르면 이미 (개별) 자본의 순환에서 잉여가치 실현 불가능성의 토대가 주어져 있고, 이런 교환의 모순은 자본의 회전과 총자본의 유동에서 더욱 증폭될 수밖에 없다는 것이다.

강 교수가 설명하는 자본의 순환에서 실현의 모순은 이러하나. 자본은 화폐(100원)로 등장해서 상품(노동력과 생산수단)을 구매하고 생산과정에서 잉여가치(40원)를 생산해서 새로운 상품(140원)을 시장에서 판매한다. 그러면 처음 상품 구매(즉 수요)는 100원인 반면, 상품판매(즉 공급)는 140원이 된다. 그래서 공급이 수요를 초과하고 잉여가치 40원은 판매될 수 없다는 것이다. 그럴듯하게 들리지만 사실은 그런 게 아니다.

자본 A가 100원으로 다른 상품(생산수단)을 구매할 때 다른 자본 B는 이 생산수단을 자본 A에게 판매하는데, 그때 자본 B는 자신이 생산한 잉여가치도 함께 실현한다. 또 자본 A가 상품 140원을 판매할 때는, 또 다른 자본 C가 자본 순환의 첫 국면(구매)에 들어가면서 자본 A의 상품 140원을 구매하고, 그럼으로써 A의 잉여가치 40원도 실현된다. 이렇게 개별 자본의 순환은 다른 개별 자본의 순환과의 총체 속에서 파악해야 하는데, 마르크스는 재생산표식에서 사회적 총자본의 재생산과 유통을 총괄하고, 여기서 사회적 총생산물이 가치적 측면에서도, 또 소재적 측면에서도 어떻게 수요와 공급의 균형이 가능한가를 보여주었다.

물론 재생산표식에 나타난 균형적인 교환 조건은 자본주의하 무정부적 생산 때문에 실현될 수 없고 일상적으로도 주기적으로도 불균형과 공황이 불가피하지만, 이런 불균형과 공황을 통해 재생산의 균형은 경향적으로 실현된다. 《자본》의 세계는 이념적 평균이라는 추상 수준에서 자본주의 구조와 운동 법칙을 평균적인 관계에서 서술한 것임을 유의해야 한다. 강 교수가 그렇게 강조하는 사회적 평균의 개념을 상정하면, 재생산과 실현이 불가능하다는 것은 모순적 서술이다. 시장가격의 변동 중심인 시장가치나 생산가격은 부문 내에서든 부문 간에서든 수급 균형을 전제한 개념이며, 따라서 부문 간 이윤율의 균등화도 수급 균형을 전제한 것이다. 만약 제2권에서 실현의 불가능성을 주장한다면, 사회적 평균이 불가능하다는 것이고, 그러면 제3권에서 부문 간 이윤율의 균등화와 일반적 이윤율도 성립할 수 없게 된다.

사실 잉여가치 실현 문제와 관련된 강 교수의 이런 이해 방식은 일찍이 이 문제를 제기한 혁명적 마르크스주의자 로자 룩셈부르크와 동일하다. 다만 로자의 문제 제기와 이론적 오류가 이미 논쟁사를 통해 극복된 지금, 100년이 지난 후에 다시 이런 방식으로 재생산 문제를 설명하는 강 교수의 학문적 태만은 지적하지 않으면 안 된다.

두 번째 문제는《자본》과 현대자본주의의 문제다. 강 교수는《자본》연재에서 다양한 비유와 사례를 들고 있는데, 상당 정도《자본》과 어울리지 않는 것들이다. 그 중요한 이유는 강 교수가 현대 자본주의의 문제를《자본》으로 직접 설명할 수 있다고 생각하기 때문이다. 현대 자본주의는 독점과 국가 개입으로 특징지어지기 때문에,《자본》에 분석 토대를 갖는다 하더라도 독점자본주의론과 국가독점자본주의론의 매개 없이 현대 자본주의를 분석할 수는 없다. 예컨대 강 교수는 대기업과 중소기업이 사회적 평균을 만든다고 하면서 이건희를 예로 든다. 즉 삼성 재벌도 중소기업과 똑같이 평균이윤을 실현한다는 것이다. 이는 강 교수가 삼성 재벌이 독점 가격과 독점 이윤을 통해 중소기업의 평균이윤을 수탈한다는 점을 이론적으로 인식하지 못한다는 것을 보여준다.

오늘날의 자본주의는 고도로 발전된 단계에 들어서 있고, 다름 아닌 국가독점자본주의 자체가 다음 사회로의 이행을 위한 물질적 조건이 성숙했다는 표현이다. 2008년 금융 위기에서 보는 바처럼 이행의 조건은 성숙하다 못해 곪아터지는 상황이다. 이런 시기에 강 교수는 해괴한 변증법을 가지고 자본주의의 성숙을 기다려야 한다고 가르친다. 현대 자본주의의 역사적 의의에 대한 완전한 몰이해가 아닐 수 없다.

_ 김성구, 2013. 8. 21.

*추가: 강신준 교수의 '진짜 마르크스주의' 스캔들

마르크스-엥겔스 전집(MEGA)은 마르크스와 엥겔스의 문헌적 유산의 전체를 완전하게 재현하고 이들의 사상 및 이론의 형성과 발전의 전 궤적을 기록한 '역사-비판적인' 판본이다. 이런 점에서 MEGA는 오늘날 마르크스주의 이론과 역사 연구의 근본적 토대일 뿐 아니라 기존의 마르크스-엥겔스 저작집(MEW)을 비롯한 모든 마르크스주의 문헌의 비판적 토대를 제공한다.

역사적으로 MEGA 작업은 1920~30년대 구소련의 마르크스-엥겔스 연구소에 의해 진행되었다가 소장 D. B. 랴쟈노프의 숙청과 함께 중단되었고, 1960년대 말 이래 구소련과 구동독의 두 개 마르크스주의-레닌주의 연구소의 공동 작업으로 다시 재개되었다. 통상 전자는 구MEGA, 후자는 신MEGA라 부른다. 1975년 첫 두 권을 간행한 신MEGA 작업도 1989년 구동독의 붕괴, 1991년 구소련의 붕괴와 함께 중단 위기에 처했다가 1990년 암스테르담의 국제사회사연구소(IISG) 주도하에 마르크스-엥겔스 국제재단(IMES)이 출범함으로써 신MEGA 작업은 계속될 수 있었다. 물론 신MEGA 작업은 재조직되었고, 남아 있던 기존의 연구자들 외에 새로운 연구자들이 결합했으며, 간행 방침도 변경되었다. 처음 전 4부 100여 권 간행으로 계획되었던 신MEGA는 170권 이상으로 계획이 확대되었다가 IMES에서 114권으로 축소되었으며, 그 중에서 지금까지 60권이 발간된 상태다.

우리나라는 MEW도 번역이 안 된 척박한 상황이지만, 강신준 교수의 책임하에 신MEGA의 번역 작업이 시작되었고, 첫 세 권의 발간을 준비 중이라고 한다. 마르크스-엥겔스 연구도 전무하다시피 하고, 마르크스주의 연구자도 한정된 상태에서 번역 작업의 재정 기반도 열악한데, 실로 고난에 찬 작업의 첫 걸음이라고 생각한다. 이런 어려움을 마다않고 번역 작업을 떠안은 것이니 강 교수의 노고나 마르크스주의에 대한 열정과 소명 의식에 누구도 경의를 표하지 않을 수 없을 것이다. 하지만 강 교수에 대한 존중은 여기까지일 뿐이다.

2014년 1월 14일 자 〈프레시안〉과 강 교수의 장문의 인터뷰("이것이 진짜 마르크스다")를 보면, 마르크스와 마르크스주의에 대한 왜곡된 이해를 정정한다는 신MEGA가 우리나라에서는 번역 책임자에 의해 오히려 마르크스주의에 대한 곡해를 극단으로 부추기는 방식으로 소개되고 있기 때문이다. 강 교수에 따르면 MEW판《자본》을 비롯해서 우리가 아는 마르크스주의는 모두 스탈린주의로 오염된 가짜 마르크스고, 신MEGA와 자신의 마르크스주의만이 진짜 마르크스라는 것이다. 스탈린주의의 왜곡으로부터 마르크스를 복원하는 것이 위기의 시대에 마르크스주의자의 엄중한 시대적 과제이겠지만, 이런 식으로 마르크스주의 역사를 왜곡하는 천박한 인식으로는 결코 스탈린주의를 극복할 수 없다.

기본적으로 강 교수는 마르크스주의 이론사에 대해 무지한 것으로 보인다. 무엇보다 레닌주의를 비판하고 마르크스로 돌아가자는 전후 구미 각국의 네오마르크스주의 흐름은 서방에서는 새로운 정통의 자리까지 올라섰는데도 강 교수가 아는 마르크스주의 목록에는 들어와 있지도 않다. 뿐만 아니라 현실 사회주의에서 발전된 이론은 모두 스탈린주의라는 인식도 마르크스주의의 객관적 역사를 곡해하는 것이다. 이런 인식하에서 강 교수는 MEW판《자본》도 스탈린주의적 왜곡이 있어 신MEGA를 볼 것이 요구된다고 하는데, 사실 신MEGA도 마찬가지로 현실 사회주의하에서 간행된 것이다.

1989~91년 현실사회주의가 붕괴한 시점에 이미 신MEGA 제2부《자본》의 세 개 초고가 사실상 모두 간행된 상태였다. 왜냐하면 1992년에 간행된《자본》제3권의 초고도 이때 이미 인쇄 준비에 들어간 상태였기 때문이다. 그리고 1992년 7월이 돼서야 IMES의 신MEGA 새 간행 지침이 채택되었다. 이 때문에

네오 마르크스주의의 일각에서는 신MEGA가 과연 당의 이해관계와 이데올로기로부터 진정으로 해방된 것인가 의문을 제기하고 논쟁도 벌어졌던 것이다. 따라서 MEW와 신MEGA, 또 이른바 스탈린주의와 자신의 마르크스를 대치시키는 강 교수 특유의 이분법은 조금도 역사적 근거를 갖고 있지 않다. 강 교수의 주장과는 달리 현실 사회주의하에서도 스탈린주의의 왜곡을 정정하려는 이론적 시도들을 볼 수 있고, 사실 신MEGA 작업도 이런 시도들의 일환으로서 이해해야 한다.

MEGA는 마르크스―엥겔스 연구자들이나 마르크스주의 전공자들을 위한 문헌이지 일반 독자들은 접근하기 어려운 문헌이다. 강 교수가 신MEGA를 들먹이면서 MEW판《자본》에 문제가 많으니 신MEGA를 보아야 한다고 일반 독자들에게 주문한다면, 그건 정말 과도한 요구다. 일반 독자들은 기존의《자본》만 읽어도 위대한 거다. 황당하게도 사민주의가 진짜 마르크스주의고 신MEGA가 사민주의라고 주장하는 인물이 한국에서 신MEGA의 번역과 편집의 책임자라는 것, 나로서는 이게 행여라도 국제적인 스캔들이 되지 않을까 걱정스럽다.

_ 김성구, 2014. 2. 19.